자본주의, 미국의 역사

자본주의, 미국의 역사

지은이 ㅣ 전상봉
펴낸이 ㅣ 김성실
기획편집 ㅣ 최인수 · 여미숙 · 이정남
책임편집 ㅣ 박기효
마케팅 ㅣ 곽홍규 · 김남숙 · 이유진
편집디자인 ㅣ 하람 커뮤니케이션(02-322-5405)
인쇄 · 제작 ㅣ 한영문화사

초판 1쇄 ㅣ 2012년 4월 16일 펴냄

펴낸곳 ㅣ 시대의창
출판등록 ㅣ 제10-1756호(1999. 5. 11.)
주소 ㅣ 121-816 서울시 마포구 동교동 연희로 19-1 (4층)
전화 ㅣ 편집부 (02) 335-6125, 영업부 (02) 335-6121
팩스 ㅣ (02) 325-5607
이메일 ㅣ sidaebooks@hanmail.net

ISBN 978-89-5940-234-2 (03900)

★

자본주의, 미국의 역사

1차 세계대전부터 월스트리트 점령까지

전상봉 지음

시대의창

20세기, 미국, 자본주의 세계경제를 돌아보며

1·2차 세계대전, 제국주의, 파시즘, 대공황, 냉전, 신자유주의, 탐욕······. 20세기를 상징하는 말들이다. 20세기는 양차 세계대전과 대공황, 반세기에 걸친 동서 냉전과 그칠 줄 모르는 자본주의의 탐욕 속에서 명멸했다. 그래서 자크 아탈리는 《21세기 사전》 서문에 이렇게 적었다. "20세기는 악마의 세기였고 20세기가 물려준 세상은 말 그대로 도저히 살 수 없는 지경의 세계다. 폐허의 도시에서 살아야 하는 빈곤층은 그 비참함에 질식하고 모든 것이 넘쳐나는 부유층은 욕망의 노예가 되어 호화로움에 숨이 막힌다"라고.

연대기적으로 구분하면 20세기는 1900년에 시작된다. 그러나 세계사라는 도도한 흐름 속에서 살펴보면 20세기의 출발점은 1914년이다. 그해 6월 사라예보에서 울려 퍼진 총성이 도화선이 되어 발발한 1차대전의 포성과 함께 20세기가 시작됐다.

4년 4개월에 걸친 1차대전은 유럽이 주무대였지만 20세기의 골격을 만들어놓은 전쟁이었다. 무엇보다 20세기의 패자 미국이 세계사의 전면에 부상하는 기회를 제공했다. 전쟁 초기 참전에 소극적이던 미국은 1917년 4월 2일 독일에 선전포고를 하면서 세계의 중심 국가로 부상했다. 당시 미국이 발표한 선전포고의 요지는 '세계의 민주주의를 안전하게 만들기 위해서'였다. 그러나 실상 이 말은 전쟁을 미화하기 위한 수사에 불과했다.

그해 일어난 또 하나의 잊을 수 없는 사건은 단연 1917년 11월 (구력 10월) 일어난 러시아혁명이다. 러시아혁명과 함께 지구상에는 사회주의 국가가 등장하여 반제국주의 전선이 구축되었다. 20세기 패자 미국의 등장과 사회주의 소련의 성립은 20세기 후반기에 지속된 냉전체제의 맹아가 1차대전 중에 싹텄음을 뜻한다. 또한 1차대전은 나치의 발호에 중요한 원인을 제공하여 2차대전이라는 또 한 차례의 파멸적인 전쟁을 예비해놓았다.

1차대전이 끝나자 대서양 건너편의 미국은 비약적인 생산력 발달에 힘입어 대량생산으로 인한 물질적 풍요를 구가했다. 놀랍게도 이런 와중에 전대미문의 대공황이 엄습했다. 대공황을 견뎌낸 자본주의 국가들은 정부의 지원과 규제가 필요하다는 사실을 비로소 깨달았고 '보이지 않는 손'에 대한 믿음을 거두었다.

미국은 대공황과 2차 세계대전을 거친 다음 진정한 제국의 위용을 드러냈다. 전후 미국은 케인스주의와 포드주의에 기초한 자본주의 황금기를 거치면서 동서냉전이라는, 극한의 이념과 정치군사적 대립의 시대를 선도하였다. 그리고 신자유주의와 금융자본주의라는 탐욕의 시대와 사회주의가 몰락하는 과정을 지켜봤다.

하지만 역사상 다른 제국과 마찬가지로 미국도 몰락하기 시작했다. 2000년대 들어 미국은 더는 세계 제일의 패권국가 역할을 할 수 없게 되었다. 미국이 9·11테러와 아프가니스탄전쟁, 이라크전쟁의 늪에 빠져 허우적거리는 사이 중국이라는 새로운 강자가 부상했다. 그리고 마침내 2008년 9월 글로벌 금융위기가 일어나면서 미국이 주도한 팍스 아메리카나 세기에 황혼이 깃들었다.

돌이켜보면 미국이 주도한 20세기는 두 차례의 세계대전이 휩쓸고 간 전쟁의 세기였고, 반세기 가까이 지속된 냉전의 세기였으며, 포식자 자본주의의 배를 채우기 위한 탐욕의 세기였다. 21세기는 열전과 냉전, 탐욕이 파탄 난 바로 그 순간 시작됐다. 이런 연관성 때문에 21세기의 현재와 미래를 전망하려면 반드시 20세기를 고찰해야 한다.

이 책의 집필 동기는 바로 여기에 있다. 필자가 다루는 시기는 1914년 무렵부터 글로벌 금융위기가 발생한 2008년 직후까지이다. '20세기', '미국', '자본주의 세계경제'를 키워드로 하는 이 책은 총 4부로 구성되어 있다. 1부에서는 1차대전과 대공황, 2차대전에 이르는 기간을 다루었다. 미국이 고립주의에서 탈피하여 세계의 패자로 등장하는 시기로, 팍스 브리태니카의 세기가 팍스 아메리카나의 세기로 교체되는 시기이다. 2부에서는 2차대전 직후 브레턴우즈체제가 성립되어 30년 가까이 지속된 자본주의 황금기를 다루었다. 이 기간에 동서냉전이 고착되었고, 서유럽과 일본의 부흥이 일어났다. 3부에서는 1970년대 초반 오일쇼크로부터 신자유주의를 거쳐 소련이 붕괴하기까지의 과정을 살펴보았다. 오일쇼크와 케인스주의 파산, 대처리즘과 레이거노믹스의 출현, 소연방의 해체와 탈냉전 등이 이때 일어난 사건들이다. 4부에서는 탈냉전 이후 미국 중심의 일극체제가 탄생한 때로부터 동아시아 외환위기와 글로벌 금융위기에 이르는 기간의 상황을 살펴보았다.

근대 이후 세계의 패권이 교체되는 데는 대략 30년이 걸렸다고 한다. 네덜란드에서 영국으로 패권이 넘어가는 데 30년이 걸렸으며, 팍스 브리태니카의 세기가 팍스 아메리카나의 세기로 바뀌는 데 30년이 필요했다.

그렇다면 향후 전망은 어떨까. 아직까지는 팍스 아메리카나를 대체할 명실상부한 세계의 중심 국가가 등장하지 않았다. 다만 한 가지 분명한 것은 앞으로 전개될 21세기가 20세기에 비해 더 평화롭고 행복한 세기가 되려면 탐욕에 눈먼 1퍼센트가 아니라 99퍼센트의 민중이 변화를 선도해야 한다는 사실이다.

이런 바람 속에서 2008년 10월부터 쓰기 시작한 이 책을 탈고

하는 데 3년 2개월이 걸렸다. 개인적으로 이 시간은 청년기를 마감하고 장년기로 접어드는 전환의 시기였다. 이 책을 쓰는 동안 어머니가 돌아가셨고, 아버지는 거동이 힘들 정도로 늙으셨다. 이 자리를 빌려 부모님과, 무능한 가장인 나를 믿고 의지해준 아내와 세 딸에게, 그리고 늘 응원을 아끼지 않는 장인어른과 장모님께 감사의 인사를 드린다.

이 책을 펴내기까지 많은 사람들의 도움을 받았다. 글을 쓰는 동안 적지 않은 아이디어를 제공해준 오랜 벗 민경우와 자료를 구하는 데 도움을 준 구본훈, 김태훈을 비롯한 서울시민연대 회원들에게도 고마움을 전한다. 아울러 이번 책으로 두 번째 신세를 지게 된 김성실 사장님을 비롯한 시대의창 식구들에게도 감사의 뜻을 전한다.

전상봉

차례

4. 흔들리는 제국

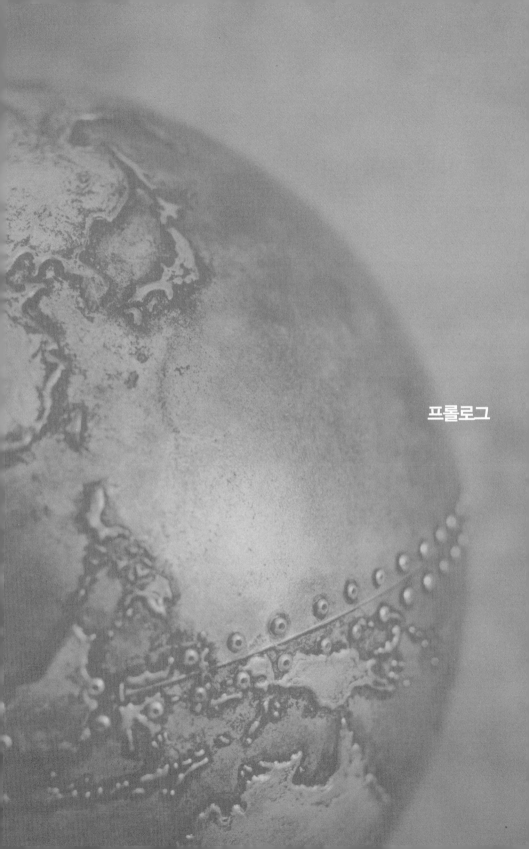

프롤로그

블랙 먼데이의 기억

── 전쟁과 번영의 이중주

제국의 번영은 시체더미 위에서 싹텄다. 1차대전이 끝나자 유럽 대륙은 핏빛으로 물들었고 시체들로 넘쳐났다. 6500만 명이 동원된 전쟁에서 850만 명이 죽었고, 2100만 명이 부상당했다. 전쟁에 패한 나라는 분명 독일이었지만 영국도, 프랑스도 승전국이라고 자부하기엔 너무나 극심한 피해를 입었다. 프랑스의 경우 135만 7000명이 전사했고, 영국은 90만 8000명의 꽃다운 젊은이가 목숨을 잃었다. 영국과 프랑스에게 승전국이라는 훈장은 마치 시체더미 위에 놓인 조화처럼 삭막하고 허탈한 것이었다.

그런 의미에서 승전국은 영국도, 프랑스도, 러시아도 아니었다. 1차대전의 진정한 승자는 대서양 건너편의 미국이었다. 1917년 4월 6일 전쟁에 뛰어든 미국은 11만 6000명이 전사했으나 사실 이 정도 피해는 유럽 여러 나라에 비하면 '새 발의 피'에 불과했다. 여기에 미국은 국토와 산업시설이 파괴되지 않았을 뿐만 아

악몽 같은 솜 전투 첫날 1916년 7월 교통호에 모여 있는 로열 아이리시 소총대대 병사들. 이날 단 하루 동안 영국군은 6만 명에 이르는 사상자를 냈고, 4개월간의 전투 결과 양측 병사들 120여 만 명이 죽거나 다쳤다.

니라, 연합군의 병참기지 역할을 하면서 경제적인 이득까지 챙길 수 있었다.

한마디로 1차대전은 유럽의 몰락과 미국의 번영을 가져왔다. 1차대전 이후 미국은 세계 제일의 경제대국으로 탈바꿈했다. 전쟁 전인 1914년까지만 해도 미국은 세계 최대의 채무국이었다. 당시 미국의 해외 투자액은 35억 달러였던 반면 미국에 투자한 유럽의 자금은 72억 달러였다. 전쟁이 끝나자 상황은 완전히 달라졌다. 1차대전 직후 외국인이 보유한 미국 주식은 33억 달러에 불과했고 미국인의 해외 투자액은 70억 달러에 달했다. 그뿐만 아니라 미국은 영국과 프랑스에 96억 달러나 되는 자금을 빌려준 채권국이었다. 정리하자면 미국은 1차대전을 거치면서 37억 달러의 채무국에서 126억 달러의 채권국으로 탈바꿈한 것이다.

또한 종전과 함께 영국을 비롯한 유럽 국가들은 이전에 장악했던 시장의 상당 부분을 미국에 넘겨주어야 했다. 산업시설이 파괴되는 바람에 공산품을 제대로 만들어낼 수 없었기 때문이다. 결국 세계 무역의 주도권은 자연스럽게 미국으로 넘어갔다. 세계 제조업 분야에서 미국이 차지한 비중은 전쟁 전인 1914년에는 36퍼센트였으나 전쟁 직후에는 42퍼센트로 늘어났다.

이제 미국은 명실상부 세계 경제를 주도하는 무역대국이었다. 1920년대에 접어들자 미국의 공업 생산력은 하루가 다르게 발전하여 대량생산 체제를 갖추었다. 눈부신 기술발전의 흐름을 탄 자본가들은 임금을 절감하기 위해 새로운 기계와 생산설비들을 고안해냈다.

그런데 문제가 발생했다. 사회 양극화가 가속화하는 가운데 소비자의 구매력이 뚝 떨어져 쏟아져 나오는 상품을 제대로 소화할 수가 없었다. 이렇게 되자 팔리지 않은 공업 생산품이며 농산물, 각종 원료들이 창고에 쌓이기 시작했다. 결국 1920년대 중반 국제 시장에서 농산물 가격이 절반으로 떨어지면서 농업공황이 일어나 식민지와 후진국을 휩쓸고 지나갔다. 농산물과 원료 가격이 떨어지자 철없는 일부 자본가들은 생산비를 줄일 수 있겠다 싶어 희망에 부풀었다. 그러나 노동자, 농민의 소득 감소는 구매력 감소로 이어져 경기침체라는 불길한 징후로 나타났다. 1925년을 정점으로 미국의 건축산업은 내리막길에 들어섰고, 1929년 6월부터는 공업생산마저 제자리걸음이었다.

그런데도 1929년 내내 주가는 떨어질 줄 몰랐다. 마치 골드러시를 연상시킬 정도로, 한 건 하려는 사람들은 증권거래소로 몰려들었다. 항간에는 평범한 점원이나 간호사들이 주식에 투자하여 벼락부자가 됐다는 소문이 파다했다. 처음 주식시장에 발을 들여놓은 사람들은 제법 부유한 의사나 변호사들이었다. 그다음엔 장사꾼과 사무원들이 주식시장을 드나들기 시작했고, 나중에는 트럭운전사나 공장노동자, 가정주부들까지 뛰어들었다. 1929년 여름, 미국의 주식 열풍이 얼마나 뜨거웠는지 《새터데이 이브닝 포스트》는 이렇게 묘사하고 있다.

쉿, 쉿, 우리 아가 할머니가 주식을 더 사왔단다.
아빠는 황소랑 곰이랑(상승주와 하락주를 일컬음 — 인용자) 놀러 갔고
엄마는 정보를 사러 갔으니 돈을 벌어 오겠지.
그럼 우리 아기는 예쁜 새 신발을 신게 될 거야!

사람들은 땅과 집을 저당 잡히고 은행에서 돈을 빌려 주식을 샀다. 대공황 직전인 1929년 미국의 주식투자자는 100만 명을 넘어섰다. 그해 여름, 투자자들은 행복감에 젖어 장밋빛 미래를 꿈꾸고 있었다. 주가는 비누거품처럼 부풀었고, 한몫 보려는 투기 열풍은 대책 없이 달아올랐다. 더 오를 수가 없을 정도로 주가가 치솟고 이제 호시절은 다 지났다는 불길한 전망이 나돌자 돌연 불안에 휩싸인 사람들은 주식을 서둘러 팔아치우려 했다. 살 사람은 없고 모두 팔려고만 하니 주가는 순식간에 곤두박질 치기 시작했다.

기억 하나: 1929년 10월 24일, 백만장자가 참수당하다

그날은 목요일이었다. 1929년 10월 24일 아침, 뉴욕 월가의 증권거래소 분위기는 하락세 속에서 등락을 반복하던 지난 몇 주간의 장세와 달리 평온하기만 했다. 그러나 오전 11시가 되자 불길한 기운이 엄습했다. 갑자기 주식을 팔겠다는 주문이 폭주한 것이다. 여기저기서 주식을 팔겠다는 사람만 나설 뿐 사겠다는 사람은 없었다. 이날 쏟아진 주식 매도 요청은 마치 방파제를 넘어 민가를 덮치는 해일 같았다. 일순간 투자자들은 거대한 공포감에 휩싸였고 주가표시기는 감당할 수 없는 매도 주문에 허둥댔다. 검은 목요일의 어두운 그림자는 주식시장을 집어삼켰을 뿐만 아니라 투자자들의 재산과 장밋빛 미래까지 집어삼켰다.

이날 정오 무렵, 절망적인 상황에서 대형 은행장들이 JP 모건 사무실에 모였다. 이들은 폭락하는 증시와 엄습하는 공황의 검은 그림자를 떨쳐내느라 안절부절못했다. 그러나 한심하게도 이들이 내놓은 해결책이라곤 증시 안정을 위해 조성한 2000만 달러를 투입하고 '은행들이 폭락하는 주가를 내버려두지 않을 것'이라는 뜬소문을 퍼뜨리는 것뿐이었다.

이 한심한 노릇에 앞장선 사람은 증권거래소 부총재 리처드 휘트니였다. 그는 증시의 우량주를 매입하면서 은행장들이 지어낸 허망한 뜬소문을 퍼뜨렸다. 이런 눈물겨운 노력 덕분일까. 금요일과 토요일 증시는 다소 진정되는 듯했다. 하지만 펀드에 2000만 달러를 투입하고 뜬소문을 퍼뜨려 진정될 상황이 결코 아니었다.

주말을 지난 10월 28일 월요일, 투자자 몇 사람이 자살했다는 소문이 들려왔고 주가는 또다시 곤두박질치기 시작했다. 그리고 하루가 지난 10월 29일 대재앙의 쓰나미가 마침내 증시를 덮쳤다. 살풍경한 이날 뉴욕증권거래소 분위기는 이렇게 전해진다.

투기꾼들이 상환 자금을 마련하기 위해 보유 주식을 집어던지기 시작했고, 투매와 공황이 뉴욕증권거래소를 휩쓸었다. 증권사에서 증권거래소 플로어로 파견된 브로커들은 메신저들의 머리를 휘어잡기도 했고, 마치 미친 사람처럼 고래고래 소리를 내질렀다.
뉴욕증권거래소의 각종 설비들이 고장을 일으키자 공황 사태는 더욱 악화되었다. 대서양 해저케이블이 불통되고 주가표시기가 고장을 일으켰으며, 전화선도 통화량 폭증으로 불통되었다. 전보 역시 증권사들의 마진론 상환 요구 폭주로 제 기능을 수행할 수 없었다. (……) 거래가 끝나고 두 시간 만에 겨우 작동된 주가표시기에 나타난 주가지수는 또 한 번 시장 참여자들을 공황 상태로 몰아넣었다. (……) 브로커들은 이날을 '백만장자가 참수당한 날'이라고 불렀다.

— 에드워드 챈슬러, 《금융투기의 역사》, 323쪽.

　이날 증시는 개장하자마자 매물로 넘쳐났다. 장세는 날개 없이 추락했고 아무도 그 끝을 가늠할 수 없었다. 이날 다우지수(다우존스산업평균지수)[1]는 지난 토요일에 비해 평균 23퍼센트나

---

1. 다우존스산업평균지수Dow Jones industrial average는 1884년 미국 《월스트리트 저널》 편집장인 찰스 다우Charles H. Dow가 창안해낸 주가지수이다. 다우지수는 뉴욕증권시장에 상

하락했다. 한 달 전인 9월과 비교하면 40퍼센트나 추락한 것이다. 일주일 전 혹시 주가가 오르지 않을까 하는 기대로 주식을 샀던 사람들은 헐값에 되팔아야 했다.

더 큰 문제는 이것이 대재앙의 끝이 아니라 시작이라는 사실이었다. 당시 경제 상황은 지옥을 향해 끝이 보이지 않는 터널 속을 달리는 열차 같은 형국이었다. 대공황을 알린 1929년 10월 한 달 동안 무려 320억 달러가 증시에서 소리 소문 없이 사라졌다. 10월 1일 뉴욕증권거래소에 상장된 주가총액은 870억 달러였으나 한 달이 지난 11월 1일에는 550억 달러로 폭락해 있었다. 그리고 해가 바뀐 1930년 3월 주가총액은 190억 달러에 지나지 않았다. 불과 6개월 사이에 미국이 1차대전을 치르기 위해 쏟아 부은 300억 달러의 두 배가 넘는 680억 달러가 사라진 것이다.

주가가 폭락하자 집과 땅을 저당 잡히고 빌린 돈으로 주식을 샀던 사람들은 졸지에 알거지 신세가 되었다. 은행들 또한 주가 폭락으로 돈을 회수하지 못해 줄줄이 파산의 길로 들어섰다. 1929년부터 1934년까지 미국 은행 2만 5000개 가운데 9000개가 문을 닫았다. 이로 인해 900만 개의 저금통장이 쓸모없는 휴지 조각으로 변해버렸다.

은행들이 줄줄이 쓰러지는 상황에서도 미국 정부는 금본위제를 지켜야 한다며 달러 지원을 거부했다. 시장개입은 죄악이라

장된 주식 가운데 우량기업 주식 30개 종목을 표본으로 시장가격을 평균하여 산출하는 주가지수로 'DJIA' 또는 'Dow'라고도 부른다.

여겨 팔짱을 낀 채로 자살하는 개미 투자자들과 도산하는 기업들, 쓰러져가는 은행들을 그저 바라만 볼 뿐이었다.

미국 제31대 대통령 허버트 후버. 상무장관을 거쳐 대통령에 당선했으나 대공황이라는 재앙 앞에서는 속수무책이었다.

증시에서 촉발된 붕괴의 도미노는 은행들을 쓰러뜨린 다음 실물경제로 옮겨갔다. 은행의 파산으로 자본과 신용을 공급받지 못한 기업들은 연이어 도산했고 공장들은 폐업하느라 바빴다. 수많은 노동자들이 실업으로 내몰렸다. 상황은 심각했고 사태는 처참했다. 그러나 정부와 자본가들은 막연한 낙관론에 빠져 헤어 나오질 못했다. 사태가 이런데도 대통령 허버트 후버Herbert Hoover는 대다수 경제학자들이 그랬던 것처럼 공황은 단지 경기순환의 일부일 뿐이고 "이번에도 약간의 혼란은 있겠지만 곧 위기 상황을 벗어날 것"이라며 근거 없는 낙관론을 펼쳤다. 그러나 이번엔 사정이 달랐다. 후버가 "이제 한 고비 지났다"고 말할 때마다 상황은 더욱 나빠졌다. 그뿐만이 아니었다. 실업자들이 궁여지책으로 과일 행상에 나서자 후버는 "많은 노동자들이 이문이 좋은 사과 장사를 하려고 직장을 떠났다"라고 상황을 엉뚱하게 호도했다.

자본가들은 한술 더 떴다. 기회 있을 때마다 공황은 게으른 노동자들 때문이라고 비난했던 헨리 포드는 공장을 폐쇄하고 노동자 7만 5000명을 해고했다. 그런 다음 이렇게 말했다. "아이들에게는 여행을 시키는 것이 세상에서 가장 좋은 교육이야! 학교에서 배울 수 없는 것들을 단 몇 달 동안에 경험할 수 있거든."

이렇게 1차대전 이후 영원할 것만 같았던 미국의 장밋빛 미래는 산산조각이 났다. 대공황의 늪에 빠진 미국의 각종 경제지표는 참담하기만 했다. 미국 정부가 발표한 1932~33년 실업률은 27퍼센트였으나 체감 실업률은 40~50퍼센트에 달했다. 그 결과 1930년 300만 명이던 실업자가 1933년에 이르면 1500만 명으로 늘어났다. 1923년에서 1925년 사이 각종 산업지수를 100으로 잡고 비교하면 1933년 미국 공업생산은 60으로 줄어들었다. 또 건축은 14, 고용은 61, 노동자 임금은 38 정도밖에 되지 않았다. 국민 총생산의 경우 1928년 850억 달러를 찍어 정점에 이른 뒤 1930년 680억 달러, 1932년에는 370억 달러로 급격하게 하락했다.

한마디로 검은 목요일이 몰고 온 1930년대의 대공황은 자유방임주의가 낳은 비극이었다. 1920년대 호황기를 맞아 미국 경제는 생산력이 발전하는 가운데 이윤이 급상승했고 자금은 증시로 몰려들었다. 그러나 투기로 얻은 이익과 생산력 발전으로 창출된 어마어마한 이윤은 부자들이 독차지했고 노동자들의 임금은 제자리걸음을 했다. 이런 가운데 헨리 포드가 고안한 새로운 시스템은 상품을 대량으로 쏟아냈다. 문제는 노동자들의 임금으로는 쏟아져 나오는 상품을 소비할 수가 없다는 사실이었다. 증시 과열과 함께 수요를 한참 웃도는 상품 생산은 대공황을 향해 째깍이며 돌아가는 시한폭탄이 되고 말았다.

이런 상황인데 미국 정부는 강 건너 불구경하듯 사태를 지켜볼 뿐이었다. 당시 정책 담당자들은, 자유방임 상태로 놓아두면 '보이지 않는 손'에 의해 시장이 조절될 거라고 믿었다. 이런 믿음은 19세기 이후 주기적으로 닥쳐온 공황을 그때마다 무난히 극복했다는 경험의 산물이기도 했다. 그러나 대공황의 한파는 자유방임주의에 대한 허황된 믿음과 환상을 단번에 깨뜨려버렸다. 이로써 '보이지 않는 손'이라는 신화는 꾸며낸 이야기라는 사실이 분명해졌다. 자유방임주의가 키워낸 탐욕은 생산력 발전에는 유용했는지 몰라도 재화를 나눠 쓰는 지혜와는 거리가 멀었다. 그 결과 인류는 일찍이 경험해보지 못한 대공황에 빠져들었고 자유방임주의는 처참하게 몰락했다.

기억 둘: 1987년 10월 19일, 이란 유정과 뉴욕증시 폭파되다

그해 블랙 먼데이는, 10월 6일 다우지수가 91포인트 하락하면서 예고됐다. 일주일이 지난 10월 14일 95포인트가 하락한 데 이어 10월 16일에는 109포인트가 떨어졌다. 그리고 운명의 1987년 10월 19일이 밝았다. 이날 아침 7시 미 국방장관 캐스퍼 와인버거Caspar Weinberger는 기자회견을 열었다. 미국 전역으로 생중계된 기자회견에서 와인버거는 미국 구축함 네 척이 페르시아 만에 있는 이란 유정油井 두 곳을 폭파했다며 기염을 토했다.

사실 파괴된 것은 페르시아 만의 유정뿐만이 아니라는 사실을 당시에는 아무도 눈치채지 못했다. 와인버거의 기자회견은 가뜩이나 불안한 투자자들의 심리를 자극했고, 이는 뉴욕증권거래소에서 째깍이던 시한폭탄의 뇌관을 건드린 거나 마찬가지였다.

불길한 조짐 속에 뉴욕증권거래소가 문을 열자 매물들이 쏟아졌다. 숨 가쁘게 쏟아지는 매도세에 주가는 잠시 자맥질했으나 이내 끝 모르게 가라앉았다. 결국 이날 뉴욕증시는 다우지수가 508포인트(22.6퍼센트) 폭락한 채 폐장됐다. 1929년 10월의 비극에 버금가는 사태였다. 뉴욕증시의 시가총액은 10월 14일 2조 8000억 달러였으나 블랙 먼데이를 거치며 1조 9000억 달러로 대폭 줄어들었다. 불과 1주일 사이에 9000억 달러의 돈이 사라지고 만 것이다.

블랙 먼데이의 검은 그림자는 뉴욕증시를 폭락시킨 다음 세계 곳곳으로 번져갔다. 10월 20일 시차에 따라 맨 먼저 문을 연 도쿄 증시는 620포인트 하락했고, 런던 증시는 183포인트 떨어졌다. 420포인트가 하락한 홍콩 증시는 아예 1주일간 문을 닫았다. 이처럼 미국발 블랙 먼데이의 파장으로 세계 증시는 한바탕 요동을 쳤다.

사태가 심상치 않게 돌아가자 미국 정부는 증시 안정을 위해 긴급조치를 발동했다. 연방준비제도이사회FRB는 금융시장을 안정시키기 위해 무제한 자금 공급과 금리인하 방침을 발표했다. 이를 시작으로 FRB는 4개월간 다섯 차례에 걸쳐 총 0.81퍼센트의 금리를 인하했다. 이 같은 대증요법에도 다우지수가 블랙 먼데이 이전 수준으로 회복하기까지는 1년 3개월이 걸렸다.

1987년 블랙 먼데이는 미국 정부의 금리인상 발표와 이란 유정 폭격이 직접적인 계기로 작용했다. 그러나 근본 원인은 따로 있었다. 바로 누적된 무역적자와 재정적자였다. 1981년 출범한 레이건 행정부는 고소득층에 대한 세금을 인하하고 국방비를 대폭 증액했다. 수입은 줄고 지출이 늘자 사회복지비를 대폭 삭감했으나 늘어난 국방비로 인해 생긴 구멍을 메우기에는 역부족이었다.

여기에 레이건 행정부는 군산복합체를 중심으로 국내 산업을 재편했다. 그 결과 미국의 산업구조에서 군산복합체가 차지하는 비중이 더욱 높아져 제조업의 경쟁력은 형편없이 약화됐다. 이 같은 산업구조의 편중은 제조업의 경쟁력 약화와 무역적자로 나타나 미국 경제를 적자의 늪에 빠뜨렸다. 만성적인 적자의 늪에 빠지자 미국은 일본과 서독에서 달러를 빌려와 국제수지 종합계정을 흑자로 메울 수밖에 없었다.

반면 막대한 무역흑자를 바탕으로 형성된 일본과 서독 자본은 미국의 금융시장으로 몰려들었다. 1985년 이후 일본과 서독의 금융기관들은 미국의 국채와 회사채는 물론 주식을 대량으로 사들이기 시작했다. 이 시기 미국의 주식시장에 투자된 일본 자본은 1985년 10억 달러, 1986년 70억 달러, 1987년 168억 달러로 급격히 늘어났다. 같은 기간 미국 금융시장에 투자된 일본 자본의 총규모는 1985년 535억 달러, 1986년 930억 달러, 1987년 733억 달러에 이른다. 여기에 서독을 비롯한 유럽 자본까지 합산할 경우 미국 시장에 유입된 외국 자본은 상상을 초월한 규모였다.

과장을 조금 섞어 말하자면 미국은 일본과 서독 자본 위에 떠 있는 섬 같아서 만성적인 인플레이션과 고금리에 시달려야 했다. 주식의 실질가치는 감소했고, 고금리로 인해 증시에 투자된 자금이 은행으로 몰려들었다. 이런 상황에서 미 재무부장관의 금리인상 발표는 동요하던 증시에 폭탄을 떨어뜨린 격이었다.

기다렸다는 듯이 주요 기관투자자(특히 일본 증권회사)들은 대량으로 주식을 내다 팔기 시작했다. 기관투자자들이 주식을 팔기 시작하자 개미 투자자들 또한 매도 대열에 합류했다. 이리하여 뉴욕증시는 1987년 10월 19일을 기해 대폭락하고 말았다.

그런데 1987년 블랙 먼데이의 여파는 1929년에 비해 미미했다. 정부의 적극적인 개입의 결과였다. 블랙 먼데이로 주가가 폭락하자 FRB는 증시를 진정시키기 위해 능동적으로 움직였다. 각국 중앙은행들과 협력하여 사태가 금융공황으로 번지는 것을 막았고, 결국 1987년 블랙 먼데이의 후폭풍은 실물경제의 위기로 번지지 않고 진화되었다.

사태는 수습되었으나 블랙 먼데이의 그림자 속에 감춰진 고민까지 숨길 수는 없었다. 바로 빚더미에 올라앉은 미국 경제의 실상이었다. 1929년 검은 목요일이 닥쳤을 때 미국은 신흥 채권국의 위치에 있었다. 당시 빚에 허덕이는 나라는 영국이었고 미국은 1차대전 이후 급증한 대유럽 수출 덕분에 막대한 무역흑자를 기록한 부자 나라였다. 그러나 50여 년이 지난 1987년 미국 경제는 3682억 달러의 빚에 짓눌린 초라한 행색이었다.

또한 1987년 블랙 먼데이를 살펴보면서 놓쳐서는 안 될 사실은 이때를 기점으로 금융자본주의가 세계경제를 지배하기 시작했다는 점이다. '작은 정부', '규제완화'를 모토로 레이건 정부가 추진한 신자유주의는 1980년대 중반을 거치면서 글로벌 금융체제로 변모했다. 이제 초국적 투기자본은 동네 은행 문을 드나드는 것보다 손쉽게 국경을 넘나들기 시작했다. 이윤이 있는 곳이라면 외환시장, 채권시장, 주식시장을 가리지 않고 검은손을 뻗치는 잡식성 공룡으로 성장했다. 그 결과 1980년대 중반 선진 각국의 금융시장 성장세는 GNP 신장률을 크게 앞지른다. 이 시기 G5(미·일·독·프·영)의 금융시장 규모는 1980년 10조 5000억 달러에서 1988년 28조 1000억 달러로 2.7배 늘어났다. 반면 명목 GNP는 5조 8000억 달러에서 10조 8000억 달러로 1.9배 증가하는 데 그쳤다. 1992년의 경우 세계의 외환거래량은 약 275조 달러였다. 그런데 문제는 275조 달러 가운데 교역에 의한 외환거래는 5조 2000억 달러에 불과한 반면 나머지 270조 달러는 국경을 넘나드는 투기자본이었다는 사실이다.

바야흐로 세계는 실물경제보다 금융자산을 통해 훨씬 더 많은 이익을 거두는 금융자본주의 시대에 진입한 것이다. 따라서 1987년 10월 19일의 블랙 먼데이는 자본이 먹잇감을 찾아 하루 24시간 내내 움직이는 '돈이 일하는 경제Money Working Economy' 시대에 진입했음을 알리는 신호였다. 동시에 그해 블랙 먼데이는 20여 년 후 미국 주도의 금융자본주의가 어떻게 파산할지를 보여주는 예고편이기도 했다.

기억 셋: 2008년 9월 29일, 서브프라임 폭탄이 터지다

블랙 먼데이의 끔찍한 기억이 되살아난 것은 2008년 9월의 일이다. 2008년 9월 29일 오후 1시 30분, 뉴욕 월가의 증권거래소. 투자자와 증권업자들은 굳은 표정으로 객장에 설치된 텔레비전을 지켜보고 있었다. 미하원에서 사상 최대 규모의 구제금융법

미국 다우지수 폭락 추이

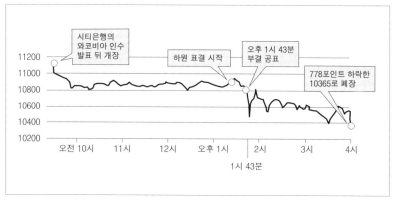

자료: 《한겨레신문》 2008년 10월 1일자.

안을 놓고 표결을 벌이는 상황이 생중계되고 있었던 것이다.

이날 오전 다우지수는 210포인트 떨어진 상태. 1시 42분이 되자 292포인트가 더 떨어졌다. 그리고 1시 43분 '구제금융안 부결'이라는 자막이 텔레비전 화면을 장식했다. 이 자막을 신호로 5분도 지나지 않아 지수는 700포인트 이상 폭락했다. 이 순간 객장 전광판은 3073개 종목이 하락세로 돌아섰음을 알렸다. 상승 종목은 단 162개뿐. 눈 깜짝할 사이 무려 1조 2000억 달러가 봄날의 신기루처럼 허망하게 사라졌다.

이날 다우지수는 주가 총액의 7퍼센트에 달하는 777.68포인트가 폭락했다. 나스닥지수도 2004년 4월 이후 가장 큰 폭인 9.14퍼센트 하락했다. 스탠더드 앤드 푸어스S&P 500지수(이하 S&P500지수)의 경우 8.79퍼센트 하락해 2004년 10월 이후 최저 수준으로 떨어졌다. 주가 폭락의 여파는 최첨단 기업에도 예외 없이 밀어닥쳤다. 애플의 주가는 18퍼센트, 구글의 주가는 11.6퍼센트가 하락했다. 로이터 통신은 증권회사 관계자의 말을 인용해 "괴물 같은 공포는 이제 미국만의 문제가 아니다"라고 타전했다.

뉴욕발 블랙 먼데이의 충격은 일파만파로 번져갔다. 이날 런던증권거래소의 푸치FTSE지수는 5.30퍼센트 떨어졌고, 프랑크푸르트증권거래소의 닥스DAX지수도 4.23퍼센트 빠졌다. 브라질 상파울루증권거래소의 보베스파지수는 9.36퍼센트가 하락해 사이드카가 발동됐다. 닛케이지수는 4.12퍼센트, 오스트레일리아 S&P/ASX200지수는 4.3퍼센트 하락했다.

증시에서 시작된 패닉은 실물경제로 옮겨갔다. 상품 수요 감소에 대한 우려로 유가는 10달러가 폭락했고 옥수수·니켈·백금 가격도 덩달아 떨어졌다. 상대적으로 안전한 금값은 9월 29일 뉴욕상업거래소에서 12월 인도분이 전주보다 5.90달러가 오른 894.40달러로 마감됐다.

그리고 일주일이 지난 10월 6일, 또 한 차례의 블랙 먼데이가 뉴욕증시를 강타했다. 아시아에서 시작된 주가폭락 사태는 유럽 증시에 이어 뉴욕증시를 강타했다. 이날 다우지수는 뉴욕증권거래소가 개장하자마자 200포인트 넘게 급락했다. 하락이 시작된 다우지수는 오전 10시가 되자 300포인트가 더 떨어져 심리적 방어선인 1만 선을 무너뜨렸다. 다우지수 1만 선이 무너진 것은 2004년 10월 이후 4년 만의 일로 2007년 10월 11일 기록한 최고점인 1만 4198포인트에 비해 4000포인트 넘게 떨어진 것이다. 이렇게 연속 발생한 블랙 먼데이의 후과로 2007년 10월 말부터 약 1년 동안 세계증시에서 사라진 돈은 무려 21조 6900억 달러(원화 2경 6000조 원)에 이른다.(《조선일보》 2008년 10월 4일자)

이 처참한 주가폭락은 미국발 서브프라임 모기지 사태에서 비롯됐다. 서브프라임 사태의 초기인 2007년 말까지만 해도 미국의 경제공황을 예견하는 사람은 드물었다. 그러나 2008년 3월 14일 투자은행 베어 스턴스Bear Stearns가 파산하면서 미국의 경제공황은 기정사실로 받아들여졌다. 이는 서브프라임 부실이 금융시장을 넘어 내수와 고용 등 경제 전반으로 번졌다는 증거였다.

이렇게 확산된 공황의 징후는 2008년 9월 현실로 나타났다. 9월 7일 프레디 맥Freddie Mac과 패니 메이Fannie Mae에 공적자금 2000억 달러가 투입되었는데 이는 서막에 불과했다. 일주일 뒤인 9월 14일에는 미국 4위의 투자은행 리먼 브러더스Lehman Brothers가 허망하게 무너졌다. 그리고 이날 뱅크 오브 아메리카BoA는 메릴 린치Merrill Lynch를 인수한다고 밝혔다. 이틀 뒤인 9월 16일 연방준비제도이사회는 파산 위기에 몰린 미국 최대 보험사인 AIG에 850억 달러의 구제금융을 투입한다고 발표했다.

투자은행에서 시작된 파산 행렬로 금융기관들이 차례로 쓰러졌고 주가는 끝 모를 나락으로 떨어졌다. 상황이 다급해지자 미국 정부는 7000억 달러를 투입하는 구제금융법안을 발표했다. 대통령 부시는 법안 승인을 호소했고 재무장관 헨리 폴슨은 '대공황의 위험'을 들먹이며 하원의원들을 설득하려 애썼다.

그러나 구제금융법안에는 보통 미국인들을 구제하기 위한 내용은 전혀 포함돼 있지 않았다. 미국 전체 1억 2000만 가구 가운데 40퍼센트에 해당하는 5000만 가구가 모기지 대출을 받았고, 서브프라임 대출을 받은 가구는 750만 가구(전체 모기지 대출의 15퍼센트)나 되었다. 이중 500만 가구가 모기지 대출을 연체

2008년 9월 미국 금융위기 주요 일지

9월 7일	정부 보증 모기지 업체 패니 메이, 프레디 맥, 2000억 달러 공적자금 투입 결정.
9월 14일	4위 투자은행 리먼 브러더스 파산 보호 신청.
9월 14일	뱅크 오브 아메리카(BOA) 메릴 린치 500억 달러에 인수 결정.
9월 16일	미국연방준비제도이사회 AIG에 850억 달러 투입(지분 79.9퍼센트 인수).
9월 18일	미국 증권거래위원회(SEC) 공매도 잠정 금지. 각국 중앙은행 대규모 유동성 공급.
9월 19일	102년 역사의 미국 저축은행 아메리칸 뱅크 파산. 로이드 TSB 그룹, 영국 최대 모기지 업체인 할리팩스 뱅크 오브 스코틀랜드 (HBOS) 인수 결정.
9월 20일	헨리 폴슨 재무장관, 7000억 달러 구제금융법안 의회 승인 요청.
9월 21일	미국 최대 투자은행 골드만 삭스와 모건 스탠리, 은행지주회사 전환 신청.
9월 25일	JP 모건 체이스, 미국 최대 저축대부조합 워싱턴 뮤추얼(WM)을 19억 달러에 인수.
9월 29일	미국 하원 구제금융법안 부결(찬성 205, 반대 228).
9월 29일	영국 정부, 모기지은행 브래드 포드 앤드 빙글리(B&B) 국유화 결정.
10월 1일	미국 상원 구제금융법안 수정안 의결(찬성 74, 반대 25).
10월 3일	미국 하원 구제금융법안 의결(찬성 263, 반대 171).
10월 4일	유럽 4개국(프랑스, 독일, 영국, 이탈리아) 정상 금융위기 공조, 공동기금 조성 합의는 실패.
10월 5일	미국 6위 상업은행 와코비아 인수를 둘러싸고 웰스 파고와 시티 은행 분쟁.

출처: 〈미국 경제, 7천 억 응급치료로 살아날까?〉, 새사연 보고서 2008년 10월 6일자.

했거나, 주택을 차압당해 거리로 쫓겨난 신세였다. 그런데도 미국 정부는 이들을 외면했다. 오로지 국민들의 세금을 동원해 문제를 일으킨 금융회사들을 살리는 데만 골몰했다.

이를 두고 미국인들은 금융 사기극이라고 분노했다. 분노한 민심 앞에서 2008년 11월 4일 대선과 함께 치러질 의회선거를 앞두고 있던 의원들은 동요할 수밖에 없었다. 그 결과 9월 29일 미 하원에 제출된 구제금융법안은 찬성 205표, 반대 228표, 기권 1표로 부결되고 말았다.

조지 부시와 당시 재무장관 헨리 폴슨이 정부 입장을 발표하고 있다.

　구제금융법안이 부결되자 부시 행정부는 민심을 달래기 위해 법안에 몇 가지 수습책을 끼워 넣었다. 이렇게 수정된 구제금융법안은 이례적으로 상원의 승인을 거친 다음 10월 3일 하원에 재상정되어 찬성 263표, 반대 171표로 통과되었다. 그리고 대통령 부시는 서둘러 451쪽에 이르는 구제금융법안에 서명했다.

　구제금융법안 문제는 이렇게 일단락됐으나 공황의 공포까지 떨쳐낼 수는 없었다. 서브프라임 사태의 초기 단계였던 2007년 사사분기 미국 경제는 -0.6퍼센트 성장했다. 해가 바뀐 2008년 일사분기에는 -0.9퍼센트 성장해 경기침체의 시름은 더욱 깊어만 갔다. 블랙 먼데이의 한파가 휩쓸고 간 2008년 9월 미국 공급관리자협회ISM가 발표한 제조업지수는 7년 만에 최저치를 기록했다. 구제금융법이 통과되던 2008년 10월 3일 미국 노동부는 9월 비농업 부문 일자리가 15만 9000개나 줄었다고 발표했다.

공황의 그림자는 예외 없이 경상수지에도 드리워졌다. 미국 정부의 발표에 따르면 2008년 회계연도(2007년 10월～2008년 9월) 재정적자는 4548억 달러에 달했다. 이 같은 재정적자는 미국 국내총생산GDP의 3.2퍼센트에 해당하는 것으로 2007년 1615억 달러에 비해 세 배 가까이 늘어난 수치였다.

상황이 이런데도 미국 정부는 파산한 금융자본주의를 연명하기 위해 빚을 끌어와 응급처지를 해야만 했다. 구제금융법안 통과 이후 미국은 구제금융에 필요한 7000억 달러와 추가 경기부양에 필요한 자금까지도 외국에서 빌려와야 했다. 이 사실 하나만으로도 신자유주의의 핵심 근거였던 '시장의 자기 치유력'이란 근거 없는 신화라는 사실이 명백해졌다. 이로써 신자유주의 신화는 파탄 났고, 1차대전 이래 영원할 것만 같았던 팍스 아메리카나의 세기도 종말을 고했다.

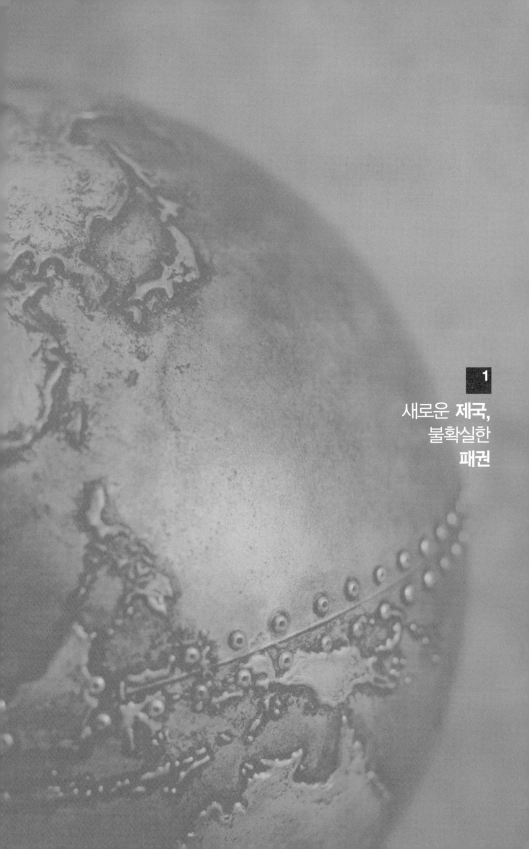

1

새로운 **제국,**
불확실한
패권

역사의 전환점, 1차대전

—— 제국의 번영은 시작되고

독일의 비밀 전보

독일 외무장관 아르투어 치머만Arthur Zimmermann은 1917년 1월 16일 멕시코 주재 독일대사 펠릭스 폰 에카르트에게 전보 한 통을 보낸다. 당시 독일은 미국이 1차대전에 참전하는 것을 무엇보다 경계했기에 멕시코와 동맹을 맺고 일본을 부추겨 미국을 침공하는 계책을 세워두었다. 치머만의 전보는 이런 책략을 하달하는 것으로, 내용은 대략 이랬다. 미국이 중립을 포기하고 1차대전에 참전하는 것을 막기 위해 멕시코를 부추겨 미국을 침공하도록 유도한다. 이럴 경우 독일은 멕시코가 미국에 빼앗긴 텍사스, 뉴멕시코, 애리조나를 되찾을 수 있도록 군사적, 경제적 지원을 아끼지 않는다. 또한 멕시코가 일본을 설득, 일본이 연합국에서 빠져나와 하와이를 공격하도록 유도한다는 것이다.

그런데 운 나쁘게도 치머만의 전보는 영국 해군정보부에 탐지되어 곧바로 암호해독반 40호실[1]로 넘겨지고 만다. 독일은 '누구도 해독할 수 없을 것'이라고 자기네 암호체계를 자랑했으나 이는 영국 해군정보부 40호실에서 어렵지 않게 해독되었다.

1917년 2월 24일 미국 대통령 우드로 윌슨Woodrow Wilson은 영국 정부로부터 치머만의 전보를 건네받는다. 닷새가 지난 1917년 3월 1일, 미국 신문들은 일제히 '독일, 미국 침략 동맹 추진'이라는 제목으로 치머만의 전보 사건을 대대적으로 보도하기 시작했다.

전보의 내용이 공개되자 미국민은 아연실색했다. 도저히 믿기 어려운 내용인지라 영국 정보기관이 꾸며낸 것이라는 음모론까지 나돌았다. 하지만 근거 없는 음모론으로 미국인들의 반독 감정과 참전 여론을 무마할 수는 없었다. 결국 치머만의 전보는 관망하던 미국을 유럽대륙의 전장으로 불러낸 이유 중 하나였다.

이런 가운데 1917년 3월 미국민을 자극하는 또 하나의 사건이 발생했다. 바로 독일 잠수함이 미국 상선 세 척을 침몰시킨 것이다. 참전 여론은 더욱 거세졌고, 윌슨은 "독일의 무차별 잠수함 공격에 방관하지 않겠다"라는 입장을 발표하고 대서양을 오가는 미국 상선들에 무장을 지시했다. 이제 미국의 참전은 기정사실이 되었다. 어쩌면 예정된 수순이었는지도 모른다. 전쟁 초

---

1. 1차대전 당시 영국의 암호해독반을 가리키는 암호명이다. 영국은 1차대전이 발발하자 독일이 설치한 대서양의 해저케이블을 모두 끊어버렸다. 독일은 해저케이블이 절단되어 유선 통신이 불가능해지자 모든 전문을 암호화하여 무선통신으로 보내기 시작했다. 이에 영국은 독일의 무선통신을 탐지 해독할 전담 부서를 설치하는데 바로 이것이 1914년 창설된 40호실이다. 40호실이란 명칭은 영국 해군사령부에 있던 암호해독반의 방 번호에서 유래했다.

의회에서 1차 세계대전 참전을 선언하는 우드로 윌슨 대통령.

기부터 미국은 대규모 자금을 연합국에 지원했다. 모건 은행은 1915년 9월, 영국에 5억 달러의 차관을 제공했으며 미국이 참전할 무렵엔 15억 달러의 자금을 지원하고 있었다. 프랑스도 영국과 비슷한 규모의 자금을 미국으로부터 지원받고 있는 형편이었다.

이런 가운데 윌슨은 두 번째 임기가 시작된 지 한 달도 지나지 않아 참전 승인을 의회에 요청한다(당시 대통령의 임기는 1월 20일부터가 아니라 3월 초부터였다). 이리하여 의회에 상정된 1차대전 참전안은 상원에서 찬성 82표, 반대 6표, 하원에서 찬성 373표, 반대 50표를 얻어 승인되었다.

1917년 4월 6일 대통령 윌슨은 "우리는 독일인과 싸우는 것이 아니다. 민주주의의 적과 싸우는 것이다"라는 선전교서宣戰敎書를 발표한다. 이로써 미국은 연합국의 일원이 되었다. 윌슨의 선전교서는 미국인들의 가슴에 불을 댕겼으며 젊은이들은 용기 백배하여 전쟁이 한창인 유럽 서부전선으로 떠났다. 미국이 참전을 선언하자 쿠바·파나마·아이티·브라질·과테말라·니카라과·코스타리카·온두라스도 독일에 선전포고를 했다.

아메리카대륙 국가들이 독일을 향해 거침없이 전쟁을 선포하는 가운데 멕시코 대통령 베누스티아노 카란사Venustiano Carranza는 1917년 4월 14일 다음과 같이 발표한다. "멕시코가 옛 영토를 돌려받을 경우 또 다른 문제를 야기할 것이며 이럴 경우 미국과의 전쟁은 불가피해진다. 또한 독일은 미국과 적대 관계를 유지하는 데 필요한 무기를 제공할 능력이 없다." 독일의 책략을 일축해버린 것이다.

이로써 치머만의 전보는 원래 의도와 달리 정반대 결과를 가져오고 말았다. 1차대전이 발발했을 때만 해도 미국은 '명예로운 고립'을 표명했다. 특히 대통령 윌슨은 1916년 치러진 대선에서 "그가 전쟁으로부터 우리를 구했다"라는 슬로건으로 재선되었을 만큼 참전에 부정적이었다. 그러나 독일의 연이은 도발과 치머만 전보 사건을 계기로 윌슨은 중립을 버리고 1차대전에 뛰어들기로 결심하기에 이른다.

미국이 참전 신언을 했을 무렵 연합국은 궁지에 몰려 있었다. 영국 상선이 독일 잠수함의 공격을 받아 영국 국민들은 굶주림에 시달렸다. 동맹국인 프랑스 군대는 열악한 처우에 폭동을 일으킬 판이었다. 영국 상선들이 독일 잠수함을 피해 지중해 대신

'엉클 샘은 당신이 미 육군에 입대하기를 원한다'(제임스 몽고메리 플래그의 1917년 포스터).

아프리카 남단 희망봉을 돌아 우회하는 바람에 이탈리아의 적지 않은 공장들은 가동을 중단해야 했다. 게다가 제정 러시아가 무너지자 연합군이 패배할 것이라는 소문까지 나돌았다.

독일 황제 빌헬름 2세. 킬 군항의 수병들이 반란을 일으키고 노동자들이 파업을 일으키자 퇴위를 선언했다. 이로써 1차대전이 막을 내리게 되었다.

독일군의 대공세는 1918년 봄까지 계속됐다. 이때까지만 해도 독일군 병력은 156만 명으로 연합군(125만 명)에 비해 우세했다. 연합군은 1918년 7월, 마침내 전세를 역전시켜 우위를 점하기 시작했다. 상황이 바뀐 원인 중 하나는 미국의 대병력이 유럽에 상륙했기 때문이다.

한편 미국 대통령 윌슨은 1918년 1월 8일 상하 양원 합동회의에서 14개조의 평화 원칙을 발표한다. 주요 내용은 공해公海에서 자유로운 항해, 무역자유화, 비밀 외교 폐지, 군비축소, 민족 자결, 식민지 주권 옹호, 세계평화를 위한 국제기구 창설 등이었다. 윌슨이 14개조 평화 원칙을 발표하자 프랑스 총리 조르주 클레망소는 "모세도 십계十戒밖에 안 주었는데"라고 비꼬았다. 그러나 윌슨이 발표한 14개조 평화 원칙은 독일을 비롯한 동맹국들과 전후 개최된 파리평화회의에 상당한 영향을 미쳤다.

이런 가운데 마케도니아 전투에서 패배한 불가리아가 동맹국 중 처음으로 항복을 선언한다(1918년 9월 30일). 그리고 한 달 후인 10월 30일 이번에는 오스만투르크제국이 항복을 선언했다. 동맹국들의 항복 선언이 잇따르자 독일은 연합국 측에 휴전협상을 제안하면서 윌슨이 발표한 14개조 평화 원칙을 받아들일 용의가 있다고 밝혔다. 그러나 영국과 프랑스는 민간인 피해를 거론하며 독일의 제안을 일언지하에 거부해버린다.

1918년 11월 3일 이번에는 동맹국의 주축이었던 오스트리아-헝가리제국이 항복을 선언한다. 그리고 같은 날 북부 독일 킬 군항에서 수병들이 반란을 일으켰다. 며칠이 지나자 독일 전역에서 군수품 생산에 지친 노동자들이 파업에 돌입했으며 베를린에서는 친위대들이 소요사태를 일으켰다. 이렇게 되자 독일 제국의 황제 빌헬름 2세는 퇴위를 선언(1918년 11월 9일)할 수밖에 없었다.

마침내 1918년 11월 11일 독일은 연합국에 항복을 선언, 4년 4개월 동안 지속된 1차대전은 대단원의 막을 내렸다.

너무나 가혹한 베르사유조약

전쟁이 끝나자 전후 문제를 처리하기 위해 파리평화회의(베르사유강화회담)[2]가 열렸다. 1919년 1월 18일 시작된 회담은 1920년 1월까지 지속되었다. 회담은 실로 험난할 터였다. 회담에 임하

---

2. 파리평화회의Peace Conference at Paris는 1919년 1월 18일부터 6월 28일까지 진행된 기본 협의(평화회의)와 1920년 1월 21일까지 계속된 패전국과의 조약협상(강화회의)으로 진행됐다. 1919년 6월 28일 체결된 베르사유조약은 전쟁의 주요 당사자인 독일과 연합국 간에 조인된 강화조약이다.

파리강화회의에서 담소하는 로이드 조지 영국 총리, 오를란도 이탈리아 총리, 클레망소 프랑스 총리, 윌슨 미국 대통령.(왼쪽부터)

는 프랑스의 목표는 '독일이 다시 일어서지 못하게 하는 것'이었다. 영국의 입장은 "우리는 레몬을 짜내듯 독일을 짜고 또 짤 것이다. 그 안의 씨가 으스러지도록"이라는 해군장관 에릭 게디스의 발언이 대변했다. 이런 분위기에서 합리적인 결과란 애당초 기대하기 어려웠다.

　회담을 주도한 나라는 영국, 프랑스, 미국이었다. 패전국인 독일과 동맹국에는 아무런 발언권도 허락되지 않았다. 오직 수용과 굴종만이 있을 뿐이었다.

　베르사유조약은 1919년 6월 28일 베르사유 궁전 거울의 방에서 연합국과 독일이 전쟁 당사국으로 조인했다. 48년 전 보불전쟁에서 승리를 선언했던 바로 그곳에서 독일은 패배자가 되어 사실상의 항복 조약에 서명했던 것이다.

440개 조항에 이르는 베르사유조약은 전쟁의 모든 책임을 독일에게 떠넘긴 가혹한 조항으로 점철되어 있었다. 독일 대표단은 이처럼 가혹한 내용에 경악을 금치 못했다. 13퍼센트의 영토와 600만 명의 국민을 잃게 된 것이다. 독일 지배하에 있던 알자스·로렌은 프랑스가, 북부 슐레스비히는 덴마크가, 포젠과 서프로이센 대부분은 폴란드가 차지하게 되었다. 동프로이센은 독일 영토에서 분리됐고 단치히는 자유시라는 명목으로 폴란드에 귀속됐다. 자르 지역은 국제연맹이 15년 동안 관리한 다음 독일 귀속 여부는 주민투표로 결정한다고 못 박았다. 자르 분지 탄전炭田은 프랑스가 15년 동안 채굴권을 갖고, 이후 독일이 사들일 수 있다고 명시되었다.

독일이 점유하고 있던 중국의 산둥 반도와 적도 이북의 태평양 유역 식민지는 일본에 돌아갔다. 남태평양과 아프리카 동서부의 독일 식민지는 영국에, 콩고 이북의 서아프리카 식민지는 프랑스에 귀속됐다.

독일군의 무장해제는 영국과 프랑스가 주도했다. 연합국은 독일의 침략전쟁을 원천적으로 제거한다는 명목으로 공군력의 보유를 금지했고, 육군은 지원병에 한해 10만 명만 보유할 수 있게 했다. 군대를 총괄 지휘하는 참모부는 해체됐으며, 탱크·장갑차·항공기·독가스의 생산은 전면 금지됐다. 해군 병력은 소형 전함 여섯 척, 경순양함 여섯 척, 구축함 여섯 척, 어뢰정 열두 척을 제외한 모든 함정과 잠수함을 독일군 스스로 파괴해야 했다. 독일이 프랑스와 벨기에를 공격하지 못하도록 라인 계곡에 병력을 배치하거나 요새를 구축하는 행위도 금지됐다.

독일은 무장을 해제당했을 뿐만 아니라 전쟁으로 인한 모든 손해와 손상을 배상해야 했다. 배상위원회는 독일이 330억 달러 (1320억 마르크, 현재 원화 가치로 약 200조 원)를 물어내야 한다고 결정했다. 문제는 독일이 이 금액을 도저히 감당할 수 없다는 것이었다. 이 때문에 여기저기서 우려의 목소리가 쏟아졌다. 영국 대표단의 일원이었던 케인스조차 "추악하고 비열한 요구"라고 꼬집었다.

미국 대표단 역시 배상금의 감면을 주장했다. 그러자 영국과 프랑스가 배상액을 감면하는 대신 자신들이 미국에 진 전쟁 채무 125억 달러를 탕감해달라고 요구했다. 당황한 미국은 더는 이의를 제기하지 못했고, 배상금을 감면하자는 주장은 수그러들었다. 연합국 대표들은 독일의 배상금을 한푼도 깎지 않았고 무슨 일이 있어도 지불시한을 넘겨서는 안 된다고 못 박았다. 훗날 상환 일정이 다소 조정되기는 했지만 과도한 배상액은 두고두고 독일 경제의 발목을 잡았다.

독일인들에게 베르사유조약은 모욕과 수치 그 자체였다. 그들은 일방적으로 강요된 베르사유조약을 근거로 연합국이 자신들의 땅을 빼앗고 경제를 파탄 냈다고 비난했다. 특히 전범 관련 조항과 배상금 규정은 참을 수 없는 모멸감을 안겨주었다. 울며 겨자 먹기로 베르사유조약에 서명할 수밖에 없었던 바이마르공화국의 기반은 취약할 수밖에 없었고, 애국주의를 내세운 극우 세력의 득세는 어쩌면 당연한 결과였는지 모른다. 그런 점에서 베르사유조약은 독일이 힘을 키우기만 하면 언제든 깔아뭉개버릴 수 있는 예견된 부도 어음 같았다.

결국 베르사유조약은 몇 년이 지나지 않아 개정과 수정을 반복하게 된다. 연합국의 거듭되는 양보로 예정보다 5년 앞서 보장 조항들이 철회됐으며 1938년에 이르러 영토 조항만 유효한 껍데기뿐인 조약으로 전락했다. 이 때문에 많은 역사가는 무자비한 보복과 미온적인 조약 실행이 독일에서 나치즘이 태동하는 온상이 되었다고 평가한다. 특히 연합국들은 1936년 3월 아돌프 히틀러Adolf Hitler가 라인란트[3]를 점령, 재무장에 착수했을 때에도 수수방관했다. 이런 전후 사정에 비추어 보면 베르사유조약은 의도하지는 않았으나 히틀러가 등장하여 독일의 대외 팽창을 추진할 수 있는 여건을 마련해준 셈이다.

연합국은 독일과 베르사유조약을 체결한 다음 1919년 10월부터 1920년 8월까지 다른 패전 동맹국들과도 차례로 강화조약을 맺었다. 연합국은 오스트리아와 생제르맹조약을, 불가리아와 뇌이조약을, 헝가리와 트리아농조약을, 오스만투르크와 세브르조약을 체결했다. 그 결과 오스트리아-헝가리제국이 해체되어 오스트리아, 헝가리, 체코슬로바키아로 분리되었다. 반면 세르비아는 보스니아, 슬로베니아, 마케도니아, 몬테네그로를 통합, 유고슬라비아를 건설했다. 오스만투르크제국은 중동 지역 영토

---

3. 알자스-로렌과 이웃한 곳으로 철과 석탄이 풍부하여 독일과 프랑스 사이에 분쟁이 끊이지 않았던 지역이다. 1차대전 결과 프랑스를 비롯한 연합국의 관리 아래 들어간 라인란트에는 베르사유조약에 따라 강의 양안兩岸 5킬로미터에 걸쳐 영구 비무장지대가 설정됐다. 그럼에도 라인란트는 반목이 가시지 않고 분쟁이 빈발하는 화약고였다. 히틀러는 1936년 3월 라인란트를 점령하여 베르사유조약을 파기한다. 이것을 신호탄으로 오스트리아(1938년 3월)와 체코(1939년 3월)를 합병한 다음 마침내 폴란드를 침공하여 2차 세계대전을 일으킨다.

대부분을 상실하고 이스탄불과 아나톨리아로 축소됐다. 오스만 투르크의 지배를 받던 아르메니아, 팔레스타인, 이라크, 시리아 (레바논 포함)는 영국과 프랑스의 위임통치령으로 편입되었다.

동유럽에서는 러시아의 지배를 받던 핀란드, 에스토니아, 라트비아, 리투아니아, 폴란드가 독립했다. 강화회담에 참여하지 않았던 러시아는 레닌의 민족자결 원칙[4]에 따라 이들 나라의 독립을 인정했다. 전후 동유럽에서만 민족자결주의 원칙이 적용되었던 이유는 '모든 민족의 자유로운 자결권'을 허용한 레닌의 민족자결 원칙과 독일을 포위하여 사회주의혁명의 전파를 차단하려는 연합국의 이해가 맞아떨어졌기 때문이다.

이로써 1차대전 직후 제국주의 국가들이 벌인 식민지 나눠먹기라는 한바탕 잔치는 끝났다. 그러나 잔치가 끝났다 해서 제국주의 국가들의 식민지 쟁탈전이 끝났다고 생각한다면 큰 착각이다. 오히려 그 반대였다. 이때부터 제국주의 열강들은 더 많은 식민지를 차지하기 위해 한층 치열한 식민지 쟁탈전에 돌입하게 된다.

---

4. 레닌은 1917년 11월 말 제국주의 전쟁을 반대하면서 제정 러시아 치하의 100여 개 피압박 민족과 동양의 모든 노동자를 대상으로 민족자결 원칙을 천명했다. 레닌의 민족자결 원칙은 '독립국가를 수립하는 것을 포함한 모든 민족의 자유로운 자결권'이 핵심 내용이었다. 이런 내용 때문에 레닌의 민족자결 원칙은 아시아, 아프리카의 민족해방운동에 적지 않은 영향을 미쳤다. 반면 1918년 1월 '세계평화와 민주주의'를 앞세우며 발표한 윌슨의 민족자결주의는 독일을 비롯한 패전국의 지배 아래 있던 민족의 자결권만을 허용하는 기만적인 선언이었다.

미국, 채무국에서 세계 최강국으로

1차대전은 자본주의 세계질서를 바꾸어놓았다. 전쟁이 끝나자 19세기까지 형성되었던 세계 자본주의 질서는 역사 저편으로 사라졌다. 전후 유럽은 극심한 인플레이션과 전채戰債의 처리, 식민지 자산의 상실과 동유럽의 분할 등으로 이전 지위를 잃고 말았다. 세계를 주름잡았던 대륙의 풍모는 간데없고, 전쟁의 잔해 위로 옛 영광을 상기시키듯 노을만이 붉게 물들었다.

유럽의 쇠락을 재촉한 또 하나의 사건은 러시아혁명이었다. 패전의 멍에를 뒤집어 쓴 독일은 설상가상으로 러시아라는 최대 교역국마저 잃었다. 영국은 러시아에 대부한 전비를 회수하지 못해 안달이 났고 프랑스는 러시아에 투자한 막대한 자산을 잃어버릴까 애가 탔다. 그뿐이 아니었다. 러시아혁명은 세계질서의 변화와 함께 자본주의 체제를 위협하는 대안 체제가 등장했음을 알리는 신호탄이었다.

이러한 변화 속에서 아메리카 대륙의 미국이 새로운 제국으로 떠올랐다. 1차대전은 기실 달갑지 않은 전쟁이었으나 뜻밖에도 미국에 번영이라는 선물을 안겼다. 1차대전이 발발하자 미국 경제는 전쟁의 여파로 한동안 고전을 면치 못했다. 뉴욕증시는 5개월 동안 휴장했고 면화와 밀을 비롯한 농산물 수출은 급격히 줄어들었다. 1914년 7월 미국산 밀 7100만 킬로그램을 수입했던 독일의 경우 영국군의 해상봉쇄로 그해 8월이 되자 단 1킬로그램의 밀도 수입할 수 없었다. 이 때문에 독일과 오스트리아로 밀을 수출하던 미국 농부들은 울상이었다.

하지만 근심은 잠시, 전쟁으로 인한 특수가 밀려들었다. 전쟁이 계속될수록 곡물 수출이 폭증했다. 독일의 발트해 봉쇄와 오스만투르크의 흑해 봉쇄로 러시아의 밀 수출길이 막히자 미국의 밀은 날개 돋친 듯 팔려나갔다. 1913년 12월부터 1914년 4월까지 미국은 총 4억 9000만 킬로그램의 밀을 수출했다. 그러나 1년 후 같은 기간엔 26억 7000만 킬로그램의 밀을 수출, 다섯 배가 넘는 신장세를 보였다. 유럽의 농부들이 징집되어 농사를 짓지 못한 탓이었다. 덕분에 미국 농가의 순수익은 전쟁 기간에 배로 늘어 100억 달러에 육박했다. 전쟁 특수를 누린 미국 농가는 대형화와 기계화라는 반사이익까지 거두었다. 농사에 필수였던 말이 유럽 전선에 쓰일 군마軍馬로 팔려나가는 바람에 미국 농촌에서는 트랙터가 밭을 갈고, 포드 T모델 자동차가 수레를 대신하는 모습이 일반화됐다.

농산물은 물론이고 연합국의 무기제조창이 된 미국의 산업 경제는 활활 타올랐다. 미국의 GNP는 전쟁이 지속된 4년 동안 21퍼센트나 증가했으며, 제조업은 25퍼센트의 신장세를 보였다. 유럽 기업들이 장악하고 있던 아메리카대륙 시장은 미국 기업들의 제품으로 채워졌다. 여기에 미국산 강철과 자동차, 기차 차량과 선로에 대한 연합국의 주문이 쇄도했다.

영국의 경우 미국에서 수입할 전쟁물자 예산은 애초 5000만 달러에 지나지 않았으나 전쟁 기간 30억 달러에 이르는 물자를 사들였다. 프랑스의 사정도 영국과 별반 다르지 않았으니, 미국에서 만들어진 총과 대포, 군함과 비행기 등 무기류는 물론이고 전선에 쓰일 철조망, 쇠고기, 하물며 부상자들의 의수족까지 유럽으로 팔려나갔다. 연합국이 미국에서 사들인 전쟁 물자 대금은 한 세대 전이라면 세계경제의 총생산량에 해당했을 금액이었다.

전쟁의 혜택은 기업들에도 돌아갔다. 중소기업이었던 뒤퐁의 경우 연합군이 사용한 화약의 40퍼센트를 공급하면서 일약 세계 최대의 화학업체로 성장했다. 전쟁이 지속된 4년 동안 뒤퐁의 연간 수출액은 무려 스물여섯 배나 늘어났다. 전쟁 전까지 세계의 화학제품 시장을 지배했던 독일 업체들은 영국의 해상봉쇄로 내리막길을 걸었다. 덕분에 미국 화학업체들은 세계시장을 간단히 접수해버렸다.

전쟁 전 외국인이 소유했던 미국의 우량기업 주식도 미국 자본의 수중에 들어갔다. 기나긴 전쟁으로 생활이 궁핍해진 유럽 투자자들은 미국 기업의 주식을 헐값에 내다팔았고 JP 모건을 비롯한 주요 기관투자자들이 이를 공짜로 줍다시피 사들였다. 그 결과 1차대전 이후 미국의 주식시장은 미국 자본이 독점하게 되었다. 이 같은 자본시장의 변화로 전쟁 전 37억 달러의 빚을 진 채무국이던 미국은 전후 126억 달러를 빌려준 채권국가로 변모할 수 있었다.

군사적으로도 미국은 단숨에 세계 최강국으로 탈바꿈했다. 1차대전이 시작되었을 때만 해도 미국의 정규군은 2만 명에 불과했다. 그러나 전쟁이 끝날 무렵엔 유럽에만 200만 명을 파병해 군사대국이 되어 있었다.

1차대전에서 미국이 입은 인적, 물적 피해는 영국, 프랑스, 러시아 등의 유럽 국가들에 비하면 극히 적었다. 4년 4개월을 끈 전쟁 동안 미국이 참전한 기간은 고작 1년 6개월 정도였고, 전사자는 11만 6000여 명에 지나지 않았다. 프랑스 135만 7000명, 영국 90만 8000명, 독일과 러시아 각각 170만 명, 오스트리아 120만 명이 죽어 넘어진 데 비하면 실로 미미한 수치다.

전쟁이 휩쓸고 간 유럽 대륙은 초토화되었다. 영국과 프랑스

1차대전의 동원 병력과 병력 손실

국가	총 동원 병력	사망자	부상자	포로 및 행방불명	총 병력 손실	병력 손실률
연합국						
그리스	230,000	5,000	21,000	1,000	27,000	11.7
러시아	12,000,000	1,700,000	4,950,000	2,500,000	9,150,000	76.3
루마니아	750,000	335,706	120,000	80,000	535,706	71.4
몬테네그로	50,000	3,000	10,000	7,000	20,000	40.0
미국	4,355,000	116,516	204,002	4,500	323,018	8.1
벨기에	267,000	13,716	44,686	34,659	93,061	34.9
세르비아	707,343	45,000	133,148	152,958	331,106	46.8
영국	8,904,467	908,371	2,090,212	191,652	3,190,235	35.8
이탈리아	5,615,000	650,000	947,000	600,000	2,197,000	39.1
일본	800,000	300	907	3	1,210	0.2
포르투갈	100,000	7,222	13,751	12,318	33,291	33.3
프랑스	8,410,000	1,357,800	4,266,000	537,000	6,160,800	73.3
소 계	42,188,810	5,142,631	12,800,706	4,121,090	22,064,427	52.3
동맹국						
독일	11,000,000	1,733,700	4,216,058	1,152,800	7,142,558	64.9
불가리아	1,200,000	87,500	152,390	27,029	266,919	22.2
오스트리아-헝가리제국	7,800,000	1,200,000	3,620,000	2,200,000	7,020,000	90.0
오스만제국	2,850,000	325,000	400,000	250,000	975,000	34.2
소 계	22,850,000	3,386,200	8,388,488	3,629,829	15,404,477	67.4
총 계	65,038,810	8,528,831	21,189,154	7,750,919	37,468,904	57.5

출처: 브리태니커 백과사전(http://enc.daum.net/dic100/contents.do?query1=b19j1875b033).

는 승전국이라고는 하나 군사적으로나 경제적으로 탈진한 상태였고 남은 것이라곤 오직 증오뿐이었다. 특히 프랑스는 1870년 보불전쟁에서 입었던 피해까지 배상금으로 받아내겠다고 공공연히 벼르고 있었다.

　패전국인 독일은 가혹한 배상금으로 빈사 상태에 빠졌고 오스트리아는 광대한 영토를 잃었다. 처참한 생활고에 시달리던 독일인들은 연합국에 대한 불만을 키울 수밖에 없었으며 이는 나치세력이 등장하는 배경이 되었다. 이렇게 1차대전과 2차대전은 깊은 인과관계가 있다. 그래서 경제학자들은 1920년대와 1930년대를 전간기戰間期로 분류하는 것이다.

팍스 브리태니카의 몰락

전쟁이 끝나자 유럽은 더는 자본주의의 중심지가 아니었다. 종전과 함께 찾아든 가장 큰 변화는 '해가 지지 않는 나라' 대영제국의 몰락이었다. 1차대전이 발발하자 국제금본위제는 작동을 멈추었고, 영국의 금 보유고는 바닥을 드러냈다. 이런 가운데 세계 금융의 1번지였던 런던 롬바드 가에도 황혼이 깃들었다.

　영국의 퇴장은 새로운 제국, 미국의 등장을 의미했다. 전쟁이 끝나자 세계 자본주의는 미국 경제의 박동소리에 발맞추어 돌아가기 시작했다. 1차대전이 끝났을 때, 미국은 제조업은 물론이고 재정 면에서도 세계 최강국이었다. 1914년 미국이 세계 제조업에서 차지한 비율은 36퍼센트였으나 종전 직후에는 42퍼센트로 증가했다. 미국은 자원 부국이기도 했다. 1920년 세계 석탄의 40퍼센트, 석유의 70퍼센트가 미국에서 생산되고 있었다. 이 같은 제조업과 자원을 바탕으로 미국은 세계 1위의 수출국이자 세계 2위의 수입국이 될 수 있었다.

그럼에도 1919년 미국은 1945년과는 달리 초라한 대접을 받았다. 미국의 위상은 파리평화회의에서 고스란히 드러났다. 회담에 참가한 프랑스 총리 조르주 클레망소도, 영국 총리 로이드 조지도 미국 대통령 우드로 윌슨에게 최소한의 특권도 인정해주지 않았다. 이들에게 미국이라는 나라는 뒤늦게 전쟁에 뛰어들어 최소한의 피를 흘리고 최대한의 이익을 챙긴 얄미운 전우이자, 배울 것 없는 카우보이와 인디언의 나라였을 뿐이다.

미국의 등장과 함께 동아시아에서 일본의 부상에 주목해야 한다. 일본은 1차대전이 터지자 참전이 남는 장사라는 사실을 직감했다. 일본은 1902년 맺어진 영일동맹을 내세워 1차대전에 참전했다. 그러나 참전은 선언했으되 소수의 병력만을 유럽전선에 파병한 채 아시아에서 제몫 챙기기에 바빴다. 덕분에 종전 후 독일의 식민지였던 태평양의 작은 섬들은 물론이고 대륙으로 향하는 교두보까지 확보할 수 있었다. 1918년 11월 1차대전이 끝나자 일본은 만주에 주둔하고 있던 군대를 잽싸게 중국 산둥 반도로 이동시켜 독일의 조차지를 차지해버렸다. 그런 다음 '대동아공영권 건설'이라는 헛된 꿈에 빠져들었다. 그리하여 동아시아에서 새로운 전선이 형성되면서 전운이 감돌기 시작했다.

한편 1차대전이 한창이던 1917년 세계사의 흐름을 바꾼 사건이 발생했다. 바로 앞에서 언급한 러시아혁명이다. 사회주의 국가의 출현을 알린 러시아혁명은 커다란 반향을 일으켰다. 제국주의 국가들은 체제를 위협하는 계급 갈등이 어떻게 폭발할 수 있는지를 똑똑히 볼 수 있었다. 러시아혁명은 또한 식민지 민족해방투쟁을 추동하는 기폭제가 됐다. 1차대전 직후 식민지 피억압 민족들의 독립 요구가 들끓는 가운데 소비에트사회주의연방(소련)의 등장은 사회주의 이념과 민족해방운동을 매개하는 촉매제였다.

이렇듯 1차대전 직후의 세계는 각축과 투쟁이 교차하는 혼돈 상태였다. 제국주의 국가들은 더 많은 식민지를 차지하기 위해 각축했고, 억압받는 식민지 민족들은 독립과 해방을 쟁취하기 위해 투쟁했다. 이런 가운데 1920년대 미국 사회에는 일찍이 경험하지 못한 대량생산과 대량소비의 황금시대가 찾아들었다.

'세계의 민주주의를 안전하게 하기 위해서'

독일은 미국의 참전을 원했던 걸까? 3월 16일부터 18일까지 독일 잠수함들은 멤피스 호, 일리노이 호, 비질란시아 호 등 미국 선박들을 계속 격침시켰다. 도대체 왜? 이유는 전쟁을 총지휘한 루덴도르프 Erich Ludendorff 장군의 오산 때문이었다. 그는 당시 이렇게 생각했다.

더 이상 전쟁터에서는 승리할 수 없지만 잠수함으로는 승리가 가능하다. 늦어도 6개월 안에 영국을 쓰러뜨릴 수 있을 것이다. 미국에서 유럽으로 대규모의 병력수송선을 보내오려면 1년이 걸린다. 그들이 오기 전에 독일은 승리할 것이며 그들이 더 일찍 오지 못하게 하는 데에도 잠수함을 쓸 수 있을 것이다.

그의 계산은 맞아떨어지지 않았다. 그가 원한 시간 내에 영국이 무너지지도 않았으며 미국의 파병은 그의 생각보다 훨씬 더 빨리 이루어졌다. 윌슨은 4월 2일 저녁 상하 양원 합동회의 연설을 통해 독일에 대한 선전포고를 요청하면서 '세계의 민주주의를 안전하게 하기 위해서making the world safe for democracy'라고 했다. 그는 "잠수함을 사용하는 비인간적인 행위는 인류에 대한 전쟁을 의미한다"며, 독일 정부를 '인간생활의 근원'을 공격하는 위협적인 괴물로 규정했다. 4월 4일

루덴도르프.

상원에서는 라폴레트와 노리스를 비롯한 일부 의원들의 반대가 있었지만 82 대 6으로, 하원에서는 4월 6일 373 대 50으로 윌슨의 선전포고를 승인했다. 결국 미국은 1917년 4월 6일 대對독일 참전을 개시했으며, 최초의 미군이 1917년 6월 26일 프랑스에 상륙했다.

—강준만,《미국사 산책 5》, 111~112쪽.

대공황
—자유방임주의의 파산

1920년대 미국의 눈부신 호황

묘하게도 호황은 불황이라는 가면을 쓰고 찾아왔다. 전쟁이 끝나자 유럽의 농업이 부활하면서 미국 경제는 일시적인 불황에 빠졌다. 그 때문에 1920년 미국의 통화량은 9퍼센트나 줄었고 실업률은 4퍼센트에서 11.9퍼센트로 급증했다. 그러나 다행스럽게도 1920~21년이 지나자 불황은 씻은 듯이 사라졌다. 이어 부와 번영의 시대가 찾아들었다. 1920년대 미국 사회에 깃든 부와 번영은 실로 눈부실 정도로 찬란했다. 1921~29년 GNP는 59퍼센트나 성장했고 1인당 GNP는 42퍼센트, 1인당 소득은 38퍼센트 증가했다. 미국은 부와 번영으로 흥청거렸고 세계 경제에서 압도적인 지위를 차지할 정도로 상승일로에 있었다.

이 시기 미국의 호황은 자동차와 건설, 전기 산업이 이끌었다.

자동차산업은 미국인들의 만족할 줄 모르는 욕망에 힘입어 번창 일로를 달렸다. 1900년 불과 4000여 대가 생산되었던 자동차는 1920년이 되자 190만 대가 쏟아져 나왔다. 그런 다음 1929년 헨리 포드Henry Ford[5]의 디트로이트 자동차 공장에서는 17초마다 자동차 한 대가 생산되기 시작했다. 말 그대로 대량생산 시대가 열린 것이다. 그 결과 1929년 생산된 자동차는 450만 대에 이르러 그해 미국의 도로를 누빈 자동차는 무려 2310만 대나 되었다. 미국인 여섯 명 가운데 한 명이 자동차를 소유하게 되었다는 뜻이다.

자동차 관련 산업도 발전했다. 석유와 강철, 고무의 소비량이 빠르게 증가했고 포장도로 또한 크게 늘어났다. 1900년에는 거의 존재하지 않았던 포장도로는 1920년 60만 킬로미터로 늘어난 데 이어 1929년에는 105만 킬로미터로 급증했다. 휘발유를 팔던 동네 잡화점이나 대장간은 변화하는 시대에 발맞추어 대부분 주유소로 변모했다. 세인트루이스에서 최초의 주유소가 문을 연 이래 1920년대 후반에 이르면 미국 전역에서 수만 개의 주유소가 영업 중이었다.

자동차산업의 발달로 미국인들의 생활양식은 크게 바뀌었다. 쉽고 빠르게 이동할 수 있게 되자 교외 거주자들이 늘어나 아침

---

5. 미시간 주 디어번에서 농부의 아들로 태어났다. 디트로이트의 작은 기계 공장에 들어가 직공으로 일한 포드는 1896년 자신이 직접 자동차를 제작하기에 이른다. 1903년 몇몇 후원자의 도움으로 포드 자동차 회사를 설립한 그는 1908년 포드 T모델을 개발했는데 이것은 선풍적인 인기를 끌었다. 또한 포드는 경영합리화 방안으로 3S운동(제품의 표준화, 부품의 단순화, 작업의 전문화)을 전개하여 포드 시스템이라는 대량생산체계를 고안해냈다.

이면 도심으로 출근하는 사람들의 행렬이 일상의 풍경이 되었다. 이런 가운데 도시는 수직적으로도 팽창을 거듭했다. 뉴욕을 비롯한 도시에는 화려한 고층빌딩이 다투어 솟아올랐다. 도시는 거대한 풍선처럼 부풀었으며 블랙홀이 되어 끊임없이 사람들을 빨아들였다. 그 결과 1920년이 지나자 미국의 도시 인구는 농촌 인구를 앞질렀다.

자동차산업과 함께 1920년대의 호황을 이끈 또 다른 동력은 전기산업이었다. 전기산업은 소형 모터의 상용화로 날개를 달았다. 냉장고, 전기다리미, 진공청소기, 헤어드라이어, 세탁기, 라디오, 축음기 등 다종다양한 가전제품이 시장에 쏟아져 나온 것이다. 여기에 더해 제조사들은 새로운 가전제품을 출시하면서 할부와 신용판매 방식을 고안하여 구매욕을 자극했다.

이리하여 가전제품은 없어서는 안 될 필수품이 되었다. 새로운 가전제품이 하나둘 늘어가는 가운데 집안일을 돌보던 하인들이 급감했다. 가전제품에 일자리를 빼앗긴 하인들은 공장에 들어가 전장(1차대전)에서 돌아오지 못한 군인들 대신 일했다. 남의 손을 빌릴 여유가 없었던 가정들도 가전제품 덕에 손쉽게 청결을 유지하며 깨끗한 옷을 입을 수 있게 되었다. 바야흐로 상류층만이 누리던 생활의 혜택을 중산층도 누리는 시대가 열렸다.

전기산업은 자동차산업 못지않게 미국 사회의 변화를 이끈 원동력이었다. 특히 라디오는 1920년대 미국 사회를 상징하는 아이콘이었다. 라디오는 1922년 6000만 대가 보급되었으나 이는 6년 뒤인 1928년에 8억 4300만대로 급증했다. 이 분야 시장은 RCA사가 독점했는데 미국인들은 이 회사를 가리켜 '라디오'라고 부를 정도였다. 대중적으로 보급된 라디오는 미국인의 의식과 생활방식을 일체화시키는 매개체였다. 미국인들은 라디오에서 흘러나오는 재즈 리듬에 마음을 적시고 감성을 공유했다. 덕분에 미국 남부의 길거리에서 태어난 재즈는 1920년대의 호황을 대변하는 풍요의 상징이 되었다.

이런 호시절에 미스 아메리카 선발대회가 열렸고 프로야구 월드시리즈가 흥행몰이에 돌입했다. 할리우드에서는 그레타 가르보와 루돌프 발렌티노가 무성영화의 전성기를 이끌었고 대서양을 횡단한 린드버그가 미국인의 영웅으로 떠올랐다. 아이들의 눈과 귀를 사로잡은 월트 디즈니의 미키마우스가 탄생했고, 단발머리에 대담한 언동을 서슴지 않는 '왈가닥 여성'들이 등장한 것도 이때였다.

그러나 빛이 있으면 그림자가 따라오게 마련이다. 밤거리의 네온사인이 화려해질수록 뒷골목에 드리운 양극화의 그림자는 더욱 짙어졌다. 1923~29년 기업 이윤은 62퍼센트나 늘었지만 노동자의 실질 소득은 11퍼센트 증가에 그쳤다. 1920년대 미국 최고 부유층 5퍼센트의 소득 비중은 25.8퍼센트에서 31.9퍼센트로 늘어났다. 그러나 대량생산 시스템 속에서 임금상승률은 기업의 이윤증가율을 따라가지 못했다. 이런 상황에서 엎친 데 덮친 격으로 공장이 기계화되면서 노동자들이 줄줄이 해고되기 시작했다. 그 결과 실업률은 높아졌고 소비자의 구매력은 도리없이 떨어졌다. 그러자 파국이 눈앞에 다가왔다. 주택 건축률 하락을 시작으로 어두운 그림자가 드리우기 시작했다. 1920년대 말이 되자 기업의 이윤율은 떨어졌고, 공장에서 출고된 신제품이 창고마다 쌓이기 시작했다.

 그런데도 미국인들은 주식투기에 몰두한 나머지 파국의 조짐을 알아채지 못했다. 당시 증시의 열기는 금광을 찾아 서부로 몰려들던 골드러시를 연상시켰다. 처음 주식시장에 발을 들여놓은 사람들은 제법 부유한 의사나 변호사들이었으나 나중에는 트럭운전사나 공장노동자, 가정주부, 하물며 구두닦이 소년까지 뛰어들었다. 이들은 처음 여윳돈으로 주식을 샀으나 얼마간 이문이 남자 집을 저당 잡히거나 심지어 사채를 끌어다 주식을 사들였다. 이쯤 되면 미국 사회에 불어닥친 바람은 투자의 열풍이 아니라 투기의 광풍이었다.

 덕분에 다우지수는 각종 경기지수보다 훨씬 빠른 속도로 상승했다. 1920년대 미국의 GNP가 59퍼센트 성장하는 동안 다우지수는 자그마치 400퍼센트나 상승했다. 그러나 투자와 투기 사이에는 엄청난 괴리가 있었다. 1925년 신규 투자액이 35억 달러였으나 1929년에는 32억 달러로 줄어들었다. 주식의 명목가치는 1925년 270억 달러에서 1929년 870억 달러로 대폭 늘어났는데도!

 말 그대로 주식시장의 거품은 부풀대로 부풀었다. 그런데도 대통령 허버트 후버는 1929년 3월 취임사에서 "인류 역사상 빈곤에 대한 최후의 승리에 지금처럼 가까웠던 적은 없었다"라고 큰소리를 쳤다. 하지만 그의 취임사가 희망의 메시지가 아니라 파국의 예언이라는 사실이 판명되기까지는 그리 오랜 시간이 걸리지 않았다.

검은 목요일

1929년 9월 5일 매사추세츠 웰즐리에서 개최된 오찬 모임. 이날 연사는 로저 밥슨Roger Babson이라는 별로 유명하지 않은 애널리스트였다. 강연이 시작되자 밥슨은 예의 비관적인 전망을 쏟아냈다.

파국이 눈앞에 왔습니다. 저는 이 자리에서 작년에도, 그리고 재작년에도 했던 말을 그대로 되풀이하겠습니다. 언젠가 시장은 붕괴할 것입니다.

강연을 듣는 참석자들의 반응은 심드렁했다. 주가가 고공행진하는 상황이었으므로 그런 비관적인 전망은 자다 봉창 두드리는 소리였기 때문이다. 그러나 시장의 반응은 달랐다. 평소 같으면 뉴스거리가 되지 못했을 밥슨의 발언은 오후 2시부터 전파와 주가표시기를 타고 번져나갔다. 공교롭게도 이날은 별다른 뉴스거리가 없었다. 덕분에 전파를 타고 번지기 시작한 밥슨의 발언은 증시에 미묘한 파장을 일으켰다. 마치 기다렸다는 듯이 팔자 주문이 쏟아진 것이다. 이날 뉴욕증권거래소의 거래량은 평일의 세 배 가까운 200만주였고, 다우지수는 전날에 비해 9.84포인트 떨어진 369.77로 마감했다.

상승일로를 걷던 증시는 이날을 고비로 하락하기 시작했다. 증시가 하락하자 경제학자 어빙 피셔Irving Fisher는 "시장이 정신착란증을 일으키고 있을 뿐"이라고 상황을 호도했다. 하지만 증시 거품은 일단 꺼지기 시작했으니 피셔라고 어찌해볼 도리는 없었다.

달포 넘게 하락세가 지속된 후에 운명의 날이 밝아왔다. 1929년 10월 24일 목요일 아침, 평온하던 뉴욕증권거래소에 오전 11시가 되자 돌연 불길한 기운이 엄습했다. 갑자기 주식을 팔겠다는 주문이 폭주한 것이다. 여기저기서 주식을 팔겠다는 사람만 나설 뿐 사겠다는 사람은 없었다. 밀려오는 해일 같은 매도세에 투자자들은 거대한 공포감에 휩싸였고 주가표시기는 감당할 수 없는 팔자 주문에 허둥댔다.

점심시간이 지나자 파산한 투자자 열한 명이 자살했다는 소문이 나돌았다. 암울한 상황 속에서 투자신탁회사의 큰손들은 대책회의를 열어 필사적으로 주식 매입 작전에 나섰다. 그 덕분에 금요일과 토요일의 증시는 다소 진정되는 듯했다. 그러나 주말이 지난 10월 28일 월요일, 투자자 몇 명이 또 자살했다는 소문과 함께 대재앙의 쓰나미가 몰려왔다.

10월 29일 화요일, 뉴욕증권거래소가 개장하자마자 매물들이 넘쳐났다. 장세는 날개 없이 추락했고 아무도 끝을 가늠할 수 없었다. 이날 다우지수는 지난 토요일에 비해 평균 23퍼센트나 하락했다. 한 달 전인 9월과 비교하여 40퍼센트나 곤두박질친 것이다. 일주일 전 혹시 주가가 오르지 않을까 하는 마음에 주식을 샀던 사람들은 엄청난 손해를 감수할 수밖에 없었다.

주가가 폭락하자 집과 땅을 저당 잡히고 빌린 돈으로 주식을 샀던 사람들은 졸지에 알거지 신세가 됐다. 재산과 예금을 날려버린 사람들은 소비를 줄일 수밖에 없었다. 물건이 팔리지 않자 기업들은 생산을 감축하고 직원들을 해고했다. 실업자는 부지기 수로 늘었고 빈곤은 깊어져 상품 판매가 급감했다. 저주 같은 대공황의 악순환이 시작된 것이다.

이런 악순환 속에서 자금난에 빠진 기업들은 추풍낙엽처럼 쓰러졌다. 1929년부터 1932년 사이 도산한 기업은 8만 5000개가 넘었다. 은행 또한 주가 폭락으로 돈을 회수하지 못해 줄줄이 파산 길로 들어섰다. 1929년부터 1934년 사이 미국 은행 2만 5000개 가운데 9000개가 문을 닫았다. 이로 인해 900만 개의 저금통장이 쓸모없는 휴지 조각으로 변해버렸다. 이 기간 농업생산과 공업생산은 절반이나 줄었고, 실업자는 네 명 가운데 한 명꼴로 늘어났다.

악마의 얼굴이 드러나다

공황은 끝났습니다. 여러분께서는 60일 늦게 왔습니다.

대통령 후버는 1930년 6월 공공구제 정책을 촉구하려고 백악관을 방문한 성직자들을 돌려보내며 이렇게 말했다. 그해 3월에도 "두 달이 지나면 증시 폭락에 따른 고용불안도 사라질 것"이라고 공황 종료를 선언한 터였다.

당시 경제 상황을 살펴보면 후버가 생뚱맞은 소리를 한 것이 아니었다. 1930년 10월까지만 해도 미국 경제는 1920년대 초반에 비해 나쁘지 않았다. 그해 3월과 4월 다우지수는 오뚝이처럼 일어나 대폭락 이전 수준을 향해 완만하게 상승했고, 실업률은

9퍼센트를 기록해 1920~21년 실업률 11.9퍼센트에 비해 낮은 수치였다.

미국 경제가 대공황의 나락으로 떨어진 것은 1930년 11월과 12월을 지나면서다. 그해 11월과 12월 무려 600개의 은행이 연쇄 파산했고, 1931년이 되자 미국은 경험은커녕 생각해보지도 못한 위기에 봉착한다. 그해 2293개의 은행이 도산했으며 GNP는 20퍼센트나 떨어졌다. 수많은 미국인은 엄습하는 실업의 칼바람에 속수무책이었다. 실업의 칼바람은 고무, 유리, 철강 등 제조업은 물론이고 자동차 중개업과 보험업에 이르기까지 분야를 막론하고 예외 없이 몰아쳤다. 자동차산업의 경우 1929년 450만 명을 고용했으나 이 수치는 1931년이 되자 190만 명으로 줄어들었다.

농민도 예외가 아니었다. 미국 농가가 벌어들인 1년 순소득은 1929년 945달러에서 1932년 304달러로 줄어들었다. 당시 미국인의 절반가량이 농촌에 살았기 때문에 농가 수입의 감소는 사회 전체의 구매력 감소에 상당한 영향을 미쳤다.

실업률은 1931년 말 15.9퍼센트까지 치솟았다. 그해 연방정부의 세입은 9억 달러 감소한 반면 지출은 2억 달러 늘어났다. 덕분에 1931년 연방정부가 기록한 적자액은 5억 달러였다. 5억 달러는 당시 세입의 13퍼센트에 해당하는 적지 않은 금액이었다.

산업생산지수의 경우 1932년 12월 64퍼센트에서 1933년 3월 56퍼센트로 하락했다. 이런 가운데 엄청난 양의 금이 해외로 빠져나갔다. 어떤 주에서는 1억 달러어치의 금이 유출됐다. 이로 인해 1932년 연방정부가 세금을 인상했는데도 27억 달러의 재정적자를 기록했다. 이는 전시를 제외하고는 미국 역사상 최고치였다. 그해 GNP는 580억 달러로 3년 전에 비해 56퍼센트에 불과했으며, 실업률은 전례 없이 23.6퍼센트를 기록했다. 게다가 100만 명 이상의 노동자가 임금과 노동 시간이 감소한 불완전 고용 상태로 일했다.

마침내 악마의 얼굴을 한 대공황이 본 모습을 드러낸 것이다. 미국 경제는 붕괴하다시피 했다. 생산설비와 기술자들은 건재했으나 공장은 돌아가지 않았다. 덕분에 기술자들은 직장을 잃었고 거리에는 해진 옷을 걸치고 일자리를 찾아 헤매는 사람들로 넘쳐났다. 농촌도 사정은 마찬가지여서 한끼 밥과 잠자리와 일자리를 찾는 사람들이 헤아릴 수 없을 정도였다. 창고에는 재고 상품이 가득했지만 사람들에게는 돈이 없었다. 야적장에는 석탄이 산더미처럼 쌓여 있었으나 사람들은 추위에 떨면서 긴긴 겨울밤을 지새워야 했다. 캘리포니아 농장에서 맛 좋은 오렌지가 썩어가는 동안 뉴욕의 어린아이들은 배가 고파 쓰레기통을 뒤지고 있었다. 도무지 이해할 수 없는 사태가 벌어진 것이다.

미국에서 시작된 대공황은 세계로 퍼져나갔다. 1차대전이 끝난 뒤 미국 기업은 유럽의 여러 나라에 대자본을 투자하여 해마다 엄청난 흑자를 기록하고 있었다. 당시 유럽 경제는 차관, 수출, 관광 수입 등 여러 형태의 미국 자본에 의존하고 있었다. 그런데 공황이 깊어지자 미국은 더는 유럽에 자본을 투자하기 어려웠다.

이렇게 되자 가장 심각한 타격을 받은 나라는 독일과 오스트리아였다. 패전의 멍에를 쓰고 막대한 전쟁 배상금과 통화 불안에 시달리던 두 나라는 미국발 대공황의 충격에 가장 민감할 수밖에 없었다. 결국 1931년 5월 11일 오스트리아의 크레디트 안슈탈트Credit Anstalt 은행이 파산하면서 유럽의 금융공황이 시작되었다. 오스트리아와 독일의 숱한 은행들이 다투어 파산의 길로 들어섰다. 1931년 7월 13일 독일에서 가장 큰 다나트 은행이 영업을 정지할 정도여서 베를린증권거래소와 은행들은 문을 닫는 것 말고는 다른 수가 없었다.

오스트리아와 독일에서 시작된 파산의 도미노는 유럽 금융의 상징인 런던을 향해 번져갔다. 당시 영국은 1차대전의 여파로 생산력이 떨어져 수출이 급감한 상태였다. 그런데도 영국 정부는 과거의 영광을 재현하겠다는 환상에 사로잡혀 금본위제를 재건하면서 파운드화의 국제시세를 지나치게 과대평가하는 실수를 저질렀다. 그러자 국제무역업자들은 파운드화보다는 금을 선호했고 여기에 대공황의 충격이 더해져 국제적인 금 부족 사태가 빚어졌다. 결국 1931년 9월 20일 영국 정부는 국제적인 위신 추락에도 불구하고 금본위제[6]를 폐지할 수밖에 없었다.

영국의 금본위제 폐지는 세계를 주름잡았던 팍스 브리태니카 시대의 종말을 고하는 사건이었다. 이제 세계의 경제지도는 급속히 바뀌기 시작했다. 자유무역이 퇴조하고 보호무역주의가 대

6. 화폐가치를 금으로 나타내는 제도이다. 금본위제도가 안정적으로 운용된 시기는 1870년대부터 1차대전이 발발한 1914년까지였다. 영국 정부는 1차대전이 끝나자 1925년부터 금본위제를 재개했으나 대공황으로 금 부족 사태가 빚어지자 폐지를 선언한다. 금본위제는 물가 상승을 억제하고 무역 수지를 조절하는 데 효율적인 제도이다. 그러나 금의 희소성으로 인해 유동성 공급이 제한적일 수밖에 없다. 이 때문에 경제 규모가 커지고 금융이 개방화된 금융자본주의 체제에서는 운용되기 어려운 제도이다.

두한 것이다. 보호무역 장벽이 높아지자 파운드, 달러, 프랑, 마르크 등 제국주의 국가의 화폐가 할거하는 시대가 열렸다. 제국주의 국가들은 식민지와 더불어 배타적인 경제 블록을 형성하여, 다른 통화권에는 높은 관세를 부가하는 등 근린궁핍화정책(다른 나라의 경제를 희생시키면서 자국의 경기회복을 도모하는 정책)을 시행했다. 이러한 배타적인 경제 블록의 형성은 2차대전의 주요한 원인 가운데 하나였다.

영연방 국가들의 경우 1932년 7월 캐나다 수도 오타와에서 '대영제국경제회의'를 개최하고 오타와협정을 체결했다. 12개 조항으로 구성된 오타와협정은 영연방국 상호간의 특혜를 부여하는 배타적인 협정이었다. 오타와협정의 체결로 영연방 사이에는 '스털링 블록Sterling Block'이 탄생했다.

금본위제가 흔들리자 미국의 연방준비은행은 금본위제를 유지하고 달러를 보호하기 위해 공격적으로 움직였다. 우선 이자율을 인상하고 시중에 풀린 자금을 회수하기 시작했다. 이런 방침에 따라 은행들은 대출금 회수에 나섰고, 사람들은 극도로 지출을 줄이기 시작했다. 이렇게 되자 이미 심각한 상황이던 디플레이션이 더욱 악화되었다.

이런 상황에서 후버 행정부는 공황 사태를 악화시키는 결정적인 한 수를 두고 말았다. 1930년 6월 "농산물 수입관세를 올려 농가를 보호"한다는 이유로 스무트-홀리관세법Smoot-Hawley Tariff Act을 제정한 것이다. 경제학자들은 스무트-홀리관세법이 교역국의 보복관세를 부추겨 미국의 수출에 심각한 악영향을 끼칠 것이라고 우려했다. 당시 미국의 GNP에서 수입이 차지한 비중은

4.2퍼센트에 불과했다. 그런데도 후버 행정부가 스무트-홀리관세법을 제정한 이유는 자신의 지지자들을 배려하기 위해서였다. 지극히 정략적인 판단이었다.

스무트-홀리관세법이 제정되자 법 제정에 반대했던 경제학자들의 우려는 현실이 되고 말았다. 1930년 6월 후버가 이 법에 서명하자 기다렸다는 듯이 세계 각국이 일제히 보호무역 정책을 들고 나왔다. 문단속에 나선 것이다. 스무트-홀리관세법이 제정되고 2년이 지나자 20여 개국이 미국 상품에 보복관세를 부과했다. 그로 인해 미국의 수출은 1929년 52억 달러에서 1932년 16억 달러로 줄어들었다. 세계 무역량 또한 형편없이 감소했다. 1929년 세계 무역액은 총 360억 달러였으나 1930년 139억 달러, 1931년 97억 달러, 1932년 65억 달러, 1933년 54억 달러로 급감했다. 4년 동안 무려 70퍼센트 가까이 줄어든 것이다.

뉴딜정책

1932년 9월 8일은 제32대 미국 대통령선거일이었다. 미국민은 이날 민주당 후보 프랭클린 루스벨트Franklin Roosevelt[7]를 대통령으로 선출했다. 루스벨트는 56퍼센트의 지지율로 42개 주에서 승리, 선거인단 수에서 472 대 59로 공화당의 허버트 후버를 침몰

7. 미국 역사상 4선을 기록한 전무후무한 대통령이다. 제26대 대통령을 역임한 시어도어 루스벨트의 5촌 조카이기도 한 루스벨트는 대공황과 2차대전이라는 위기 상황에서 미국민의 전폭적인 지지에 힘입어 1932년, 1936년, 1940년, 1944년 대선에서 연거푸 당선됐다.

시켰다. 당시 민주당은 대선 승리와 함께 상원과 하원까지 싹쓸이했다.

6개월이 흐른 1933년 3월 4일 토요일, 프랭클린 루스벨트는 제32대 미국 대통령에 취임한다. 그는 취임사에서 "우리가 두려워해야 할 것은 두려움 그 자체"라는 확신에 찬 낙관론을 펼쳐 미국민을 열광시켰다.

당시 경제 상황은 더할 나위 없이 나빴다. 뉴욕증권거래소가 문을 닫았다는 비보도 루스벨트가 취임하던 날에 날아들었다. 심각한 금융위기에 직면한 루스벨트는 모든 은행에 대해 나흘간의 휴가(1933년 3월 6~9일)를 명령한다. 그리고 금융위기를 진정시키기 위해 긴급은행법안을 의회에 제출했다. 의회의 승인으로 긴급은행법이 제정되자 연방정부는 재무부 감독 아래 자금을 지원, 비교적 건실한 은행들은 영업을 재개할 수 있었다.

긴급은행법 제정을 시작으로 루스벨트는 뉴딜New Deal[8]정책을 적극 추진한다. 특히 취임 100일 동안 뉴딜정책의 기초가 되는 법안들을 과감하게 제정했다.

루스벨트는 뉴딜정책으로 실업자에게 일자리를 제공하고, 낡은 경제 구조와 관행을 개혁하여 대공황을 극복하려 했다. 뉴딜정책은 또한 '보이지 않는 손'에 의해 작동되던 시장에 정부가

---

8. 뉴딜New Deal은 프랭클린 루스벨트의 스퀘어딜(Square deal: 공평한 분배 정책)과 윌슨 대통령의 뉴프리덤(New Freedom: 새로운 자유 정책)의 합성어이다. 뉴딜은 루스벨트가 1932년 7월 2일 민주당 대통령 후보 수락 연설에서 "아메리칸을 위한 뉴딜"을 약속하면서 공식화됐다. 당시 후보 수락 연설에서 루스벨트는 "정부의 정치 철학에서 소외된 전 국민은 국부의 분배에서 더 공정한 기회와 질서를 원하고 있습니다. (……) 저는 아메리칸 사람을 위한 뉴딜을 맹세합니다. 이것은 정치 캠페인이라기보다 전투에 가까운 것입니다"라고 선언했다.

100일 동안 승인된 주요 법안

날짜	법안	주요 내용
3. 9.	긴급은행법	은행 재무구조 개편, 연방준비은행 여신 담보설정 확대.
3. 20.	경제법	정부 체제의 재정비와 급여 및 퇴역군인들의 연금 삭감으로 5억 달러 예산 절감.
3. 21.	민간자원보존단법	25만 명의 청년을 건설 및 자연 보존 프로젝트에 고용.
3. 22.	맥주 및 와인세법	맥주 및 와인 합법화와 세금 부과.
4. 19.	금본위제 폐지	금화 주조 철폐, 모든 금화 재무부 소환.
5. 12.	연방긴급구호법(FERA)	각주에 실직자를 위한 구호 기금 5억 달러 지원.
5. 18.	테네시개발공사(TVA) 설립 승인	7개 주에 전력 공급할 수 있도록 테네시 강 유역 개발.
5. 27.	연방증권법	증권업을 규제하는 최초의 연방법안. 투기꾼들에게 증권 관련 정보 완전 차단.
6. 5.	금 지불 요구 항목 폐지	금본위제 후속 조치.
6. 6.	국가고용법	실직자 구직활동 지원.
6. 13.	주택소유자재융자법 (HOLC)	주택소유자대출공사 설립, 비농가 주택 소유자 자산 보호를 위해 20억 달러 채권 발행 승인.
6. 16.	글래스-스티걸법 (Glass-Steagal Act)	은행업을 상업은행과 투자은행으로 구분하여 미국 은행 체계 일대 혁신.
6. 16.	농촌신용대부법	농지 저당 재융자 지원.
6. 16.	긴급철도수송법	철도와 철도 소유 기업에 대한 규제 강화.
6. 16.	산업부흥법(NIRA)	산업부흥국 설립.

개입하여 경제 전반을 관리·조절하겠다는 인식의 전환을 상징한 것이기도 했다.

뉴딜은 구호Relief, 회복Recovery, 개혁Reform이라는 3R를 슬로건으로 내걸고 두 차례에 걸쳐 시행됐다. 1933년부터 1934년까지 시행된 첫 번째 뉴딜정책은 최악의 경제상황을 극복하기 위해 단기 경제회복에 초점을 맞췄다. 대규모 은행 도산을 방지하기 위해 연방정부는 금융 시스템을 관리하고 농업조정위원회AAA를

공공사업촉진국은 미숙련 노동자 200~300만 명을 고용했다.

설치하여 농산물 가격 하락 방지에 역점을 두었다. 또한 공공사
업촉진국WPA을 통해 정부 원조를 시행하고, 대규모 사회기반시
설SOC 사업을 일으켜 일자리 마련에 힘썼다.

　1935년부터 1936년까지 시행된 두 번째 뉴딜정책으로는 노동
자와 도시빈민을 지원하는 데 주력했다. 와그너법Wagner Act을 제
정하여 기업에 대한 연방정부의 감독을 강화하고, 노동조합 활동
을 보장하고 단체교섭, 최저임금, 최대 노동시간 등의 규정을 마
련했다. 이 밖에도 소외계층을 지원하기 위한 법률들이 제정됐다.

　뉴딜의 기본 방향이었던 구호, 회복, 개혁 사업의 주요 내용을
살펴보면 다음과 같다. 구호사업의 경우 실업구제, 노동자 지위
강화와 경제적 지위 개선을 위한 보험제도의 확립에 초점이 맞
춰졌다. 일자리를 만들기 위해 정부는 수십억 달러의 자금을 지

출하여 공공사업을 전개했다. 1935년에는 고용 촉진을 위한 제2의 공공사업계획이 수립되어 공공사업촉진국이 설치되었다. 구호사업을 총괄한 공공사업촉진국은 8년 동안(1935~42년) 활동하면서 132억 달러를 지출했다. 특히 가장 활발한 활동을 벌인 1938년의 경우 미숙련 노동자 380만 명을 고용하기도 했다.

노동자의 정치경제적 지위도 개선되었다. 1935년 와그너법 제정으로 기업에 대한 연방정부의 개입이 크게 늘어났고 노동조합의 조직력도 강화됐다. 또 법정 최장 노동시간(주 40시간)과 최저임금(1시간당 40센트)이 정해졌다. 이외에도 소외계층을 돕기 위한 재정지원 법안이 제정됐다. 뉴딜정책 가운데 가장 광범위한 계획인 사회보장법Social Security Act도 이때 제정되었다. 이 법의 제정으로 노인수당, 과부수당, 실업보상, 노동장애자보험 등이 생겨나 복지제도가 확립될 수 있었다. '개인의 복지는 개인 스스로 책임져야 한다'는 자유주의 풍토가 뿌리 깊었던 당시 상황에서 사회보장법의 제정은 획기적인 조치였다. 왜냐하면 가난은 개인의 무능과 게으름 탓이 아니라 사회구조적인 문제라는 사실을 인정하는 것이었기 때문이다.

이외에도 구호사업 프로그램을 집행하기 위해 재정착지원청RA, 농가보호청FSA, 농촌전력청REA, 테네시강유역개발공사TVA가 설립됐다. 특히 우리들에게 뉴딜의 상징처럼 알려진 테네시강유역개발공사는 1933년 5월 설립되어 전력 공급, 홍수 억제, 일자리 창출을 목적으로 후버댐을 건설한다.

회복정책은 공업과 농업을 회생시키는 것을 급선무로 했다. 뉴딜의 공업정책은 전국산업부흥법NIRA에 의거하여 추진됐다.

1933년 6월 제정된 산업부흥법은 임금인상과 노동시간 단축으로 노동자 권익을 보호하고, 경쟁 제한과 가격 협정을 도입하여 기업들의 생산량을 조절했다. 경쟁 제한과 가격 협정은 과잉생산을 억제하여 물가의 지나친 하락을 방지하기 위한 장치였다. 산업부흥법에 근거하여 추진된 공업정책에 힘입어 미국의 공업생산량은 1929년을 100으로 할 때, 1933년 63에 불과했으나 1937년에는 92까지 회복됐다.

농업정책의 경우 농업조정법Agricultural Adjustment Act에 의거하여 추진됐다. 농업조정법은 농민의 구매력을 1차대전 이전 수준으로 끌어올리는 것이 목표였다. 이 법에 따라 1933년 5월 설립된 농업조정국은 농가 부채 탕감과 농산물의 과잉생산을 억제, 농산물의 가격 상승을 유도했다. 농업조정국은 농산물 가격 상승을 유도하기 위해 옥수수, 솜, 유제품, 돼지고기, 쌀, 담배, 밀의 생산을 억제했다. 주요 농산물의 생산 억제를 위해 땅을 놀리는 지주에게 보조금을 지급하는 한편, 목화밭을 갈아엎고 돼지를 매장했다. 그러자 농업생산물 가격은 점차 상승하기 시작했다. 1차대전 직전의 농산물 가격을 100으로 할 경우 1933년 55에서 1934년 73으로 상승했고 1937년이 되자 92까지 회복됐다. 농산물 가격이 회복되자 농민의 구매력도 동반 상승했다. 그러나 1937년 이후 농산물 가격은 또다시 떨어지기 시작하여 2차대전 초까지 농업불황이 계속됐다.

개혁정책은 금융신용제도 개선을 중심으로 추진됐다. 초기 개혁정책은 마비되다시피 한 금융 시스템을 정상화하는 데 초점을 맞추었다. 루스벨트가 취임할 무렵 지방 은행들의 연쇄 파산으로 대형 은행들마저 파산 위기에 직면해 있었다. 이런 상황에서 루스벨트는 금융 시스템의 정상화를 위해 긴급은행법을 제정한다. 주요 내용은 연방정부가 건전한 은행들을 보증하고 이들 은행에 자금을 지원하는 것이었다.

또한 루스벨트는 글래스-스티걸법을 제정하여 은행에 대한 연방준비제도의 통제력을 강화했다. 이 법에 의해 단기 금융업을 전문으로 하는 상업은행업Commercial Banking과 장기 금융업을 전문으로 하는 투자은행업Investment Banking이 분리됐다. 이리하여 은행들은 상업은행과 투자은행으로 구분되었다. 은행 업무를 이렇게 분리한 이유는 동일한 경영체제에서 두 가지 업무를 병행할 경우 피해가 커질 수 있다는 우려 때문이었다.[9]

이처럼 광범위한 내용으로 추진된 뉴딜정책은 커다란 난관에 봉착하기도 했다. 1935년 미연방대법원은 뉴딜정책의 일환으로 제정된 대부분의 법안들에 대해 위헌 판결을 내렸다. 이로 인해 뉴딜정책은 심각한 위기에 직면했다. 이런 우여곡절을 겪으며 추진된 뉴딜정책에 대한 평가는 현재까지도 분분하다. 그럼에도 분명한 사실은 루스벨트가 취임하여 뉴딜정책을 시행한 이후 경

---

9. 투자은행IB, Investment Bank은 예금을 받지 않고 돈을 빌려 기업의 주식이나 채권을 거래하는 일이 주된 업무이다. 반면 상업은행CB, Commercial Bank은 예금을 받아 기업이나 개인에게 돈을 빌려주는 은행이다. 미국은 1930년대 대공황 당시 고객 예금으로 주식 투기를 일삼던 은행들이 파산하자 예금자 보호를 위해 은행 업무를 구분할 필요성을 느꼈다. 이에 따라 1933년 미의회는 글래스-스티걸법을 제정, 단기 금융업을 전문으로 하는 상업은행업과 장기 금융업을 전문으로 하는 투자은행업으로 은행 업무를 구분한다. 글래스-스티걸법에 기초한 금융 업무의 규제는 66년간 지속되었으나 지난 1999년 은행, 증권, 보험사의 인수합병M&A과 금융권별 상품판매 규제를 대폭 완화하는 그램-리치-브릴리법Gramm-Leach-Bliley Act이 제정되어 투자은행업과 상업은행업의 구분이 사라지게 된다.

기가 바닥을 치고 회복세로 돌아섰다는 점이다. 연방준비제도가 발표한 1935~39년 산업생산 지표를 100으로 할 경우 경제 상황이 최악이었던 1932년 7월 산업생산 지표는 52.8에 불과했다. 이 수치 하나만으로도 뉴딜의 성과를 부인하기는 어렵다. 특히 뉴딜정책은 노동자의 권익 신장과 노동조합의 교섭력을 강화하여 포드주의에 기초한 사회적 분배가 제도화하는 계기가 됐다. 정치적으로는 뉴딜정책의 시행으로 민주-공화 양당체제가 미국 사회에 확고하게 뿌리를 내렸다.

그럼에도 뉴딜정책은 대공황의 늪에 빠져 있던 미국 경제를 완전히 구해내지는 못했다. 아이러니하게도 미국 경제가 대공황의 늪에서 빠져나오기 시작한 것은 2차대전이 발발하면서부터다. 1939년 2차대전이 일어나자 뉴딜정책은 뒷전으로 밀려나고, 미국은 재무장을 서둘렀다. 덕분에 실업률은 격감했으며 식량, 전쟁 물자, 무기 수출은 활기를 띠었다. 그 결과 1940년 국민총생산GNP은 대공황이 시작되었던 1930년에 비해 26퍼센트나 증가했다. 이 때문에 많은 경제학자들은 대공황의 구렁텅이에서 미국을 건져낸 구원의 손길은 뉴딜이 아니라 2차대전이라고 입을 모은다.

케인스라는 이름의 구세주

19세기 이래 공황은 10년 주기로 찾아오는 자본주의의 불청객이었다. 이런 경험 때문에 적지 않은 경제학자들은 1920년대의 호황이 공황으로 이어질 것이라고 내다봤다. 그러나 1930년대 세계 경제를 파멸로 몰고 간 대공황이 그토록 오래 지속되리라고는 꿈에도 생각하지 못했다.

그렇다면 1929년 10월 주식시장의 붕괴로 시작된 불황이 1930년 6월 스무트-홀리관세법의 제정과 1930년 11월과 12월 은행 위기를 겪으면서 대공황으로 귀결된 이유는 무엇인가? 이에 대해서는 경제학자들마다 견해 차이가 있지만 자유방임주의가 낳은 비극이라는 점에는 대체로 공감한다.

1930년대 대공황은 산업자본주의 단계나 초기 독점자본주의 단계에 나타난 공황에 비해 전례 없이 강력했다. 대량생산으로 대변되는 국가독점자본주의 단계에서 발생하는 공황에는 상상을 초월하는 파괴력이 내장돼 있어서 '보이지 않는 손'만으로는 치유할 수 없는 중병이었다. 만약 1930년대의 대공황을 '보이지 않는 손'에만 맡겨놓았다면 자본주의는 파산하고 말았을 것이다.

그런데도 자유방임주의 교리에 충실했던 관료들과 주류 경제학자들은 아무런 처방도 내놓지 못했다. 고전주의 경제학에 반대되는 증거들이 쌓여감에도 주류 경제학자들은 "공급은 그 스스로 수요를 창조한다"는 세이의 법칙[10]을 굳게 신봉할 뿐이었다. 세이의 법칙에 따르면 물건을 생산해놓기만 하면 다 팔릴

---

10. 프랑스 경제학자 장 밥티스트 세이Jean-Baptiste Say의 주장에서 유래한 것으로 '공급은 스스로 수요를 창출한다'라는 말로 요약된다. 판로설販路說로도 불리는 세이의 법칙에 따르면 수요는 공급한 만큼 발생하기 때문에 유효수요 부족으로 인한 공급과잉은 일어날 수가 없다. 지금 시점에서 보면 황당무계(?)하기까지 한 이 법칙은 데이비드 리카도를 비롯한 고전주의 경제학자들에게 상식으로 받아들여졌다.

것이기 때문에 공황 따위는 애당초 있을 수 없었다. 실업자들은 눈을 낮춰 적은 봉급을 받고도 일하려고만 한다면 언제든 일자리를 구할 수 있고, 기업가들은 상품 가격을 낮추면 언제든 매상을 올릴 것이다. 비록 이 과정에서 일부 노동자들과 기업가들, 혹은 은행이 파산하더라도……

그러나 불행히도 현실은 그들의 바람을 철저히 외면했다. 이렇게 되자 자본주의가 살아나려면 어떤 형태로든 제도를 개선해 체질을 바꾸어야 한다는 사실이 명백해졌다. 이런 시대적 요구 속에서 자본주의의 고질병을 치유하기 위한 처방을 내놓은 경제학자가 바로 존 메이너드 케인스John Maynard Keynes[11]다.

케인스는 불황과 실업은 자본주의의 고질병이라는 사실을 인정하고 '보이지 않는 손'이라는 환상 따위는 믿지 않았다. 1936년 발간한《고용, 이자 및 화폐의 일반이론》에서 케인스는 '보이지 않는 손'에 의해 배척되었던 국가의 역할을 강화하는 것이 공황의 해결책이라고 주장한다. 핵심은 대공황의 원인인 유효수요 부족을 해결하는 것이다. 케인스는 노동자의 임금소득이 낮아 유효수요가 부족해졌다고 간파했다. 또 이 문제를 해결할 수 있는 유일한 주체는 국가라고 역설했다. 국가가 공공지출을 늘림

---

11. 영국 상류층 출신으로 자신의 재능과 천재성에 자부심을 갖는 '열정적인 부르주아'(케인스에 대한 레닌의 평)였다. 케임브리지 대학을 졸업하고 인도청 관리와 킹스 칼리지 강사를 역임한 그는 1911년 왕립경제학회 기관지《이코노믹 저널》의 편집자가 됐다. 1차대전 직후에는 파리평화회의에 영국 재무부 대표로 참석했고, 1944년에는 영국을 대표하여 브레턴우즈협정에 참가했다. 그는 이외에도 국립미술관 이사, 음악미술장려회 회장 등으로 활동한 다채로운 이력의 소유자였다. 이 때문에 경제학 연구에 가장 적은 시간을 투자한 반면 현실 정치에서는 가장 큰 영향력을 행사한 경제학자라는 평을 받기도 한다.

으로써 고용을 창출하고 복지정책을 통해 노동자의 사회적 임금을 증대시키는 것만이 유효수요를 늘리는 유일한 방법이라는 것이었다.

정리하자면 케인스가 내놓은 대공황에 대한 원인과 처방은 간단명료하다. 우선 공황은 생산력이 증대했음에도 사람들이 수중에 돈이 없어 소비를 하지 못해 발생했다. 그러므로 대공황을 치유하려면 돈을 풀어 소비자의 구매력을 높이면 간단하게 해결될 터다. 남는 문제는 사람들의 손에 쥐어줄 돈을 마련하는 일이다. 이에 대해 케인스는 국가가 경기 순환에 맞게 재정을 신축적으로 운용한다는 방안을 내놓았다. 불황기에 필요한 비용을 끌어다 쓴 다음 호황일 때 채워놓으면 되는 것이다. 그러면 여기서 널리 알려진 케인스의 주장 한 대목을 살펴보자.

지금 가령 재무성이 낡은 항아리에 지폐를 가득 채워 넣은 후 그것을 어느 폐광에다 적당히 묻어두고는 사기업가들로 하여금 자유방임 원칙에 따라 마음대로 그 돈을 파 가도록 내버려둔다고 가정해보자. …… 그때부터는 모두 그 돈을 파내기에 혈안이 될 터이므로 실업이 발생할 이유가 없어지고 그 사회의 실질소득과 자본적 부 역시 그 전보다 훨씬 증가할 것이다. 굴착장비 등이 날개 달린 듯 팔리고 생산과 소비가 늘어날 것이기 때문이다.
물론 이 방법보다는 그 돈으로 주택을 짓거나 하는 편이 더 현명하다. 그러나 정치적인 또는 그 밖의 실질적 이유 때문에 실행이 불가능하다고 할 것 같으면 상술한 방안도 아무것도 하지 않는 것보다는 나을 것이다.

—토드 부크홀츠, 《죽은 경제학자의 살아 있는 아이디어》, 320~321쪽.

케인스는 대공황의 원인과 처방, 치료법까지 간단명료하게 정리하여 제시했다. 그러나 정치가들은 케인스의 치료법을 귀담아 듣지 않았다. 그들의 완고한 머릿속에는 오직 '보이지 않는 손'이라는 신앙이 자리 잡고 있었다. 당시 많은 정치가가 믿어 의심치 않았던 자유경쟁의 원리와 자유방임주의 교리에 따르면 정부가 시장에 개입하는 일은 극악무도한 범죄 행위였다. 그 때문에 케인스는 종종 공산주의자라는 오해를 받았다. 태생적으로 공산주의를 싫어했고, 마르크스의 《자본론》을 덮어놓고 비판했으며, 천재적인 수완으로 주식시장에서 큰돈을 벌어들인 케인스가 공산주의자로 찍히다니! 한편의 코미디라 아니할 수 없다.

그럼에도 케인스의 주장은 케인스주의로 명명되어 2차대전 이후 1970년대 초반까지 미국과 유럽은 물론 세계 자본주의 국가들의 경제 운영 원리로 받아들여졌다. 케인스주의가 이렇게 한 시대를 풍미할 수 있었던 이유는 자본주의의 고질병인 공황을 극복하고 분배와 복지를 실현하는 데 상당한 효력을 발휘했기 때문이다. 사실 달리 생각해보면, 자본주의를 부정하지 않는 이상 케인스주의 말고는 다른 길이 없기도 했다.

대공황의 유산

대공황은 자유방임주의의 '보이지 않는 손'의 원리가 어떻게 파산하는가를 생생히 보여주었다. 사람들은 대공황을 경험하면서 자본주의는 거친 들판에서 자라나는 야생화가 아니라 온실 속의 화초라는 사실을 깨달았다. 그래서 자본주의 국가들은 '보이지 않는 손'에 대한 믿음을 거두고 정부 지원과 규제라는 당근과 채찍을 꺼내 들었다.

대공황이 덮치자 미국 사회에는 1920년대의 흥청거리는 분위기가 눈 녹듯이 사라졌다. 대공황을 극복하려면 정부가 발 벗고 나서야 한다는 공감대가 형성되면서 애국주의가 득세하기 시작했다. 그리하여 위기가 닥치면 단결해야 한다는 생각이 미국인들에게 불문율로 자리 잡았다. 한편 정부의 지출은 커졌고 그에 비례하여 권력 또한 집중되었다. 이제 미국은 연방준비제도[12]라는 중앙은행제도를 확립하여 통화량과 이자율, 물가를 조절하기 시작했다. 시장에 대한 정부의 직간접 개입과 규제가 늘어나는 가운데 유럽에서는 은행과 기업에 대한 국유화와 공기업화의 물결이 일어났다. 이렇게 확대된 정부의 개입과 규제는 신자유주의가 출현하기 전인 1970년대까지 계속됐다.

대공황을 경험하면서 미국을 비롯한 선진자본주의 국가들은 소득이 높을수록 세율이 높아지는 누진세제와 함께 불황기 실업자를 구제하기 위한 실업보험제를 도입하여 경기변동에 따른 사

---

12. 1913년 12월 23일 연방준비법에 의해 설립된 미국의 중앙은행 시스템으로, 여타의 국가들과 달리 정부기관이 아닌 민간 기구이다. 연방준비제도이사회(FRB, Federal Reserve Board)는 대통령이 임명하고 상원이 승인하는 7명의 이사로 구성된다. 이사들 가운데 대통령이 임명하는 FRB 의장은 4년 임기에 무제한 연임이 가능하다. 연방공개시장위원회FOMC, 연방자문회의 등을 운영하는 FRB의 역할은 지급준비율 변경, 주식거래 시 신용 규제, 가맹 은행의 정기예금 금리 규제, 연방준비은행Federal Reserve Banks 재할인율 등을 결정한다. 중앙이사회 사무실은 워싱턴DC에 있으며 12개 지역(보스턴·뉴욕·필라델피아·시카고·샌프란시스코·클리블랜드·리치먼드·애틀랜타·세인트루이스·미니애폴리스·캔자스시티·댈러스)에 연방준비은행이 있다.

회 불안 요소를 제어하기 시작했다. 누진세제의 경우 호황기에 소득이 늘어나면 자동적으로 세율이 높아져 소비 증가를 누그러뜨린다. 반대로 불황기에 실업자가 증가하면 세금이 줄어드는 대신 실업보험금이 더 많이 지급되어 소비가 급락하는 것을 방지한다. 그래서 누진세제와 실업보험제 같은 제도를 두고 급격한 경기변동을 제어하는 '자동안정장치'라고 부른다.

사회집단 간의 소득격차가 커질 경우 혁명세력이 출현할 것이라는 두려움에 선진자본주의 국가들은 의무교육과 사회복지제도를 확대했다. 또한 노동자들의 노동3권이 보장되기 시작했고, 대기업의 시장 독점을 방지하는 독점금지법과 공정거래법이 제정됐다. 개인과 기업이 투자하기 어려운 교통, 전신전화, 도로 건설 등 사회간접자본에 대한 투자는 정부가 담당해야 한다는 인식도 확산되었다.

대공황의 유산으로 눈여겨봐야 할 것은 브레턴우즈체제가 등장할 수 있는 여건이 마련됐다는 사실이다. 대공황으로 초토화된 금융질서와 무역질서를 구축하기 위해 미국은 2차 세계대전이 종반으로 치닫던 1944년 7월 브레턴우즈협정을 체결한다. 이로써 달러화는 기축통화로 격상됐고, 미국은 제국다운 위용을 뽐내며 팍스 아메리카나 시대를 열어젖힐 수 있게 되었다.

영화로 보는 대공황의 참담했던 현실

영화 〈초원의 빛〉의 한 장면(왼쪽)과 〈분노의 포도〉(오른쪽) 포스터.

시간의 힘을 견디고 살아남은 몇몇 문학작품과 영화 속에서 대공황의 참담했던 현실을 엿볼 수 있다. 이 시대를 배경으로 한 영화 〈초원의 빛〉(1961년)에서 부유한 도련님으로 성장한 남자 주인공은 아버지가 대공황으로 전 재산을 잃고 자살을 하자 홀로 남은 어머니를 부양하기 위해 다니던 대학을 그만두고 차가운 거리로 나선다. 서부극으로 잘 알려져 있는 존 포드 감독이 존 스타인벡의 소설을 스크린으로 옮긴 〈분노의 포도〉(1940년) 역시 모래 바람으로 농토를 잃고 일자리를 찾아 미국 대륙을 횡단하는 한 가족의 고단한 삶을 통해

1930년대 암울한 공황기의 모습을 냉정하면서도 서정적으로 그려내고 있다. 대공황은 많은 사람으로 하여금 자신이 살고 있는 세상이 예측 가능하지 않을 뿐 아니라 안정적인 일자리가 언제나 보장되는 것은 아니라는 현실을 깨닫게 했다. 이 와중에 마르크스의 어두운 예언이 실현될 수도 있다는 우려가 널리 퍼졌다. 존 포드는 존 웨인과 더불어 할리우드의 대표적인 공화당원으로 누구보다도 자본주의 시장경제를 옹호하고 개인의 책임을 중시하는 사람이었다. 그런 존 포드마저도 분노를 느낄 정도로 대공황은 평범한 사람들의 삶을 송두리째 파괴했으며 더 나아가 자본주의 체제의 정당성까지도 거세게 뒤흔들어놓았다.

－박종현, 《케인즈 & 하이에크, 시장경제를 위한 진실게임》, 51~52쪽.

다시 터진 세계대전
―20년 동안 예비된 전쟁

꺼지지 않은 불씨

1919년 6월 파리평화회의에서 일어난 일이다. 회의에 참석한 영국 재무부 수석대표가 사표를 내던지고 집으로 돌아가 버렸다. 이 예기치 않은 돌발행동은 어떻게 하면 더 많은 전쟁배상금을 뜯어낼까 고심하는 영국 총리 로이드 조지, 프랑스 총리 조르주 클레망소, 미국 대통령 우드로 윌슨에 대한 분노의 표시였다.

이 사소한 사건은 이내 사람들의 기억 속에서 잊혔다. 그리고 6개월이 흐른 1919년 12월 12일 런던의 한 출판사에서 《평화의 경제적 귀결》이라는 책이 출간된다. 지은이는 존 메이너드 케인스. 바로 베르사유조약이 조인되기 직전 사표를 내던지고 런던으로 돌아가 버린 사람이다.

런던으로 돌아간 케인스는 그해 여름 파리평화회의를 비판하는 서적의 집필에 몰두한 끝에 《평화의 경제적 귀결》을 출간한다. 케인스는 무엄하게도 로이드 조지, 조르주 클레망소, 우드로 윌슨에게 신랄한 비난을 퍼부었다. 이들 정치 지도자들이 '적국 독일'을 너무 가혹하게 다루고 있다고 비난하면서 배상금을 받아내기는커녕 패전국 국민들의 적개심만 부추길 것이라고 경고했다. 그리고 접신이나 한 듯 이렇게 예언한다.

만약 고의적으로 중부 유럽을 빈곤에 빠뜨리려 한다면 복수는 손쉽고 신속하게 이루어질 것임을 나는 감히 예언한다. 그러나 반동세력과 절망적인 혁명의 혼란 속에서 일어나는 궁극적인 내란을 장기적으로 막을 수 있는 것은 아무것도 없다. 그 내란이 일어나기 전에 최근의 독일 전쟁의 공포는 조금도 사라지지 않을 것이며, 또 그 내란의 승리자가 누구이건 그는 우리 세대의 문명과 진보를 파괴할 것이다.

— 유시민, 《부자의 경제학 빈자의 경제학》, 275~276쪽.

놀랍게도 케인스의 예언은 10여 년이 지나 보란 듯이 맞아떨어졌다. 케인스의 예언대로 영국과 프랑스가 주도한 베르사유체제는 광적인 선동정치의 표본인 나치즘을 불러들이고 말았다.

1차대전이 끝나자 독일의 경제 상황은 말이 아니었다. 종전과 함께 수립된 바이마르공화국[13]은 패전의 상처를 치유할 수도,

---

13. 1918년 11월 1차대전 종료 이후 성립되어 1934년 8월 아돌프 히틀러가 총통에 취임하면서 공식으로 막을 내렸다. 1차대전에서 독일이 패배하자 독일 군부는 패전의 책임을 모면하기 위해 중도 정당인 사회민주당에 권력을 이양한다. 그리고 1919년 2월 사회민주당의 주도로 바이마르에서 국민의회가 열린다(1919년 2월 6일~8월 11일). 당시 국민의회는 헌법을 제정

살인적인 인플레이션에 시달리던 바이마르공화국 당시 독일 주부가 돈다
발을 땔감으로 사용하고 있다.

과도한 전쟁 배상금을 감당해낼 여력도 없었다. 정부는 언 발에
오줌 누기 식으로 엄청난 액수의 배상금을 갚기 위해 마르크화
를 남발했고, 그 결과 마르크화 가치는 폭락했다.

　1923년 1월 달러화 대비 마르크화의 가치는 1달러에 1만 마
르크까지 폭락한다. 이것은 시작에 불과했다. 1923년 8월 마르

하고, 대통령제와 의회제를 혼합한 연방공화국을 출범시켰다. 이렇게 수립된 바이마르공화국
은 전후 혼란스러운 사회 분위기 속에서 좌익과 우익의 공세에 시달려야 했다.

크화의 가치는 1달러에 9800만 마르크까지 폭락한 데 이어 11월에는 1조 마르크까지 떨어졌다. 이쯤 되면 마르크화는 화폐가 아니라 휴지 조각이었다. 마르크화의 가치 하락으로 상상을 초월하는 인플레이션과 실업 사태가 일어났다. 전대미문의 살인적인 인플레이션으로 빵 한 조각을 사기 위해 장바구니 가득 돈다발을 넣고 시장으로 가는 진풍경이 벌어졌다.

독일의 극심한 경제 혼란이 진정국면에 들어선 것은 1924년을 지나면서다. 베르사유조약의 족쇄를 풀기 위해 독일 정부가 노력한 결과였다. 무엇보다 독일 경제를 짓눌렀던 전쟁 배상금이 삭감됐을 뿐 아니라 지불 시기도 유예됐다. 여기에 미국으로부터 8억 달러에 이르는 차관을 들여오면서 독일 정부는 한숨을 돌렸다. 전쟁 배상금의 족쇄가 헐거워지자 살인적인 실업률도 빠르게 떨어졌다(1928년 실업률 6.3퍼센트). 궤멸되다시피 했던 산업생산은 1920년대 말에 이르러 1차대전 이전 수준으로 회복됐다.

• 그럼에도 독일 사회는 수많은 문제가 매설된 지뢰밭이었다. 집권 사회민주당은 공산당을 비롯한 급진적인 혁명세력과 대자본가를 위시한 보수반동세력의 협공 속에서 좌충우돌하는 상황이었다. 경제적으로도 급격한 경기부양책은 숱한 부작용을 동반했다. 빈부격차는 극심해졌고 범죄가 눈에 띄게 증가했으며 향락산업이 독버섯처럼 자라났다.

독일의 미래는 암담했고 상황은 절망적이었다. 그래서 독일인들은 독일제국의 부활을 꿈꾸기 시작했다. 바이마르공화국 역시 가혹한 베르사유조약의 굴레를 벗어던지고 재무장을 시작할 기회를 엿보고 있었다. "외국의 굴레 아래 신음하는 모든 독일인과 독일 영토는 언젠가 해방되어야 한다"는 구스타프 슈트레제만 Gustav Stresemann 총리의 외침은 당시 독일인들의 정서를 대변했다.

이런 정세 속에서 독일의 재무장은 어둠 속에서 피어오르는 밤안개처럼 소리 없이 진행됐다. 얼핏 보기에 독일군은 전투 훈련보다는 양봉이나 낙농업 교육에 열중하는 듯했다. 승용차나 자전거에 천이나 양철로 만든 껍데기를 씌우고 대전차 훈련을 실시해야 할 정도로 열악했으나 그럼에도 주도면밀하게 재무장을 추진해나갔다. 독일군의 절반 가까이는 간부(장교나 부사관)들로 편제되어 여건만 되면 언제든지 대부대로 전환할 수 있는 태세를 갖추고 있었다. 또한 병력은 10만 명에 불과했으나 1차대전 때 사용했던 많은 군 막사와 진지들을 그대로 보존하고 있었다. 여기에 예비 조종사를 키울 목적으로 민간 비행클럽도 적극 창설했다.

베르사유조약에 따르면 독일의 무기 개발은 일절 금지되었지만 어떤 규제에도 허점은 있게 마련이었다. 독일 기업의 해외 합작공장 설립이 금지돼 있지 않다는 사실에 착안, 크루프 같은 무기회사를 내세워 스웨덴, 스위스, 네덜란드, 스페인 등에 합작회사를 설립하고 독일 기술자들을 파견해 무기 개발에 열중했다. 그 결과 독일은 기관총에서 잠수함에 이르기까지 첨단 무기를 생산할 수 있는 기술력을 보유할 수 있었다.

독일의 재무장은 1924년 소련과 라팔로조약[14]을 체결하면서 아연 활기를 띠게 된다. 라팔로조약은 우호조약을 표방했지만 비밀 군사협약이 포함되어 있었다. 신생 사회주의 국가 소련은 군간

부 양성을 위한 교육 프로그램이 필요했고, 독일은 전쟁 이론과 각종 군사장비를 시험하고 간부를 훈련시킬 장소가 절실했다. 독일과 소련은 이런 필요에 의해 라팔로조약을 체결한 것이다.

조약 체결 후에도 독일 정부는 '최대의 적은 공산당'이라는 말을 서슴없이 내뱉었다. 이처럼 라팔로조약을 매개로 한 독일과 소련의 협력관계는 적과의 동침, 바로 그것이었다. 그럼에도 독소 양국은 등 뒤에 비수를 숨긴 채 10년이 넘도록 위태로운 협력관계를 이어갔다.

마침내 전쟁은 시작되고

안톤 드렉슬러가 주도하는 독일노동자당은 1919년 1월에 결성되었다. 당시 혼란스러운 분위기 속에서 이 우익정당에 주목한 사람은 별로 없었다. 해가 바뀐 1920년 독일노동자당은 '국가사회주의 독일노동자당'으로 이름을 바꾼다. 그러자 반대파들은 이 정당의 이름인 국가사회주의독일노동자당National Sozialistische Deutsche Arbeiterpartei을 줄여서 Nazi(나치)라 부르기 시작했다.

보잘것없던 나치당은 군부와 바이에른 지방정부의 전폭적인

---

14. 1922년 4월 16일 이탈리아의 라팔로에서 독일과 소련이 체결한 우호조약이다. 독일은 재무장과 경제 활성화를 위해 소련과의 협력이 절실했다. 반면 소련은 제정 러시아 케렌스키 정부의 외채 승계 문제로 연합국과 대립하는 상황에서 국제적인 고립을 탈피하는 것이 사활이 걸린 문제였다. 이런 이해관계가 걸린 라팔로조약은 상호 간의 외채와 배상의 상쇄, 소련 정부의 승인과 독소 양국의 국교 재개, 경제 교류 등이 중심 내용이다.

지원에 힘입어 성장 가도를 달렸다. 이런 가운데 히틀러는 당의 이론가이자 조직가로 두각을 나타내기 시작했다. 그는 나치당의 정치집회에서 반대자들을 몰아내기 위해 테러조직인 돌격대SA를 만들었다. 퇴역 군인과 학생, 노동자들이 주축이었던 돌격대는 열 명씩 무리 지어 다니며 폭력을 휘두르고 군부대에 들어가 군사훈련을 받을 정도로 단단한 규율을 자랑하는 조직이었다.

아돌프 히틀러. 1차대전에 하사관으로 참전했으며 1939년 마침내 2차대전을 일으켜 온 세계를 전쟁의 불구덩이로 몰아넣었다.

　나치당의 지도자로 급부상한 히틀러는 청중을 휘어잡는 선동가로 천부적인 자질을 선보였다. 미리 원고를 준비하지도 않고 즉흥 연설로 청중들을 들었다 놓았다 했을 정도였다. 그는 사회주의나 공화정에 대한 비난과 복수만을 외쳐대지 않았다. 독일 민족의 단결을 통한 행복한 민족공동체의 건설, 외국의 위협으로부터 해방, 국민군 창설, 서민을 위한 사회보장제도의 확충 등을 제시하여 청중들을 매료시켰다. 특히 사회주의혁명을 경계하고 있던 중산층과 사회주의운동에서 소외된 일부 노동자들, 독일제국의 부활을 꿈꾸는 왕당파와 독점자본가들이 히틀러에게 열광했다.

　이런 호응을 등에 업고 히틀러와 나치당은 불순한 음모를 꾸미기 시작한다. 1923년 11월 8일 히틀러는 군인들과 결탁하여 뮌헨의 맥주홀에서 열린 왕정복고 연설회에 난입, 그곳에 있던 우익 지도자들에게서 자신들이 모의한 혁명에 가담하겠다는 억지 약속을 받아낸다. 다음 날 나치당원 3000여 명은 뮌헨 도심에서 시위를 벌였고, 이 과정에서 경찰과 충돌하여 나치당원 열여섯 명과 경찰 세 명이 사망했다.

비어홀 폭동이라 명명된 이날의 반란은 결국 실패로 끝났다. 폭동을 주도한 히틀러는 1차대전의 영웅 루덴도르프와 함께 체포되어 란츠베르크 교도소에 수감됐다. 재판에서 5년형을 선고받았으나 운 좋게도 호의적인 정부 요인들의 도움으로 9개월 만에 석방된다. 히틀러의 조기석방 조건은 나치당 당수직 사퇴와 대중 집회에서 연설하지 않는다는 것이었다.

얼마 뒤 히틀러는 나치당을 재건(1925년 2월)하는 데 성공한다. 비어홀 폭동으로 왕당파와 군부의 지원을 잃어버린 나치당은 합법적인 대중정당으로 변신해 독자적인 활동을 전개해나갔다. 나치당의 노선 변화는 모험이었으나 히틀러에게는 대중 정치인으로 성장할 수 있는 또 한 번의 기회였다.

이즈음 미국은 초인플레이션에 시달리는 독일에서 사회주의 혁명이 발생하는 사태를 막기 위해 8억 달러의 차관을 제공하고 전쟁배상금을 탕감해준다. 그러나 미국의 지원은 오래가지 못했다. 1929년 10월 검은 목요일과 함께 대공황이 시작되자 미국은 독일에 대한 지원을 중단할 수밖에 없었고 독일 경제는 뿌리째 흔들렸다. 경제위기가 심화되는 가운데 독일 사회는 혁명과 반혁명 세력이 충돌하는 상황으로 치달았다. 실직과 임금 삭감에 분노한 노동자들은 집권 사회민주당을 외면하고 공산당 지지로 돌아섰다. 공산당의 영향력은 날로 확장되어갔다. 그러나 문제는 중도 진영의 태도였다. 좌우 대립이 격화되는 가운데 농민들과 중산층은 중도파 정당을 버리고 나치당을 지지한다. 나치당의 전통 지지 세력이었던 금융자본가, 대자본가, 지주계급, 왕당파, 보수주의자들 역시 사회주의혁명에 위협을 느낀 나머지 나치의 깃발 아래 굳게 뭉쳤다.

정치적으로는 혁명과 반혁명 세력이 충돌하고 경제적으로는 대공황이 심화되던 1932년 3월 히틀러는 대통령선거에 출마한다. 비록 낙선했지만 유력 정치인으로 인식되었고, 그는 이듬해 1월 총리에 임명된다. 그런데 달포쯤이 지난 2월 27일 국회의사당 방화 사건이 일어난다. 총선거를 앞두고 발생한 방화 사건은 나치가 조작한 것으로, 그들은 각본에 따라 이를 좌익의 소행(방화범이 네덜란드 공산주의자로 알려짐)으로 몰아갔고 다수 대중은 나치당 지지로 돌아섰다.

선거 결과는 나치당의 승리였다. 총선 승리로 내각을 장악한 히틀러는 맨 먼저 공산당을 폭력으로 해산하는 조치에 착수했다. 공산당원들은 필사적으로 저항했으나 파멸의 구렁텅이를 헤어나지 못했다. 다음은 사회민주당이었다. 나치는 사회민주당 하부조직원들에 대해 무자비한 테러를 저지르고 관공서와 기업체에서 당원들을 축출해버렸다. 사회민주당이 해체되자 칼끝은 노동조합으로 향했고, 이어 신문과 방송이 표적이 되었다. 대학의 자치권과 학문의 자유는 박탈됐으며 종교의 자유도 용납되지 않았다. 오직 남은 것이라곤 히틀러와 나치에 대한 광적인 선전과 숭배뿐이었다.

마침내 나치즘이 실체를 숨김없이 드러냈다. 국가사회주의라

나치 친위대 소년단인 히틀러 유겐트의 훈련 모습.

는 말에서 연유한 나치즘은 사회주의와는 아무런 관련이 없었다. 나치즘은 군부와 관료, 독점자본가에 기반한 노골적인 독재체제였다. 그들은 국민생활의 안정과 사회복지의 확충, 강력한 독일의 건설이라는 민족주의(사실은 국수주의)로 포장된 침략 구호를 외쳐댔다. 인류역사상 가장 노골적이고 잔혹한 전체주의 국가가 등장한 것이다.

　타의 추종을 불허하는 선동정치와 여론 조작의 귀재였던 히틀러는 각계각층을 나치체제로 조직해 동원하는 일을 잊지 않았다. 돌격대, 친위대, 소년단(히틀러 유겐트), 나치여성단, 나치독일학생연맹, 의사동맹, 교사동맹, 공무원동맹, 기술자동맹, 노동전선 그리고 나치자동차운전사단에 이르기까지 모든 계층은 총통 히틀러를 정점으로 하는 나치체제에 편제됐다. 만약 히틀러와 나치체제에 대들거나 불평을 늘어놓는 사람이 있다면 그는 쥐도 새도 모르게 끌려가 영영 돌아오지 못하는 불귀의 객이 되었다.

그런데 아이러니한 일은 히틀러의 지배하에서 독일 경제가 안정을 찾았다는 사실이다. 히틀러의 경제정책은 루스벨트의 뉴딜정책과 닮은 점이 많았다. 히틀러는 도로 건설과 토지개량 사업, 대규모 비행장 건설에 기계 대신 인력을 투입했다. 군대와 경찰, 감옥을 대폭 늘리고 군수산업을 일으켰다. 미혼 여성에게는 결혼 자금을 지원해 직장을 떠나게 하고 그 자리에 남성들을 채용했다. 5만 명 이상의 친위대를 조직하고, 징집제를 실시하여 군 병력을 증강했다. 그 결과 무려 600만 명에 이르던 실업자가 불과 몇 년 새에 눈에 띄게 줄어들었다. 의도했든 아니든 히틀러는 정부 재정지출을 통한 유효수요의 창출과 국민소득의 증대라는 케인스의 가르침을 앞장서 이행한 선구자였던 셈이다.

이렇게 독일 국내를 장악한 히틀러는 외부 세계로 눈을 돌렸다. 그는 1차대전의 패배로 잃어버린 식민지를 되찾는 데 혈안이 되어 있었다. 이 호전적인 욕망의 용광로 속에서 2차 세계대전의 쇳물은 들끓기 시작했다. 히틀러가 내세운 '위대한 게르만 민족의 세계 지배'라는 광기 어린 침략 구호에는 독일 내에서는 더는 살 길을 찾을 수 없었던 독점자본의 이해가 맞물려 있었다. 당시 독일의 중화학공업 자본가들이나 금융자본가들은 값싼 원료와 넓은 시장, 수지맞는 투자 대상을 찾아 눈에 불을 켜고 있었다.

히틀러의 전쟁 준비는 용의주도하면서도 은밀하게 진행됐다. 맨 먼저 국제연맹을 탈퇴했다(1933년 10월). 그런 다음 1934년

1월 폴란드와 불가침조약을 체결해 외교적인 고립에서 벗어났다. 1년 뒤인 1935년 1월에는 자르 지방을 되찾았고, 3월에는 국민 징병제를 실시하여 육군을 다섯 배로 늘렸다. 그해 6월에는 영국과 해군협정을 체결, 해군 병력을 네 배나 증강했다. 독일의 재무장은 1936년 3월 라인란트 점령을 계기로 공공연하고도 거침없이 진행되었다. 라인란트 점령으로 베르사유조약은 파탄이 난 반면 히틀러는 자신감에 넘쳐났다.

히틀러는 1938년 3월 오스트리아 합병에 이어 체코의 주데텐란트까지 손에 넣었다(1938년 10월). 히틀러의 인기는 하늘을 찔렀다. 독일인들에게 히틀러는 일찍이 없었고 앞으로도 없을 불세출의 영웅이었다. 열광적인 분위기에서 히틀러는 1939년 3월 체코를 집어삼키고 폴란드의 단치히마저 점령한다. 그리고 1939년 9월 1일 운명의 날이 밝았다. 이날 새벽 4시 45분, 히틀러의 명령을 받은 독일군이 폴란드를 향해 진격해 들어갔다. 마침내 2차대전이 시작된 것이다.

민주주의의 위대한 보급창

독일군의 공격에 프랑스가 함락된 날은 1940년 6월 22일이다. 이제 독일군의 총구는 영국을 정조준했다. 독일은 영국의 항복을 받아내기 위해 해상을 봉쇄하는 한편 런던 공습을 감행했다. 파상적인 독일군의 공세 속에 영국은 궁지에 내몰렸다. 이제 다급해진 나라는 영국뿐만이 아니었다. 영국이 패망할 경우 대서양 건너편의 미국 또한 무사할 리 없었기 때문이다. 당시 미국의 고민은 도저히 전쟁을 치를 수 없을 정도로 전력이 형편없다는 점이었다. 육군 병력은 30만 명 정도에 불과했고 무장도 매우 열악했다. 오죽했으면 신병들이 소총 대신 빗자루를 들고 훈련을 받아야 했을까. 해군의 사정도 열악하기는 마찬가지였다. 탄약은 부족했고 장비는 구식이었다.

사정이 이렇다 보니 미국은 군사력 증강에 필요한 시간이 절실했다. 그래서 우선 영국을 비롯한 연합국에 대한 물자 지원을 공식화한다. "미국의 물자를 폭력과 맞서 싸우는 세력에 제공하겠다"라는 루스벨트의 발언(1940년 6월 10일)은 연합국의 보급창을 자임한 미국 정부의 첫 반응이었다. 프랑스가 독일에 함락되자 미국은 영국을 전폭적으로 지원한다. 루스벨트는 구축함 50척과 전쟁 물자를 대서양에 위치한 영국 기지와 맞바꾸는 방법까지 동원했으며, 군수품 수출 절차를 간소화해 영국에 대한 지원에 만전을 기했다.

마침내 미국은 군사력 증강을 위해 징병제를 도입했다. 1940년 9월 16일 미의회는 평시 징병제를 승인, 청년들을 징발하기 위한 길을 열었다. 당시 의회가 승인한 징병제에 따르면 병사들의 복무 기간은 12개월 이내였으며 복무 지역은 미국 영토와 유럽으로 한정됐다. 이렇게 시작된 징병제에 따라 미국은 2차대전이 끝날 때까지 20~35세의 남성 1640만 명을 징집한다.

징병제 실시와 더불어 미국은 연합국의 병기창 기능을 실행한다. 루스벨트는 1940년 12월 29일 이른바 난롯가담화에서 미국은 '민주주의의 위대한 보급창'이 되어야 한다고 역설했다. 이런 발언은 우방인 영국의 재정 상태가 절망적인 상황에서 나왔다. 당시 영국의 재정은 말이 아니었다. 금 보유고는 바닥났고 달러마저도 고갈된 상태였다. 사정이 이렇다 보니 미국은 영국을 외면할 수 없었다. 결국 루스벨트는 1941년 1월 6일 의회 연설에서 종교와 표현의 자유를 지키기 위해, 공포와 빈곤으로부터 우방을 보호하기 위해 무기대여법Lend-Lease Act을 제정하자고 제안한다. 두 달 뒤인 1941년 3월 11일, 무기대여법이 통과되었다.

무기대여법이 발효되자 미국은 영국을 비롯한 연합국에 전쟁 물자를 대거 공급하기 시작했다. 무기와 화약류 판매에 한해 현금점두거래(거래자가 직접 만나 현금으로 거래하는 방식)를 고집하던 미국의 태도 변화는 실로 파격적인 일이었다. 2차대전 동안 미국이 연합국에 제공한 무기와 식량, 석유는 대략 500억 달러에 달했다. 요즘 가치로 환산하면 1조 달러가 넘는 군수품과 전쟁 물자를 지원한 것이다.

미국이 연합국에 제공한 전쟁물자는 항공기 1만 4795대, 전차 7056대, 지프 5만 1503대, 트럭 37만 5883대, 기관총 12만 1633정, 화약 34만 5735통, 기관차 1981량, 대잠구축함 105척, 어뢰정 197척 등의 무기류와 식료품 447만 8000톤, 군화 1541만 족에 달했다. 이 가운데 영국은 무려 314억 달러에 달하는 전쟁물자를 지원받았다. 소련은 113억 달러의 군수품과 원자재를, 자유 프랑스는 32억 달러, 장제스의 국민당군은 16억 달러어치를 지원받았다.

이처럼 막대한 전쟁물자를 제공해야 했기 때문에 법 제정 당시 '퍼주기'라는 비난이 일었다. 그러자 루스벨트는 "불이 난 옆

집에서 소방 호스를 빌려달라고 하는데 우물쭈물하면 불이 옮겨 붙을 수밖에 없다. 일단 불을 끈 다음에 돌려받는 게 낫다"라고 일축했다. 그러나 루스벨트의 장담과 달리 2차대전이라는 불이 꺼졌을 때, 미국은 소방 호스를 돌려받지 못했다.

　액면 그대로 보면 미국의 전쟁물자 제공은 밑지는 장사임이 분명하다. 그러나 속사정을 살펴보면 그렇지 않다. 미국은 연합국의 보급창 역할을 자임하면서 군사력 증강에 필요한 시간을 벌 수 있었고, 대공황의 늪에서 허덕이던 경제를 되살리는 눈부신 성과를 남겼다. 여기에 더해 미국은 고립주의[15]라는 오래된 인식의 굴레에서 벗어나는 적지 않은 덤까지 챙겼다. 따라서 미국이 자임한 연합국의 보급창 역할은 밑진 장사가 아니라 적지 않은 이문을 남긴 사업이었다.

---

15. 이것은 미국인들에게 원죄 같은 굴레였다. 유럽에서 이주해온 이주민들과 그들의 후예인 미국인들은 유럽 국가가 자국을 침략하는 것을 극도로 경계했다. 그래서 초대 대통령 조지 워싱턴은 이임사에서 미국은 유럽의 분쟁에 휘말려서는 안 된다고 강조한다. 그 뒤 미국의 고립주의는 먼로 독트린의 발표로 더욱 강화된다. 먼로 대통령은 1823년 12월 2일 연두교서에서 유럽과 신대륙(미국)은 서로 다른 정치체제를 갖고 있으므로 별개의 지역으로 남아야 한다고 선언한다. 이날 선언으로 미국의 고립주의는 유럽 국가들과 상호불간섭을 고수하는 대외정책으로 정착한다. 미국은 고립주의의 영향으로 1차대전 막바지에 마지못해 참전했고 전후에는 자국 대통령 윌슨이 제안한 국제연맹에도 불참했다. 또한 대공황의 와중에 등장했던 보호무역주의 정책 역시 고립주의와 무관하지 않다. 이런 사례들에 비춰볼 때, 미국이 연합국의 보급창 역할을 자임하고 나선 것은 분명 이전과는 다른 모습이었다.

사활을 건 싸움

1940년 9월, 히틀러는 최전성기를 구가하는 듯했다. 전쟁이 시작된 지 1년 만에 폴란드, 덴마크, 노르웨이, 네덜란드, 벨기에, 룩셈부르크, 프랑스의 지배자가 된 것이다. 도버 해협 건너편에 영국이 건재했고 동쪽으로는 소련이 버티고 있었지만 독일 전차 군단의 진격은 거침이 없었다. 여기에 1940년 9월 27일 베를린에서 독일, 이탈리아, 일본이 참가한 가운데 추축국동맹[16]을 체결하면서 히틀러의 위세는 절정에 달했다. 서방의 파시즘과 동방의 군국주의가 맺은 추축국동맹의 세력은 실로 대단했다. 이제 세계는 독일과 이탈리아 세력권과 대동아공영권을 꿈꾸는 일본의 세력권으로 양분되는 듯했다.

그러나 추축국동맹은 서로 협력하는 관계이면서도 동시에 부담스러운 관계였다. 그들은 3국협정에 서명하면서 "현재 유럽이나 중국의 전쟁에 관련되지 않은 어떤 국가의 공격이 있을 경우 모든 정치적, 경제적, 군사적 수단을 동원하여 상호 지원할 것"을 공약했다. 여기서 '어떤 국가'란 미국을 의미한다. 독일은 이미 또 다른 강대국인 소련과 1939년 중립 조약을 체결한 상태였다.

---

16. 추축樞軸, axis이란 '운동이나 활동의 중심 부분'을 뜻한다. 그러나 추축국동맹에서 사용된 추축이란 '권력과 정치의 중심'을 뜻하는 패권적이고 침략적인 개념이다. 본래 추축국이라는 말은 1936년 독일과 이탈리아의 베를린-로마동맹 체결 직후에 나온 "협동과 평화를 갈망하는 모든 유럽 국가가 그 주위(베를린과 로마)를 둘러싸고 함께 일하게 될 추축"이라는 무솔리니의 발언에서 연유했다. 당시 무솔리니는 베를린과 로마가 같은 경도상에 있다는 공통점에 착안하여 이 말을 사용했다. 독일과 이탈리아의 베를린-로마동맹은 1939년 5월 군사동맹으로 이어졌고, 1940년 9월에는 일본이 여기에 가담하면서 추축국동맹이 완성됐다.

이런 상황에서 독일군이 유럽대륙을 평정해나가자 사태를 주시하고 있던 베니토 무솔리니Benito Mussolini는 1940년 6월 10일 참전을 선언한다. 로마제국의 부활을 갈망했던 무솔리니는 1940년 8월 5일 북아프리카의 영국령 소말릴랜드(소말리아)를 침공하면서 전투를 개시했다. 그런 다음 9월 13일 리비아에 주둔하고 있던 20여 만 명의 이탈리아군을 동원하여 영국 식민지인 이집트를 침략한다. 개전 초기 이탈리아군은 기세 좋게 이집트에 진격해 들어갔으나 영국군의 반격에 무력하게 패배했다. 전투가 계속될수록 무솔리니의 이탈리아군은 히틀러에게 원군이 아니라 짐이라는 사실이 드러났다. 2차대전이 지속되는 내내 무솔리니의 지원 요청은 끊일 새 없었다.

이탈리아와 달리 일본은 독일과 닮은 점이 많았다. 두 나라는 뒤늦게 자본주의 발전의 시동을 걸어 짧은 기간에 공업 강국으로 성장한 바 있었다. 이 때문에 독일과 일본은 원료 수입과 상품 수출을 위한 식민지 경쟁에 호전적으로 뛰어들었다.

추축국동맹을 맺은 독일, 이탈리아, 일본은 세계를 제패한다는 원대한 꿈에 부풀었다. 그런데 이들이 세계를 제패하려면 반드시 넘어야 할 산이 있었다. 바로 소련과 미국이었다. 먼저 소련이라는 산을 향해 돌진한 추축국은 독일이었다. 1941년 6월 22일 새벽 3시, 300만 명이 넘는 독일군이 소련으로 밀고 들어갔다. 이날의 작전명은 12세기 튜튼 족 정복자 프리드리히 바르바로사 황제의 이름을 따서 지은 '바르바로사 작전'이었다.

인류 역사상 유례 없는 대규모 침공 작전이 개시되자 독일군은 파죽지세로 소련군을 격파하면서 동진해갔다. 개전 3개월이 지난 9월 30일 히틀러는 모스크바를 향해 최후의 진격 명령을 내렸다. 독일군의 기세에 놀란 소련군은 패퇴를 거듭했다. 엎친 데 덮친 격으로 모스크바 인근 브리얀스크와 뱌즈마 일대에서 65만 명이 포로로 붙잡혔다.

소련군의 패배는 불 보듯 뻔해 보였다. 바로 그 순간 예기치 않은 원군이 나타났으니 바로 가을비였다. 도로는 진흙탕으로 변했고 전차와 트럭은 진창에 빠져 헛바퀴를 돌렸다. 독일군의 진격 속도는 눈에 띄게 떨어졌고 그사이 소련군은 전열을 정비했으나 전세를 뒤집기에는 역부족이었다.

한동안 주춤했던 독일군은 11월이 되자 최후의 공세를 개시하여 모스크바 코앞까지 도달했다. 이제 모스크바 함락은 시간문제였다. 여기서 다시 운명의 여신은 소련의 손을 들어준다. 독일군이 가장 무시무시한 적, 폭설을 동반한 맹추위에 맞닥뜨린 것이다. 동장군의 위세에 눌린 독일군은 도리 없이 진격을 중단했다(1941년 12월 5일). 그러자 소련군이 반격을 개시했다. 결국 히틀러는 1942년 2월 15일 퇴각을 명령할 수밖에 없었고, 독일군은 모스크바 서쪽 120~130킬로미터 밖으로 밀려났다.

사활을 건 일진일퇴의 공방 속에서 소련과 독일은 막대한 피해를 입었다. 소련의 붉은군대는 400여 만 명의 인명 피해와 장갑차량 1만 5000대, 비행기 9000대를 잃었다. 독일군은 전체 병력의 3분의 1에 이르는 100만 명의 인명 손실을 입었고, 기갑사단은 절반으로 줄어들었다. 이렇게 되자 히틀러는 대공세를 펴기 어렵다고 판단했다. 그래서 찾아낸 먹잇감이 소련 최대의 유전지대 코카서스였다. 당시 소련은 코카서스에서 생산되는 석유에 절대적으로 의존하고 있었기에 히틀러는 석유 공급로를 차단해 상대를 무력화시키려 했던 것이다. 히틀러는 코카서스 유전지대에서 모스크바로 향하는 석유 공급로를 차단하기 위해 스탈린그라드를 점령하기로 마음먹는다. 볼가 강 서쪽 언덕을 따라 펼쳐진 스탈린그라드는 인구 50만 명의 공업도시였다. 트랙터, 총포, 화학 공장이 자리 잡고 있어 소련의 요충지였다.

1942년 8월 23일 독일군의 선공으로 인류 역사상 가장 처참한 전투로 기록될 스탈린그라드 전투가 시작됐다. 독일군이 시종일관 압도적인 공세를 펼쳐 소련군은 궁지에 몰렸고, 스탈린그라드 함락이 임박한 듯했다. 그러나 시가전이 벌어지자 사정은 달라졌다. 프리드리히 파울루스Friedrich Paulus 대장이 지휘하는 독일군이 시내로 진입하자 소련군은 격렬하게 저항했다. 보이지 않는 소련군 저격병들이 건물과 개인호에서 독일군을 향해 총탄을 퍼부었다. 밤마다 저격병들은 도시의 하수도와 지하터널을 따라 소리 없이 이동하면서 독일군을 괴롭혔다. 소련군과 독일군은 거리에서 거리로, 건물에서 건물로 쫓고 쫓기는 일진일퇴의 격렬한 시가전을 펼쳤다.

치열한 공방전 속에서 그해 여름 독일군은 스탈린그라드 북쪽과 남쪽 볼가 강을 장악한다. 하지만 독일군의 공세는 거기까지였다. 파울루스 휘하의 제6군과 클라이스트가 지휘하는 제4기갑부대가 줄기차게 스탈린그라드를 공격했지만 붉은군대의 철벽같은 방어선은 요지부동이었다. 9월이 되자 독일군은 스탈린그라드 교외와 공장지대까지 진격했지만 이번에는 노동자들의 완강한 저항이 기다리고 있었다. 시가전이 끊임없이 지속되는 가운데 전선은 교착됐고 독일군의 보급품은 줄어들기 시작했다.

이번에도 시간은 소련군 편이었다. 어느덧 가을인가 싶더니 겨울이 왔다. 소련군은 물 만난 고기처럼 활기를 띠었다. 11월 19일 소련군은 북쪽과 남쪽에서 반격을 시작, 11월 23일 독일군 제4기갑부대 일부와 파울루스의 제6군을 포위했다. 독일군은 6군을 구출하기 위해 필사적인 공격을 펼쳤으나 아무 소용이 없었다.

결국 파울루스는 1943년 1월 31일 히틀러의 항전 명령을 어기고 항복하고 만다. 파울루스와 함께 독일군 9만여 명도 모두 항복했다. 5개월 남짓 지속된 스탈린그라드 전투가 끝나자 독일군 사망자는 20만 명을 헤아렸으며, 히틀러는 개전 후 첫 패전의 쓴잔을 들어야 했다.

그런데 여기서 명확히 해둘 것이 있다. 2차 세계대전의 주요 전투가 미국과 독일 사이에 벌어졌다고 생각한다면 큰 착각이다. 살펴본 대로 2차 세계대전의 사활을 건 싸움은 소련과 독일 사이에서 벌어졌고 스탈린그라드 전투는 전쟁의 분수령이었다. 이 사실은 2차대전에서 발생한 독일군 사상자의 80퍼센트가 동부전선에서 발생했다는 사실로 뒷받침된다.

기습당한 진주만

1941년 12월 7일은 일요일이었다. 이날 아침 7시 50분, 하와이 제도 오아후 섬 상공에 정적을 깨는 전투기의 굉음이 울려퍼지기 시작했다. 당시 진주만에는 미 태평양함대 소속 전투함 일흔 척, 보조함정 스물네 척이 정박해 있었고 인근 히캄^{Hickam} 비행장과 휠러^{Wheeler} 비행장에는 300여 대의 비행기가 착륙해 있었다.

아침의 정적을 깨뜨리며 나타난 183대의 일본 전투기 편대(제1파 공격대)가 진주만에 정박 중인 미 태평양함대를 폭격하기 시작했다. 폭음과 화염이 일요일 아침을 산산조각 냈다. 8시 25분경 180대를 헤아리는 제2차 비행대가 나타나 진주만을 다시 한번 폭격하고 유유히 사라졌다.

2시간이 채 되지 않은 공습으로 태평양함대 소속 전함 다섯 척과 구축함 세 척, 기뢰부설함 한 척, 보조정 두 척, 분조함 한 척이 침몰됐고 순양함 한 척과 보조함 한 척이 파손됐다. 미군 항공기는 171대가 파손됐고, 159대가 손상되는 피해를 입었다. 인명 피해 또한 적지 않았다. 2403명의 군인과 민간인이 사망하고, 1178명의 부상자가 발생했다. 짧은 시간에 막대한 피해를 입은 것이다. 그러나 항공모함 세 척은 작전 중이었기에 공습을 모면할 수 있었다. 이 밖에도 진주만 인근에 있던 군사시설과 유류 저장설비가 파괴되지 않아 불행 중 다행이었다.

일본의 진주만 공습은 미국인의 가슴에 뜨거운 애국심을 불러일으켰다. 2차 세계대전에 참전하는 문제를 두고 찬반으로 나뉘어 갑론을박하던 여론은 진주만 공습으로 간단히 정리됐다. 진주만이 폭격당하는 순간 미국의 참전은 기정사실이 되었다. 공습 직후 루스벨트는 이날을 "치욕 속에 기억될 날"이라고 이르며 분노했고, 미의회는 즉각 대일 선전포고를 발표했다. 이리하여 미국과 일본 사이에 태평양전쟁이 시작된 것이다.

그렇다면 형식상으로나마 중립을 지키고 있던 미국을 전장으로 끌어들인 진주만 공격은 왜 일어난 것일까? 한마디로 말해 진주만 공격은 석유를 비롯한 연료와 원료를 확보하기 위한 일본의 생존 싸움이었다. 1940년 6월 유럽에서 독일의 전격전이 성공하자 이에 고무된 일본은 호시탐탐 동남아시아(남방 자원지대)로 진출할 기회를 엿보고 있었다. 프랑스, 네덜란드, 영국의 식민지였던 동남아시아는 주석과 석유, 고무 등 공업 발전에 반드시 필요한 물자들이 풍부한 지역이었다. 1940년 7월 일본은 프랑스령 인도차이나, 미얀마, 타이, 말레이와 네덜란드령 동인도제도(인도네시아)와 필리핀, 북부 뉴기니를 대동아공영권에 포함시켰다. 그런 다음 프랑스 비시정권에 압력을 넣어 인도차이나반도 북부를 점령하고 버마루트(미얀마루트)를 폭격하기 위해 비행기지를 건설한다. 버마루트는 중국과 외부 세계를 연결하는 유일한 통로였다. 미국은 이 루트를 통해 장제스 정부에 물자를 제공하고 있었다. 일본의 공습으로 버마루트가 폐쇄되자 미국은 일본에 대해 비행기 연료와 강철 판매를 금지하는 보복조치를 단행했다(1940년 9월 26일). 그러자 일본은 바로 다음 날인 1940년 9월 27일 독일, 이탈리아와 3국협정에 조인, 추축국동맹에 가담했다. 이렇게 동남아시아와 남태평양 일대에서 미국과 일본의 대결은 고조되고 있었다.

해가 바뀐 1941년 1월, 일본은 네덜란드령 동인도제도에서 필요한 자원을 확보하기 위해 무력 사용을 검토하기 시작한다. 당시 어전회의에서 논의된 방안은 기습공격을 통해 미국의 해군력을 마비시키는 것이었다.

이 같은 구상에 따라 미해군을 기습하기 위한 논의가 구체화

진주만 기습. 일본군의 기습을 받은 전함 애리조나 호가 불타오르고 있다. 함선 일부는 나중에 인양되었으나 나머지 부분은 지금도 남아 있다.

되기 시작한다. 미국과의 일전을 위해 일본은 사전 정지 작업에 들어갔다. 1941년 4월 소련과 5년 기한의 불가침조약을 체결하고 태국과도 중립 협정을 체결한다. 그런 다음 1941년 7월 인도차이나반도 남부를 점령한다. 미국은 이에 대한 보복조치로 자국 내 일본인들의 자산을 동결했다. 미국의 대일 보복조치에 영국과 네덜란드도 보조를 맞추었다. 이렇게 되자 거의 모든 자원을 수입에 의존해야 했던 일본으로서는 전쟁 말고는 선택의 여지가 없어졌다.

1941년 9월 6일, 일본은 마침내 파멸로 가는 결정을 내린다. 이날 개최된 어전회의에서는 육군과 해군이 제안한 국책 수행 요령을 채택한다. 핵심 내용은 "대미전쟁을 불사한다는 결의 아래 대략 10월 하순까지 전쟁 준비를 완료한다"는 것이었다. 마침내 진주만 기습은 실행 단계에 돌입했고, 1941년 12월 7일 진주만은 불타고 파괴되었다.

일본의 진주만 공격으로 전쟁은 세계 전역으로 확산됐다. 미국은 이제 본격적으로 전쟁에 뛰어들었다. 전선은 자연스럽게 아시아에서 미국과 일본이 맞서고, 유럽과 북아프리카에서는 영국과 소련이 독일과 이탈리아와 맞붙는 형국이 됐다.

일단 진주만 공격은 대성공을 거두었다. 일격을 당한 미국은 이후 수개월 동안 효과적인 반격을 감행하지 못했다. 진주만 기습 이후 1942년 봄까지 추축국은 연합국을 강력하게 밀어붙였다. 일본은 1942년 2월 영국 극동군의 항복을 받아 제해권을 장악하고 필리핀과 인도네시아, 미얀마를 손에 넣었다. 일본군의 전과는 실로 눈부셨다. 이런 기세대로라면 대동아공영권은 머지 않아 실현될 것처럼 보였다. 그러나 1942년 3월과 4월을 지나면서 미국은 전력을 대폭 강화했다. 진주만에 남아 있던 항공모함 세 척에 스물세 척을 추가로 투입하고 공군력 또한 증강했다. 결국 전세는 역전되기 시작했다. 일본은 1942년 5월 남태평양의 코랄 해전에서 첫 패배를 맛보았으며, 한 달 뒤에는 미드웨이 해전에서 패배해 해군의 주력을 상실했다.

전쟁이 남긴 상처

2차대전은 1차대전과는 비교도 안 되는 참혹한 전쟁이다. 전후 방이 따로 없었고 군인과 민간인이 구분되지 않은 총력전이었다. 참전한 나라만 해도 60개국이 넘었고 아메리카 대륙을 제외한 유럽과 아시아, 북아프리카와 남태평양 등 세계 전역이 전쟁터였다.

얼핏 2차 세계대전은 파시즘 동맹과 민주주의 연합국이 맞붙은 전쟁으로 보이지만 상당히 복잡다단한 성격을 갖고 있다. 일찍이 스탈린은 2차대전을 일러 '제국주의 국가 사이의 전쟁', '제국주의에 대항한 식민지 민족해방전쟁', '사회주의와 자본주의의 전쟁', '파시즘 동맹국과 민주주의 연합국의 전쟁'이라고 정의한 바 있다. 이처럼 참전한 국가와 동원 병력, 전쟁터가 방대했던 만큼이나 2차대전의 성격을 규정하기란 간단치 않다.

그래서일까. 2차대전이 휩쓸고 지나간 자리에는 성한 것이 없었다. 폭격으로 집과 공장이 파괴됐고, 웅장한 중세 사원과 문화재를 전시해놓은 박물관들도 부서졌다. 삶의 터전을 잃고 뿔 뿔이 흩어진 사람들이 헤아릴 수 없었고, 많은 사람이 인종과 종교가 다르다는 이유만으로 무참하게 학살당했다. 그래서 2차 대전에서 얼마나 많은 사람이 죽고 다쳤는지 신뢰할 만한 통계 자료가 존재하지 않는다. 그나마 미국과 영연방국 군대의 전사 자와 실종자, 부상자와 포로에 대한 통계 정도가 믿을 만하다. 이 때문에 2차대전의 사망자 수는 3500만 명에서 6000만 명에 이르기까지 다양하게 추정된다.

　2차대전에서 인명 피해가 가장 컸던 지역은 동유럽이다. 인구 비례로 따져볼 때, 폴란드는 전체 인구의 20퍼센트를, 소련과 유고슬라비아는 10퍼센트를 잃었다. 특히 독일과 사활을 건 싸 움을 벌여야 했던 소련이 입은 피해는 상상을 초월했다.

전쟁에서 죽은 소련인 총수는 25,000,000명이나 된다. 이 수치는 1956년 에 흐루시초프가 발표한 20,000,000명이라는 공식 수치보다 1/4이 더 많지만, 1991년에 미하일 고르바초프가 공개 선언한 숫자와는 맞아떨 어진다. 기록상의 정확성은 그다지 필요하지 않다. 소련인들이 소련 동맹국들의 고통과는 전혀 비교될 수 없는 고통을 겪었다는 데, 그리 고 많은 경우에 폭탄이나 총알에 맞아 즉사하는 것이 아니라 굶주림으 로, 또는 고문으로, 또는 노예화로, 또는 무수한 잔학 행위로 괴로움을 당하며 죽었다는 데에는 논란이 없다. 거의 60년 동안 전 세계에 참사 들이 더 쌓인 뒤에도, 여전히 소련인들이 겪었던 고통을 그저 듣기만 해도 상상력이 마비되어 보잘것없게 된다.

　　　　　　　　　　　　　－리처드 오버리, 《스탈린과 히틀러의 전쟁》, 385쪽.

정도의 차이는 있으나 인명 피해는 세계 곳곳에서 광범위하게 발생했다. 나치의 소위 '인종청소'로 사망한 유대인은 550만 명에 이르렀다. 패전국 독일의 경우 600만 명이 넘는 인구를 잃었고 거의 모든 국민이 전쟁난민이 되었다. 연합군의 지속적인 전략폭격으로 모든 공업시설은 파괴됐으며 성한 건물을 찾기가 어려울 정도였다. 운 좋게 지붕이 남아 있던 집들은 난민들의 수용 시설로 사용되었다.

동아시아 국가들의 인명 피해도 적지 않았다. 일본은 조선인 70여 만 명을 강제 노역에 동원했고 수만 명의 여성들을 위안부로 동원, 일본군의 성노리개로 삼았다. 중국의 피해도 적잖았다. 중국군의 사상자는 500만 명에 이르렀고, 많게는 2000만 명에 달하는 민간인이 기아와 질병에 시달린 것으로 추산된다.

인명 피해와 함께 전쟁으로 인한 경제적 손실도 통계 숫자로 환산할 수 없을 만큼 컸다. 무엇보다 참전국들은 전쟁을 치르기 위해 천문학적인 전비를 쏟아 부었다. 2차대전을 치르기 위해 투입한 비용은 파괴된 자산까지 포함하여 3조 달러에 이른다. 이는 1차대전에 비해 일곱 배나 많은 액수이다. 영국은 1차대전에 비해 다섯 배 많은 전비를 투입했고 독일은 열한 배나 많은 전비를 썼다. 전비의 규모가 크면 클수록 당연히 사람들이 감내해야 할 불행의 크기도 컸다.

전쟁으로 인해 수많은 산업시설이 파괴됐다. 독일의 경우 전체 자본량의 17.5퍼센트가 줄어들었으며, 이탈리아는 기계공업의 12퍼센트를 상실했고 철강산업은 25퍼센트가 파손됐다. 독일군 치하에서 신음했던 프랑스의 산업 손실률은 10퍼센트였다. 또한 교전국들이 전쟁물자 생산에 주력한 결과 경제활동이 편중되는 결과를 초래했다. 전쟁이라는 특수한 상황 속에서 투자는 한쪽으로 편중되었고 소비재 생산은 턱없이 부족했다.

전쟁으로 유럽의 농업은 큰 타격을 받았다. 폭격이 휩쓸고 지나가자 논밭은 황폐해졌고 사육 중인 가축들은 쓸모없는 고깃덩이로 변해버렸다. 특히 농지의 황폐화는 전쟁 이후에도 영향을 미쳐 지력고갈에 따른 식량 생산의 감소로 이어졌다.

유럽 국가들의 대미 무역의존도는 더욱 높아졌다. 전시 호황에 힘입어 미국 제품들은 월등한 경쟁력으로 유럽 시장을 점령해버렸다. 이런 상황에서 영국을 비롯한 유럽 국가들은 부족한 전비를 보충하기 위해 해외투자 자본을 대부분 처분해야만 했다. 서유럽 국가들의 해외투자 수익은 1938년의 경우 수출액의 38퍼센트에 달했으나 전쟁이 끝나고 5년이 지난 1950~51년에는 9퍼센트에 불과했다. 심각한 달러 부족에 직면한 서유럽은 외환과 무역을 강력히 통제하는 정책을 실시할 수밖에 없었다.

동서 구분 없이 전후 유럽 경제는 말 그대로 빈사상태에 빠졌다. 서유럽 국가들의 경우 미국의 지원 없이는 경제재건이 불가능할 정도였다. 이런 역관계의 변화 속에 미국은 이제 자본주의 세계를 쥐락펴락하는 맹주로 등극할 수 있었다.

제국의 아침

총격과 포탄 소리가 잦아들자 미국은 세계를 호령하는 명실상부한 제국으로 변모해 있었다. 이는 대공황의 늪과 2차대전이라는 파멸의 구렁텅이를 헤쳐나온 영광의 금자탑이었다. 1914년 1차대전 발발로부터 1945년 2차대전이 종료되기까지 30여 년에 걸친 시간은 신생 미국이 명실상부한 제국으로 탈바꿈하는 데 필요한 기간이기도 했다.

전쟁이 끝나자 사회주의 종주국 소련의 위상 또한 이전과는 비할 바 없이 높아졌다. 그러나 이것은 말로 다할 수 없는 대가를 지불하고 얻어낸 상처뿐인 영광이었다. 해가 지지 않는 나라였던 대영제국의 영광은 포성소리와 함께 덧없이 스러졌다. 전쟁이 끝나자 영국과 프랑스의 광활한 식민지는 마치 봄눈 녹듯 사라지기 시작했다.

이처럼 전쟁의 상처로 세계의 모든 나라가 신음하고 있을 때, 오직 미국만이 부와 패권을 한 손에 쥐고 휘두르기 시작했다. 전쟁의 포화를 비켜간 덕분에 막대한 반사이익을 누릴 수 있었던 것이다. 2차대전을 거치면서 대공황의 늪에서 완전히 벗어났을 뿐 아니라 전쟁 특수를 누리며 비약적인 경제발전을 이루었다. 2차대전 기간 미국의 경제 생산은 1935~39년에 비해 내구재는 세 배 이상, 기계류는 네 배 이상, 수송 장비는 일곱 배 이상 늘어났다.

미국의 비약적인 경제성장은 대공황의 여파로 널려 있던 유휴 생산설비와 실업자를 대거 동원한 끝에 얻은 성과였다. 이런 상황에서 미국 정부는 중요 물자의 가격 통제와 배급제를 실시했고, 노동력 통제를 강화했다. 가격 통제와 배급제는 1941년에 설치된 물가통제국이 담당해 실행했다. 이런 관리정책의 결과로 미국의 소비자물가는 1940년을 100으로 할 때, 1945년 132로 비교적 안정되었다.

실업자들 또한 경기 활성화에 힘입어 일자리를 얻을 수 있었다. 전쟁 전 미국의 실업자는 950만 명에 이르렀으나, 참전으로 인한 대규모 병력 동원과 일자리 증가로 노동력 부족이라는 행복한 고민에 빠질 지경이었다. 여성들의 사회 진출도 촉진되었다. 남성 인구의 20퍼센트가 입대하면서 생긴 수백만 개의 일자리는 여성들 몫이었다. 카우보이에서 벌목꾼에 이르기까지 여성들은 사회 전 영역으로 활동 범위를 넓혀갔다. 그 결과 전쟁 막바지에 이르면 미국 노동인력의 3분의 1이 여성들로 채워졌다.

여성들뿐 아니라 학생과 노인들도 대체인력으로 충원됐으며 자연스럽게 노동시간은 연장됐다. 1939년 제조업의 주당 노동시간은 37.7시간이었으나 1944년에는 45.2시간으로 늘어났다. 광산업에서도 주당 노동시간은 32.9시간에서 43.9시간으로 연장되었다. 노동자의 임금은 전쟁노동국War Labor Board의 관리 아래 생계비 상승에 발맞추어 조정되었다.

이 같은 경제성장에 힘입어 미국의 GNP는 1940년 997억 달러에서 1945년 2119억 달러로 비약적으로 성장했다. 25퍼센트에 이르던 전시 인플레이션을 감안한다 하더라도 전쟁 기간에 56.3퍼센트나 증가했으니 실로 기록적인 수치였다.

눈부신 경제성장에 힘입어 미국은 세계의 부를 빨아들이는 블랙홀로 자리 잡았다. 반면 유럽 국가들은 전쟁에 필요한 물자를 동원하기 위해 마구잡이로 돈을 찍어냈다. 화폐 남발로 당장 전쟁물자는 조달할 수 있었지만 후과가 적지 않았다. 초인플레이선이 일어난 것이다.

정도의 차이는 있지만 2차대전의 와중에 유럽 국가들의 화폐 가치는 하나같이 하락했다. 문제는 가치가 하락한 돈으로 미국 물건을 사올 수가 없었다는 점이다. 종이 뭉치에 불과한 돈다발을 받고 물건을 팔 나라는 세상 어디에도 없었다. 상황이 이렇다 보니 미국은 유럽의 화폐 대신 금을 받고 무기를 팔았다. 세계의 금이 미국으로 빨려 들어가기 시작했다. 그 결과 2차 세계대전이 끝났을 때 미국은 세계의 금 70퍼센트를 보유하게 되었다.

금 보유고뿐 아니라 전후 미국의 각종 경제지표는 실로 놀라울 정도였다. 다음 수치는 2차대전 직후 탄생한 제국, 미국의 위용을 실감케 한다.

- 세계 밀 생산량의 3분의 1 수확
- 세계 면화 생산량의 2분의 1 수확
- 세계의 철과 주요 금속 생산량의 55퍼센트 제련
- 세계 석유 소비량의 70퍼센트 공급
- 세계 고무 소비량의 50퍼센트 소비
- 세계 전력량의 45퍼센트 발전
- 세계 공산품의 60퍼센트 생산
- 세계 자동차 보유량의 81퍼센트 소유
- 세계 민간 항공기의 83퍼센트 보유
- 세계 연소득의 35퍼센트 향유

―은수미, 《IMF 위기》, 70~71쪽.

여기에 더해 미국은 세계를 압도하고도 남을 군사력까지 보유했다. 육군은 세계에서 가장 훌륭한 장비를 갖춘 군대였으며 규모 면에서도 소련군에 버금갔다. 해군과 공군 전력은 다른 나라의 해군과 공군 전력 전부를 합친 것보다도 월등했다. 인류 역사상 가장 파괴력 있는 무기인 원자폭탄을 독점한 나라 역시 미국이었다.

일찍이 경제력과 군사력 면에서 한 나라가 이토록 압도적인 우위를 점한 사례는 없었다. 덕분에 미국인들은 고립주의라는 오래된 굴레를 벗어 던지고 이제 자신들이 세계를 이끌어가야 한다는 현실을 자연스럽게 받아들이기 시작했다. 이런 가운데 미국 정부는 소련을 비롯한 사회주의 국가들의 위협으로부터 자본주의를 보호하는 세계의 파수꾼임을 자처하고 나섰다. 바야흐로 팍스 아메리카나 시대가 도래한 것이다.

나치에 독재의 길을 열어준 국회의사당 방화사건

아돌프 히틀러가 독일 연립 내각의 총리로 집권하던 시기인 1933년
2월 27일 밤 9시 베를린 국회의사당 '라이히슈타그'에서 의문의 화재
가 발생한다.

　발생 2시간 30분이 넘어서야 진화될 정도로 격렬했던 불은 이후
방화에 의한 것으로 밝혀졌다. 범인으로 네덜란드 공산당에서 활동
한 전력이 있는 판 데어 루페라는 네덜란드 청년이 지목됐다. 그는
즉시 범행을 자백한다.

　나치는 방화범 루페의 공산당 활동 전력을 빌미로 공산주의자들이

방화로 불타고 있는 독일 국회의사당(1933년).

곧 봉기를 일으킬 것이며 공산당 통치 체제가 찾아올 거라고 강하게 주장했다. 이에 화재 다음 날부터 독일에 있는 공산당 각 지역 지부를 압수수색하고 공산주의자를 비롯한 나치 반대 지식인 5000여 명을 체포하는 등 공안몰이에 나섰다.

이 과정에서 나치는 공산주의자들이 봉기를 모의한 증거가 있는 문건을 확보했다고 주장했다. 그러나 그 문건이 실제로 세상에 드러난 적은 없다. 범인으로 지목됐던 청년 루페는 처형당했지만 공범으로 몰렸던 세 명은 석방된다.

당시 독일은 총선거(3월 5일)를 앞둔 상황이었고 히틀러는 '전권全權 위임법'을 통과시키기 위해 나치당 후보를 법률 통과에 필요한 의석 수(전체 의석의 3분의 2)만큼 당선시키는 데 혈안이 돼 있었다. 전권위임법은 총리가 의회의 동의 없이 법률안을 의결할 수 있는 사실상의 초법 권한이다.

1월까지 의석의 32퍼센트만을 차지하고 있던 나치는 의사당 화재 이후 격렬하게 몰아붙인 선전전의 덕을 입어 총선에서 44퍼센트를 득표했고, 군소정당을 협박해 이 법을 통과시켰다. 이후 히틀러의 바람대로 정당들이 해체되고 연방의회·지방의회가 해산됐다.

루페가 의사당에 불을 혼자 냈는지, 누군가의 사주를 받고 저질렀는지는 밝혀지지 않았으나 나치에는 절묘한 타이밍의 '행운'이었다는 것이 역사의 평가다.

—안은별 기자, 《프레시안》 2010년 4월 19일자.

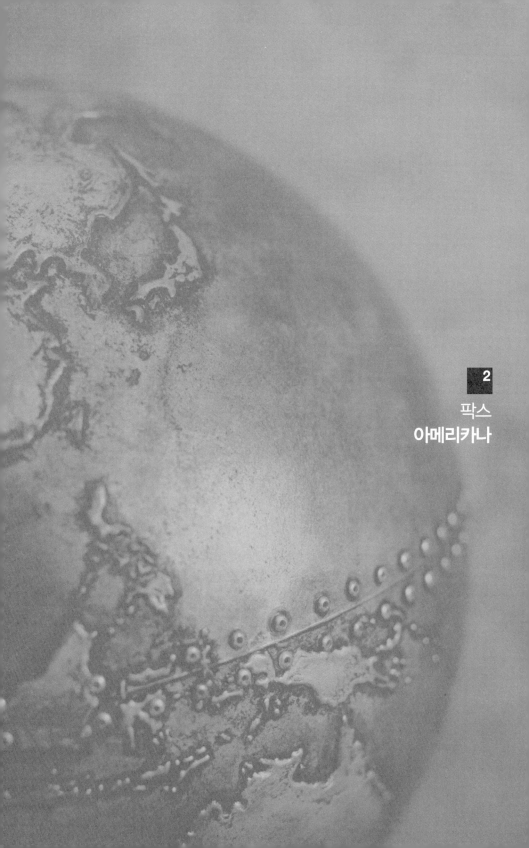

2

팍스
아메리카나

브레턴우즈체제의 성립

— 마침내 도래한 팍스 아메리카나

동상이몽

1차대전과 대공황을 거치면서 세계 무역과 금융 시스템은 파탄
나고 말았다. 이제 자본주의라는 정글은 이빨 빠진 사자에 불과
한 영국의 패권을 더는 용인하지 않았다. 자본주의의 새로운 패
자가 되려면 무엇보다 단절된 교역 경로를 복구하고 무역상품의
지불수단인 돈의 흐름을 원활하게 만들어야 했다. 이는 1차대전
과 대공황의 소용돌이 속에서 붕괴한 금본위제를 대신하는 새로
운 무역과 금융질서를 구축하는 일이었다.

호기롭게도 이러한 시대적인 요구에 자본주의의 패자가 되겠
노라 자임하고 나선 나라는 나치 독일이었다. 파죽지세의 기세
로 독일이 유럽대륙을 평정해가던 1940년 7월 25일 히틀러의
경제장관 발터 풍크Walther Funk는 새로운 경제질서 구축을 위한

청사진을 발표한다. 이른바 풍크플랜은 미국과 영국에 맞서 기선을 제압하려는 선전 공세의 일환이었다. 풍크플랜을 통해 히틀러는 추축국과 연합국 사이에서 동요하는 나라들을 우군으로 끌어들이려 했다. 이런 의도에서 '신질서'니, '국가사회주의 체제하의 세계경제 금융 구상'이니 하는 수사를 동원해 풍크플랜 선전에 열을 올렸다.

히틀러가 선전 공세에 열을 올리자 가장 민감하게 반응한 나라는 영국이었다. 대응책 마련에 고심하던 영국 정보부는 케인스를 찾아 새로운 국제 통화금융제도를 설계해달라고 요청한다. 1940년 11월의 일이다. 케인스는 정보부의 제안이 독일의 선전 공세에 맞선 대응책이라는 사실 때문에 한동안 망설였으나 이를 받아들인다. 1차대전 직후 체결된 베르사유조약 같은 과오(독일에 대한 과도한 배상금 요구로 2차대전이 일어났다)를 되풀이해서는 안 된다고 생각했기 때문이다.

케인스는 바로 작업에 착수한다. 그가 주목한 대목은 전후 국제 유동성이 미국에 편중되어 유럽 국가들이 극심한 유동성 부족에 시달릴 것이라는 사실이었다. 이럴 경우 국제무역은 침체되고 유럽 국가들의 전후 경제회복은 심각한 차질을 빚을 터였다. 그래서 케인스의 구상은 원활한 국제 유동성 공급에 주안점이 맞춰졌다. 요컨대 국제 중앙은행을 설립하여 자금이 필요한 나라들에 유동성을 원활히 공급하는 메커니즘이다. 케인스안의 골자는 국제청산동맹International Clearing Union이라는 국제 중앙은행을 설립하여 일정량의 금과 같은 가치를 갖는 방코Bancor라는 국제 통화를 발행하는 것이다. 이를 통해 국제수지 적자가 발생한 국가가 국제청산동맹에서 당좌대월 방식automatic overdraft facilities으로 기금을 인출, 수지적자를 해결하는 방안이었다. 이때 기금 인출 국가의 화폐는 방코에 설정된 기준에 따라 가치가 평가되며 국제청산동맹에서 차입(방코의 인출)할 경우 미리 설정된 기준에 따라 한도가 정해졌다.

케인스안의 가장 큰 특징은 강력한 권한을 지니는 국제 중앙은행(국제청산동맹)을 설립하는 것이다. 또한 국제수지 불균형 해소 책임을 적자국과 흑자국 모두에 부과했다. 케인스는 청산동맹 구좌에 적립된 흑자국의 대금이 2년 동안 국제거래의 결제에 사용되지 않을 경우 자동 소멸되도록 규정했다. 이 규정은 만성 흑자가 예상되는 미국의 청구권을 자동 소멸시키려는 의도에서 입안한 것이었다.

한편 미국이 국제 통화금융 제도 설계에 착수한 때는 진주만 공습 일주일 뒤였다. 1941년 12월 14일 미국 재무장관 헨리 모겐소Henry Morgenthau Jr는 통화연구팀장 해리 화이트Harry White[1]에게 "전후 통화 안정화 장치를 위한 기본 틀과 (……) 전후 '국제 통화'를 마련해줄" 연합국 간 안정화 기금에 관한 보고서를 준비하라

---

1. 리투아니아 이민 2세로 1892년 보스턴에서 태어났다. 매사추세츠 농업 칼리지에서 한 학기를 공부한 다음 아버지가 운영하는 철물점에서 일하다 1차대전에 참전했다. 그는 스물아홉 살이라는 비교적 늦은 나이에 경제학 공부를 시작하여 컬럼비아 대학에서 학사학위를, 스탠퍼드 대학에서 석사학위를, 하버드 대학에서 박사학위를 받았다. 1934년 여름 재무부 통화금융 특별보좌관으로 경제 관료 생활을 시작한 화이트는 2차 세계대전의 와중에 국제경제와 금융 정책을 총괄하는 책임자가 됐다. 종전 이후에는 재무부차관과 IMF 상무이사(IMF 2인자)를 역임하는 등 출세 가도를 달렸으나 1948년 심장마비로 돌연 사망한다. 말년의 화이트는 자신의 부인에도 불구하고 적지 않은 사람들로부터 소련 스파이로 의심받았다. 화이트를 미심쩍게 본 사람 중에는 매카시 선풍을 일으켰던 장본인인 매카시도 포함되어 있었다.

브레턴우즈에서 만난 화이트(왼쪽)
와 케인스(오른쪽)가 담소를 나누고
있다.

고 지시한다. 화이트라는 이름 없는 경제 관료가 전후 자본주의
질서를 쥐락펴락하는 인물로 화려하게 등장하는 순간이다.

미국의 입장을 대변한 화이트안은 국제안정기금International
Stabilization Fund을 설립하고 국제 통화인 유니타스Unitas를 발행해
국제 환율을 안정시키는 것을 목표로 설계되었다. 화이트안은
유니타스의 가치를 금과 달러에 고정하고 이를 근거로 금환본위
제를 채택하는 방안이었다. 유니타스는 미화 10달러에 상당하
는 금(순금 137 1/7그레인grains)과 같은 가치를 지녔다. 가맹국들
은 유니타스에 맞춰 자국 통화의 가치를 설정하고 이를 기준으
로 기금 불입과 외환 거래를 시행하도록 했다. 화이트가 제시한
국제안정기금의 자금 규모는 총 50억 달러로 기금은 가맹국들

케인스안과 화이트안 비교

구분	케인스안	화이트안
국제 금융기구 명칭	국제청산동맹	국제안정기금
기구의 성격	– 신용창조 기능을 갖는 강력한 국제 중앙은행 – 국제 유동성 공급(당좌대월 방식)에 역점	– 국제 환율 안정에 역점을 둔, 신용창조 기능이 없는 국제 중앙은행 – 환율안정기금 설정(기금에 금 또는 자국 통화 불입)
국제 통화 (장부상의 국제결제 수단)	– 통화 단위: 방코 – 금에 대한 방코의 구체적인 등가 관계를 설정하지 않음	– 통화 단위: 유니타스 – 1유니타스 = 금 8.88671g = 10us$
환율제도	– 변동환율제 (국제수지 균형을 위해)	– 고정환율제 (1퍼센트 내에서 환율 조정 가능)
국제수지 조정 책임	– 흑자국과 적자국 모두에 국제수지 조정 의무 부과	– 적자국에만 국제수지 조정 의무 부과

이 할당량(쿼터)을 배정받아 조성하도록 했다. 국제안정기금에 근거한 발언권은 쿼터에 비례하여 가맹국들에 배분되도록 설계됐다.

영국과 미국의 서로 다른 처지를 배경으로 설계된 케인스안과 화이트안은 1943년 봄 앞서거니 뒤서거니 발표된다. 먼저 케인스는 1943년 3월 자신의 구상을 체계화하여 '국제청산동맹 설립에 관한 제안Proposal for an International Clearing Union'을 발표한다. 한 달 뒤인 1943년 4월 화이트는 '연합국의 국제안정기금안Proposal for an International Stabilization Fund of the United and Associated Nations'을 공식화한다.

케인스안과 화이트안은 자유무역을 촉진하고 외환 통제를 반대했다. 또 금본위제로의 복귀를 반대하고 각국의 통화정책과 재정정책의 독립성을 보장한다는 데에도 인식을 같이했다. 그럼에도 두 안에는 미국과 영국의 상반된 이해관계가 고스란히 반영돼 있었다. 케인스안은 영국과 미국이 주도하는 국제 통화금융 체제를 통해 대영제국의 영광을 연장하려는 의도가 숨어 있었다. 그러나 강력한 국제 중앙은행의 설립을 통해 국제 통화인 방코를 발행하고, 국제수지의 불균형 해소 책임을 적자국과 흑자국 모두에 부과한다는 점에서 합리적인 방안이었다. 이에 반해 화이트안은 미국이 주도하는 통화금융 체제를 구축하여 미국 중심의 자본주의 세계경제 질서 수립을 염두에 둔 패권적인 것이었다.

케인스의 꿈은 결코 실현될 수 없을 운명이었다. 전쟁이 끝나는 순간 영국은 빚만 잔뜩 짊어질 형편이었고, 미국은 막대한 부와 군사력을 배경으로 세계를 호령할 처지였다. 지는 해 영국과 떠오르는 해 미국이라는 극명한 힘의 차이를 당대를 풍미한 경제학자 케인스도 어찌할 수 없었다.

이런 차이에도 불구하고 케인스안과 화이트안은 발표와 함께 상호 교환되어 워싱턴과 런던에서 절충안 마련을 위한 검토에 들어갔다. 그런 다음 그해 9월 케인스와 화이트가 워싱턴에서 만나 두 달 동안 의견을 교환한다. 이 과정에서 양국 전문가들이 참가하는 위원회가 구성됐다. 그리고 해가 바뀐 1944년 4월 30여 개국의 전문가들이 참석한 가운데 국제 금융회의가 뉴욕에서 열린다. 회의에서는 화이트안을 토대로 논의가 진행되어 '국제통화기금 설립에 관한 전문가 공동성명'을 채택하고 마감한다.

브레턴우즈협정이 체결되다

1944년 5월 25일 미국무장관 코델 헐Cordell Hull은 44개국 앞으로 연합국통화금융회의United Nations Monetary and Financial Conference의 개최를 알리는 초청장을 발송한다. 당시 미국이 밝힌 회의 목적은 "IMF 그리고 아마 '재건 및 개발은행'을 위한 확정안을 공식화하기 위한 것"이었다. 이날로부터 열하루가 지난 1944년 6월 6일 연합국은 노르망디 상륙작전을 감행한다. 이로써 전세는 완전히 기울었고 독일과 일본의 항복은 사실상 시간문제가 됐다.

그리고 달포 가까이 흐른 1944년 7월 1일 연합국통화금융회의가 개막된다. 회의 장소는 뉴햄프셔 주 브레턴우즈에 위치한 마운트 워싱턴 호텔. 이 회의에는 소련을 포함한 45개국 대표가 참석했다.[2] 미국과 영국의 주도로 진행된 회의에서는 국제금융회의에서 채택된 '국제통화기금 설립에 관한 전문가 공동성명'을 승인하는 방식으로 진행됐다. 7월 22일까지 3주간에 걸친 토론을 통해 각국 대표들은 국제통화기금협정Agreement of the International Monetary Fund과 국제부흥개발은행협정Agreement of the International Bank for Reconstruction and Development을 핵심으로 하는 연합국통화금융회의 최종 의정서, 즉 브레턴우즈협정을 조인했다.

44개국이 조인한 브레턴우즈협정의 전제는 국제 자유무역의

---

2 연합국금융통화회의에 참가한 나라는 소련을 포함한 45개국이었다. 당시 회담에 참가한 소련 대표는 브레턴우즈협정문에 서명했다. 그러나 소련은 미국이 주도하는 자본주의 질서에 휘둘릴 것을 우려한 스탈린의 반대로 협정 비준을 거부했다.(한국은행 국제협력실,《국제금융기구가 하는 일》, 31쪽.)

활성화와 그에 기초한 외환시장 안정이었다. 이러한 전제에 기초하여 브레턴우즈협정은 다음 세 가지를 핵심 내용으로 한다.

첫째, 금환본위제(금·달러본위제)의 채택이다. 금본위제를 채택하고 있는 미국의 달러화를 IMF 가맹국들이 일정한 환율로 매매함으로써 자국통화와 금이 간접 거래되는 제도이다. 금환본위제의 채택으로 IMF 가맹국들은 대외준비자산으로 달러를 보유해야 했다. 이로써 미국의 달러화는 기축통화[3]로 격상되었고, 국제 준비통화라는 확고한 지위를 차지했다.

둘째, 조정 가능한 고정환율제의 채택이다. 브레턴우즈협정에 따라 금 1온스는 미화 35달러로 평가됐다. 이를 기준으로 IMF 가맹국들은 달러에 대한 자국통화의 환율을 고정평가의 1퍼센트 내에서 유지시켜야 했다. 이 같은 조정 가능한 고정평가제는 미국이 가맹국 중앙은행을 상대로 금 1온스당 35달러의 고정가격으로 금과 달러 간의 태환성兌換性을 보장하겠다는 약속을 함으로써 채택되었다. 이로써 달러 가치는 금에 고정되고, 달러 가치에 결부된 다른 나라의 통화는 간접적으로 금 가치에 연계되는 금환본위제가 수립된 것이다.

그런데 미국이 부여받은 이 같은 의무는 막대한 양의 금을 보유할 때에만 유지할 수 있었다. 예컨대 시장에서 금 가격이 35달러 이상으로 오르면 미국은 보유한 금을 방출하여 금 가격을 안

---

3. 기축통화(Key Currency 또는 Vehicle Currency)는 국제거래에 사용되는 준비통화를 말한다. 금본위제 아래서 기축통화는 금이 유일했으나 국제무역이 확대되면서 금만으로는 늘어나는 국제 통화 수요를 감당할 수 없었다. 특히 1차대전 이후에는 미국과 영국, 프랑스, 독일 등이 식민지 쟁탈전에 나서면서 파운드, 달러, 마르크 등의 화폐가 기축통화 역할을 하기도 했다.

정시켜야만 했다. 만약 금 1온스의 가격이 35달러를 넘을 경우 외국의 중앙은행들은 미국에서 금을 사온 다음 이를 시장에 내다 팔아 손쉽게 돈을 벌 수 있게 된다. 이런 파국이나 다름없는 상황을 미연에 방지하려면 미국은 막대한 양의 금을 보유해야 할 뿐더러 자국 경제를 인플레이션 없이 안정적으로 관리해야 했다.

셋째, 기금 인출 제도를 시행하여 국제수지를 조절하도록 했다. 브레턴우즈협정에 따라 IMF는 가맹국이 출자한 금이나 기금Fund을 활용, 국제수지 적자를 조정할 수 있도록 단기자금 지원 기능을 수행할 수 있었다. IMF는 국제수지 불균형이 경기순환 등 일시적인 요인으로 발생했을 경우 가맹국의 요청에 따라 기금에서 필요한 통화를 신용인출 한도 내에서 지원할 수 있었다. IMF는 1952년 대기성차관협정Standby Arrangements을 도입, 가맹국의 대출 한도액을 제한할 수 있도록 했다. 또한 1969년 10월 개최된 IMF 연례회의에서는 국제유동성 공급을 영구적으로 확대하는 특별인출권SDR, Special Drawing Rights 제도를 도입한다. SDR는 국제거래의 규모가 확대되고 금융위기가 잇달아 발생함에 따라 국제수지를 안정시키기 위한 자구책의 일환으로 생겨났다. SDR의 창설로 가맹국들은 금이나 자국통화를 추가로 출자하지 않고도 지분이 증가하는 효과를 얻을 수 있었다.

이러한 내용의 브레턴우즈협정을 관리 감독하기 위해 국제통화기금이 창설됐다. 또한 연합국통화금융회의에서는 IMF와 함께 전쟁복구와 경제개발을 목적으로 국제부흥개발은행IBRD의 설립을 결정했다. 이렇게 탄생한 IMF의 주요 역할은 국제 환율안정을 위한 단기자금 공급이었다. 반면 IBRD는 이름 그대로 전후부흥과 개발을 위한 장기자금의 공급을 임무로 설립되었다. 그러나 IMF와 IBRD는 출범 초기 주어진 임무를 제대로 수행할 수 없었다. 미국을 제외한 모든 나라가 식량과 자원, 달러 부족으로 허덕이는 상황에서 기금 확보가 어려웠기 때문이다. 이 때문에 세계 각국은 미국이 베푸는 원조 프로그램만 쳐다볼 뿐이었다. 그럼에도 IMF와 IBRD의 출범은 적지 않은 의미를 지녔다. 브레턴우즈협정이 하나의 체제로 정착되었음을 의미하는 것이었다.

미국은 브레턴우즈협정이 체결되자 27개국 대표를 스위스 제네바로 초청, 보호무역을 폐지하고 자유무역을 실현하기 위한 다자간 무역협상을 시작했다. 그 결과 1947년 10월 관세 및 무역에 관한 일반협정GATT, General Agreement on Tariffs and Trade이 체결됐다. 이렇게 탄생한 GATT는 "합의된 낮은 관세율은 회의에 참가한 모든 국가에 예외 없이 적용한다"는 원칙을 확인하고 다자간 무역협상 시대가 개막되었음을 선포했다. 이로써 자본주의의 새로운 패자 미국은 한 손에는 총을 들고, 다른 한 손에는 달러를 쥐고 세계를 호령할 수 있는 '철의 트라이앵글'(또는 비신성 삼위일체, Unholy Trinity)을 구축하게 되었다.

브레턴우즈체제의 파수꾼 IMF

브레턴우즈협정은 연합국통화금융회의에 참가한 29개국이 비준함으로써 1945년 12월 27일 발효되었고, 1년이 넘는 준비 과정

워싱턴DC에 있는 IMF 본부 건물.

을 거쳤다. 그리하여 1947년 3월 1일 IMF가 업무를 개시한다. 이렇게 출범한 IMF의 목적은 다음과 같다.

- 국제 통화 문제를 협의하고 국제 통화 협력을 촉진한다.
- 국제무역의 균형과 확대, 그리고 경제정책의 주요 목표인 전체 가맹국의 고용 및 실직소득 증대를 촉진하고 자원 개발에 기여한다.
- 외환 안정의 촉진과 가맹국 간의 외환 협약의 유지 및 경쟁적인 평가절하를 방지한다.
- 가맹국의 경상거래에 관한 다각적인 결제 제도를 확립하고 세계무역 증대를 저해하는 외환 제한을 철폐한다.
- 가맹국에 대한 기금의 신용 공여를 통해 가맹국의 국내 또는 국제 번영을 저해함이 없이 당사국의 국제수지 불균형을 시정할 수 있도록 지원한다.

- 가맹국의 국제수지 불균형이 지속되는 경우 이의 단축과 불균형 폭을 축소하도록 한다.

　IMF협정 제1조에 명시된 이상 6개 항의 목적은 '외환 안정', '외환 자유화', '신용 공여'로 요약할 수 있다. 이러한 목적을 수행하기 위해 IMF는 110억 달러에 이르는 기금조성을 추진했다. 그러나 실제 할당된 액수는 총 88억 달러였으며, 이마저도 소련이 불참하면서 76억 달러로 줄어들었다. 당시 배정된 할당액 내역을 살펴보면 미국 2750만 달러, 영국 1300만 달러, 프랑스 450만 달러, 서독 400만 달러였다.

　설립 당시 29개국에 불과했던 IMF 가맹국은 1950년 49개국으로 늘어났다. 이와 관련해 눈여겨볼 시기는 베를린 장벽이 무너진 1989년부터 소련이 해체된 1991년까지이다. 가맹국이 151개국에서 178개국으로 급증했는데, 사회주의권의 붕괴로 많은 나라가 자본주의 체제에 편입되었기 때문이다.

　2010년 현재 IMF 가맹국은 187개국이다. 그런데 특기할 것은 유엔 회원국이면서도 IMF에서 배제된 나라들이다. 이들 나라는 북한, 쿠바, 안도라, 모나코, 리히텐슈타인, 투발루, 나우루 등이다.[4] 이 가운데 북한과 쿠바가 IMF에 참여하지 않고 있는 이

---

4. 1980년대까지만 하더라도 소련과 중국의 영향권에 있던 대부분의 국가들은 IMF에 가입하지 않았다. 창설 가맹국이었던 폴란드는 1950년에, 체코슬로바키아는 1954년에, 쿠바는 1959년에 IMF에서 탈퇴했다. 예외적으로 IMF에 참여했던 사회주의 국가들은 유고슬라비아(창설 가맹국)와 루마니아(1972년 가입) 정도였고, 베트남의 경우 사회주의로 통일된 이후에도 가맹국으로 남아 있었다.

1945년	1950년	1960년	1970년	1980년	1990년	2000년	2002년
31개국	49개국	68개국	116개국	140개국	155개국	183개국	184개국

출처: 한국은행 국제협력실, 《국제금융기구가 하는 일》, 39쪽.

유는 미국의 고립·봉쇄 정책과 결코 무관하지 않다.

IMF의 조직체계를 살펴보자. 최고의결기구는 총회이며 산하에는 이사회와 사무국, 20개국 재무장관위원회, 잠정위원회, 개발위원회 등이 있다. 총회는 각 가맹국이 임명하는 대표 1인과 대리 1인으로 구성되며 1년에 한 차례 열리는 연차 회합과 임시로 열리는 특별 회합이 있다. IMF의 평상시 의결기구는 24개국 대표로 구성되는 상임이사회이다. 이중 8개국은 자동 선임되는데 미국, 영국, 독일, 프랑스, 일본, 중국, 러시아, 사우디아라비아이다. 나머지 16개 이사국은 가맹국들이 지역 그룹별로 편제되어 선출한 대표 국가들이다. 참고로 1955년 가입한 한국의 경우 다섯 번째 그룹에 속하며 이 그룹을 대표하는 나라는 오스트레일리아이다.

IMF 운영 원리는 1인 1표제의 민주주의 원리가 아니라 1원 1표제의 약육강식의 논리이다. 1원 1표제의 원리에 따라 돈을 많이 낸 나라일수록 발언권이 셀 수밖에 없다. IMF의 재원은 가맹국의 납입금으로 충당되며 주식회사처럼 납입 금액의 비율(쿼터 납입금)[5]에 따라 발언권이 주어진다. 이런 점에서 IMF는 자본의

---

5. 쿼터(quota, 지분)란 가맹국이 IMF에 납입하는 출자금capital subscription을 말한다. IMF는 가맹국의 경제력 등을 기준으로 쿼터의 규모를 배정하며, 가맹국은 쿼터의 규모만큼 발언권을 갖는다.

IMF 지배구조

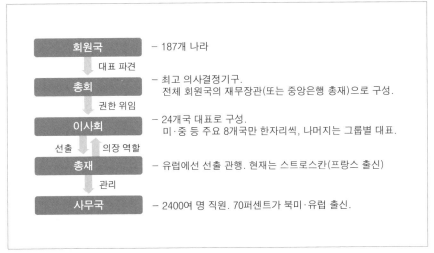

출처: IMF의 변신, '미국 그늘' 벗는 게 관건, 《한겨레신문》 2010년 7월 12일자.

논리가 철저히 관철되는 작동 체제이다.

　결성 이래 IMF의 최대 주주는 미국이다. 2010년 11월 G20정상회담을 앞두고 IMF는 미국의 지분율을 17.67퍼센트에서 17.41퍼센트로 약간 줄이는 대신 중국은 3.99퍼센트에서 6.39퍼센트로 늘렸다. 얼핏 지분율이 높아 보이지 않는데도 미국은 IMF를 좌지우지할 수 있다. 왜냐하면 IMF의 의사결정구조상 전체 투표 수의 85퍼센트 이상의 찬성을 얻어야 하기 때문이다. 사실상 IMF는 미국의 지지와 동의를 얻지 못하면 아무런 결정도 내릴 수 없다. 말 그대로 미국에 의한, 미국을 위한 기구인 셈이다. 이런 편파적이고 독단적인 의결구조에 힘입어 미국은 IMF를 원격조종하고 있는 것이다.

　설립 초기 100억 달러로 출발한 IMF 기금은 증자를 거듭한 결

IMF의 국가별 지분율   (단위: %)

미국	일본	중국	독일	영국	프랑스	이탈리아	인도	러시아	브라질
17.41	6.46	6.39	5.59	4.23	4.23	3.16	2.75	2.71	2.32

과 대폭 늘어났다. 1970년 10월 30일 IMF 기금은 289억 510만 달러로 초기에 비해 세 배 가까이 늘어났다. 애초에 IMF의 기금은 가맹국의 출자 지분에 따라 25퍼센트는 금으로, 나머지 75퍼센트는 자국 통화로 납입하게 돼 있었다. 그러나 1978년 4월 신협정이 체결되면서부터 금이 SDR로 대체되었다. 이때부터 IMF의 출자 지분은 자국 통화나 다른 가맹국 통화로 납입할 수 있게 됐다. IMF 출자 지분은 각 가맹국이 IMF의 자금을 이용할 때 대출한도를 정하는 기준이 된다.

IMF의 역할을 살펴보면 다음과 같다. 먼저 고정환율제를 관리 감독하는 일이다. 이는 1930년대 대공황의 여파로 각국이 비교우위를 누리기 위해 자국의 통화를 다투어 평가절하하면서 나타났던 극심한 경제 혼란을 미연에 방지하기 위한 것이다. 뿐만 아니라 고정환율제를 안정적으로 유지하는 것은 금을 대량 보유하고 있던 미국의 이해에 부합되는 조치였다.

다음으로 IMF는 각국 통화의 교환 가능성convertibility을 촉진하는 역할을 수행했다. 다시 말해 다른 통화와의 교환을 더 쉽게 하여 국제무역을 촉진하기 위한 조치이다. 이는 무역자유화와 외환거래의 자유화라는 IMF의 근본 취지에 근거한 조치이다.

마지막으로 IMF는 유동성 부족으로 일시적인 어려움을 겪는 나라들에 긴급 자금을 제공하는 최종 대부자 역할을 수행한다.

결성 초기부터 지금까지 IMF는 이러한 역할을 수행해왔다.

그런데 문제는 시간이 흐를수록 IMF의 이 같은 역할이 악의적으로 변해왔다는 사실이다. 1980년대 중남미 외채위기를 계기로 IMF는 최종 대부자라는 역할(구제금융)을 악용하여 신자유주의에 입각한 개혁 개방 정책을 강요하는 첨병으로 변신했다. IMF는 국가부도 위기에 놓인 나라들에 구제금융을 미끼로 투기자본이 거침없이 침투할 수 있도록 모든 안전장치를 해체하라고 윽박지른다. 이런 모습은 IMF가 미국의 패권과 투기자본의 첨병이자 대변자임을 자인하는 명백한 증거이다. 이 때문에 한국인들의 기억 속에는 IMF가 1997년 외환위기의 고통과 함께 불황, 실업, 경제위기를 뜻하는 공포의 경제용어로 각인되어 있다.

마셜플랜

종전으로 총격과 포탄 소리가 잦아들자 극심한 경제 한파가 세계를 강타했다. 물자 부족과 재정 압박, 살인적인 인플레이션이 세계 곳곳에 몰아쳤다. 전쟁은 끝났지만 군수산업 중심의 전시경제 체제는 변함없이 가동됐고, 황폐해진 농지와 파괴된 사회 기간시설은 속수무책으로 방치됐다.

한때 세계 최대의 채권국임을 자랑했던 영국은 최대의 채무국으로 전락했고, 독일에서는 초인플레이션의 망령이 되살아나 돈 대신 담배가 거래수단으로 사용될 정도였다. 전후 경제생산은 대공황으로 휘청거리던 1938년 수준에도 못 미쳤다. 사람들은 일용할 양식을 구하기 위해 암시장을 배회하거나 뒷골목을 서성거려야 했다.

전후 서유럽 국가들은 미국으로부터 연료와 원료, 식량을 비롯한 생필품을 대량 수입해야만 하는 처지였다. 덕분에 전쟁 전 연평균 13억 달러였던 서유럽의 대미 수입은 1946년 41억 달러, 1947년 52억 달러로 급증했다. 반면 서유럽의 대미 수출은 1946년과 1947년 각각 8억 달러에 머물러 이들 국가는 국제수지 악화와 달러 부족이라는 이중고에 시달렸다.

이렇게 되자 서유럽 국가들은 외환관리를 실시하고 달러를 통한 국제무역을 규제했다. 또한 쌍무 지불협정을 체결하여 한 푼의 달러라도 아끼려고 애썼다. 그러나 필요한 물자를 대량 공급할 수 있는 나라가 없었으므로 서유럽 국가들의 교역은 교착상태에 빠질 수밖에 없었다.

더 큰 문제는 심상찮은 경제위기가 사회 혼란을 동반했다는 사실이다. 1947년, 유럽은 동서를 막론하고 사회주의가 맹렬하게 세력을 확장하고 있었다. 동유럽에서는 공산당이 상대 세력을 흡수하거나 궤멸시켰고, 서유럽에서도 이탈리아, 벨기에, 프랑스에서 공산당을 비롯한 좌익세력이 영향력을 확대했다. 유럽의 좌익세력들은 전후 경제회복 부진에 따른 대중의 좌절과 불만을 토대로 세력을 키워나갔다.

상황이 이런데도 IMF의 기금 인출은 어려웠고 IBRD도 대부 능력이 없었다. 전후 복구와 경제부흥을 지원할 수 있는 구세주는 오직 미국뿐이었다. 미국은 이런 기대에 부응하기 위해 대대적인 원조 계획을 발표한다. 1947년 6월 5일, 하버드 대학 입학

마셜플랜 포스터.
"어떤 날씨에도 우리는 함께 움직여야 한다."

식에 참석한 미국무장관 조지 마셜George Marshall은 축하 연설에서 "시장경제 체제를 채택하는 나라들이 국내 경제를 부흥시키기 위해 집행하는 계획에 대하여 미국은 대규모 재정 지원"을 하겠다고 선언한다. 이른바 유럽부흥계획European Recovery Program[6]이 발표된 것이다.

마셜플랜 발표 이후 미의회는 1948년 3월 경제협력법Economic Cooperation Act을 제정한다. 이 법이 1948년 4월 3일 트루먼의 서명과 함께 발효되자 미국은 마셜플랜을 관장할 목적으로 경제협력

---

6. 미국은 마셜플랜 이전에도 서유럽에 다양한 원조를 시행했다. 전후 미국의 서유럽 원조는 무기 대여 계획의 연장선에서 이루어졌다. 2차대전이 끝난 직후 미국이 시행한 원조는 국제연합구제부흥사업국UNRRA 그리고 점령지 관리와 구호기금GARIOA 프로그램이 대표적이다.

국ECA을 설립한다. 서유럽 국가들 또한 마셜플랜의 집행을 위해 유럽경제협력기구OEEC를 결성한다. 영국과 프랑스가 중심이 되어 결성한 OEEC는 마셜플랜의 원활한 집행을 위해 4개년 부흥계획을 수립했다.

1948년 4월에 시작되어 1951년 말까지 시행된 마셜플랜에 따라 미국은 서유럽 16개국에 120억 달러를 원조했다. 대부분 직접 보조금이었으며 나머지는 대부 형식으로 제공됐다. 마셜플랜에 따른 원조액은 각국의 경제 규모가 아니라 해외무역에서 발생하는 달러의 적자 크기에 비례하여 배분됐다. 원조 내역을 살펴보면 무상공여 91억 9940만 달러, 대부 11억 3970만 달러, 조건부 원조 15억 4290만 달러이다. 이 가운데 조건부 원조란 1948년 서유럽 국가들 간의 지불 협약을 뒷받침하기 위한 것으로, 무역 흑자국이 적자국에 외환을 공여하는 대신 미국으로부터 같은 액수를 보상받는 프로그램이었다. 서유럽 국가들의 무역을 촉진하기 위해 배정된 조건부 원조는 양도할 수도 있었다.

4년 동안 시행된 마셜플랜의 성과는 괄목할 만했다. 몇몇 서유럽 국가들의 국민총생산은 15~25퍼센트까지 증가했고, 화학·기계·철강 등의 산업이 빠르게 성장했다. 그러나 역설적으로 마셜플랜의 최대 수혜국은 서유럽 국가들이 아닌 미국이었는지도 모른다. 왜냐하면 원조액 약 70퍼센트는 서유럽 국가들이 미국의 잉여 농산물과 생필품 수입에 사용했기 때문이다. 그 결과 미국의 수출시장은 확대됐고 서유럽 국가들의 대미 의존도는 더욱 높아졌다.

이런 가운데 미국의 원조는 군사원조의 색채를 강하게 띠기

마셜플랜 원조 액수   (단위: 100만 달러)

수혜국	1948/49년	1949/50년	1950/51년	합계
오스트리아	280.0	166.5	114.3	560.8
벨기에-룩셈부르크	261.4	210.9	74.3	546.6
덴마크	126.2	86.1	45.1	257.4
프랑스	1,313.4	698.3	433.1	2,444.8
서독	613.5	284.7	399.1	1,297.3
그리스	191.7	156.3	167.1	515.1
아이슬란드	8.3	7.0	8.4	23.7
아일랜드	86.3	44.9	15.0	146.2
이탈리아(트리에스테 포함)	685.9	416.2	246.1	1,348.2
네덜란드(인도네시아 포함)	571.1	305.6	101.9	978.6
노르웨이	101.1	89.5	46.1	236.7
포르투갈	0.0	38.8	11.7	50.5
스웨덴	45.4	51.9	21.2	118.5
터키	49.0	58.5	45.0	152.5
영국	1,619.7	907.9	289.4	2,826.0
EPU(유럽결제동맹) 출연	0.0	0.0	350.0	350.0
합계	**5,953.0**	**3,523.1**	**2,376.8**	**11,852.9**

* 연도는 회계연도 7월 1일~6월 30일이며 1948/49년은 1948년 4월부터 포괄한다.
출처: 양동휴, 《20세기 경제사》, 174쪽.

시작했다. 1949년 4월 북대서양조약기구NATO의 결성을 계기로 마셜플랜은 소련을 비롯한 동구 사회주의권과 정치군사적 대결을 뒷받침하기 위한 계획으로 탈바꿈했다.

이후 미국은 마셜플랜이 종료되자 1952년 상호안전보장법 Mutual Security Act을 제정하고 상호안전계획MSP을 입안하여 원조를 계속했다. 1950년대 미국의 원조는 한국전쟁을 계기로 서유럽은 물론 일본으로 확대됐다. 미국의 원조에 힘입어 서유럽과 일본 경제는 빠르게 회복되었다. 그 결과 1950~60년대 자본주의는 전대미문의 황금기를 구가할 수 있었다.

냉전체제가 모습을 드러내다

전시 상황에서 맺어진 미국과 소련의 동맹관계는 독일이 항복하
자 빠르게 금이 갔다. 승전의 환호성이 잦아들자 미국과 소련
사이에 무한대결 시대가 펼쳐졌다. 전후 유럽에서 미국과 소련
의 영향력 확대로 동서 냉전의 문이 열렸다. 서유럽 국가들은
미국의 원조에 힘입어 전후 복구에 매진했고 동유럽에서는 소련
의 지원을 등에 업고 사회주의 국가들이 수립됐다.
　이런 정세의 변화 속에서 영국의 전 총리 윈스턴 처칠Winston
Churchill은 1946년 3월 5일 자본주의 진영을 대변하는 연설을 한
다. 처칠은 이날 미국 미주리 주 풀턴에 있는 웨스트민스터 대
학 초청 연설에서 다음과 같이 말한다.

오늘날 발트 해의 주데텐란트에서부터 아드리아 해의 트리에스테에 이
르기까지 대륙을 가로질러 '철의 장막iron curtain'이 드리워지고 있습니다.

　처칠이 언급한 '철의 장막'은 서방이 소련을 향해 퍼붓는 비난
을 상징하는 말이 됐다. 그해 9월 슈투트가르트회의에서 전후
독일 문제에 대한 소련의 주장이 거부되면서 미소 간의 신뢰는
완전히 파탄 나고 말았다. 이런 가운데 동유럽이 공산화되자 미
국의 경계심은 극도로 높아졌다. 이런 추세라면 서유럽에서도

사회주의 국가가 등장하지 않으리라
고 장담하기 어려웠다.

2차대전 극복의 영웅 윈스턴 처칠.
소련의 위협을 가리키는 '철의 장
막'은 처칠을 상징하는 말이 되었다.

당시 미국은 소련의 항구적인 동
유럽 지배와 서유럽을 비롯한 여러
지역에서 공산당이 집권하는 상황을
우려했는데 이는 현실로 나타났다.
종전과 함께 영국이 터키, 그리스
등 지중해 국가들에 더는 원조를 제
공할 여력이 없다고 발표하자 그리
스에서 소련의 지원을 등에 업은 공산주의 세력이 내전을 일으
켰다. 여기에 터키마저 소련의 팽창정책에 위협받자 미국의 위
기감은 극도에 달했다. 이에 대해 어느 고위 외교관은 다음과
같이 진술한다.

유럽이 경제적인 무정부 상태에 빠지도록 방치한다면, 최선의 경우 그
들은 미국의 궤도orbit에서 벗어나 자립적인 민족주의적 정책을 시도할
것이다. 그리고 최악의 경우 그들은 소련의 궤도로 편입될 수 있을 것
이다. 그러면 미국은 세계에서 고립될 것이다. 이때 우리의 경제적 고
립과 국방 강화에 따른 비용이 얼마나 클 것인가? 1929~1932년의 침
체보다 더 심각한 침체를 어떻게 피할 것이며, 그리고 우리가 전 세계
적으로 직접적인 개입을 할 수밖에 없는 경우 이에 수반될 조세의 폭
발적인 증가를 어떻게 피할 수 있을지, 나는 알지 못한다.

―필립 암스트롱 외,《1945년 이후의 자본주의》, 117쪽.

이렇게 되자 미국 대통령 해리 트루먼Harry Truman은 1947년 3월 12일 의회 연설에서 그리스와 터키에 즉각 경제원조와 군사원조를 실시하겠다는 독트린을 발표한다. 트루먼은 "극소수의 무장세력 또는 외부세력에 의한 전복 행위에 저항하는 자유민들을 지원하는 것이 미국의 정책이어야 한다"고 역설하면서 냉전[7]의 개막을 공식화했다.

트루먼 독트린이 발표되자 미국 의회는 그리스와 터키를 원조하기 위해 4억 달러의 예산을 책정했다. 그리고 3개월이 지난 1947년 6월 미국무장관 마셜은 대대적인 서유럽 지원을 공약하는 유럽부흥계획을 발표한다. 앞서거니 뒤서거니 발표된 트루먼 독트린과 마셜플랜은 동전의 양면과 같았다.

격화일로를 걷던 미소 간의 대립은 결국 일촉즉발의 위기에 직면한다. 마침내 1948년 6월 베를린 봉쇄Berlin blockade라는, 3차 세계대전의 먹구름이 유럽 대륙을 뒤덮은 것이다. 사건의 발단은 이렇다. 1948년 3월 미국, 영국, 프랑스가 자신들이 점령한 독일(서독)을 하나의 경제 단위로 통합한다는 결정을 내렸다. 이에 따라 서방국가들은 서베를린에서 새로운 독일 화폐인 마르크화를 유통시키겠다고 발표했다. 그러자 소련은 '통화를 매개로 한 경제침략'이라고 비난하면서 연합국관리위원회에서 탈퇴했

---

7. 이 말은 1947년 미국의 평론가 월터 리프먼Walter Lippmann의 논문 〈냉전The Cold War〉에서 처음 사용되었다. 그후 대통령 고문인 버나드 바루크Bernard Baruch가 의회에서 사용하면서 일반화됐다. 냉전의 일반적인 의미는 미국을 중심으로 하는 자본주의 진영과 소련을 중심으로 하는 사회주의 진영이 2차대전 직후부터 1991년까지 지속한 대립체제이다. 이 기간에 미국과 소련은 격렬한 정치, 군사, 경제, 문화적 대립을 지속하면서 재래식 무기와 핵무기를 끊임없이 양산하고 수많은 대리전proxy war을 조장했다.

다. 그런 다음 1948년 6월 24일 서베를린으로 향하는 모든 육로와 수로를 봉쇄했다. 일주일이 지난 1948년 7월 1일 '베를린에 대한 4개국(미·영·프·소)의 통치는 종식됐고, 서방 연합국은 더는 베를린에 대해 어떠한 권리도 보유하지 않는다'고 선언했다(1948년 7월 1일).

해리 트루먼. 미국 제33대 대통령으로, 그가 내세운 트루먼 독트린은 2차대전 이후 국제정치의 향방을 결정지었다.

이렇게 되자 서베를린은 붉은 바다 한가운데 떠 있는 외딴 섬이 되고 말았다. 서베를린으로 오가는 모든 통로가 끊기자 미군은 핵폭탄을 탑재한 폭격기를 영국에 배치하는 등 비상 상태에 돌입했다. 소련은 이에 대응하여 7월 중순 베를린에 40개 사단의 병력을 배치했다. 당시 서방 측 군대는 8개 사단이 서베를린에 주둔하고 있었다. 미소 간의 긴장은 7월 말 3개 대대의 미군 전략폭격기가 파견되면서 절정에 달했다.

육로와 수로가 봉쇄되자 서베를린 시민들은 아사 위기에 내몰렸다. 이들을 구출하기 위해 미국은 탱크로 육로를 뚫는 강경책을 검토했으나 3차 세계대전이 발발할 것을 우려해 포기했다. 대신 베를린 봉쇄 이틀 만인 1948년 6월 26일 생필품을 가득 실은 미군 수송기가 서베를린 하늘 위에서 공수작전을 실시했다. 전운이 높아지는 상황에서도 보급품 수송 작전은 쉼 없이 계속되었다.

미군의 공수작전이 계속되는 가운데 베를린 봉쇄는 해를 넘겨

베를린 시민들이 템펠호프 공항에서 날아가는 C-54 수송기를 바라보고 있다.

서도 지속됐다. 소련이 마지못해 베를린 봉쇄를 해제한 것은 1949년 5월 4일이었다. 미국을 비롯한 자본주의 국가들이 동독의 교통·통신 시설에 대한 보복조치를 취하고, 동유럽 국가들에 전략 물품 수출을 금지하는 역봉쇄를 단행했기 때문이다.

봉쇄가 계속된 11개월 동안 미국은 27만 7728회에 달하는 공수작전을 펼쳤다. 당시 수송기가 실어 나른 품목은 식량에서 연료와 생필품, 심지어 신문용지에 이르기까지 다양했다. 수송기에 의지하여 생존했던 베를린 시민들은 수송기를 가리켜 사탕폭격기Candy Bomber라 불렀다. 이 기간 총 234만 3300톤의 물자가 250만 서베를린 시민을 먹여 살렸다. 보급에 들어간 비용은 2억 2400만 달러에 달했다.

베를린 봉쇄는 다행스럽게도 무력충돌로 비화되지는 않았으나 냉전체제를 고착시킨 결정적인 계기가 되었다. 미국은 베를린 봉쇄가 지속되던 1949년 4월 서유럽 국가들의 집단방위기구인 북대서양조약기구NATO를 결성했다. 이에 맞서 소련은 동유럽 사회주의 국가들의 경제협력기구인 코메콘COMECON(경제상호원조회의)을 결성(1949년 1월)한 데 이어 바르샤바조약기구WTO를 출범시켰다. 코메콘은 마셜플랜에 대응하는 성격이 짙었고, 바르샤바조약기구는 북대서양조약기구에 대응하기 위한 동유럽 국가들의 군사안보기구였다.

이처럼 동서 냉전체제가 고착되는 상황에서 미소 대결은 경쟁적인 핵무장으로 치달았다. 1949년 8월 29일 소련이 원자폭탄 실험에 성공하면서 지구상의 핵무기는 미국과 소련이 양분하게 되었다. 이런 가운데 아시아에서 전후 세계질서의 지각변동을 일으키는 사건이 발생했다. 바로 마오쩌둥이 이끄는 중국공산당이 장제스의 국민당을 축출하고 중화인민공화국을 수립한 것이다(1949년 10월 10일). 그리고 해가 바뀐 1950년 6월 25일 한국전쟁이 발발하면서 냉전체제는 돌이킬 수 없이 고착되었다.

팍스 아메리카나가 무엇이기에

팍스 아메리카나는 라틴어로 '미국의 평화'라는 뜻이다. 풀어서 말하면 미국이 주도하는 세계의 평화를 의미한다. 이 말은 '팍스 로마나Pax Romana'에서 따온 것이다. 기원전 1세기 말에 제정帝政을 세운 아우구스투스 황제 때부터 이른바 '5현제' 시대까지 약 200여 년 동안 로마가 그 전에 비해 상대적으로 평화롭고 무력으로 영토를 확장하는 일도 최소한으로 줄었던 시기를 가리킨다.

팍스 아메리카나는 1945년에 제2차 세계대전이 끝난 뒤 미국이 지배적인 군사력과 경제력을 자랑하는 가운데 서방세계에 상대적인 평화가 찾아온 기간을 말한다. 이 시기에 미국과 동맹국들은 국지전쟁(한국, 베트남, 페르시아 만, 유고슬라비아, 아프가니스탄, 이라크)에 개입했지만 주요 서방 국가들 자체에서는 무력 충돌이 없었고 핵무기도 사용되지 않았다는 것이다. 이런 의미라면 팍스 아메리카나는 어디까지나 미국과 유럽의 자본주의 국가들을 중심으로 '평화'를 규정한 일방적인 용어라고 볼 수 있다.

특히 미국이 팍스 아메리카나의 시기라고 말하는 1945년부터 21세기 초의 10년 가까운 때까지 65년 동안 한국과 베트남의 전쟁에서 수백만 명이 목숨을 잃었고 최근에도 이라크와 아프가니스탄에서는 참혹한 살육 행위가 벌어지고 있다. 그 모든 전쟁에서 주도적인 역할은 언제나 미국이 맡았다. 그러다 보니 미국의 많은 젊은이도 권력의 정치·경제·군사적 목적에 떠밀려 희생당할 수밖에 없었다. 이런 입장에서 보면 팍스 아메리카나는 '지배자들의 평화'에 지나지 않는다.

—김종철, 《오바마의 미국, MB의 대한민국》, 152~153쪽.

자본주의 황금기가 도래하다

─1950~60년대의 호황

2차대전 이후 미국 경제

전쟁이 끝나자 미국 경제가 맞닥뜨린 가장 큰 문제는 전시경제 체제를 평시체제로 전환하는 일이었다. 전시에 급성장한 군수산업을 민수산업으로 전환하는 일은 결코 간단한 문제가 아니었다. 중공업 생산의 60퍼센트 이상을 차지하고 있던 육·해군 관련 군수산업만 하더라도 종전과 함께 생산량이 급감하여 적지 않은 부담을 안겼다. 여기에 더해 1200만 명의 병사들이 일시에 전역하면서 임금이 떨어졌고 실업률은 수직 상승했다. 다행스럽게도 전쟁 막바지인 1944년 6월 제대군인원호법이 제정되어 800만 명에 달하는 퇴역군인들이 대학과 기술학교로 진학할 수 있게 되었다. 덕분에 미국 사회는 실업 대란이라는 최악의 사태를 피해갈 수 있었다.

이런 불안정한 문제들 때문에 전후 많은 경제학자가 미국 경제의 앞날을 비관했다. 그러나 현실은 달랐다. 트루먼 정부가 고용법을 제정하는 등 적극적인 고용안정 정책을 시행하여 실업률을 억제하고 수출과 민간소비를 독려했기 때문이다. 그 결과 800만 명에 이를 것으로 예상되던 실업자는 1947년 5월 196만 명 선에 머물렀다. 또한 인플레이션을 억제하기 위해 물가관리국을 설치하여 공정가격제를 실시하고, 노동자들의 임금인상을 유도했으며, 노동조합 활동을 합법적으로 보장했다.

이런 가운데 미국 경제는 1946년 봄부터 활기를 되찾는다. 여기에는 민간 수요의 증가와 수출 증대가 크게 공헌했다. 전시에 억제되었던 일반 수요가 늘고 누적된 유동 구매력이 민간 수요 증가에 기여했다. 또 수출 증대는 전후 서유럽에 대한 미국의 경제원조에 힘입은 것이었다. 수출이 늘자 과잉생산으로 창고에 쌓여 있던 상품들이 팔려나가면서 미국 경제는 활기를 띠기 시작했다. 경기 활성화와 함께 인플레이션이라는 달갑지 않은 손님이 찾아왔다. 전시에 억제되었던 임금과 물가 통제가 해제된 탓이었다. 대공황의 여파가 계속되던 1935~39년의 물가지수를 100으로 할 경우 1946년 6월 물가지수는 133.3이었고, 1948년 9월 물가지수는 174.5였다. 미국이 평시에 경험한 인플레이션 가운데 가장 심각한 것이었다.

인플레이션의 여파로 민간 수요가 감소하기 시작했고 그러자 전후 붐을 이끌었던 수출 증가세가 둔화되기 시작했다. 그 결과 미국 경제는 1948년 11월부터 침체 국면에 들어섰다. 제조업의 매상고는 제자리걸음을 걸었고 신규 발주가 감소하여 재고가 쌓이기 시작했다. 1948년 11월부터 1949년 7월까지 공업생산은 17.4퍼센트 줄어들었고 설비투자는 221억 달러에서 193억 달러로 13퍼센트나 감소했다. 오직 늘어난 것이 있다면 210만 명에서 340만 명으로 증가한 완전실업자뿐이었다.

이렇게 되자 연방정부가 꺼내든 카드는 재정지출을 늘리고 대대적인 주택건설을 통해 건설 붐을 일으키는 것이었다. 그런데도 경제는 활력을 잃은 채 불안정한 상태에서 자맥질할 뿐이었다. 그 순간 예기치 않았던 곳에서 미국 경제에 구원의 손길을 내밀었다. 태평양 건너편 한반도에서 전쟁이 일어난 것이다.

미국 정부는 전쟁 지원을 위해 발 빠르게 국방동원 계획을 수립했고, 투자처를 찾지 못하던 자본과 원자재가 군수산업으로 몰려들었다. 덕분에 미국 경제는 잃었던 활기를 되찾기 시작했고 자본주의 세계경제는 황금기를 향해 가속페달을 밟기 시작했다. 동아시아의 한반도가 수많은 사람의 피로 물드는 가운데…….

황금기는 어떻게 가능했나

1950년부터 1973년까지 자본주의 세계경제는 실로 찬란한 황금기Golden Age를 구가한다. 비록 미국과 서유럽, 일본에 한정된 현상이긴 했지만 역사상 유례없는 장기 호황이었다. 과연 무엇이 이러한 장기 호황을 가능케 했을까. 이 물음에 대한 답은 다섯 가지로 정리해볼 수 있다.

첫째, 미국의 헤게모니가 관철되는 새로운 세계경제 질서의 수립이다. 그 요체는 바로 브레턴우즈체제였다. 이와 함께 자본주의 세계경제는 난립했던 제국주의 경제 블록을 뛰어넘기 시작했다. 국제 금융질서는 안정적으로 가동되었고 교역은 자유로워졌다. 이를 기반으로 자본이 거침없이 국경을 넘나들기 시작하면서 국제무역이 비약적으로 증가했다.

둘째, 풍부한 노동력과 자본의 원활한 공급이다. 2차대전이 끝나자 인구의 자연증가율이 높아졌고, 전쟁에 동원된 군인들이 전역하면서 저임 노동력이 풍부하게 공급되었다. 미국과 네덜란드에서는 여성들의 경제활동 참여가 크게 늘어났고 서독, 프랑스, 이탈리아에서는 농촌을 떠난 농민들이 도시와 공장으로 몰려들었다. 또한 저임금 외국인 노동자들이 스위스, 덴마크, 서독 등의 나라로 일자리를 찾아 이동하였다.

자본의 이동 역시 자유로워졌으며 선진 자본주의 국가의 투자가 급증했다. 전후 대규모 자본 이동은 실질임금의 상승과 자동차로 대표되는 내구소비재의 수요 증가와 맞물려 있었다. 자본의 출처를 살펴보면, 1950년대까지는 미국의 원조와 차관공여가 큰 비중을 차지했다. 그러나 1960년대에 접어들면 자본 흐름은 역류하기 시작한다. 1950년대까지 원조와 차관을 제공받았던 유럽 국가들의 자본이 미국의 금융시장으로 흘러들어 단기증권을 집중적으로 사들였다. 특기할 것은 1960년대 들어 다국적기업multinational corporation의 해외 직접투자가 증가하면서 자본 흐름을 주도했다는 사실이다.

셋째, 경제 전반에 걸쳐 국가가 개입하면서 경제 호황을 이끌었다. 자본주의 황금기는 고전주의 경제학이 지배하던 자유방임주의 시대가 가고 케인스주의에 입각한 수정자본주의 시대가 도래했음을 의미했다. 수정자본주의 시대에 접어들자 각국 정부는 적극적인 총수요 관리정책에 기초하여 경기 활성화를 위한 여러 정책을 내놓았다. 나라별 재정지출의 기조는 서로 달랐으나 예외 없이 고용안정과 유효수요 창출을 위한 지출이 큰 비중을 차지했다. 또한 각국 정부는 직접융자, 기간산업의 국유화, 사회보장과 사회 개량에 따른 소득 재분배 정책을 전면 시행했다. 이제 도로와 항만 건설 등 사회간접자본에 대한 투자는 정부의 몫으로 인식되었다.

그런데 미국의 재정지출은 예외적으로 군사비가 가장 큰 비중을 차지했다. 1950년대 미국의 연평균 군사비 지출은 GNP의 10퍼센트를 넘어섰다. 군사비는 해를 거듭할수록 누적되어 1960년대 후반에 이르러 달러 위기를 초래한 주요 원인이 되었다. 유럽 국가들은 산업 국유화와 사회복지 강화에 초점을 맞춰 재정을 지출했다. 어느덧 '요람에서 무덤까지'라는 말이 유럽의 사회복지제도를 상징하기 시작했다.

넷째, 기술혁신이다. 전후 기술혁신을 이끈 산업 분야는 내구소비재와 중화학공업이었다. 1950~60년대 기술혁신은 냉장고, 세탁기 등 가전기기와 자동차, 항공기, 유조선 등 수송기기, 그리고 철강과 석유화학 제품에 이르기까지 산업 전반에 걸쳐 이루어졌다. 이 시기 기술혁신은 정부의 적극적인 연구개발R&D 지원 정책에 힘입은 바 컸다. 미국의 경우 기술개발 예산의 절반 가량을 군수산업과 우주개발산업에 투여하였다. 이처럼 국가 차원에서 연구개발의 중요성이 부각되는 가운데 각국 정부는 기술 혁신의 원천인 교육에 대한 투자를 늘려나갔다.

다섯째, 1950~60년대 내내 저렴하고도 안정적으로 원료와 연료가 공급되었다. 석탄 중심의 산업구조가 석유 중심으로 전환되는 가운데 1950~60년대 1차 산물(원료와 연료)의 가격은 저가 기조를 유지하였다. 예컨대 원유의 경우 미국과 영국 자본이 국제 원유시장을 흔들림 없이 장악한 결과 줄곧 낮은 가격에 공급되었다. 아울러 곡물 가격은 턱없이 쌌고, 공업제품에 비해 열악한 조건으로 거래되었다. 이러한 1차 산물의 안정적인 공급은 기업들에 높은 이윤율을 보장해주는 중요한 요인이 되었다.

현기증 나는 성장

2차대전의 상처가 아물어가자 자본주의 세계경제는 달러의 우산 아래 성장을 시작했다. 비록 몇 차례 일시적인 불황이 없지 않았으나 호황은 1950~60년대를 관통하면서 20년 넘게 지속되었다. 이 시기에는 실업률이 낮게 유지되는 가운데 생산과 무역이 폭발적으로 증가했다. 그래서 어느 경제학자는 1950~60년대의 호황을 '숨 막히는 성장'이라고 단언한다.

호황의 가장 놀라운 특징은 생산의 숨 막히는 성장이었다. 1973년 선진자본주의 국가들의 생산은 1950년보다 180퍼센트 컸다. 이는 거의 두 배에 이르는 성장이었다. 이 25년 동안에 생산된 것은 그

이전의 75년 동안 생산된 것보다 많았으며, 인간 역사상 어떤 25년보다도 몇 배나 많았다.

이러한 규모의 성장으로 생산은 매 16년마다 배가되었다. 만약 이러한 성장률이 계속된다면, 해마다 인구 증가율이 1퍼센트일 경우, 각 세대는 대략 그의 부모 세대보다는 2배 더 잘살게 되고, 그의 조부모 세대보다는 4배 더 잘살게 될 것이다.

―필립 암스트롱 외, 《1945년 이후의 자본주의》, 183~184쪽.

1950~60년대의 경제성장을 이끈 핵심 동력은 공업 부문의 비약적인 생산성 증대였다. 선진자본주의 국가들의 농업 비중은 급격히 줄어든 반면 공업과 서비스업의 비중은 높아졌다. 그 결과 실업률은 낮은 수준을 유지했고 새로운 노동력 공급원이 필요해졌다.

이런 산업구조의 변화 속에서 1948년부터 1971년까지 연평균 5.6퍼센트씩 공업생산이 증가했고, 국제무역은 7.3퍼센트씩 늘어났다. 1950년대 연평균 5.3퍼센트의 성장을 기록했던 공업생산은 1960년대가 되자 5.9퍼센트로 순조로운 신장세를 보였다. 세계무역도 선진국들의 수출 증가에 힘입어 1960년대 연평균 10퍼센트 가까운 성장률을 기록했다. 그리하여 주요 선진국들의 GDP 합계는 1958년 8200억 달러에서 1977년 4조 9350억 달러로 여섯 배나 늘어났다. 같은 기간 1인당 국민소득은 1360달러에서 5530달러로 네 배 넘게 증가했다.

전후 높은 공업생산력을 자랑하던 미국은 상대적으로 낮은 경제성장률을 기록했다. 1960년대 미국의 연평균 성장률은 4.2퍼센트였으며, 연평균 실업률은 4.8퍼센트로 1920년대에 비해 낮은 편이었다(1920년대 미국의 연평균 실업률은 5.1퍼센트였다). 소비자물가는 연평균 2.3퍼센트로 안정세를 유지했다. 덕분에 미국인들의 소득이 증대되어 생활수준이 높아졌다. 1970년대 들어서자 미국인 둘 중 하나는 자동차를 보유하였고, 가사 부담을 덜어주는 냉장고와 세탁기 등 내구소비재의 보급률이 90퍼센트를 넘어섰다.

이 같은 호황의 세례는 서유럽 국가들에도 예외없이 베풀어졌다. 1973년 서유럽의 수출은 1950년에 비해 6.5배나 증가할 정도로 폭발적이었다. 1950년 GDP의 9.4퍼센트에 불과했던 상품 수출은 1973년이 되자 21퍼센트로 대폭 늘어났다. 이 같은 수출 호조에 힘입어 1973년 서유럽의 1인당 GDP는 1950년에 비해 250퍼센트나 증가했다.

한국전쟁을 계기로 눈부신 성장을 시작한 일본은 가장 괄목할 만한 발전을 달성한 나라였다. 1955년부터 1973년까지 일본의 연평균 성장률은 9.8퍼센트로 주요 선진국들 가운데 가장 높았다. 일본의 경제성장률이 가장 높았던 시기는 1960년대로 무려 11.4퍼센트에 달했다. 이러한 경제성장은 노동력 증가보다는 노동생산성 증대에 힘입은 바 컸다.

주요 자본주의 국가의 경제성장률   (단위: 연평균, %)

구분	일본	미국	영국	프랑스	서독	이탈리아	캐나다
1950~60년	8.2	3.2	2.8	4.8	7.7	5.5	3.9
1960~73년	10.5	3.9	3.2	5.7	4.8	5.2	5.4

출처: 김준호, 《경제사》, 367쪽.

유례없는 호황으로 자본주의 세계경제가 놀라운 성장을 거듭하는 가운데 개별 국가들의 국경선은 차츰 낮아지기 시작했다. 그런데 문제는 국경선이 낮아지자 다국적기업을 앞세운 국제 독점자본이 활개 치기 시작한 것이다.

다국적기업은 이미 오래전에 등장했지만 세계경제의 중추로 자리 잡은 것은 1950년대 들어서였다. 특히 미국의 대기업들은 1950년대 해외시장 진출을 본격화하여 거대 다국적기업으로 변신을 거듭했다. 이런 과정을 거쳐 1960년대에 60억 달러 이상의 매출액을 올린 다국적기업은 무려 104개에 이를 정도였다. 더욱 놀라운 사실은 이들 다국적기업 가운데 절반이 미국계였다는 점이다. 이들은 1970년 미국 수출의 62퍼센트와 수입의 34퍼센트를 담당했다. 다국적기업이 미국 경제를 쥐락펴락할 만큼 절대적인 영향력을 발휘하게 된 것이다.

다국적기업이 세계경제를 주름잡기 시작한 가운데 눈에 띄는 특징 가운데 하나는 선진자본주의 국가들의 불균등 발전이 심화되었다는 사실이다. 이런 현상은 패전국인 일본과 서독, 이탈리아가 미국과 영국에 비해 높은 성장을 기록하면서 나타났다. 서독과 일본을 비롯한 후발자본주의 국가들의 급성장은 세계경제에서 미국의 지위 하락을 의미했다.

미국은 1950년대 초반 세계 GNP의 3분의 1 이상을 점유했으나 이 수치는 1950년대 말 25퍼센트로, 1970년대에는 20퍼센트로 떨어졌다. 반면 일본의 GNP는 1950년 세계 GNP의 2.2퍼센트에서 1970년 10퍼센트로 상승했다. 미국의 지위 하락은 1인당 국민소득을 비교해보면 더욱 확연해진다. 1953년 미국의 1인

주요 선진국의 수출 비중 변화 (단위: %)

구분	1948년	1953년	1958년	1963년	1968년	1973년	1978년
세계 수출액 (10억 달러)	57.5	82.7	108.1	154.1	239.4	575.7	1,297.6
미국	21.8	18.9	16.4	15.0	14.3	12.2	10.9
영국	11.0	8.6	8.4	7.7	6.2	5.3	5.5
프랑스	3.7	4.9	5.0	5.2	5.3	6.3	5.9
서독	1.1	5.7	8.5	9.5	10.4	11.7	11.0
이탈리아	1.9	1.8	2.4	3.3	4.3	3.9	4.3
일본	0.4	1.5	2.7	3.5	5.4	6.4	7.5

출처: 김준호, 《경제사》, 369쪽.

당 국민소득은 2080달러였으나 25년 뒤인 1978년에는 7897달러였다. 같은 기간 독일의 1인당 국민소득은 611달러에서 8142달러로 상승해 미국을 앞질렀고, 일본은 196달러에서 6705달러로 끌어올려 미국을 턱밑까지 따라붙었다.

또한 1948년에서 1978년 사이 세계경제에서 수출 비중을 보면 미국은 21.8퍼센트에서 10.9퍼센트로, 영국은 11퍼센트에서 5.5퍼센트로 절반가량 줄어들었다. 반면 같은 기간 서독은 1.1퍼센트에서 11퍼센트로, 프랑스는 3.7퍼센트에서 5.9퍼센트로, 일본은 0.4퍼센트에서 7.5퍼센트로 늘어났다. 이 같은 상승과 하락의 쌍곡선 속에서 미국의 무역수지는 1971년 27억 달러 적자를 기록한다. 이로써 미국 경제가 자본주의 세계경제에서 차지하던 절대 우위의 신화는 급격히 무너지고 말았다.

포드주의의 등장

포드주의Fordism 축적체제는 자본주의 황금기를 일군 공신 노릇을 했다. 포드주의는 1950~60년대 전성기를 맞았지만 그 기원은 1910년대로 거슬러 올라간다. 기술 패러다임으로서 포드주의는 테일러주의에 기초하여 1910년대 성립되었다. 프레더릭테일러Frederick Taylor가 고안한 테일러주의는 제품 생산 과정을 구상, 기획, 노동 활동 단계로 분리했다. 또한 생산과정을 단순화하고 세분화했을 뿐 아니라 이를 표준화하였다. 그런 다음 공정별로 단순반복 작업을 수행하는 노동자들을 배치했다. 이리하여숙련 노동자는 설 자리가 없어졌고, 제품을 구상 및 기획하는기술자와 이를 실행하는 단순 기능공만이 요구되었다.

이 같은 노동관리 원리에 컨베이어벨트라는 이동식 생산 공정을 도입함으로써 포드주의의 기술 패러다임이 성립했다. 컨베이어벨트의 도입으로 노동과정은 하나의 라인으로 통합되었고 일관생산 공정이라는 새로운 생산방식이 들어섰다. 다시 말해 제품이 이동하는 단계마다 해당 부품을 조립하는 방식의 공정이탄생한 것이다.

컨베이어벨트의 도입으로 포드 자동차의 생산성은 비약적으로 높아졌다. 포드의 공장은 1900년에는 불과 4000여 대를 생산했으나 1910년에는 18만 7000대, 1920년에는 무려 190만 대를토해냈다. 1929년이 되자 포드의 디트로이트 공장에서는 17초마다 자동차 한 대가 조립되어 튀어나왔다.

가히 폭발적인 생산성을 구현한 포드주의의 기술 패러다임은 유럽 자본가들을 매료시키기에 충분했다. 독재자 히틀러마저도 포드주의의 효율성에 매료되었을 정도였다. 뜨거운 관심을 받으며 1930년대부터 포드주의는 유럽으로 전파되기 시작한다.

그런데 문제가 있었다. 포드주의는 높은 생산성을 보장했지만 컨베이어벨트에 배치된 노동자들의 직무 자율성을 완전히 박탈한 채 극도로 단순화된 반복 노동만을 강요했던 것이다. 찰리 채플린의 영화 〈모던 타임스〉에서 보듯 조립라인에서 일하는 노동자들은 감정을 가진 인간이 아니라 한낱 기계부품에 지나지 않았다. 컨베이어벨트가 쉼 없이 돌아가는 가운데 노동자들은 조립공정에 끼워 맞춰진 소모품에 불과했다. 뿐만 아니라 포드주의의 기술 패러다임은 대량생산 시대는 열었으나 그에 걸맞은 임금체계는 갖추지 못했다. 비용절감에 골몰한 자본가들은 새로운 생산체계는 적극 도입했지만 임금인상에는 인색했다. 그로 인해 대량생산된 제품을 소비할 수 있는 구매력은 형성되지 않았다. 생산성이 비약적으로 높아진 상황에서 소비를 뒷받침할 임금체계가 형성되지 않아 자본주의는 이제껏 경험하지 못한 어마어마한 위기에 직면할 터였다. 바로 대공황이다. 결과론일 수도 있지만, 충분한 소비 체계 없는 대량생산은 대공황이라는 파멸의 구렁텅이로 유인하는 달콤한 미끼였던 셈이다.

결국 자본가들은 대공황에서 가까스로 빠져나온 다음에야 대량생산에 걸맞은 임금체계가 필요하다는 사실을 깨달았다. 이 시대에는 대량생산을 대량소비로 연계할 경제이론이 필요했고, 이에 부응하여 케인스주의가 탄생했다. 케인스주의의 등장으로 대량생산 시스템과 대중 수요 사이의 거대한 괴리는 좁혀질 수 있었다. 각국 정부는 쏟아져 나오는 상품을 소비할 수 있는 장치 마련에 골몰했다. 그 결과 산업별, 지역별로 노사간의 단체협약이 체결되어 저임금에 의한 경쟁이 중단되었다. 여기에 임금노동자가 질병과 정년퇴직, 실업 등으로 임금을 받을 수 없더라도 국민의 세금으로 운영되는 사회보장제도가 소득을 보전해 주었다. 이 같은 제도적 뒷받침에 힘입어 대량생산에 조응하는 대량소비 체계가 정비된 것이다.

이런 요소들 말고도 포드주의 축적체제는 노동자에게 높은 임금과 소비 수준을 제공해야만 하는 특성을 갖고 있었다. 예컨대 대규모 생산체제에서 노동자들의 주거지역은 공장에서 멀리 떨어질 수밖에 없었다. 그러자 출퇴근 시간을 단축하기 위한 방안이 모색되었고 자동차가 각광받기 시작했다. 또 노동의 파편화에 따른 누적된 피로를 풀어주려면 가정에서 휴식이 절대적으로 필요했다. 이에 따라 자동차는 물론이고, 가사노동을 덜어줄 각종 내구소비재를 갖춘 안락한 주택을 구비해야 했다.

이 같은 요구에 착안하여 영악한 자본가들은 소비자 신용제도를 고안, 대량생산을 대량소비로 연계했다. 신용제도의 도입으로 소비는 크게 늘어났고, 독점 대기업은 생산과 투자를 확대하여 더 많은 이윤을 창출하였다. 결국 포드주의는 노동과정과 노동조합의 존재 방식뿐 아니라 사람들의 생활양식까지도 변화시켰다. 이러한 가운데 기본 소득이 보장되자 소수 엘리트에게 국한되었던 생활수준을 대중들도 누릴 수 있었다. 이로써 자본주의는 '소비가 미덕'으로 찬미되는 풍요의 물결 속에서 흥청거렸다.

그러나 이런 호시절은 오래가지 못했다. 1960년대 후반에 이

포드주의적 축적체제의 특징들

계급 차원	- 사회적 합의와 계급타협 - 노동운동과 노동조합의 정치적 인정 - 전국 노동조직
국가의 특징	- 복지국가 혹은 사회국가 - 케인스주의적 개입 - 자본과 노동의 협조 관계가 특징인 케인스주의 헤게모니 블록
자본의 배열 관계	- 금융자본에 대한 산업자본의 헤게모니 - 낮은 이자율 유지를 통한 화폐적 축적의 자립화 봉쇄
성장의 역동성	- 전통 부문의 해체와 근대화 - 성장의 동인으로서 실질임금 소득의 상승 - 내수 지향 정책을 통한 국민경제의 상대적으로 균형적인 발전

출처: 국제정치경제연구회 편저, 《20세기로부터의 유산》, 102쪽.

르러 포드주의는 한계에 직면했다. 이는 세계 자본주의의 생산성 둔화에 따른 노동자들의 임금 하락과 함께 찾아왔다. 생산성이 둔화하자 자본가들은 더 많은 기계 설비를 투입했으나 결과는 마찬가지였다.

위기 조짐은 다른 데서도 나타났다. 대중들의 소비 패턴이 포드주의를 외면하기 시작했다. 내구소비재의 홍수 속에서 대중들은 단일품종(소품종) 대량생산이라는 포드주의 방식보다는 다품종 소량생산 방식을 선호하기 시작한 것이다. 이를테면 자동차가 드물었던 시대에는 포드 자동차의 모델T만으로도 만족할 수 있었다. 그러나 자동차가 대중적으로 보급되자 사정은 달라졌다. 소비자들은 각자의 기호에 맞는 색상과 기능을 갖춘 모델을 찾기 시작했다. 이제 획일화된 상품만을 쏟아내는 포드주의 시스템이 아니라 소비자의 기호와 취향에 맞는 유연한 생산체계 FMS가 필요해진 것이다.

이런 가운데 포드주의 축적체제에서 생산성 높이기에 내몰린 노동자들이 저항하기 시작했다. 반복되는 단순노동에 따른 스트레스, 관리직과 생산직으로 나뉜 차별화에 저항하는 노동자들의 불만이 폭발했다. 노동자들의 투쟁은 1968~70년 프랑스, 서독, 네덜란드, 이탈리아, 영국 등 유럽대륙을 휩쓸었다.

엎친 데 덮친 격으로 1970년대 초반 세계적인 경기침체로 투자가 줄고 실업이 늘면서 포드주의 축적체제는 파국으로 내몰렸다. 이런 상황에서 포드주의에 마지막 일격을 가한 사건이 발생했다. 1973년 발생한 오일쇼크였다. 오일쇼크의 여파로 원자재 가격이 폭등하자 포드주의 축적체제는 더는 버티지 못하고 역사 뒤편으로 사라져갔다.

격화되는 동서냉전

전후 냉전체제가 고착되자 세계경제도 양극화되었다. 자본주의 진영은 국제 분업체계를 발전시켜나갔고, 불완전하나마 사회주의 진영도 분업체계를 추구했다. 양 진영은 사활을 걸고 대립했으나 체제경쟁을 우선하는 정책 수립과 정보의 배타적 통제 등 여러 면에서 닮은꼴이었다. 심지어 더 많은 나라를 자신들의 영향력 아래 묶어두기 위해 경제원조라는 당근과 정치군사적인 채찍을 함께 이용하는 것까지 닮았다.

자본주의의 맹주를 자처한 미국은 막대한 군사비를 지출하기 시작했다. 1950년대 미국의 군사비는 연방정부의 세출예산 총액의 50~60퍼센트에 달했고, 국가총생산의 10퍼센트를 차지했

드와이트 아이젠하워. 2차대전 당시 연합군총사령관을 지냈으며, 1952년 미국 제34대 대통령에 당선됐다. 당선 직후인 1952년 12월 한국을 방문한 바 있다.

다. 군사비가 폭증하자 자연스럽게 군수산업이 경제의 중추로 자리 잡았으며 결국 군산복합체military-industrial complex[8]가 탄생했다.

미국의 거대 독점자본과 군부가 결탁하여 만들어낸 군산복합체는 1960년대에 이르러 미국 경제를 쥐락펴락하는 존재로 성장했다. 오죽했으면 미대통령 드와이트 아이젠하워Dwight Eisenhower마저도 "미국의 민주주의는 새로운 거대하고 음험한 세력의 위협을 받고 있다"라고 내놓고 경계했겠는가. 이런 우려에도 아랑곳 않고 군산복합체의 상징인 록히드, 더글러스, 보잉, IBM, GM 등의 다국적기업은 발전에 발전을 거듭했다.

한편 1950년대 들어 동서냉전이 격화되면서 미국과 소련은 가공할 군비경쟁을 시작한다. 1949년 핵실험에 성공한 소련은 1957년 대륙간 탄도미사일을 발사하고, 미국에 한발 앞서 인공위성 스푸트니크 1호를 쏘아 올렸다. 그런 다음 1961년 유인우주선 보스토크 1호를 발사한다. 이렇게 되자 미소의 우주경쟁은 더욱 치열해져서 양국은 1960년대에만 2000여 개의 우주 비행

---

8. 군산복합체라는 용어는 "미국의 민주주의는 새로운 거대하고 음험한 세력의 위협을 받고 있다. 그것은 군산공동체라고도 할 수 있는 위협"이라는 미대통령 아이젠하워의 퇴임 연설(1961년 1월 17일)에서 유래한다. 군산복합체의 등장은 미국 경제의 군사화를 의미하는 것으로 미국 정부는 군산복합체의 이익을 보장하기 위해 세계 곳곳에서 크고 작은 전쟁을 조장했다.

체를 지구궤도에 올려놓았다. 이런 사태는 1969년 7월 미국의 유인우주선 아폴로 11호가 달 착륙에 성공하면서 정점에 이르렀다.

미소 간의 끊임없는 군비경쟁은 결국 또 한 차례 세계대전을 불러올 뻔했다. 위기는 1959년 수립된 쿠바의 사회주의 정권을 무너뜨리기 위해 미국이 전방위로 압력을 행사하면서 시작됐다. 미국이 잇따라 영해와 영공을 침범하자 위협을 느낀 쿠바 혁명 정부는 1962년 9월 '소련·쿠바무기원조협정'을 체결하고 미사일을 실전 배치했다. 그러자 미대통령 존 F. 케네디^{John F. Kennedy}는 1962년 10월 22일 "소련이 미국의 주요 도시들을 타격할 수 있는 중거리미사일 기지들을 쿠바에 건설하고 있다"고 주장하면서 쿠바봉쇄를 선언했다.

첩보영화 '007 시리즈'에나 나올 법한 3차 세계대전의 위기가 현실화된 것이다. 그해 10월 24일 소련 선박들이 미군의 해상봉쇄선에 접근하면서 핵전쟁의 위기는 최고조에 달했다. 이틀 뒤인 10월 26일 소련 서기장 흐루시초프가 미국이 쿠바를 침공하지 않는다고 약속한다면 쿠바에 배치한 미사일을 철거하겠다고 발표하면서 긴장은 누그러지기 시작했다. 이틀 뒤인 10월 28일 소련이 미사일을 전격 철거하고 쿠바로 향하던 함정을 돌려세우면서 긴박한 상황은 끝났다.

쿠바봉쇄를 계기로 미국의 위세는 한없이 치솟았으나 그 콧대는 베트남전쟁에 패하면서 납작해지고 말았다. 1950년대 중반 미국은 인도차이나반도의 공산화를 막는다는 명분으로 베트남 문제에 개입하기 시작했다. 그런 다음 1961년 미군 1만 6000명

베트남전쟁의 미군 병사.

을 파병하면서 돌아올 수 없는 다리를 건넜다.

　1964년 8월 2일, 미국은 통킹 만 사건[9]이라는 세기의 자작극을 연출한다. 이 사건을 빌미로 미국은 북베트남에 대한 대대적인 폭격을 개시했다. 1964년 8월 5일 미공군은 북베트남 어뢰정 기지와 저유소 네 군데를 폭격, 선박 스물다섯 척을 격침했다. 2차 베트남전쟁은 이렇게 시작되었다. 미군의 폭격이 시작되자 북베

---

9. 1964년 8월 2일 통킹 만에서 작전 중이던 미 해군 구축함 매독스 호를 북베트남 어뢰정 세 척이 선제공격했다는 사건이다. 이 사건을 빌미로 미대통령 존슨은 북폭을 결정했고, 의회는 베트남에 대한 전면 개입을 승인했다. 이리하여 미국은 1965년 2월부터 B-52 폭격기를 동원, 폭격을 감행하고 지상군을 증파했다. 그러나 통킹 만 사건은《뉴욕타임스》가 미국방부의 베트남전쟁 비밀보고서인 '펜타곤 페이퍼'를 입수하여 1971년 6월 13일부터 연재하면서 날조됐다는 사실이 만천하에 드러났다. 당시 국방부 장관을 지냈던 로버트 맥나마라 또한 1995년 이 사건이 자작극이었다고 고백한 바 있다.

트남의 운명은 마치 바람 앞의 등불처럼 위태로워 보였다.

그러나 시간이 흐를수록 전황은 침략자 미국에 불리하게 돌아갔다. 특히 1968년 1월 31일, 베트남민족해방전선NLF은 남베트남을 향해 구정 대공세Tet Offensive를 펼쳤다. 베트남민족해방전선 군대가 사이공 주재 미대사관을 공격하는 광경을 지켜보는 미국인들의 머릿속에는 패배의 그림자가 짙게 드리워졌다. 놀란 미대통령 린든 존슨Lyndon Johnson은 북베트남과의 평화협상을 개시하겠다고 공표했다. 결국 존슨의 뒤를 이어 대통령에 당선된 리처드 닉슨Richard Nixon은 1969년 7월 독트린[10]을 발표하고 베트남에서 떠날 채비를 시작했다.

베트남전쟁은 1973년 1월 '베트남에서 전쟁 종식과 평화회복에 관한 협정'(파리협정)을 체결하면서 막바지로 치달았다. 파리협정을 체결한 미국은 베트남 주둔 군대를 완전히 철수한다. 승기를 잡은 북베트남 군대는 남베트남에 대한 총공세를 펼쳐 1975년 4월 30일 마침내 사이공을 함락시켰다. 이로써 베트남전쟁은 미국의 패배로 끝났다. 이 전쟁에서 미군 5만 8000명이 사망했고 13만 명이 부상당했다. 미국은 전쟁 기간 1700억 달러

---

10. 미대통령 닉슨이 1969년 7월 25일 괌을 방문하여 발표한 새로운 아시아 정책이다. 주요 내용을 살펴보면 다음과 같다. ① 미국은 앞으로 베트남전쟁 같은 군사 개입을 피한다. ② 미국은 아시아 여러 나라와 맺은 조약상 약속은 지키지만 강대국의 핵 위협을 제외한 내란이나 침략에는 자국 스스로 대처해야 한다. ③ 미국은 태평양 국가로서 중요한 역할을 계속 맡지만 직접 군사 개입 또는 정치적인 과잉 개입은 하지 않으며 아시아 국가들의 자주적 행동을 측면 지원한다. ④ 미국은 아시아 국가에 대한 원조를 경제 중심으로 전환하며 과중한 부담을 피한다. ⑤ 아시아 국가들이 머지않은 장래(5~10년)에 상호안전보장을 위한 군사기구를 결성할 것을 기대한다.

(2007년 달러로 환산할 경우 6620억 달러)에 달하는 전비를 쏟아부었다. 베트남전쟁의 패배로 미국의 위신은 땅에 떨어졌고, 경제 지위 또한 걷잡을 수 없이 쇠락해갔다.

제3세계와 남북문제

전후 복구가 끝나자 국제무역은 1950년대에만 두 배 이상 늘어났다. 문제는 이 같은 성장의 혜택이 세계 인구의 18퍼센트를 차지하는 선진국에만 돌아갔다는 사실이다. 그로 인해 선진국과 개발도상국의 경제적 격차는 점점 더 벌어졌다. 더 큰 문제는 이러한 격차가 구조에 기인했다는 점인데, 간단히 원인을 짚어보면 다음과 같다.

첫째, GATT가 유럽 농업을 보호하기 위해 농산물의 수입제한을 인정함으로써 농산물을 주로 수출하는 개발도상국은 큰 타격을 입었다. 여기에 미국의 잉여농산물이 세계시장을 휩쓸면서 개발도상국들의 농산물은 수출길을 찾기 어려워졌다.

둘째, IMF가 개발도상국의 수출 증대를 꾀한다면서 수출품의 가격 인하를 강요해 남반구와 북반구의 격차는 더욱 벌어졌다. 결과적으로 IMF의 평가절하 조치는 개발도상국의 교역조건^{TOT} (수출 가격/수입 가격)을 악화시켜 수출 경쟁력의 저하를 불러왔다.

셋째, 중화학공업의 기술혁신에 힘입어 인공 신재료가 개발되어 1차 산물(원료와 연료)의 가격이 하락했다. 그 결과 1차 산물을 주로 수출하던 개발도상국들은 큰 피해를 입게 되었다.

이런 가운데 개발도상국들은 선진자본주의 국가들을 향해 남북문제를 제기하기 시작한다. 다수가 식민지배를 경험한 개발도상국들은 제국주의 국가들이 점유하고 있던 자국 자산을 환수 조치했다. 이란의 경우 1951년 원유를 국유화했고, 이집트는 수에즈 운하 국유화를 선언했다(1956년). 인도네시아 또한 네덜란드가 소유하고 있던 자국 자산에 대한 국유화 조치를 단행했다(1957~59년).

이들 국가들은 이제 국제연대로 나아갔다. 1955년 인도네시아의 반둥에서 개최된 아시아-아프리카회의[11]는 그 신호탄이었다. 회의가 개막되자 '식민지 경험'과 '가난' 말고는 별다른 공통점이 없었던 참가국들은 토론 주제마다 의견을 달리했다. 가장 큰 쟁점은 동유럽과 중앙아시아에 대한 소련의 정책을 서방 제국주의와 같은 성격으로 볼 것인가였다. 격론 끝에 '모든 형태의 제국주의'를 비난하는 결의안을 채택함으로써 소련 역시 비판의 대상에서 벗어나지 못했다.

회의에서는 '세계 평화와 국제협력 증진에 관한 선언'(평화 10원칙)을 채택했다. 이 회의를 통해 참가국들은 비동맹 중립주의와

---

11. 아시아·아프리카회의(반둥회의)는 29개국이 참가한 가운데 1955년 4월 18일부터 24일까지 인도네시아 반둥에서 개최됐다. 회의에서는 경제와 문화 협력, 인권과 민족자결, 종속 민족의 해방과 세계 평화의 증진 등이 논의되어 아시아·아프리카 민족해방운동에 커다란 영향을 미쳤다. 당시 회의에서 채택된 '세계평화와 국제협력 증진에 관한 선언'(평화 10원칙)의 열 가지 내용을 살펴보면 ① 기본 인권 및 유엔 헌장의 목적과 원칙 존중 ② 국가의 주권 및 영토 통합 존중 ③ 인종과 국가 간의 평등 ④ 내정불간섭 ⑤ 단독 혹은 집단적 자위권의 존중 ⑥ 집단방위 협정을 대국大國의 특수 이익을 위해 사용치 않음, 내전內戰 불간섭 ⑦ 침략 및 침략의 위협 금지, 병력 사용 금지 ⑧ 국제분쟁의 평화적 해결 ⑨ 상호 이익과 협력 증진 ⑩ 정의와 국제 의무의 존중 등이다.

상호협력 정신에 기초한 제3세계라는 또 하나의 진영을 형성했다. 전후 미국 중심의 자본주의 진영(제1세계)과 소련 중심의 사회주의 진영(제2세계)으로 양분되었던 세계질서가 제3세계의 등장으로 삼분된 것이다.

제3세계 국가들은 반둥회의를 시작으로 국제사회에서 발언권을 확대했다. 1964년 10월 유고슬라비아의 베오그라드에서 28개국 대표들이 참가한 가운데 비동맹회의가 개최되어 제3세계의 결속은 더욱 공고해졌다. 비동맹회의를 통해 제3세계 국가들은 평화공존, 민족해방운동의 지지, 군사 블록 반대와 외국군 주둔 금지 등을 내용으로 하는 비동맹 중립주의를 명확히 했다.

아울러 제3세계 국가들은 1961년 제16차 유엔총회에서 남북문제를 본격 제기하기 시작하여 국제사회의 이슈로 부각시켰다. 이 문제를 해결하기 위해 1962년 개최된 제17차 유엔총회에서는 유엔무역개발회의UNCTAD의 설치를 결의했다.

유엔총회 결정에 따라 유엔무역개발회의 1차 총회가 1964년 3월 제네바에서 열렸다. 121개국 대표들이 참가했으며, 프레비시 보고서Prebisch report가 제출되어 제3세계 국가들의 경제적 요구를 대변했다. 유엔무역개발회의 사무총장이었던 프레비시Raúl Prebisch가 제출한 보고서의 주요 내용을 살펴보면 다음과 같다.

1. 저개발국들이 주로 수출하는 1차산품의 수량을 보장하고 가격을 안정시키기 위한 상품 협정을 체결해야 한다.
2. 저개발국들의 공업제품 및 반제품에 대하여 관세장벽을 제거하고 일반특혜를 부여해야 한다.

3. 선진공업국은 국민총생산^{GNP}의 1퍼센트를 저개발국들의 개발기금
   으로 제공해야 한다.

　　　　　　　　　　　　　　　　―한국은행 국제협력실,《국제금융기구가 하는 일》, 10~11쪽.

　프레비시 보고서를 토대로 진행된 회의에서는 1960년대를 '개
발의 10년'으로 규정하고 다음과 같이 결의했다. '선진국들은 국
민소득의 1퍼센트를 개발도상국에 원조할 것', '유엔무역개발회
의를 유엔의 상설기구로 할 것', '4년마다 유엔무역개발회의 총
회를 개최할 것' 등이었다.

　비동맹회의 개최와 유엔무역개발회의를 통해 제3세계의 발언
권은 최고조에 달했다. 그러나 1970년대 접어들자 제3세계 연
대운동은 금이 가기 시작한다. 가장 큰 이유는 자원민족주의 때
문이었다. 이는 석유수출국기구^{OPEC}라는 국제 카르텔을 통해 산
유국들이 고유가 정책을 실시하면서 구체화되었다. OPEC을 통
해 국제 원유시장의 가격 결정권을 장악한 산유국들은 막대한
오일머니를 보유할 수 있게 되었다. 그러나 비산유국인 제3세계
국가들은 유가인상에 따른 엄청난 국제수지 적자를 떠안아야만
했다. 이리하여 남북 간의 격차는 더욱 벌어졌고, 그만큼 제3세
계의 결집력도 약화되어갔다.

불길한 징후

호황이 지속되자 자본주의의 번영은 영원할 것이라는 찬사가 쏟

아졌다. 호사가들이 쏟아낸 찬사로 쌓아올린 바벨탑이 까마득히 치솟은 어느 순간, 자본주의는 나락으로 떨어질 터였다. 파국을 알리는 불길한 징후는 미국 경제의 침체와 맞물려 있었다. 미국 산업은 1960년대 말이 되자 기술혁신의 부진과 생산시설의 노후화로 수출경쟁력 약화에 직면했다. 이 시기 쇠락의 길로 접어든 철강산업은 제조업 분야에서 미국의 국제경쟁력 하락을 나타내는 징표와도 같았다.

세계경제에서 미국이 차지하던 생산 비중은 1950년 70퍼센트에서 1960년대 초반 66퍼센트 이하로, 또 1970년대 초반에는 50퍼센트 이하로 하락했다. 같은 기간 미국이 점하던 국제교역의 비중 또한 절반 수준에서 3분의 1 혹은 4분의 1로 떨어졌다. 그 결과 미국의 무역수지는 1960년대 말부터 악화되기 시작하여 1970년대 접어들어 적자의 수렁에 빠져들었다. 구체적으로, 1971년 27억 달러를 기록한 적자액이 1972년에는 69억 달러로 두 배 이상 늘어났다.

이처럼 미국의 각종 경제지표가 하강 곡선을 그리는 가운데 세계경제는 장기 호황에 따른 과잉축적으로 수익성 하락에 직면했다. 1960년대 들어 시작된 자본주의 세계경제의 이윤율 하락은 해가 갈수록 심해져갔다. 그 결과 설비가동률이 떨어졌고, 떨어진 설비가동률이 다시 이윤율을 압박하는 악순환이 고착되었다. 당연히 기업들의 투자는 줄어들었고 실업률이 높아졌다. 결국 세계경제는 1960년대 말에 이르러 침체에 빠져들었고 각국 정부는 총수요 정책을 시행하면서 자금을 풀기 시작했다. 그러자 잠자고 있던 물가가 상승하면서 인플레이션이 발생했다.

1960년대 후반의 인플레이션은 해를 거듭할수록 심화되어 1970년이 되자 미국의 물가는 5.8퍼센트나 상승했다.

물가가 폭등할 기미를 보이자 미국 정부는 가격을 통제했고 물가는 1972년 3.3퍼센트로 진정되었다. 유럽에서도 임금인상 등으로 인플레이션이 발생하여 1971년 물가가 6.5퍼센트나 상승했다. 서유럽 국가들은 인플레이션이 발생하자 통화정책과 재정정책을 긴축으로 전환했다. 이로 인해 경기 후퇴의 물결이 세계경제를 강타하여 1969년 하반기부터 1971년 하반기까지 유효설비율은 약 3퍼센트를 기록했다.

세계경제가 불황과 인플레이션으로 요동치기 시작하자 실업률 또한 급증했다. 미국의 실업률은 1968년 3.5퍼센트에서 1970년 4.9퍼센트로, 그리고 1971년 5.9퍼센트로 상승했다. 같은 기간 서유럽의 실업률은 1.8퍼센트에서 3.0퍼센트로 증가했다.

그런데도 미국의 달러 유출은 계속됐다. 이는 냉전체제에서 미국이 자유민주주의의 수호자임을 자처하면서 세계 각국에 군대를 파견하고 군사원조를 지속한 결과이기도 했다. 덕분에 미국의 국방예산은 1965년 500억 달러에서 3년 뒤인 1968년에는 820억 달러로 대폭 늘어났다.

이런 상황과 맞물려 달러의 대외 가치도 급속히 하락했다. 반면 막대한 달러를 보유하게 된 서유럽과 일본은 달러를 금으로 태환함으로써 금 보유고를 대폭 늘려나갔다. 그로 인해 미국의 금 보유고는 급감했다. 1949년 245억 6000만 달러에 이르렀던 미국의 금 보유고는 1961년 169억 5000만 달러로, 1971년에는 101억 3000만 달러로 줄어들었다. 2차대전 직후만 하더라도 세계의 금 70퍼센트 이상을 보유했던 미국이 아이러니하게도 금 부족이라는 빈사상태에 빠지고 만 것이다. 이로 인해 브레턴우즈체제의 근간인 금태환제는 걷잡을 수 없이 흔들렸고, 자본주의 세계경제는 파국의 소용돌이 속으로 급속히 빨려 들어갔다.

달러와 탈러

15세기 체코 보헤미아 지방에는 요아힘스탈이란 유명한 은광이 있었다. 독일어로 탈Thal이 골짜기니까 요아힘 계곡이란 의미다. 이곳에서 나온 은을 이용해 만든 은화가 요아힘스탈러, 줄여서 '탈러Thaler'다. 골짜기에서 나온 물건이란 뜻이다.

탈러가 유럽 전역으로 퍼진 것은 16세기 초반이다. 1온스(31그램)짜리 탈러가 만들어진 뒤 상인들을 중심으로 확산되면서 400여 년 동안 유럽에서 가장 널리 통용되는 화폐가 됐다. 하지만 나라와 언어에 따라 이름은 여러 가지로 바뀌었고 영어권에서는 '달러'라는 명칭으로 불렸다.

달러가 미국으로 건너간 것은 스페인 때문이다. 스페인은 신대륙에서 쏟아져 들어오는 막대한 금과 은으로 스페인 달러를 만들어 유통시켰다. 자체 화폐가 없던 식민지 미국은 담배나 밀을 수출하는 대가로 스페인 달러를 받았고, 이를 그대로 사용했다. 그러나 영국은 화폐 가치 유지를 위해 식민지에서의 파운드화 유통을 엄격하게 제한했다.

따라서 미국이 독립 이후 새 화폐로 달러를 택한 것은 당연한 일이다. 화폐만은 영국의 전통을 이어받지 않은 셈이다. 하지만 정작 달러의 고향인 프로이센은 1872년 탈러를 버리고 마르크를 새 화폐단위로 채택했다.(이하 생략)

—정남기,《한겨레신문》2009년 9월 11일자.

브레턴우즈체제 무너지다
— 달도 차면 기우나니

근본 모순의 누적

달도 차면 기운다고 했던가. 자본주의 황금기는 30년도 지속되지 못했다. 1960년대 들어 황금기를 이끌었던 미국 경제가 난맥상에 빠지자 브레턴우즈체제는 바람 앞의 등불처럼 흔들리기 시작했다. 문제는 이런 흔들림이 일시적인 동요가 아니라는 점이었다.

　2차대전 직후 미국에 의해, 미국을 위해 설립된 브레턴우즈체제는 기축통화국인 미국에 적지 않은 특권을 부여했다. 미국이 누린 특권 가운데 대표적인 것이 시뇨리지Seigniorage 효과였다.[12] 브레턴우즈체제에서 미국은 기축통화국으로서 다른 나라는 상상할 수 없는 화폐 발행 수익(시뇨리지)을 누릴 수 있었다. 만약 미국이 100억 달러의 돈을 찍어 외국 상품을 수입한다고 가정해보자. 이 경우 미국은 화폐 인쇄비만 부담하면 100억 달러어치의 실물 상품을 얻을 수 있다. 이것이 바로 시뇨리지 효과다. 이뿐이 아니다. 미국은 기축통화국이라는 특권으로 인해 어떤 경우에도 외환위기를 겪지 않는다. 때문에 다른 나라들과는 달리 거시경제 정책을 추진하는 데 정책의 자율성을 누릴 수 있었다.

　그러나 세상만사 빛이 있으면 그늘이 있는 법. 미국이 기축통화국으로서 시뇨리지 효과를 누릴 수 있었다면 반대로 유동성 딜레마라는 멍에를 걸머져야만 했다. 브레턴우즈체제가 미국에 부여한 유동성 딜레마란, 금환본위제하에서 달러화 신인도를 지속적으로 유지하려면 보유한 금의 한도 내에서 달러화를 발행해야 한다는 전제에서 비롯된다. 만약 미국 이외의 다른 국가들이 보유한 달러가 미국의 금보유량을 초과할 경우 미국은 금태환 능력을 상실하고 만다. 이럴 경우 국제 금융질서는 극심한 혼란 상태에 빠질 수밖에 없다. 이 때문에 미국은 달러화 신인도를 유지하기 위해 국제수지를 흑자 상태로 유지해야 한다. 이 경우 국제 금융시장에 풀려 있던 달러가 미국으로 집중되면서 주변국들은 달러 부족에 허덕이게 된다. 이럴 경우 세계경제는 유동성 부족으로 경기침체에 빠질 수밖에 없다. 이것이 바로 국제 유동성 딜레마이다. 이런 사태는 1944년 브레턴우즈협정이 체결되

---

12. 화폐를 발행함으로써 얻는 이익을 말한다. 화폐의 액면가에서 제조 비용을 뺀 나머지 이익이 시뇨리지이다. 다른 말로는 화폐 주조 차익(또는 화폐 발권 차익)이라고도 한다. 이 말은 중세 유럽의 봉건 영주(시뇨르, Seignoir)들이 재정을 보충하기 위해 스스로 화폐를 만들어 유통시킨 데서 비롯됐다. 오늘날에는 화폐 발행권을 가지고 있는 정부나 중앙은행이 혜택을 보고 있으며, 국제적으로는 기축통화국인 미국이 시뇨리지 효과를 누리고 있다.

는 순간 이미 예견되었다. 그럼에도 표면화되지 않은 이유는 미국이 전 세계의 금 70퍼센트 이상을 독점하고 있었기 때문이다.

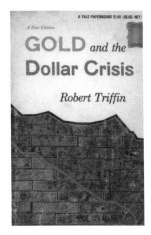

1958년을 지나면서 상황이 달라졌다. 서유럽 국가들이 경제성장을 통해 대외준비자산을 확보하면서 자본 흐름이 변화하기 시작했다. 반면 미국은 1960년대 들어 국제수지 적자가 눈덩이처럼 불어나는 처지였다. 이리하여 20년 가까이 잠복해

로버트 트리핀의 저서 《금과 달러의 위기: 태환성의 미래》.

있던 유동성 딜레마가 요란한 경고음을 울리며 현실의 문제로 등장했다.

그런데 이때까지만 해도 대부분의 경제학자들은 유동성 딜레마의 심각성을 제대로 인식하지 못했으나 문제의 본질을 꿰뚫어 본 경제학자가 있었으니, 예일 대학 교수 로버트 트리핀[Robert Triffin][13]이다. 트리핀은 1960년 초에 발간한 《금과 달러의 위기: 태환성의 미래》에서 브레턴우즈체제가 안고 있는 유동성 딜레마를 명쾌하게 분석해냈다. 그런 다음 미의회 청문회에 출석하여 다음과 같이 설명한다.

---

13. 벨기에 출신으로 1950년대부터 1993년까지 예일 대학 교수로 재직한 경제학자이다. 인플레이션inflation과 경기후퇴를 가리키는 리세션recession의 합성어인 인페션infession이라는 용어를 사용했으며, 1960년 의회 청문회에 출석, 브레턴우즈체제가 안고 있는 근본 모순을 설명해 '트리핀 딜레마Triffin's dilemma'라는 말이 탄생했다.

미국이 국제수지 적자를 허용하지 않고 이에 따라 국제 유동성 공급이 중단되면 세계경제는 크게 위축되고 말 것이다. 그러나 지금과 같은 적자상태가 지속되어 미 달러화가 과잉 공급되면 이의 가치가 하락하여 준비자산으로서의 신뢰도가 저하되고 고정환율제도도 붕괴할 것이다.

한마디로 '유동성 딜레마는 답이 없다'는 얘기다. 또한 트리핀은 브레턴우즈체제의 미래도 비관적으로 바라보았다. 트리핀의 설명을 계기로 사람들은 유동성 딜레마(일명 트리핀 딜레마)라는 문제의 심각성을 제대로 인식할 수 있었다.

브레턴우즈체제에서 미국은 환율정책을 시행할 수 없는 근본 모순을 안고 있었다. 미국의 달러화는 금 1온스당 35달러로 고정되어 있다. 이런 약속 때문에 미국은 자국 통화의 가치를 마음대로 변경할 수가 없다. 설사 금에 대한 달러화 가치가 변경된다 하더라도 상대 국가의 환율이 변경되지 않는 한 달러화 가치는 달라지지 않는다. 오로지 수동적으로 상대국의 환율 결정을 받아들여야 할 뿐이다. 이로 인해 미국이 국제수지를 조정할 수 있는 여지가 심각하게 제한되는 것이다.

또한 브레턴우즈체제는 국제수지 불균형의 책임을 적자국에만 묻는 불평등한 구조를 갖고 있었다. 이 때문에 국제수지 적자에 대한 중심국(미국)과 주변국(서유럽과 일본)[14]의 대응 방식

---

14. 브레턴우즈체제는 중심국과 주변국으로 구성됐다. 중심국은 미국이었으며, 주변국은 서유럽과 일본이었다. 중심국은 대외준비금으로 사용되는 기축통화를 발행할 수 있는 특권을 누린 반면 주변국들은 중심국을 따라잡기 위해 저평가된 환율을 바탕으로 수출 주도 경제성장에 치중하는 모습을 보였다.

은 사뭇 달랐다. 주변국은 적자가 발생할 경우 보유한 외환이 유한하다는 제약 때문에 긴축정책을 시행하거나 자국 통화의 평가절하를 통해 적자를 해소하는 방식을 택했다. 반면 미국은 달러화에 대한 자율적인 평가절하가 원천적으로 불가능하기 때문에 기축통화국이라는 지위를 이용하여 달러를 추가로 발행하는 방법을 동원했다.

앞서 말한 대로 기축통화국인 미국은 달러를 추가 발행하여 막대한 시뇨리지 효과를 얻었다. 어느 통계에 따르면 미국은 연간 110~150억 달러에 이르는 화폐 주조 차익을 거둔 것으로 알려진다. 이 같은 시뇨리지에 힘입어 최근까지도 한 해 1조 달러가 넘는 경상수지와 재정수지 적자를 내고서도 버틸 수 있는 것이다. 이것 말고도 미국은 무역 흑자국들에 국채를 파는 방법을 동원하여 국제수지 적자를 보전하는 방법을 사용하기도 한다. 이런 특권이 있기 때문에 미국은 국제수지 적자가 발생하더라도 방치해두는 적자방치정책Benign Neglect Policy을 써먹을 수 있었다. 이는 사태를 해결하는 방책이 아니라 파국으로 가는 지름길일 뿐이다. 미국의 국제수지 적자는 해가 갈수록 천문학적인 액수를 기록했다. 반대로 국제수지 흑자국들의 경우 달러화에 대한 자국통화의 평가절상을 기피함으로써 미국 제품들이 가격경쟁력을 확보할 수 없도록 사전에 봉쇄했다. 이런 조치는 달러화의 점진적인 평가절상으로 이어져 미국이 만성적인 적자 수렁에서 헤어날 수 없는 요인으로 작용했다.

이처럼 적자국인 미국과 흑자국인 주변국들 모두 미국의 적자 해소에 역행하는 방향으로 정책을 시행함으로써 근본 모순이 누적되었고, 누적된 모순은 파국으로 치달았다.

흔들리는 금환본위제

2차대전 직후 미국의 경제력은 전 세계를 압도하고도 남았다. 제조업 부문에서도 막강한 경쟁력을 과시했으므로 세계 각국은 전후 복구에 필요한 물자와 자본을 미국에 의존할 수밖에 없었다. IMF의 추정치에 따르면 1950년대 세계경제에 공급된 85억 달러의 국제 유동성 가운데 미국이 제공한 액수는 무려 70억 달러에 달했다. 말 그대로 미국은 세계금융시장에 유동성을 공급하는 마르지 않는 샘물과도 같았다. 미국은 만성 재정적자에 허덕였는데, 그럼에도 굳건히 버틸 수 있었던 이유는 무역수지 흑자폭이 컸고, 경상수지의 불균형이 GNP의 1퍼센트 미만이었기 때문이다.

미국이 국제 유동성을 일방적으로 공급하던 흐름은 1958년을 지나면서 달라지기 시작한다. 서유럽 국가들이 전후 복구를 마감하고 국제경쟁력을 회복하여 상당한 규모의 대외준비자산(금과 달러)을 보유했기 때문이다. 서유럽의 대외 교환성 회복은 자본주의 세계경제의 판도 변화를 의미했다. 이는 미국 제조업의 경쟁력 하락과 맞물려 있었을 뿐 아니라 달러화 신인도 저하와도 무관치 않았다.

예컨대 다음과 같은 수치는 달러화의 신인도 하락을 고스란히 보여준다. 1948년 미국의 금준비는 244억 달러(전 세계 화폐용 금의 70.7퍼센트)였던 반면 미국 이외의 국가들과 민간 부문이 보유한 단기성 달러 자산은 73억 달러에 불과했다. 그러나 1950년대 말에 이르면 상황이 완전히 달라진다. 1959년 미국의 금 보유 규모는 195억 달러로 전 세계 금준비의 51.3퍼센트에 해당하는 수준으로 줄어들었다. 같은 시기 주변국들이 보유한 단기성 달러 자산은 194억 달러였다. 이때까지만 해도 미국은 그럭저럭 금태환 요구를 감당할 수 있었다.

상황이 역전된 것은 1960년이다. 이때부터 서유럽과 일본의 민간 부문과 정책당국이 보유한 단기성 달러 자산의 총액이 미국의 금준비를 초과하기 시작한 것이다. 이렇게 되자 미국의 금태환 능력에 대한 믿음이 무너지면서 금값이 천정부지로 뛰어오르기 시작했다.

국제 금거래의 중심지인 런던 금시장에서 골드러시가 발생한 것은 1960년 10월의 일로 당시 금값은 온스당 40달러를 호가했다. 이런 틈을 타고 화폐용 금이 미국에서 빠져나와 유럽으로 유입되기 시작했다. 1960년 한 해 동안 미국에서 유출된 금은 17억 달러에 이르렀고, 금투기가 가장 극심했던 그해 삼사분기에는 7억 5000만 달러어치의 금이 유출되었다.

골드러시의 여파로 금태환 능력을 상실하자 미국은 임시방편책을 내놓았다.

첫째, 금풀제Gold Pool의 도입이다. 1961년 12월에 시행된 금풀제는 미국, 영국, 프랑스, 독일, 이탈리아, 네덜란드, 스위스, 벨기에 등 8개국이 공동매매단을 구성, 런던 금시장의 금 도매가격이 1온스당 35.20달러를 넘어설 경우 금 완충 재고를 내다팔아 금값을 안정시키는 방안이었다. 국제결제은행BIS 정례이사회의 결정으로 추진된 금풀제는 금 1온스당 35달러 선을 유지하는 것이 미국뿐 아니라 서유럽 국가들의 이해와 일치했기 때문에 도입될 수 있었다.

둘째, 국제금융시장에 공급되는 유동성을 확대하기 위해 IMF의 대출 기능을 강화했다. 미국은 세계의 경제 규모가 커진 상황을 반영하여 IMF 가맹국들이 출자하여 기금을 조성, 유동성을 공급하는 보완책을 제시했다. 이에 따라 IMF의 출연금은 1959년 50퍼센트 늘어났고, 1966년에는 25퍼센트 증가했다. 뿐만 아니라 미국은 브레턴우즈체제의 취약점인 트리핀 딜레마를 보완하기 위해 일반차입협정을 체결했다(1962년). 이에 따르면 선진 10개국G10과 스위스[15]는 IMF의 요청이 있을 경우 60억 달러 범위 내에서 자국 통화 자금을 IMF에 공여하도록 규정하고 있다. 이는 IMF 가맹국들 간의 외환거래에서 미국 이외의 국가들이 보유하고 있는 달러를 국제 유동성으로 활용하기 위한 조치였다. 미국 달러에 대한 의존도를 줄이는 동시에 브레턴우즈체제를 안정시키려는 방안이었다.

셋째, 미국으로부터의 자본 유출을 막는 방안이었다. 이를 위해 미국은 단기국채의 이자율을 높인 다음 미국인이 해외의 금융자산에 자본을 투자할 경우 세금을 부과하는 법을 만들었다. 이런 취지에서 이자율 평형세Interest Equalization Tax를 도입한다.

---

15. G10은 1962년 국제 통화체제의 운영을 논의하기 위해 구성된 모임으로 미국, 영국, 프랑스, 서독, 일본, 네덜란드, 이탈리아, 캐나다, 스웨덴, 벨기에가 참가했다. 1964년 회의부터는 스위스가 추가로 참가하였지만 모임 명칭은 변함없이 G10이었다.

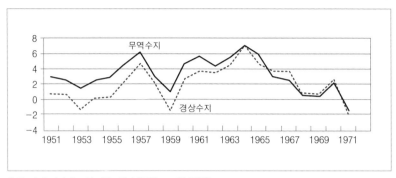

미국의 무역수지 및 경상수지(1951~1971년)　　　　　(단위: 10억 달러)

출처: 배리 아이켄 그린, 《글로벌 불균형》, 47쪽(재인용).

1963년에 도입한 이자율 평행세는 미국인이 외국 자산에 투자해 높은 수익을 얻더라도 이에 대해 세금을 매겨 국내와 동일한 수익이 나오도록 하는 조치였다. 이 조치로 미국인들의 해외투자는 줄어들었고, 미국 시장에서 자금을 조달하려는 외국 기업들 또한 미국보다는 유로달러 시장으로 눈을 돌리게 되었다.

　미국이 시행한 이러한 조치들은 얼마간 효과를 발휘하는 듯했다. 그러나 근본적인 문제를 덮어둔 상태에서 시행한 대책은 말 그대로 미봉책에 불과했다. 이런 가운데 1965년을 기점으로 미국의 무역수지 흑자는 하강 곡선을 그리기 시작했다. 반면 베트남전쟁에 따른 전비 지출은 급격하게 늘어났다. 1965년 500억 달러였던 미국의 국방예산은 1968년이 되자 820억 달러로 대폭 늘어났다. 여기에 더해 '위대한 사회' 건설을 표방한 존슨 정부의 재정지출이 늘어나면서 1965년에서 1968년까지 국방비를 제외한 미국의 지출은 750억 달러에서 1000억 달러에 이르렀다.

　만성적인 국제수지 적자에다 예산지출까지 늘어난 결과, 미국의 금 보유고는 서유럽과 일본이 보유한 단기성 달러 자산 규모보다 적어지는 상황에 직면했다. 비록 서유럽과 일본이 국제 금융질서의 혼란을 막기 위해 보유한 달러의 금태환을 자제하고 있었지만 달러화에 대한 의구심마저 떨쳐버릴 수는 없었다.

브레턴우즈체제의 붕괴

1967년 런던 금시장에 또 한 차례의 위기가 닥치면서 브레턴우즈체제는 회생 불능 상태로 빠져들었다. 이때까지 금 가격은 금풀제에 의해 힘겹게 유지되고 있었다. 이런 상황에서 국제 금시장의 수급 변화가 나타났다. 자본주의 진영의 금 산출량이 정체되는 상황에서 소련마저 금 매각을 축소하자 금 공급이 줄어들기 시작했다. 반면 국제 금시장에서 산업용 금 수요는 폭발적으로 늘어나 금의 수급 불안정은 날로 심화되었고, 1967년 말 런던 금시장에서 금값이 폭등했다. 그러자 영국의 통화 당국은 1967년 11월 18일 파운드화의 평가절하를 단행했다. 이를 계기로 미국 달러화에 대한 의구심은 더욱 확산되었고 금 투기가 기승을 부렸다. 금융시장의 혼란이 걷잡을 수 없이 확산되자 영국 정부는 런던 금시장의 거래를 일시 중지시키기에 이른다. 이렇게 되자 프랑스가 금풀제에서 탈퇴를 선언했고 이것은 유럽의 중앙은행들이 금풀제를 해체하는(1968년 3월 17일) 중요한 계기가 되었다.
　　이제 미국과 유럽 국가들은 이중금시장제Two-tier Gold Market를 도입한다. 공식 금거래는 1온스당 35달러로 거래하되 민간 금거래에서는 시장 상황에 따라 금값의 자유로운 등락을 허용하자는 것이다. 이로써 브레턴우즈체제의 전제인 1온스당 35달러에 구애받지 않고 민간 시장에서 금을 사고팔 수 있게 되면서 금환본위제의 해체가 가속화되었다.

이즈음 국제 금융시장이 불안정해지자 금과 달러 이외에 새로운 준비통화를 창설하여 위험을 분산시켜야 한다는 주장이 힘을 얻기 시작했다. 이 같은 문제의식에 기초하여 IMF는 1967년 9월 특별인출권 제도를 도입하기 위한 논의를 시작한다. SDR란 케인스가 제안한 방코와 비슷한 국제 통화로 장부상의 국제 결제 수단이다. SDR는 IMF 가맹국이 국제수지가 악화되었을 때 담보 없이 유동성을 인출할 수 있는 권리(통화)로 그 가치는 달러화와 마찬가지로 금 1온스당 35SDR로 책정됐다. SDR 운영 기금은 IMF 가맹국들이 출연하고, 이에 비례하여 인출할 수 있는 권한이 주어졌다.

IMF는 2년 가까운 논의 끝에 1969년 7월 28일 규약을 개정하고 SDR를 도입키로 결정한다. 그리고 다시 2년이 흐른 1970년 1월 1일 35억 SDR가 창출되어 SDR 제도는 운용되기 시작한다. 분명 SDR 도입은 국제 금융질서의 안정에 기여하는 긍정적인 조치였다. 그러나 1970년에야 시행됨으로써 브레턴우즈체제를 구해낼 수는 없는 사후약방문이나 다름없었다.

한편 1970년이 되자 미국의 국제수지는 최악의 상황에 직면했다. 그해 미국의 단기자본수지는 67억 달러, 기초수지는 31억 달러 적자를 기록했다. 98억 달러에 달하는 미국의 종합수지 적자는 주변국들의 달러 보유액을 증가시켜 금태환제의 해체를 부

리처드 닉슨. 미국 대통령으로는 처음으로 중국을 방문하였고 닉슨 독트린을 발표하기도 했다.

채질했다. 1971년, 미국의 수지적자는 더욱 불어났다. 방대한 군사원조로 군비 지출이 늘어났고, 무역수지 적자 또한 악화일로를 걸었다. 무엇보다 1935년 이래 처음으로 27억 달러의 무역수지 적자를 기록해 충격을 안겼다. 여기에 더해 장기자본수지는 106억 달러 적자를 기록했고 단기자본수지 적자 또한 192억 달러에 달했다. 그해 미국의 종합수지 적자는 298억 달러를 기록, 금환본위제가 더 이상 존립할 수 없다는 사실을 입증해주었다.

이렇게 되자 대통령 닉슨은 사태를 더 이상 지켜볼 수만은 없었다. 그리하여 내놓은 대책이 1971년 8월 15일 발표한 '달러 방위에 대한 긴급조치'였다. 주요 내용은 다음과 같다.

- 달러와 금의 태환 정지 및 외국 통화와의 교환 정지
- 수입품에 대한 10퍼센트의 과징금 부과
- 임금과 물가의 90일간 현상 동결
- 대외원조의 중지와 삭감
- 감세에 의한 경기 활성화

닉슨의 발표 가운데 가장 중요한 것은 '달러와 금의 태환 정지 및 외국 통화와의 교환 정지'였다. 이는 금환본위제의 폐지를 의미하는 것으로, 금환본위제에 기초한 브레턴우즈체제는 붕괴되

는 상황이었다. 미국은 닉슨의 발표를 통해 베트남전쟁의 장기화로 인한 재정적자 누적과 인플레이션 심화에 따른 경제정책 실패의 후과를 다른 나라들에 전가하였다. 이 때문에 닉슨의 발표 이후 국제 통화질서의 혼란은 가중되었고 세계경제는 불황으로 빠져들었다.

브레턴우즈체제 붕괴 이후

닉슨의 금태환 정지 선언 이후 미국을 비롯한 서유럽 국가들은 새로운 국제 통화제도 수립에 착수했다. 당시만 해도 안정적인 국제 통화제도야말로 세계경제 발전에 필요불가결한 요소로 받아들여졌기 때문에 논의는 발 빠르게 진행됐다. 덕분에 닉슨의 발표로부터 4개월 뒤인 1971년 12월 17~18일 선진 10개국G10 재무장관들은 미국 워싱턴에 위치한 스미소니언박물관에서 국제통화회의를 개최하고 스미소니언협정Smithsonian Agreements을 체결한다.

이렇게 탄생한 스미소니언협정은 다음 네 가지를 골자로 했다.

첫째, 미국 달러화의 금태환이 더는 가능하지 않다는 현실을 인정했다. 이는 브레턴우즈체제의 기본 전제인 금환본위제의 폐지를 뜻하며 브레턴우즈체제의 해체를 공식화한 것이다.

둘째, 미국 달러화가 기축통화의 지위를 누린다는 점을 재확인하여 브레턴우즈체제의 기본 골격이 스미소니언체제에서도 유지된다는 것을 공식화했다.

셋째, 금과 미국 달러화의 가치를 금 1온스당 38달러로 정했다. 이에 따라 달러의 가치는 약 7.89퍼센트 평가절하된 반면 서유럽 국가들과 일본의 통화가치는 절상되었다. 영국 파운드화와 프랑스 프랑화의 금에 대한 가치는 변동 없이 유지되어 평가절하된 달러화와 비교하여 8.6퍼센트 평가절상되었다. 독일 마르크화는 금에 대해 4.6퍼센트, 달러화에 대해 13.6퍼센트 평가절상되었고, 일본 엔화는 금에 대해 7.6퍼센트, 달러화에 대해 16.88퍼센트 평가절상되었다.

넷째, 새로운 고정환율제의 도입이다. 기존 1퍼센트 이내의 변동 폭을 2.25퍼센트로 확대 조정하는 것이다. 새로운 고정환율제의 채택으로 각국 정책당국은 국제수지 불균형을 해소하는 데 운신의 폭이 넓어졌다.

그러나 스미소니언체제는 달러화의 기축통화 지위를 인정하고 고정환율제를 유지한다는 점에서 본질적인 통화제도의 개혁은 아니었다. 다만 금환본위제가 폐지되어 달러화가 금에 의해 뒷받침되지 않는다는 사실이 브레턴우즈체제와 달랐다.

스미소니언체제는 달러를 기축통화로 받아들임으로써 달러본위제를 채택하였다. 이에 따라 금태환이 공식 폐지되었고, 주변국들이 보유하고 있던 막대한 달러화는 전적으로 미국 정부의 신용에만 의존해야 하는 처지가 됐다. 끈 떨어진 연처럼 금과 달러의 연결고리가 끊어짐으로써 금에 대한 달러의 가격은 자유롭게 변동할 수 있게 된 것이다. 이는 곧 달러화 가치가 영국의 파운드, 프랑스의 프랑, 독일의 마르크, 일본의 엔 등의 통화에 대해 자유롭게 변동한다는 사실을 의미했다.

이 같은 통화질서의 변화 속에서 유럽공동체^{EC} 가맹국들은 1972년 4월 24일 상호간의 환율 안정을 위해 스네이크체제를 출범시켰다. 이른바 '터널 속의 뱀Snake in the Tunnel'이라는 스네이크체제는 달러화에 대한 변동 폭을 터널로, 유럽 국가들 사이의 변동 폭을 터널 안의 뱀으로 묘사한 것이다. 스네이크체제는 유럽 국가들이 미국 달러화에 대한 자국 화폐의 변동 폭을 2.25퍼센트 이내로 유지하되 역내 국가들 사이의 환율은 1.125퍼센트 범위 내에서 운용하여 안정을 기한다는 내용이었다.

스미소니언체제가 출범하자 미국은 국제 금융질서가 혼란 상황을 벗어나 안정되기를 희망했다. 그러나 미국의 바람과는 달리 얼마 지나지 않아 또다시 위기가 찾아왔다. 이번에도 위기의 진앙지는 미국이었다. 1972년 미국의 무역수지는 닉슨의 발표로 달러화가 10퍼센트 정도 평가절하되었음에도 개선되기는커녕 악화일로를 걸었다.

마치 브레이크가 파열된 자동차처럼 미국의 무역수지 적자는 해가 갈수록 늘어났고 당연히 달러화 신인도는 추락했다. 그러자 미국의 정치인들은 '달러가 과대평가되어 미국의 무역수지 적자는 개선되기 어렵다'는 식의 비관적인 전망을 여과 없이 쏟아냈다. 이런 상황에서 1972년 서독의 무역수지가 큰 폭의 흑자를 보이면서 대규모 단기자본이 미국에서 빠져나갔다. 이제 달러화 가치를 고정환율제라는 틀에 묶어두기 어려워졌다.

1973년 1월 스위스 중앙은행이 고정환율제를 폐기하고 변동환율제를 채택하면서 스미소니언체제는 붕괴의 길로 들어섰다. 이런 가운데 1973년 2월 미국이 다시 한 번 달러화를 평가절하

국제 통화제도 약사

기간	구분	특징
1880~1914	금본위제도	– 고정환율제도 – 국제 통화: 금, 파운드(£)
1918~1939	전간기 (금환본위제)	– 고정환율제도 – 국제 통화: 금, 파운드(£), 달러($) – 외국환 관리 실시
1944~1970	브레턴우즈체제 (금환본위제)	– 조정 가능한 고정환율제도 – 국제 통화: 금, 달러($) – 평가의 상하 1퍼센트 내에서 환율변동(narrow band) – SDR 창출 – 금 1온스 = 35US$
1971~1973	스미소니언체제 (금환본위제)	– 조정 가능한 고정환율제도 – 국제 통화: 금, 달러($) – 평가의 상하 2.25퍼센트 내에서 환율변동(wider band) – 일부 국가 변동환율제 실시 – 금 1온스 = 38US$~42.22US$
1973~현재	킹스턴체제	– 변동환율제도 – 국제 통화: 달러($) – 금 폐화 – 외환 양극화 현상

출처: 김진수, 〈국제 통화제도의 개편 논의와 전망에 관한 고찰〉, 248쪽.

하자 국제 금시장이 요동치기 시작했다. 금값이 온스당 38달러에서 42.22달러로 치솟으면서 주요국의 통화가 약 10퍼센트 평가절하된 것이다. 이렇게 되자 1973년 2월 중순에서 3월 초순 사이 단기자본이 미국에서 대거 유출되어 서독을 비롯한 강세 통화국으로 이동했다. 유럽 국가들은 이를 계기로 달러화에 대한 믿음을 철회하고 변동환율제를 채택하기 시작했다.

　서유럽 국가들이 변동환율제를 채택하자 고정환율제에 기초한 스미소니언체제는 통제 불능 상태에 빠져들었다. "인류 역사상 통화 부문에서 이룬 가장 위대한 업적"이라고 칭송해 마지않았던 닉슨의 찬사가 무색해진 것이다. 이로써 스미소니언체제는 출범한 지 불과 1년 3개월 만에 해체되는 운명을 맞았다.

스미소니언체제가 단명으로 끝날 수밖에 없었던 핵심 이유는 금과 교환되지 않는 달러화의 가치를 고정환율제라는 틀에 묶어 둘 수 없었기 때문이다. 1970년대 들어 환율의 변동 폭이 이전보다 더욱 커진 상황에서 과잉 공급된 달러의 압박에 미국은 갈피를 잡지 못하고 휘청거릴 수밖에 없었다. 금 보유고가 바닥나 더는 달러를 교환해줄 수 없게 되자 미국이 선택할 수 있는 카드는 고정환율제를 폐기하는 것뿐이었다.

이제 변동환율제는 시대의 대세가 되었고, 스미소니언체제를 대체할 새로운 국제 통화제도가 필요해졌다. 스미소니언체제의 설립 때와는 달리 이번에는 IMF가 중심이 되어 새로운 통화제도 수립을 위한 논의를 이끌었다. IMF는 1974년 10월 잠정위원회를 신설하고 변동환율제를 전제로 하는 국제 통화제도의 설립을 위한 논의에 착수했다. 그런 다음 1976년 1월 7일 자메이카의 수도 킹스턴에서 열린 IMF 제5차 잠정위원회에서 킹스턴합의Kingston Agreements를 끌어내기에 이른다. 변동환율제를 원칙으로 하는 킹스턴합의의 주요 내용을 살펴보면 다음과 같다.

- 변동환율제의 인정(회원국이 독자적으로 환율을 채택)
- 금환본위제의 폐지와 달러본위제의 채택
- SDR를 추가로 사용하여 유동성 공급 확대
- 국제수지 조정을 위한 IMF의 신용인출 확대

그후 IMF는 1978년 4월 1일 킹스턴합의를 정식 발효시킨다.

변동환율제에 기초한 킹스턴체제 시대가 열린 것이다. 국제 금융거래는 폭발적으로 늘어났고, 정부의 개입과 규제는 점차 줄어들기 시작했다. 대신 투기자본이 급증하면서 금융자본주의 시대로 가는 관문이 활짝 열렸다.

중동전쟁과 오일쇼크

인류가 석유를 처음으로 시추한 1851년 이래 120년 동안 석유 생산량은 소비량을 압도했다. 일시적인 초과 수요가 없지 않았으나 석유 공급은 과잉 상태를 유지했다. 석유 수요가 늘어 석유 값이 뛸 기미가 보이면 돌연 새로운 유정이 개발되었다. 초기 주요 석유 공급원은 미국이었으나 20세기에 접어들면서 세계 곳곳에서 대형 유전이 개발되었다. 덕분에 2차대전 이후 세계의 석유 생산 증가율은 연평균 석유 소비 증가율을 7퍼센트나 상회했다. 이처럼 생산이 소비를 압도하는 상황에서 원유 가격은 1920년대 1배럴당 13달러에서, 1960년대 초에는 1달러 60센트까지 폭락했다.

그러나 1970년대가 되자 상황이 달라졌다. 석유 소비가 급격히 늘어나면서 석유시장에서 수요 초과 현상이 벌어진 것이다. 1949~1972년 석유 소비량은 미국 세 배, 서유럽은 열다섯 배, 일본은 무려 137배나 증가했다. 같은 기간 세계의 석유 생산량은 5.5배 늘어나면서 소비 증가율을 감당할 수 없었다.

이런 상황에서 오일쇼크의 방아쇠가 당겨졌다. 때는 1973년

석유를 무기로 막강한 영향력을 행사하는 석유수출국기구OPEC 건물.

10월 6일, 이날은 이스라엘의 종교축제일인 욤키푸르(속죄의 날)[16]였다. 이집트군의 선제공격으로 욤키푸르전쟁(4차 중동전쟁)이 시작된 것이다.

초기 전황은 병력 75만 명, 탱크 3만 2000대, 소련제 미사일(SA-6)까지 총동원한 이집트군이 압도적으로 우세했다. 이집트군의 기습에 이스라엘군은 개전 48시간 만에 17개 여단이 궤멸적인 타격을 입었다. 이쯤 되자 성미 급한 호사가들은 아랍 국가들의 승리를 점치기 시작했다.

---

16. 히브리력으로는 티쉬레이월(7월) 10일이며, 그레고리력으로 환산하면 9월 또는 10월에 해당한다. 《구약성서》의 〈레위기〉 23장 27~29절에 따르면 욤키푸르에는 어떤 일도 해서는 안 되며 단식해야 한다.

하지만 미국이 이스라엘을 지원하고 나서면서 전황이 반전되었다. 미국은 아랍의 공세로 30여 일 동안 포위됐던 이스라엘을 지원하기 위해 무려 5566번의 비행 수송 작전을 단행했다. 반격에 나선 이스라엘군은 시리아의 골란고원에 무차별 폭격을 감행했으며, 시리아군은 탱크 867대와 차량 3000여 대가 파괴되는 피해를 입었다. 이를 계기로 아랍 국가들의 예봉은 꺾였고 전세는 단박에 역전됐다.

이제 아랍 국가들은 석유를 자원이 아닌 무기로 사용하기 시작했다. 아랍산유국들이 주축이 된 OPEC[17]은 1973년 10월 16일 원유 고시 가격을 인상하겠다고 발표했다. 이날 OPEC은 이스라엘군이 아랍 점령지에서 철수하고 팔레스타인의 권리가 회복될 때까지 이스라엘을 지원하는 국가들에 대해 석유 수출을 중단하는 동시에 매월 원유 생산량을 5퍼센트씩 감축한다고 발표했다. 이틀 뒤인 10월 18일 리비아가 석유 수출 가격을 28퍼센트 인상한데 이어 이라크는 무려 70퍼센트를 인상하겠다고 발표했다. 오일쇼크는 이렇게 시작되었다. 그 결과 1973년 10월 배럴당 2달러 59센트에 불과했던 원유 가격이 1974년 1월에는 11달러 65센트로 불과 3개월여 만에 4.5배나 뛰어올랐다.

천정부지로 치솟는 원유가의 충격으로 세계 각국은 산업 생산량이 감소하고 물가가 폭등하는 인플레이션에 직면했다. 1974년 대부분의 선진국은 두 자리 수의 물가상승률과 마이너스 성장이

---

17. 석유수출국기구Organization of Petroleum Exporting Countries는 1960년 이란·이라크·사우디아라비아·쿠웨이트·베네수엘라 등 석유수출국들이 국제 석유자본에 대한 발언권을 강화하기 위해 이라크의 수도 바그다드에서 결성한 조직이다.

겹치는 스태그플레이션[18]을 경험하게 되었다.

오일쇼크의 영향으로 미국은 2차대전 이후 최고치인 8.7퍼센트의 물가 인상을 기록했다. 반면 경제성장률은 1974년 -0.5퍼센트의 성장을 기록한데 이어 1975년에는 -0.2퍼센트의 성장에 머물렀다.

한국 경제도 예외는 아니었다. 1973년 3.5퍼센트였던 물가상승률이 1974년 24.8퍼센트로 수직상승한 반면 성장률은 12.3퍼센트에서 7.4퍼센트로 뚝 떨어졌다. 1975년이 되자 성장률은 6.5퍼센트로 더 떨어졌고, 물가는 24.7퍼센트를 기록해 고공비행을 이어갔다. 무역수지 적자 폭도 크게 늘어나 1974년 10억 달러에서 1975년에는 24억 달러가 됐다. 산업구조가 경공업에서 에너지 수요가 많은 중화학공업으로 전환하는 시점이었기 때문에 한국 경제에 가해진 충격파는 더욱 클 수밖에 없었다.

오일쇼크는 1970년대 초반 자본주의 세계경제에 불어닥친 위기의 정점이었다. 이는 세계 각국이 긴축정책을 실시하는 와중에 발생하여 수익성 악화와 수요 감소를 초래했다. 세계 전체 구매력의 1.5퍼센트가 한꺼번에 OPEC으로 편중된 결과 세계적인 차원에서 수요가 감소하기 시작했다. 장기호황의 여파로 과잉축적이 진행되던 상황에서 오일쇼크가 가세해 잠들어 있던 공

---

18. 1965년 영국 재무장관 아인 매클로이드가 의회 연설에서 처음 사용한 말로 경기침체를 뜻하는 스태그네이션stagnation과 물가상승을 의미하는 인플레이션inflation의 합성어이다. 경기침체가 지속되는 가운데 물가가 상승하는 현상을 일컫는데 주로 공급 측면의 요인들 때문에 발생하였다. 1970년대 두 차례 발생한 스태그플레이션의 경우 OPEC이 원유 가격을 대폭 인상하여 물가 상승과 산업생산에 악영향을 미쳤다.

황이 깨어 일어난 것이다. 그리하여 1974년 여름, 세계적인 공황이 가감 없이 본색을 드러내기 시작했다.

이렇게 시작된 또 한 차례의 공황으로 자본주의 황금기는 종말을 고했고, 미국의 헤게모니 체제 역시 지속될 수 없었다. 대공황 이래 자본주의의 교리로 받아들여졌던 케인스주의는 스태그플레이션이 발생하자 무력해졌다. 이제 세계경제는 속수무책으로 성장의 둔화와 실업의 증가를 감내해야만 했다. 경기변동과 불황이 닥칠 경우 정부의 적극적인 개입으로 사태를 해결할 수 있다는 케인스주의에 대한 믿음은 뿌리째 흔들렸고, 정부 대신 시장의 역할을 강조하는 주장이 점차 설득력을 얻었다.

또한 오일쇼크를 통해 표면화된 자원민족주의는 성장한 제3세계의 영향력을 보여주는 사례였다. 미국을 비롯한 서방 국가들은 국제 석유자본을 내세워 아랍의 원유를 통제해온 정책을 수정할 수밖에 없었다. 이제 안정적인 에너지 확보를 위해서라면 정치와 군사력을 앞세운 개입정책까지 불사할 판이었다.

오일쇼크의 뜨거운 맛을 경험하면서 세계 각국은 새로운 유전을 찾아 눈에 불을 켜기 시작했다. 영국과 노르웨이 등 북해 연안 국가들도 이를 계기로 심해유전 개발에 심혈을 기울였다. 한국의 박정희 정부는 오일쇼크를 경험하면서 동력자원부를 신설하고 제7광구 등 연안의 해저유전 개발에 적극 뛰어들었으나 이렇다 할 성과는 거두지 못했다.

전례 없는 유가폭등을 경험하면서 서방 선진국들은 구조조정을 단행해 '굴뚝산업' 대신 에너지 효율성이 높은 산업에 주력했다. 미국을 비롯한 선진국들은 중화학공업으로 대표되는 고에너지산업을 신흥공업국으로 이전하는 대신 서비스산업과 정보통신산업 등을 육성하고 금융 부문에 대한 투자를 늘려나갔다.

이즈음 한국을 비롯한 신흥공업국들이 중화학공업으로 경제성장을 추구할 수 있었던 비결 중 하나는 이러한 국제 차원의 구조조정 덕이었다. 참고로 당시 한국 정부는 철강, 비철금속, 조선, 전자, 화학, 기계 등 6대 역점 분야를 선정하고 1973~81년 총 96억 달러 규모의 투자 계획을 수립한 바 있다.

오일쇼크는 분명 많은 나라에 정치경제 차원에서 충격과 고통을 안겼다. 하지만 엄청난 이득을 본 쪽도 있었다. OPEC 국가들은 석유 값을 대폭 인상한 결과 막대한 오일머니(또는 오일달러)를 축적할 수 있었다. 1974년 한 해에만 OPEC 국가들이 올린 경상수지 흑자는 약 700억 달러에 달했다. 세븐 시스터스[19]라 불리는 미국과 영국 중심의 서방 7대 석유기업들은 물론 이들과 결탁한 뉴욕 월가와 런던 석유·금융 카르텔 또한 막대한 이윤을 챙겼다.

오일쇼크 덕에 달러를 주체할 수 없었던 아랍 산유국들은 막대한 오일머니를 금융기관에 예탁했고, 금융기관들은 이 돈을 환류recycling시키기 시작했다. 이리하여 미국이 세계자본주의의 최종 소비자가 되고 아랍 국가들과 일본이 미국의 국채를 사주는 국제 달러 환류 시스템이 만들어졌다. 그런데 문제는 자본이

---

19. 국제 석유시장을 지배해온 7대 석유회사를 말하는데, 미국계인 걸프오일·모빌·쉐브론·엑슨·텍사코와, 영국계인 브리티시 석유회사, 영국-네덜란드계인 로열더치셸이다. 1984년 걸프오일이 쉐브론에 합병되면서 세븐 시스터스는 6대 석유자본으로 재편되었다.

부족한 개발도상국들이 국제수지 불균형을 메우기 위해 오일머니를 끌어다 쓰면서 발생했다. 1973년부터 1977년까지 5년 동안 개발도상국들이 끌어다 쓴 외채는 무려 150퍼센트나 늘어났고, 이 같은 외채의 급증은 1980년대 중남미 외채위기를 초래한 주된 원인이 되었다.

기묘한 동맹

1970년대 초반 미국은 두 측면에서 새로운 도전에 직면했다. 이미 살펴본 대로 하나는 경제위기였고, 다른 하나는 냉전체제의 균열이었다. 2차대전 이후 미국과 소련을 정점으로 견고하게 구축되었던 냉전체제는 1960년대를 거치면서 미묘한 지각변동을 일으켰다. 이른바 데탕트détente 무드가 연출된 것이다. 이유 중 하나는 미국을 중심으로 하는 자본주의 진영의 균열이었다. 미국의 원조에 힘입어 전후복구와 경제성장을 이룩한 서유럽과 일본은 미국의 그늘에서 벗어나 자신들의 발언권을 높이기 시작했다. 서독의 경우 경제력에 기반하여 동방정책을 추진하기 시작했고, 일본은 괄목할 만한 경제성장을 배경으로 아시아에서는 처음으로 올림픽을 개최(1964년)하기에 이르렀다. 이런 상황에서 영국, 프랑스, 중국이 잇따라 핵실험에 성공해 미국과 소련의 핵무기 독점 체제가 무너졌다. 특히 프랑스의 경우 1964년 사회주의 국가 중공中共을 승인한 데 이어 NATO에서 탈퇴를 선언하면서 독자노선을 가속화했다.

다른 한편에서는 사회주의 진영의 맹주인 소련과 중국의 대립이 격화되었다. 니키타 흐루시초프Nikita Khrushchyov가 서기장이 된 뒤에 표면화되기 시작한 중소 갈등은 1960년대 중반에 이르자 더욱 첨예해졌다. 흐루시초프가 대내적으로는 스탈린 격하 운동을 전개하고 대외적으로 미국과의 평화공존 정책을 추구하자 중소관계는 극도로 악화되었다.

대만을 앞세운 미국의 봉쇄정책이 지속되는 상황에서 소련과의 관계마저 악화되자 중국은 고립무원의 상태에 빠지고 말았다. 이렇게 되자 독자적인 생존전략의 일환으로 대약진운동(1958~1966년)을 추진했으나 결과는 참담했다. 1964년 흐루시초프가 실각하고 레오니드 브레즈네프Leonid Brezhnev가 집권했으나 중소관계는 개선되기는커녕 악화될 뿐이었다. 특히 1969년 중소 국경인 우수리 강에서 발생한 두 차례의 무력충돌은 중국과 소련을 첨예한 긴장상태로 몰아넣었다. 오죽했으면 소련과의 핵전쟁을 상정한 마오쩌둥(毛澤東)이 베이징의 지하에 방공호를 파라고 명령했을까. 당시 중국의 주적主敵은 미국이 아니라 소련이었던 셈이다.

한편 자본주의 진영과 사회주의 진영이 분열하고 대립하는 얽히고설킨 정세 속에서, 앞서 말했듯이 제3세계 국가들이 발언권을 강화하고 나섰다. 1970년대 초반을 전후하여 조성된 데탕트 무드는 이러한 분열과 대립, 결집과 탐색의 흐름이 교차하는 가운데 찾아들었다. 새로운 데탕트의 흐름은 대결보다는 대화를, 군사적 수단보다는 외교적 수단을 중시하는 경향을 띠었다.

데탕트 국면이 펼쳐지자 미국과 소련은 변화된 상황에 맞는 정책이 필요해졌다. 미소 양국은 군비를 통제하고 핵무기 확산을 방지하는 것이 급선무였으므로 1968년 핵확산금지조약NPT을 체결한다. 그런 다음 1970년에는 전략무기제한협정SALT을 체결하여 ICBM(대륙간탄도미사일)과 잠수함발사탄도미사일SLBM 등 전략무기의 수량을 제한하였다.

이즈음 미국에는 베트남전쟁을 마무리하는 일이 발등에 떨어진 불이었다. 이런 상황에서 1969년 1월 출범한 닉슨 행정부는 중소대립에 편승해 중국과의 관계 개선을 모색하기 시작했다. 1969년 2월 외교교서에서 중공을 중화인민공화국이라 칭했으며 3월 25일에는 미국인의 중국 여행을 허용하는 등 화해 제스처를 내보였다.

같은 시기 중국공산당 지도부 내에서도 소련을 견제하기 위해 미국을 끌어들이려는 움직임을 보였다. 그들이 철천지원수로 인민들에게 각인시켰던 '제국주의 미국'에 화해의 손길을 내민 중요한 이유는 소련의 군사 위협이었다. 1969년 우수리 강 기슭에서 울려 퍼진 총성은 마오쩌둥으로 하여금 미국 카드를 꺼내들게 한 결정적인 계기였다.

미중 간의 핑퐁 외교는 이런 시대 상황을 배경으로 펼쳐졌다. 1971년 3월 일본 나고야에서 제31회 세계탁구선수권대회가 열렸다. 당시 대회에 참가한 중국대표팀은 미국대표팀을 초청할 뜻을 내비쳤고, 여기에 미국이 응하면서 상황은 급진전됐다.

1971년 4월 10일, 도쿄 발 루프트한자 여객기가 베이징 공항에 착륙하면서 핑퐁 외교는 빛을 발하기 시작한다. 당시 여객기에 탑승한 승객 중에는 미국 탁구 대표선수 열다섯 명과 기자

네 명이 포함돼 있었다. 이들은 1949년 10월 중화인민공화국이 수립된 이후 중국을 공식 방문한 최초의 미국인이었다. 이들은 방중 기간(1970년 4월 10∼17일) 우호적인 분위기 속에서 탁구경기를 치른 다음 미국으로 돌아갔다.

3개월이 지난 1971년 7월 9일, 이번에는 닉슨의 특사 헨리 키신저Henry Kissinger[20]가 중국을 방문했다. 파키스탄을 공식 방문한 키신저는 사람들의 눈을 피해 비밀리에 베이징으로 잠입했다. 비밀유지를 위해 주어진 시간은 만 이틀. 키신저는 48시간 안에 미국과 중국의 정상회담을 타결하고 파키스탄으로 돌아가야만 했다. 이 때문에 그의 주된 임무인 중국 측 협상 파트너인 저우언라이(周恩來)를 설득하는 일보다 시간과의 싸움이 더 치열했는지도 모른다. 이런 촉박한 일정 속에서 키신저는 무려 17시간이나 저우언라이와 머리를 맞대고 비밀협상을 진행했고, 그 결과 미중 정상회담을 성사시켰다.

미국과 중국의 정상회담 합의로 국제질서는 요동쳤다. 닉슨은 "미중 관계 발전이 국가안보상의 이익"이라는 이유를 들어 "오랜 친구이며 충실한 동맹자인 장제스(蔣介石)를 실망시키는 입장"으로 돌아섰다. 이 같은 정책 변화에 힘입어 1971년 10월 25일

---

20. 독일에서 태어나 나치의 박해를 피해 1938년 미국으로 건너가 정착한 유대계 정치인이다. 1943년 미국 국적을 취득했으며 2차대전에 참전한 다음 하버드 대학에서 정치학박사 학위 (1954년)를 얻었고 정치학 교수가 되었다. 정치학자였던 그는 1969년 닉슨의 안보 보좌관으로 발탁되면서 현실 정치에 발을 내디딘다. 이렇게 시작된 키신저의 정치 이력은 화려하다. 1971년 7월 극비리에 중국을 방문하여 미중 정상회담을 끌어냈고, 1973년에는 베트남전쟁을 종결짓는 파리협정에 주역으로 활동했다. 이 같은 공로를 인정받아 1973년 노벨평화상을 수상했다. 그러나 키신저의 화려한 이력 뒤에는 칠레에서 피노체트의 쿠데타를 사주하고, 캄보디아에서 킬링필드를 조장 및 방치하는 등 평화와는 거리가 먼 어두운 그림자가 짙게 드리워져 있다.

서로 손을 맞잡은 닉슨과 마오쩌둥.

중국의 유엔 가입은 승인된 반면, 대만은 퇴출됐다. 중국으로서
는 1950년 처음 문을 두드린 지 21년 만의 개가였다. 21년 동안
무려 20여 차례나 가입원서를 낸 끝에 얻어낸 가입 승인 소식에
마오쩌둥은 감격에 겨워 이렇게 말했다. "오랫동안 유엔에 못 들
어간 이유는 미국과 일본 때문이고 이제 들어온 것은 아프리카
형제들 덕분"이라고.

 중국의 유엔 가입을 계기로 탄력을 받기 시작한 미중 관계는
더욱더 긴밀해졌다. 마침내 1972년 2월 21일 아침 베이징 공항
에 미대통령 전용기 에어포스원이 모습을 드러냈다. 활주로에
멈춰 선 에어포스원에서 내린 미대통령 닉슨은 마중 나온 중국
총리 저우언라이와 손을 맞잡았고, 이 장면이 세계로 타전되면
서 사람들을 흥분시켰다.

닉슨은 마오쩌둥과 회담하고 상하이 공동성명에 합의했다. 미중 정상은 최대 현안이었던 대만 문제에 대해 '하나의 중국' 입장에 합의했다. 나아가 양 정상은 "어느 측도 아시아·태평양 지역에서 패권을 추구하지 않으며, 다른 국가 또는 국가의 집단들이 이러한 패권을 확립하려는 노력에 반대한다"고 천명했다. 두말할 나위 없이 성명에서 언급한 '다른 국가 또는 국가의 집단'은 소련을 의식한 것이었다.

이로써 두 나라가 지향하는 목적은 분명해졌다. 미국과 중국은 '소련 견제'라는 공통의 이해관계를 통해 하나가 된 것이다. '적의 적은 아군'이라는 국제사회의 냉엄한 현실을 그대로 보여준 미중 간의 기묘한 동맹은 두 나라에 엄청난 정치·경제적인 이익을 안겨주었다. 미국은 중국을 활용하여 소련을 견제하고, 베트남전쟁 패배 이후 동아시아 질서에 개입할 수 있는 교두보를 확보했다. 반면 중국은 '죽의 장막'에서 벗어나 대내외적으로 자신들의 잠재력을 승인받는 중요한 계기가 되었다.

이런 분위기 속에서 키신저는 1973년 2월 또다시 베이징을 방문했다. 마오쩌둥을 면담한 키신저는 미중 간 연락사무소 개설에 합의한다. 그런 다음 미국으로 돌아가 미중 양국이 연락사무소를 개설키로 합의했다고 발표했다. 이는 양국간 관계 정상화를 위한 선언이자 수교의 첫걸음이었다. 합의 발표 후 2개월이 지나 베이징과 워싱턴에 양국의 연락사무소가 개설됐다. 이를 계기로 양국 관계는 급진전됐다. 미국은 1978년 12월 대만과 단교를 선언하고, 해가 바뀐 1979년 1월 1일을 기해 중국과 국교를 수립한다.

역사 休

국제수지표의 구성 체계

—한국은행,《알기 쉬운 경제지표 해설》, 2006년, 269쪽.

3

**신자유주의
시대**

신자유주의 등장
―자유주의의 화려한 부활

환율, 고삐 풀린 말

킹스턴체제 수립으로 변동환율제가 도입되자 환율은 고삐 풀린 말처럼 날뛰기 시작했다. 고정환율제 아래서 정부의 정책 판단에 의해 관리되었던 환율은 변동환율제 시행으로 외환시장의 논리에 따라 등락을 거듭했다. 바야흐로 환율도 상품이 되어 수요 공급 법칙에 의해 가치가 결정되는 시대를 맞은 것이다.[1]

가령 영국의 외환시장에서 어제 달러화에 대한 파운드화의 환율이 2달러 대 1파운드였다고 가정해보자. 만약 오늘 달러화를

---

1. 1973년 3월 스미소니언체제의 붕괴 이후 변동환율제로의 전환은 점진적으로 이루어졌다. 미국과 일본, 서유럽 국가들은 1973년 이후 변동환율제를 시행했지만 다른 나라들은 여전히 고정환율제를 유지하고 있었다. 1975년 IMF 회원국 중 5분의 1 정도가 변동환율제를 채택했으며, 1982년에는 회원국의 3분의 1, 1993년에는 2분의 1이 변동환율제를 채택했다.

팔겠다는 주문(공급)이 사겠다는 주문(수요)보다 많을 경우 달러화 가치는 떨어지고, 파운드화 가치는 올라갈 것이다. 여기서 주목해야 할 사실이 있다. 시장 논리에 따라 환율이 결정되는 시스템이 도입됐다 해서 환율에 대한 정부의 영향력이 줄어들지 않았다는 사실이다. 오히려 그 반대였다. 세계 어느 나라든 외환시장에서 가장 막강한 큰손은 해당국 정부였기 때문에 정부는 필요에 따라 시장에 개입, 환율을 조절하기 시작했다.

예컨대 독일 마르크화가 빠른 속도로 절상되어 수출에 악영향을 미치고 있다 하자. 이럴 경우 독일 정부는 자국의 경기침체를 막기 위해 외환시장에 개입, 달러화에 대한 마르크화 가치가 올라가는 사태를 막을 것이다. 이처럼 정부의 외환시장 개입은 모든 나라가 취하는 일반적인 방법이었다. 이 때문에 환율을 조절하여 수출을 늘리려는 시도가 빈발했고, 그로 인해 무역 분쟁이 일어나기도 했다.

환율 변화에 촉각을 곤두세워야 하는 쪽은 정부만이 아니었다. 기업들 또한 시시각각 변화하는 환율 동향을 예의 주시해야만 했다. 왜냐하면 환율의 동향을 정확히 예측할 경우 국제무역과 기업 간의 경쟁에서 우위를 확보할 수 있었기 때문이다. 그런데 문제는 이 일이 쉽지 않다는 사실이다. 변동환율제가 시행된 1970년대 중반 영국 파운드화의 움직임을 살펴보자. 1976년 파운드의 가치는 1파운드 대 2달러에서 1파운드 대 1.55달러로 절하되었다. 1년 후인 1977년에는 1파운드 대 1.97달러로 절상된 파운드화는 1978년 늦가을에는 1파운드 대 2.10달러로 더욱 뛰어올랐다. 이처럼 변동환율제 아래서 환율의 등락은 예측하기 힘든 장마철 날씨 같았다.

　문제는 이것만이 아니었다. 변동환율제가 시행되자 정책 당국과 전문가들의 예상과 달리 환율은 큰 폭의 등락세를 보였다. 이 때문에 각국의 중앙은행은 고정환율제가 시행되었을 때보다 더 깊이 외환시장에 개입해야 했다. 이는 변동환율제가 시행되기 이전 외환시장의 자동조절 메커니즘에 의해 각국이 독자적으로 통화금융 정책을 펼칠 수 있을 거라는 기대를 무색하게 했다.

　이어 더욱 심각한 문제가 나타났다. 환율 변동 폭이 커지자 환차익을 노리는 금융자본이 급격히 팽창한 것이다. 환율 변동을 활용하면 큰돈을 벌 수 있었기 때문이다. 세계경제가 장기 불황에 빠진 상황에서 실물 부문에 투자해서 얻는 이윤보다 투기로 얻은 수익이 훨씬 컸기 때문에 마땅한 투자처를 찾지 못했던 자본들이 외환시장으로 몰려들었다. 공장을 짓는 데 돈을 들여 손해를 보느니 차라리 은행에 넣어놓겠다는 발상이 금융자본을 팽창시켰고 이내 금융자본은 투기자본으로 탈바꿈했다. 여기에 더해 아랍 국가들이 막대한 오일달러를 유럽의 금융기관에 예치하면서 국제 금융시장은 급성장했다.

　금융자본의 폭발적인 팽창으로 외환시장의 환율은 더욱 요동치게 되었다. 변동환율제 실시로 환율이 어느 정도 예측 가능할 것이라고 믿었던 순진한 외환 트레이더는 이제 일확천금의 꿈에 눈멀어 거액의 외환투기를 서슴지 않았다. 물론 돈을 번 사람도 없지 않았으나 잃은 사람이 훨씬 많았다.

　변동환율제 시행 후 얼마 지나지도 않은 1974년 여름 서유럽의 많은 은행이 막대한 환차손을 입었다는 사실이 속속 드러났다. 그 규모는 총 10억 달러에 달했다. 브뤼셀 은행은 6000만 달러, 프랭클린 내셔널 은행은 4200만 달러, 허슈타트 은행은 4억 달러의 환차손을 입었다. 특히 서독 최대의 민간은행인 허슈타트 은행과 서도이치 지로 센트랄 은행, 프랭클린 내셔널 은행은 환차손에 따른 충격을 감당하지 못하고 파산하고 말았다.

이처럼 외환투기가 횡행하는 가운데 금융자본은 자연스레 초국적 자본으로 탈바꿈했다. 이는 유로달러시장이라는 배후시장이 있어서 가능했다. 역외시장external market인 유로달러시장의 등장으로 미연방은행의 영향력에서 벗어난 금융거래가 활성화되면서 투기세력이 국제적인 달러의 흐름을 좌우할 수 있는 여건이 마련되었다.

여기서 주목해야 할 사건은 파생상품의 등장이다. 고수익을 목표로 탄생한 파생상품은 환율 변동이 심하면 심할수록 더 많은 이익을 낳는 황금알로 인식되었다. 이를 계기로 국제 금융시장의 자본 흐름이 크게 바뀌었다. 무역 대금을 결제하기 위해 형성된 국제 금융시장에서 투기 목적의 금융거래가 폭발적으로 늘어난 것이다. 예컨대 19세기 금본위제 아래서 파운드화가 세계 금융을 지배하던 시절 외환거래 대부분은 무역결제 대금으로 사용되었다. 2차대전 직후까지도 이런 흐름은 계속되어 국제 금융시장에서 외환거래의 절반 정도가 무역결제로 사용되었다.

그러나 1970년대 중반을 지나면서 국제 금융시장에서 투기적 금융거래는 무서운 속도로 팽창했다. 그 결과 1980년대를 거치면서 무역결제를 위한 금융거래는 5퍼센트 미만으로 떨어진 반면 투기 목적의 금융거래가 95퍼센트 이상을 차지할 정도로 빠

전 세계 실물경제 대비 금융자산 규모 추이 (단위: 조 달러)

	1990	1995	2000	2001	2002	2003	2004	2005	2006	2007	2008
세계 금융자산	48	70	112	114	113	126	139	155	174	194	178
주식	10	14	37	33	26	33	38	45	54	62	34
사모채권	10	13	24	27	28	31	34	37	42	48	51
국채	9	18	17	18	20	22	24	27	28	29	32
은행예금	19	25	34	36	38	40	43	46	51	56	61
세계 GDP	21.2	28.4	37	38.5	39.9	42.3	45.5	48.6	52.3	56.8	60.7
금융자산/ GDP(퍼센트)	227	246	303	296	28.3	298	305	319	333	342	293

출처: 현대경제연구원, 經濟週刊(통권 400호), 2010년 5월 20일자.

르게 팽창했다.

1990년대 들어 투기자본은 더욱 맹렬히 팽창했다. 1990년 48조 달러였던 세계의 금융자산은 10년 후인 2000년에는 112조 달러로 늘어났다. 이어 2007년에 이르면 198조 달러로 네 배 넘게 팽창했다. 이 수치만으로도 국제 금융시장에서 투기자본이 얼마나 빠른 속도로 무섭게 팽창을 거듭했는지 알 수 있다.

포스트 포드주의 대두

1970년대에 접어들자 포드주의 축적체제는 한계에 봉착했다. 오일쇼크의 충격 속에서 포드주의가 위력을 상실해가자 이를 대체하기 위한 다양한 실험이 시도됐다. 사람들은 이러한 실험들을 일러 포스트 포드주의Post Fordism라 불렀다.

포스트 포드주의는 포드주의가 생산과정에서 노동자의 참여와 창조성을 끌어내는 데 실패했다고 진단한다. 즉 노동자들에게 단조로운 노동을 강요하면서 노동의 위계적 차별을 조장, 노동의 비인간화를 초래했다는 것이다. 이 같은 문제점을 극복하기 위해 몇몇 기업은 새로운 생산방식을 도입했다. 미숙련 노동자를 투입해 표준화된 제품을 생산했던 경직된 대량생산 방식에서 벗어나 분업을 최소화했다. 또한 권위적이고 수직적인 의사결정 구조를 수평적으로 전환하는 동시에 노동자들에게 더 많은 자율권을 부여했다.

포스트 포드주의라는 새로운 생산방식은 생산의 효율성을 높이는 동시에 인간적인 작업 환경을 마련하는 데 특징이 있었다. 이를 유형화하면 생산과정의 자동화, 집단적인 생산방식, 그리고 유연한 생산방식으로 구분할 수 있다.

먼저 생산과정의 자동화는 조립 생산과 수치 제어, 그리고 연속 생산 등 자동화된 생산방식의 도입을 말한다. 생산과정의 자동화는 생산 시스템의 자동화를 뜻하며 이는 단순한 기계화와는 질적으로 다른 방식이었다. 그 결과 필요 노동력은 최소화됐고 심지어 노동자가 없는 생산라인이 등장하기도 했다.

다음으로는 스웨덴의 볼보 자동차가 시행한 협업작업팀에 의한 집단생산 시스템의 도입이다. 이런 시도는 노동자들의 참여와 창의성을 끌어내는 것이 목적이었다. 집단생산의 한 가지 사례로는 5∼20명의 노동자들이 생산 관련 사항을 연구하는 품질관리조QC, quality control의 운영을 들 수 있다. QC는 노동자 스스로 연구를 통해 업무의 전문성을 키우는 데 목적이 있었다.

협업작업팀을 도입한 기업들은 대부분 컨베이어벨트를 유지했다. 그러나 일부 기업은 컨베이어벨트를 없애고 집단생산 방식을 도입하기도 했다. 볼보 자동차의 칼마르 공장과 우데발라 공장이 여기에 해당한다. 칼마르 공장의 경우 컨베이어벨트 대신 운반 장치를 이용해 자동차를 실어 나르면 협업작업팀 노동자들이 전기장치나 변속기 같은 부품을 부착하여 완제품을 생산해냈다.

협업작업팀에 의한 생산방식은 '노동자의 경영참가'와 '노동의 인간화' 프로그램을 통해 기업의 경쟁력을 높이는 데 목적이 있었다. 경영자가 도입한 노동의 인간화 프로그램의 다른 예로는 직무의 충실을 들 수 있다. 이는 작업의 확대, 순환, 집합 노동 등 다양한 과정을 포괄적으로 지칭하는 개념으로 단순화, 파편화된 작업으로 인한 노동자의 소외감과 지루함을 최소화하기 위해 도입한 직무 재편성 방법이었다.

마지막으로는 포스트 포드주의의 대표적인 사례로 꼽히는 일본의 도요타 자동차가 채택한 린 생산lean production이라는 유연한 생산방식이다. 도요타 자동차는 새로운 작업공정과 노동자 관리 기법의 도입으로 세계시장에서 강력한 경쟁력을 확보했다. 도요타의 린 공장에서는 설계 기술자, 컴퓨터 프로그래머, 공장 노동자들이 생각을 공유하고 현장 업무에 대해 함께 결정을 내리면서 긴밀하게 상호작용했다. 도요티즘으로 명명된 이 같은 생산방식은 적기생산Just in time, 하청계열화, 다품종 소량생산 등이 특징이다. 팀 단위로 운영되는 도요타 자동차의 생산방식은 노동자의 참여를 확대하여 포드주의의 근본 문제인 '구상과 실행의 문제점'을 극복했다. 예를 들어 불량률 제로zero defect 운동을 전개하면서 조립라인에서 문제가 발생할 경우 노동자들 스스로 기계를 멈추고 조사할 수 있는 권한을 부여했다.

포스트 포드주의의 특징을 요약하면 노동의 유연성 증대와 노동자의 시간적-공간적 분리 가능성 제기, 생산의 탈사회화와 노동자의 개인주의화, 중심과 주변의 노동시장 분리, 공공서비스의 상품화 추구 등이다. 이를 통해 신기술 발달에 따른 노동자들의 소외감, 무기력 방지, 열악한 작업환경 개선, 기술 숙련, 자율권 보장을 통해 생산 효율성을 높이려 했던 것이다.

포드주의의 한계를 극복하기 위해 도입된 포스트 포드주의 생산방식은 1980년대 유연성이라는 새로운 생산 패러다임으로 인식되면서 전 세계로 확산되었다. 이러한 흐름 속에서 생산과 노동, 노사관계 등을 더욱 유연하게 재편성하여 경영합리화를 꾀하는 전략이 다방면에 걸쳐 진행되었다. 그 결과 포스트 포드주의는 포드주의의 특징인 '규모의 경제'를 '범위의 경제'로 대체시켰다. 규모의 경제가 대량생산의 이점을 강조한 것이라면, 범위의 경제는 다품종 소량생산을 통해 고객들에게 다양한 상품과 서비스를 제공함으로써 수익 극대화를 실현하는 데 초점을 맞추었다.

케인스주의의 파산

오일쇼크는 자본주의 세계경제의 흐름을 바꾼 중대한 전환점이었다. 이를 분기점으로 세계경제는 황금기를 마감하고 장기불황기로 진입하였다. 1970년대 중반 전면화된 세계경제의 장기불황은 이전에는 볼 수 없었던 양상을 띠었다. 바로 경기침체와 인플레이션이 동시에 발생하는 스태그플레이션이라는 미증유의 사태였다. 스태그플레이션은, 불황기에는 실업이 증가하는 반면 물가는 떨어지고, 호황기에는 실업이 줄어드는 대신 물가가 상승하는 이제까지의 경기순환 법칙을 무색하게 만들었다. 이런 상황에서 1970년대 중반 선진국들의 경제성장률은 일본을 제외하면 2~4퍼센트대에 머물렀다. 공업생산은 1974년 7월에서 1975년 4월 사이 10퍼센트나 감소했으며 세계의 무역량도 13퍼센트나 줄어들었다.

이렇게 되자 미국을 비롯한 주요 국가들은 강력한 물가 억제 정책을 동원할 수밖에 없었다. 덕분에 1976년 경제협력개발기구OECD 가맹국의 평균 물가상승률은 한자리 수로 떨어졌다. 그러나 8~9퍼센트에 이르는 물가상승률은 1960년대 평균치에 비하면 세 배 가까이 높은 것이었다. 실업이 급증해 1997년 말 OECD 가입국의 경우 1600만 명이던 실업자는 2차 오일쇼크가 진행 중이던 1980년 초에 2000만 명을 넘어섰다.

또한 장기불황의 영향으로 1960년대 말부터 하락하기 시작한 이윤율은 끊임없이 하강곡선을 그렸다. 그 원인을 살펴보자.

첫째, 임금이 노동생산성 증가율보다 빠르게 상승하면서 자본이 챙길 수 있는 몫이 줄었기 때문이다. 이는 황금기에 지속된 고도성장으로 인해 노동력 수요가 늘어나고 실업자가 줄어들면서 노동조합의 교섭력이 강화된 결과이기도 했다.

둘째, 포드주의 축적체제의 효율성 상실도 이윤율을 떨어뜨린 중요한 요인이었다. 찰리 채플린의 〈모던 타임스〉에 나오는 컨베이어벨트 시스템은 시행 초기 생산성 향상에 크게 기여했다. 그러나 노동자들의 교육 수준이 높아지고 노동의 존엄성에 대한 요구가 강해지면서 점차 효율성이 떨어져 이윤율 하락을 부채질했다.

셋째, 기업들의 과잉투자도 이윤율 하락에 한몫했다. 노동력 수요가 증대했고 이는 임금 상승과 과잉 설비투자로 이어져 이윤율을 떨어뜨렸다.

이리하여 황금기를 이끌었던 '고생산성 → 고임금·고이윤 → 고구매력'이라는 선순환 구조는 파괴되었다. 포드주의 축적체제에 의한 대량생산과 대량소비라는 선순환 구조가 파괴되자 수익성 위기에 직면한 자본가들은 경기변동과 노동시장의 상황 변화에 따라 임금을 낮추고 고용을 축소하는 노동의 유연화를 시도했다. 자본가들이 케인스주의에 입각한 노사 간 타협체제를 해체하려 하자 노동자들의 격렬한 저항이 잇따랐다.

뿐만 아니라 복지국가 시스템도 훼손되었다. 전후 유효수요의 창출과 사회통합을 목적으로 보건, 의료, 교육, 연금 관련 지출을 늘렸던 선진국들은 1970년대 들어 복지예산을 축소하기 시

제조업 이윤율, 1968~1975 (단위: %)

	선진국	미국	유럽	일본
1968	26.8	28.8	17.4	52.8
1973	21.9	22.0	15.4	38.8
1975	13.1	16.2	8.8	15.2

출처: 필립 암스트롱 외, 《1945년 이후의 자본주의》, 336쪽.

작했다. 대신 조세 저항을 의식해 세금 인상을 자제했고, 세수가 줄어들자 부족한 재원을 마련하기 위해 국공채를 발행했다. 그 결과 세수 감소와 채무 증가로 재정적자가 눈덩이처럼 불어났다. 이렇게 되자 국공채의 이자를 갚기 위해 돈을 찍어내야 하는 재정적자의 악순환이 발생했다.

재정 상황이 악화되는 가운데 각국 정부는 케인스주의에 기초한 경기부양 정책을 시행했다. 그러나 수익성이 회복되지 않은 상태에서 섣부른 유효수요 확대 정책은 인플레이션만 가중시켰을 뿐 아무런 도움도 되지 않았다. 한마디로 케인스주의에는 스태그플레이션이라는 새로운 이름의 질병을 치유할 수 있는 진단 및 처방이 없었던 것이다. 사실은 부작용만 키웠다. 케인스주의에 기초한 경기부양 정책은 인플레이션만 촉진했다. 이 이론에 따르면 과잉생산에 따른 위기는 소비를 촉진함으로써 해결할 수 있었다. 때문에 정부는 돈을 풀어 사람들이 물건을 많이 살 수 있도록 하면 되었다. 이런 처방은 대공황을 치유하는 데는 효력을 발휘했지만 스태그플레이션 앞에서는 역효과만 냈다. 이유는 간단했다. 물가가 뛰는 상황에서 유효수요 창출을 이유로 시중에 돈이 풀리자 화폐가치는 떨어졌고 물가는 더욱 치솟았다. 다시 말해 케인스주의에 따른 통화정책은 인플레이션만 자극했을 뿐 스태그플레이션을 억제하는 효과를 발휘하진 못한 것이다.

여기에 더해 1970년대 중반의 경제 환경도 케인스주의의 파산을 부채질했다. 기업들이 임금이 낮은 나라를 찾아 해외 진출을 본격화하면서 생산은 빠르게 국제화되었으나 케인스주의에 기초한 경제정책은 여전히 자국의 경제에만 초점을 맞추고 있었다. 일국 차원의 경제정책으로는 국제화되는 경제 상황을 적절히 관리하기 어려웠다.

금융자본 또한 케인스주의에 따른 정부 개입을 달가워하지 않았다. 요컨대 케인스주의는 한 나라 안에서는 어느 정도 효력을 발휘했지만 국제 차원의 경제문제나 국제화로 인해 야기된 국내 문제에는 적절한 대응책을 내놓을 수 없었다.

이로써 케인스주의는 파산하고 말았다. 자본은 새로운 반격을 시작했고 하이에크로 대표되는 신자유주의라는 경제 사조가 선봉에 섰다. 시카고 대학을 거점으로 형성된 신자유주의의 일파인 통화주의자들은 케인스주의에 입각한 정부의 방만한 재정 운용과 통화정책이 경제 상황을 악화시킨다면서 공격의 날을 벼리고 있었다.

어떤 생환

1888년 어느 날의 일이다. 노르웨이의 과학자 알프레드 노벨 Alfred Nobel은 파리에서 발행된 신문을 읽다가 소스라치게 놀라고 말았다. 그날 신문에 실린 '죽음의 상인, 사망'이라는 기사에는 이런 내용이 쓰여 있었다. "그 어느 때보다 빨리 사람 죽이는 방법을 개발한 알프레드 노벨이 죽었다"라고. 기사의 실제 주인공은 알프레드 노벨이 아니라 형인 루드비히 노벨이었다. 사실이야 어떻든 노벨은 이날 신문기사를 통해서 자신에 대한 사후 평가가 어떠하리라는 것을 짐작할 수 있었다. '다이너마이트를 만

들어 많은 사람을 죽음으로 몰아넣은 장본인'이라는 것이 노벨에 대한 세간의 평가였다.

노벨은 1866년, 규조토硅藻土에 나이트로글리세린을 흡수시켜 가소성 폭약을 만들었다. 흔들려도 터지지 않는 이 획기적인 폭약이 바로 다이너마이트였다. 해가 바뀐 1867년 미국과 영국에서 다이너마이트 특허권을 획득하면서 노벨의 사업은 번창의 가도를 달리기 시작했다. 이런 가운데 수에즈 운하 건설과 알프스 산맥 터널공사 등으로 형성된 건설 붐을 타고 다이너마이트는 불티나게 팔려나갔다. 여기에 더해 1870년 보불전쟁이 발발하자 프랑스 정부는 노벨에게 6만 프랑을 지원하겠다며 다이너마이트 공장 설립을 제안했다.

이처럼 건설 붐과 전쟁이라는 시대 상황을 배경으로 다이너마이트는 강력한 폭발력만큼이나 폭발적으로 수요를 늘려갔다. 덕분에 노벨은 21개국에 아흔다섯 개의 다이너마이트 공장을 설립할 수 있었다. 그런데 문제는 다이너마이트가 전장에서 대규모 인명 살상용 무기로 사용되면서 노벨에 대한 세간의 평가가 좋지 않았다는 사실이다. 이 때문에 노벨에겐 무기를 팔아 돈을 번다는 의미의 '죽음의 상인'이라는 달갑지 않은 호칭이 따라다녔다.

그렇게 시간은 흘러 1895년 11월 27일이 되었다. 이날 협심증을 앓고 있던 예순두 살의 노벨은 일곱 번이나 고친 유언장에 서명했다. 노벨은 유언장에서 "인류복지에 가장 구체적으로 공헌한 사람들에게 나누어 주도록 한다"라는 뜻과 함께 약 3200만 크로나의 유산을 스웨덴 왕립과학아카데미에 기부했다.

알프레드 노벨(왼쪽)과 노벨 기념 우표(오른쪽).

　스웨덴 왕립과학아카데미는 기부금으로 노벨재단을 설립하고 노벨상을 제정했다. 그다음 1901년부터 물리학, 화학, 생리·의학, 문학, 평화 등 5개 분야에 걸쳐 노벨상이 수여되기 시작한다. 노벨상은 해가 갈수록 권위를 더해갔다. 노벨상의 영예는 수상자뿐 아니라 그의 조국의 것이기도 했다.

　노벨상이 권위를 더해가는 가운데 세월은 흘러 1968년이 되었다. 그해 스웨덴 국립은행은 창립 300주년을 기념하는 사업의 일환으로 또 한 분야의 노벨상을 제정한다. 노벨경제학상[2]이 탄생한 것이다. 노벨기금과 별도로 제정된 노벨경제학상은 탄생부터 논란을 불러일으켰다. '노벨의 유언에 명시되지 않았음에도 불구하고 노벨의 이름을 사용하는 것이 타당한가'와 '물리학, 화학, 의학 등과 달리 경제학에 대한 객관적인 평가가 가능한가'라

---

2 노벨경제학상의 정식 명칭은 알프레드 노벨 기념 스웨덴 은행 경제학상(스웨덴어: Sveriges Riksbanks pris i ekonomisk vetenskap till Alfred Nobels minne, 영어: Nobel Memorial Prize in Economic Sciences)이다.

는 의구심 때문이었다. 이런 논란 속에서 1969년 스웨덴 왕립과학아카데미는 노르웨이의 경제학자 랑나르 프리슈와 네덜란드 경제학자 얀 틴베르헨을 첫 번째 노벨경제학상 수상자로 결정했다.

다시 5년이 흘러 1974년이 되었다. 그해 스웨덴 왕립과학아카데미는 세간의 예상을 깨고 뜻밖의 선택을 했다. 노벨경제학상 수상자로 칼 군나르 뮈르달^{Karl Gunnar Myrdal}과 프리드리히 하이에크^{Friedich Hayek}[3]를 선정한 것이다. 누가 보더라도 그해 노벨경제학상은 스웨덴 사회민주주의의 상징적인 인물이자 저명한 케인스주의자였던 뮈르달을 염두에 두었을 것이다. 그러나 자국이기주의라는 인상을 지우기 위해 보수적인 인물을 공동수상자로 결정한 것이다. 진실이야 어떻든 왕립과학아카데미의 선택은 의도하지 않은 결과를 낳았다. 오래전 경제학계에서 사망선고를 받았던 하이에크가 수상을 계기로 화려하게 부활한 것이다.

한마디로 하이에크의 생환은 케인스주의의 몰락을 의미했다. 현대 경제학을 양분한 케인스와 하이에크는 16년이나 나이 차가 나고 생각도 아주 달랐지만 우호적인 관계를 유지했다. 오스트리아 빈 출신인 하이에크가 1931년 런던정경대학 경제학 교수에 임용된 뒤 두 사람은 급속도로 가까워졌다. 두 사람 모두 공산주의를 반대하고 자본주의를 옹호한다는 점에서 동지였다.

---

3. 오스트리아 출신으로 빈 대학에서 법학·심리학·경제학을 공부하고 1923년 박사학위를 받았다. 1923~1924에 뉴욕 대학교에서 수학한 뒤 오스트리아 경제과학연구소장으로 일했다. 1931년에는 런던으로 이주하여 런던정치경제대학 교수가 되었으며, 1950년부터는 시카고 대학 사회윤리학 교수로 재직하면서 신자유주의의 상징적인 인물로 주목받았다. 저서로는 《물가와 생산》(1931년), 《순수자본론》(1944년), 《노예의 길》(1944년), 《자유헌정론》(1960년), 《법, 입법, 그리고 자유》(1978년), 《실업과 통화정책: 경기순환 주체로서의 정부》(1979년) 등이 있다.

아울러 '자본주의 시장'이야말로 인류가 선택할 수 있는 최선의 경제적 터전이라는 믿음도 공유했다.

신자유주의 경제학의 선구자 프리드리히 하이에크.

그러나 시장을 어떻게 이해하고 운영할 것인가를 두고는 생각이 극명하게 갈렸다. 케인스의 관심은 "자본가로부터 자본주의를 지키는 것", 다시 말해 자본가의 전횡으로부터 시장의 질서를 지키는 것이었다. 반면 하이에크는 정부 개입으로부터 시장의 자유를 지키는 것이 관심사였다. 이 같은 인식에 기초하여 시장의 자유를 위해 적극적이고 전투적인 주장을 펼쳤다. 시장만이 개인의 자유를 보장한다고 믿었기에 시장을 위협하는 이념은 무엇이든 인간의 자유를 질식시키는 것이라고 단정했다. 하이에크가 생각하는 국가의 역할이란 시장 개입이 아닌 사유재산과 경쟁원리를 보호하는 것이었다. 그래서 '시장의 자생적 질서'를 위협하거나 부정하는 모든 이념은 인류를 '노예의 길'로 이끄는 악이라고 단정했다. 하이에크는 이런 믿음에서 사회주의·집단주의를 반대했을 뿐만 아니라 시장의 질서를 왜곡하는 복지국가도 위험한 것으로 간주했다.

그렇다면 하이에크가 꿈꾼 이상적인 시장은 무엇이었을까? 하이에크는 어떤 간섭도 받지 않는 '순수한 시장'이야말로 이상적인 시장이라고 생각했다. 그런데 문제는 그가 생각하는 순수한 시장에는 거대 기업, 사업자 단체, 노동조합, 정부 같은 실재하는 중요한 요소들이 배제되고 없었다. 하이에크가 보기에 이런 조직은 시장을 오염시키는 불순물이었다. 한마디로 말해 그가 꿈꾼, 개인들의 자유를 보장하고 경제적 효율을 극대화하는 이상적인 시장은 실제로는 어디에도 없었다.

하이에크와 달리 케인스는 시장지상주의를 분명하게 거부했으며 개인이 실제로 자유를 누릴 수 있도록 국가가 적극 개입할 것을 요구했다. 그는 현실의 시장에서 경제주체들은 대등하지 않고, 대등하지도 않은 경제주체들 사이의 자유경쟁이란 약육강식의 정글과 다를 바 없다고 보았다. 케인스는 이렇게 말한다. "이리 떼의 자유가 양 떼에게는 죽음을 뜻하는 경우가 흔하다"라고.

이렇게 극명하게 엇갈린 케인스와 하이에크의 대결은 싱겁게 끝나는 듯했다. 자본주의 역사상 최악의 위기였던 대공황을 극복하는 처방전으로 케인스의 이론이 받아들여졌기 때문이다. 케인스가 제시한 처방전은 수정자본주의와 혼합경제, 그리고 복지국가를 구축하는 원리로 받아들여졌다. 덕분에 케인스의 이론은 케인스주의로 격상되어 1970년대 초반까지 자본주의 경제학의 정설이자 정통으로 자리 잡았다.

반면 케인스와의 논쟁에서 패배한 하이에크는 시대착오적인 자유시장주의자로 낙인찍혀 세상에서 잊혀져갔다. 그럼에도 하이에크는 혼합경제를 비판하고 자유시장 경제를 옹호하는 연구를 중단하지 않았다. 혼합경제에 대한 사람들의 지지가 높아질수록 자유시장 경제를 향한 그의 사명감은 더욱 커져만 갔다.

그런 사명감 덕분이었을까. 신은 그를 외면하지 않았다. 1970년대 초반 케인스주의가 파산하면서 반격의 기회가 찾아온 것이다. 그런데 기회를 활용하기에 앞서 하이에크가 풀어야만 하는 과제가 남아 있었다. 그것은 자신을 괴롭혀온 오랜 물음에 대한 납득할 수 있는 답을 찾는 일이었다. 경제적 자유주의, 자유시장, 자유방임 자본주의가 다른 사상이나 체제들에 비해 우월함에도 불구하고 사람들의 지지를 받지 못하는 이유는 무엇인가. 하이에크는 이 물음에 대한 답을 찾는 데 남은 인생을 걸었고 그 결과《자유헌정론》과《법, 입법 그리고 자유》를 세상에 내놓았다.

이런 각고의 노력을 기울이고 있던 하이에크에게 1974년 노벨경제학상의 수상은 예기치 않은 축복이었다. 그러자 각국의 경제학자들과 정책 결정자들은 죽었다 살아난 이 고집불통의 70대 경제학자의 주장에 귀를 기울이기 시작했다. 이로써 경제학의 헤게모니는 하이에크와 그를 추종하는 학자들에게 넘어갔고 경제적 자유주의를 부르짖는 신자유주의가 역사의 전면에 등장했다.

신자유주의라는 시대정신

바야흐로 신자유주의는 거부할 수 없는 시대정신이 되었다. 신자유주의는 19세기 대영제국을 비롯한 제국주의 국가들이 경쟁과 자유무역의 탈을 쓰고 자행한 식민지 침략을 합리화하는 데 사용했던 고전적 자유주의의 변형이자 케인스주의에 기초한 수정자본주의의 뒤를 잇는 경제 사조였다.

1970년대 중반 경제위기를 배경으로 등장한 신자유주의는 여러 갈래 유파를 형성하였다. 레이거노믹스Reaganomics, 대처리즘Thatcherism, 통화주의monetarism, 신고전학파 경제학, 공급중시 경제학, 공공선택이론 등 신자유주의에는 다양한 유파가 있다. 이 때문에 단 몇 마디 말이나 문장으로 정의하기 어렵지만 신자유주의는 우선 '시장의 자유로운 경쟁이 최선의 결과를 낳는다'는 전제를 기초로 한다. 그리하여 사회의 자원 배분을 시장의 경쟁원리를 통해 실현하려는 것이다. 다시 말해 케인스주의가 시장경제의 병폐와 문제점을 국가의 개입으로 해소하려 했다면 신자유주의는 사회의 모든 관계를 시장경제에 종속시켜 자본의 자유를 극대화하는 방향으로 나아갔다. 구체적으로, 공기업 민영화, 노동의 유연화, 금융 자유화와 각종 규제의 철폐, 통화주의에 입각한 인플레이션 억제 정책, 조세 인하를 통한 기업의 경쟁력 제고, 복지 부문에 대한 공공예산의 삭감 등이다.

시장의 자유를 최고의 선으로 생각하는 신자유주의가 1970년대 중반 세상을 향해 터뜨린 첫 일성은 케인스주의에 대한 비판이었다. 밀턴 프리드먼[4]을 위시한 통화주의자들은 케인스주의에 기초한 수요 확대 정책이 인플레이션을 누적시키고 재정적자를

---

4. 뉴욕에서 출생하여 러트거스 뉴저지 주립대학과 시카고 대학 그리고 컬럼비아 대학에서 공부했다. 1948년에서 1976까지 오랜 기간 시카고 대학 교수를 지낸 다음 스탠퍼드 대학 후버연구소의 연구원으로 활동했다. 신화폐수량설新貨幣數量說에 기초한 통화정책의 중요성을 주장하면서 케인스학파의 재정 중시 정책을 비판하였다. 자유방임주의와 시장제도에 기초한 자유로운 경제활동을 주장한 그는 1976년 노벨경제학상을 수상했다. 저서로는 《소비의 경제이론: 소비함수》(1957년), 《자본주의와 자유》(1962년), 《미국과 영국의 통화 추세》(1981년) 등이 있다.

야기했다고 비판했다. 또한 이들은 정부의 개입을 제한하기 위해 작은 정부를 주장하면서 유효수요 정책을 폐기하고 공급중시 정책으로 전환할 것을 촉구했다.

이들은 당시 발생한 스태그플레이션의 근본 원인이 단순한 총수요 확대 정책이나 임금인상과 가격상승이 아니라 전후 20년 넘게 지속된 케인스주의에 따른 재정정책에 있다고 분석했다. 다시 말해 케인스주의에 기초한 유효수요 확대 정책이 인플레이션을 야기한 주범이며, 여기에 가계와 기업, 노동조합이 물가상승을 부추기는 행동을 함으로써 스태그플레이션이 발생했다는 것이다.

아울러 재정적자가 심화된 원인은 복지국가 체제에서 찾았다. 즉 과도한 사회보장제도의 시행에 따른 예산 지출이 재정적자를 낳았다는 것이다. 그런데 이율배반적이게도 이들은 케인스주의에 기초한 군비 확장 정책에 대해서는 침묵으로 일관했다. 신자유주의가 정치군사적으로 신보수주의와 결탁하여 강한 국가를 슬로건으로 내세웠기 때문에 수정자본주의 체제에서 추진된 군비 확장 정책은 비켜간 것이다. 이로써 신자유주의가 국가의 개입이 없는 시장경제를 추구하는 동시에 정치군사적으로는 강한 국가를 내세우는 신보수주의(반공 이데올로기와 패권주의)와 결탁한 침략 이데올로기라는 사실이 명백해졌다.

신보수주의와 결탁한 신자유주의가 맨 먼저 주목한 분야는 금융시장과 노동시장에 대한 규제 철폐였다. 신자유주의자들은 이자율 상한제 폐지와 자본의 국제적인 이동을 자유롭게 보장하는 자유화 정책, 노동시장 유연화 정책의 시행에 적극적이었다. 국제적인 자본 이동을 주목한 이유는 기업의 수익성 때문이었다. 그러나 더 중요했던 이유는 다른 데 있었다. 이를 통해 금융자본의 투기적 수익을 창출하기 위해서였다.

1970년대까지만 하더라도 각국 정부는 자국 통화에 대한 통제권과 과세를 비롯한 공공 지출에 대한 통제권, 국내외 노동력 이동에 대한 통제권을 장악하고 있었다. 이런 상황에서 국제적인 자본이동은 많은 제약이 따랐고, 금융 자유화 정책은 이 같은 제약을 폐지하기 위한 조치였다. 그럴 경우 재정적자가 발생할 가능성이 높아진다는 문제가 있었다. 대규모 재정적자에 직면한 정부는 이자 부담과 원금 상환을 위해 추가로 돈을 찍어내야 했다. 시중에 돈이 많이 풀리면 인플레이션이 악화될 게 뻔했다. 더 큰 문제는 자본 자유화로 국내에 유입된 외국 자본이 일시에 빠져나갈 경우 외환위기라는 최악의 상황에 내몰린다는 점이었다. 이럴 경우 IMF를 비롯한 국제금융기구가 요구하는 혹독한 징벌을 감내해야 했다.

이처럼 신자유주의 공세가 파상적으로 전개되는 가운데 1979년 영국에서 대처 정부가 들어서고, 1981년 미국에서 레이건 정부가 출범하면서 신자유주의는 이론의 영역을 박차고 나와 정치권력으로 현실화되었다. 양국 정부는 케인스주의와 수정자본주의에 파산을 선고하는 한편 신자유주의에 입각한 자유시장경제의 길로 나아갔다. 노동운동을 강력히 탄압했으며 노동시장 유연화 정책을 전면 도입했다. 여기에 더해 공기업 민영화와 함께 사회보장제도를 축소하는 정책을 밀고 나갔다.

대처 정부와 레이건 정부가 선도한 신자유주의 물결은 1980년대를 지나면서 전 세계로 퍼져나갔다. 이런 시대 흐름 속에서 시장의 자유로운 작동에 찬사를 보내는 통화주의와 신고전학파 등 신자유주의 이론이 경제학의 주류로 부상하면서 적극 개입을 주창하는 정부는 손발이 묶이고 말았다.

또다시 일어난 오일쇼크

1차 오일쇼크 이후 국제 유가는 11~15달러 선을 유지했으나 1978년 말 또 한 차례 요동치기 시작했다. 그해 12월 OPEC이 유가인상안을 발표하면서 2차 오일쇼크가 시작된 것이다. OPEC은 배럴당 12.70달러이던 원유 가격을 14.5퍼센트까지 단계적으로 올리겠다고 발표했다. 두 달 후 OPEC의 유가인상안에 기름을 붓는 사건이 발생했다. 1979년 2월 세계 원유 공급량의 15퍼센트를 담당하던 이란에서 이슬람혁명이 일어난 것이다. 아야툴라 호메이니[5]가 이끄는 혁명세력이 팔레비 왕조를 무너뜨리고 이슬람 정권을 수립하자 국제 유가는 또다시 요동치기 시작했다. 혁명의 지도자 호메이니가 반미, 반이스라엘을 외치면서 원유 수출 금지령을 내리자 국제 원유시장에서 배럴당 13달러였던 유가는 순식간에 20달러 선을 돌파했다.

---

5. 이란의 종교가이자 혁명의 최고 지도자이다. 시아파의 세 거두 중 한 사람으로 국왕 팔레비의 백색혁명에 반대하다가 터키로 망명하여 이란혁명을 주도했다. 혁명 이후 귀국한 호메이니는 이란이슬람공화국을 수립하고 최고 지도자를 상징하는 이맘(imām, 敎主) 칭호를 부여받았다.

아야톨라 호메이니. 팔레비 국왕을
축출하고 신정정권을 수립했다.

이렇게 시작된 또 한 차례의 오일
쇼크는 1979년 12월 이란 주재 미
국 대사관 직원들이 인질로 붙잡힌
가운데 사우디아라비아가 산유량을
줄이면서 파장이 더욱 커졌다. 그리
고 해가 바뀐 1980년 9월 이란-이
라크전쟁[6]이 발발하면서 2차 오일쇼
크는 정점에 달했다.

전쟁이 시작되자 국제 유가는 30달
러 벽을 무너뜨렸다. 이로 인해 일
본과 서유럽 국가들이 경쟁적으로 비축유를 사들이기 시작하면서
원유 수요가 급격히 증가했다. 더불어 오일쇼크를 기회로 한몫 잡
으려는 투기자본이 원유시장에 개입하면서 투기용 수요마저 늘어
났다. 그 결과 1981년 10월 두바이유는 배럴당 39달러까지 치솟
았다.

이렇게 2년 동안 지속된 2차 오일쇼크의 충격은 1차 때보다
훨씬 컸다. 무엇보다 가격이 배럴당 25달러나 뛰어올랐다. 이는
원유 가격이 네 배 인상되었던(8.6달러) 1차 오일쇼크 때와 비교
하여 세 배 가까이 높은 것이다.

---

6. 1980년 9월 이라크가 이란을 선제공격하면서 시작되었다. 전쟁의 직접적인 원인은 이란이
양국 사이에 체결된 알제협정(국경협정)을 파기했기 때문이다. 그러나 이면에는 이라크 국민
이 아랍족인 반면 이란 국민은 페르시아족이라는 민족적 차이에 더해 이라크가 수니파를 신봉
하는 데 반해 이란은 시아파를 신봉하는 종교적 갈등이 불씨가 되었다. 또한 이란 내의 아랍족
과 이라크 내의 쿠르드족 같은 소수민족 문제까지 복잡하게 얽혀 있었다. 만 8년 동안 지속된
이란-이라크전쟁은 1988년 8월 22일 유엔의 정전결의안에 양국이 합의하면서 마감되었다.

1·2차 오일쇼크 비교

	1차 오일쇼크	2차 오일쇼크
원인	제4차 중동전쟁	이란혁명
유가인상의 양상	집중적	단계적
시기	1973~74(약 1년)	1978.12~80.10(약 2년)
유가 변동폭	2.48\$ → 11.65\$/bbl(Arab Light油)	12.7\$ → 37\$/bbl(Arab Light油)
유가 상승률	약 4.7배	약 3배

출처: 경제기획원, 《경제백서》, 1983년.

　2차 오일쇼크의 영향으로 세계경제는 깊은 침체의 수렁으로 빠져들었다. 미국과 서유럽 국가들은 중화학공업에서 서비스산업과 첨단산업으로 구조 전환을 완료하지 못한 상황에서 또다시 인플레이션과 경상수지 적자에 시달렸다. 그 결과 OECD 가맹국들의 경상수지는 1978년 116억 달러 흑자에서 1979년 332억 달러 적자로 돌아섰다. 가맹국 평균 GDP에 대한 경상수지 적자의 비중은 1차 때인 1974년에는 0.7퍼센트, 2차 때인 1980년에는 0.9퍼센트를 기록했다. 뿐만 아니라 GDP성장률도 마이너스를 기록했다. 연도마다 차이가 있으나 GDP성장률은 1979~82년 미국과 영국은 -2퍼센트대의 성장을 기록했으며, 서독마저도 마이너스성장을 면치 못했다. 그 결과 세계경제는 또다시 스태그플레이션의 한파 속으로 내몰렸다.

　스태그플레이션이 발생하자 미국을 비롯한 선진국들은 수요를 억제하기 위한 강력한 통화정책을 시행해야만 했다. 미국의 카터 정부는 1979년 폴 볼커Paul Volcker를 통화정책의 지휘자인 연방준비제도이사회 의장으로 임명했다. 소방수로 나선 볼커는 최고 18퍼센트에 이르는 금리인상을 단행하여 수요를 억제했다.

폴 볼커. 서브프라임 사태 이후 금
융기관의 부실을 방지하기 위해 이
른바 '볼커룰'을 제시했다.

금리인상으로 인플레이션이 진정되
자 1981년 13.5퍼센트까지 치솟았
던 미국의 물가지수는 1983년 3.2퍼
센트를 기록해 안정되었다. 그해 미
국의 경제성장률은 전년 대비 6.4퍼
센트 증가한 4.5퍼센트를 기록했다.

일본의 경우 정부 차원에서 긴축재
정 정책을 도입하는 한편, 노사협조
에 의한 임금인상 억제와 정부·민간

의 협조에 의한 인플레이션 억제 정책을 추진했다. 기업들 또한
지속적인 감량경영을 통해 유가 상승의 영향을 제어하기 위해 노
력했다. 그 덕분에 일본 경제는 오일쇼크의 영향을 최소화하여
1980년 주요 선진국들이 마이너스성장을 기록하는 가운데 2.6퍼
센트의 GDP 성장률을 달성할 수 있었다.

반면 한국 경제는 1차 때보다 큰 충격을 받았다. 10·26사건
등의 정치 혼란이 겹쳐 경제 상황은 더욱 나빠졌다. 그 결과
1980년 한국 경제의 실질성장률은 경제개발계획이 시행된 이래
처음으로 -2.7퍼센트를 기록했다. 물가상승률은 무려 28.7퍼센
트에 달했고 실업률도 5퍼센트를 넘어섰다. 해가 바뀐 1981년
경제성장률은 6.2퍼센트로 높아졌지만 이는 기술적인 반등이었
고 물가는 여전히 20퍼센트를 웃돌았다.

이처럼 2차 오일쇼크는 1978년 말부터 1980년까지 2년 넘게
지속되면서 세계경제에 커다란 파장을 일으켰다. 1차 오일쇼크
의 충격에서 미처 빠져나오지 못했던 자본주의 세계경제는 또

1·2차 오일쇼크 당시 한국의 경제성장률과 소비자물가 상승률   (단위: %)

구분	1차 오일쇼크			2차 오일쇼크			
	1973	1974	1975	1979	1980	1981	1982
경제성장률(GDP)	12.8	9.1	6.6	7.1	−2.7	6.2	7.6
소비자물가 상승률	3.5	24.8	24.7	18.5	28.7	21.3	7.1

출처: 한국은행.

한 차례의 오일쇼크로 길고도 지리한 장기불황의 늪에서 뒤척여
야 했다. 선진국들은 첨단산업으로 구조조정을 가속화했고, 미
국은 인플레이션을 잡는다는 명목으로 대폭 금리인상을 단행하
여 중남미 외채위기를 촉발시켰다. 그런 의미에서 2차 오일쇼크
는 세계경제를 장기불황의 구렁텅이로 몰아넣은 악마의 주술이
었는지도 모른다.

유로달러시장과 금융허브

1940년대 말 미국과 소련 간 냉전의 기운이 감돌기 시작할 당시 소련은 이미 상당한 규모의 달러표시 자산을 보유하고 있었다. 두 국가 사이가 냉랭해지기 시작하자 소련은 자국 자산을 미국에 예치해놓는 것이 찜찜해졌다. 일단 유사시 제재를 받거나 동결될 가능성이 얼마든지 있는 것이다.

결국 소련은 자국 보유 자산을 미국이 아닌 제3국에 예치하는 프로젝트를 추진했다. 이때 대안으로 부상한 것이 유럽에 있는 은행에 달러자산을 예치하는 것이었다. 결국 런던에 있는 은행 등에 달러자산을 예치했고 이것이 바로 유럽에 있는 달러라는 의미에서 유로달러시장의 시작이 됐다.

이제 달러로 표시된 자금이 미국의 통제를 벗어나 제3자에게 예치되고 또 다른 제3자들을 대상으로 대출되는 자금시장이 탄생한 것이다. 이를 경제학 용어로는 역외시장external market이라 한다.

소련이 처음에 예치한 돈은 40억 달러 정도로 추정되는데 이 자금이 일종의 종잣돈이 돼 거대한 금융시장이 탄생한 것이다.

—윤창현,《한국경제신문》2007년 4월 2일자.

대처리즘과 레이거노믹스
― 신자유주의의 공습

철의 여인

1979년 1월에서 3월 영국에는 불만의 겨울^{winter of discontent}이 찾아왔다. 집권 노동당의 소득정책(임금인상률을 5퍼센트로 제한)에 항의하는 파업이 영국을 휩쓸었다. 유난히 추웠던 그해 겨울, 난방은 제한되었고 병원마저 폐쇄되면서 노인들은 살아서 봄을 맞을 수 있을지 걱정해야 했다. 런던의 거리에는 쓰레기가 넘쳐났고, 공동묘지 노동자들의 파업으로 장례를 치르지 못한 유족들은 얼음과 드라이아이스로 시신의 부패를 막아야 했다.

그해 겨울 무정부 상태의 혼란이 지속되자 영국의 《선^{The Sun}》은 셰익스피어의 희곡 〈리처드 3세〉의 한 대목을 인용, 당시 상황을 이렇게 개탄했다.

요크의 이 자손에 의해 찬란한 여름이 만들어졌다. 그러나 지금은 우리가 불만을 토로하는 차디찬 겨울이 왔다.

그랬다. 그해 영국의 겨울은 불만으로 가득차고 넘쳤다. '요람에서 무덤까지'라는 슬로건이 상징하듯 1945년 이후 영국은 복지국가가 되었다. 자본주의 황금기였던 1960년대까지만 하더라도 영국 경제는 지속적인 성장세를 보였다. 덕분에 실업률은 낮았고 복지정책에 필요한 재원도 부족함이 없었다.

그러나 1970년대에 접어들자 상황은 달라졌다. 경제가 침체되면서 정부의 적자가 급격히 늘어났다. 영국 정부는 추가로 돈을 찍어내는 한편 빚을 끌어다 적자를 보전했다. 한동안 윗돌 빼서 아랫돌 괴고, 아랫돌 빼서 윗돌 괴는 땜질식 처방이 계속됐다. 이런 미봉책으로는 늘어나는 재정지출을 막을 수 없는 노릇이다. 인플레이션으로 물가가 오르자 노동자들은 임금인상을 요구했다. 이리하여 물가인상-임금 상승-물가인상이라는 악순환이 고착됐다.

이 같은 악순환의 고리가 파열된 계기는 1973년에 발생한 오일쇼크였다. 마침내 영국의 합의정치는 파탄 났고, 경제는 영국병에 걸려 몸져눕고 말았다. 여기에 스태그플레이션이 발생하여 파운드화의 가치마저 추락, 1976년에는 IMF로부터 긴급 구제금융을 받아야 하는 처지가 됐다. 상황이 악화되는 가운데 1979년 벽두부터 최저임금 인상을 요구하는 파업이 시작되면서 영국은 무정부 상태로 빠져들고 말았다.

불만의 겨울이 시작되자 영국인들은 막강해진 관료제와 비대

1974~79년 영국의 노사관계 주요 지표

연도	조직률 (퍼센트)	파업 건수	노동 손실 일수(천 일)	실업률 (퍼센트)	임금인상률 (퍼센트)	물가상승률 (퍼센트)
1974	47.4	2,922	14,750	2.0	17.8	19.9
1975	48.6	2,282	6,012	3.1	26.5	23.4
1976	50.5	2,016	3,284	4.2	16.2	16.6
1977	52.3	2,703	10,142	4.4	9.0	9.9
1978	53.1	2,471	9,405	4.3	13.0	9.3
1979	53.0	2,080	29,474	4.0	15.5	18.4

출처: 임무송, 《영국의 노동정책 변천사》, 166쪽.

해진 정부, 노조의 지나친 권력화를 걱정했다. 이 같은 시대 상황을 배경으로 마거릿 대처Margaret Thatcher가 역사의 전면에 등장했다. 1979년 5월 3일 2차대전 이후 열한 번째로 치러진 총선에서 영국 국민들은 보수당을 선택했고 '철의 여인'[7] 대처는 고비용 저효율의 영국병 치료에 나섰다. 당시 보수당의 싱크탱크에서는 중도적인 정책을 제안했지만, 대처는 이를 거부하고 하이에크의 처방전을 선택했다. 대처는 하이에크의 《자유헌정론》을 핸드백에 넣고 다니며 이렇게 말했다. "우리가 믿는 것은 바로 여기에 있다"라고.

보수당이 총선에서 승리한 다음 대처는 총리로 취임했다. "다툼이 있는 곳에 조화를, 거짓이 있는 곳에 진실을, 의심이 있는 곳에 신념을, 절망이 있는 곳에 희망을……" 대처는 취임연설에

---

7. 마거릿 대처의 별명인 철의 여인Iron Lady은 1976년 켄징턴에서 행한 그녀의 연설에서 비롯됐다. 당시 보수당 전당대회에서 대처는 "소련은 먹고사는 일에 앞서 총을 뽑아 겨누고 있다. 우리는 총을 뽑아 겨누기에 앞서 먹고사는 일을 하고 있다"라고 소련을 비난했다. 그러자 소련의 국방부 기관지 《붉은별Red Star》은 그녀를 가리켜 '철의 여인'이라 힐난했다.

마거릿 대처. 미국의 레이건과 더불어 1980년대 신자유주의의 쌍두마차였다. 노동계급을 철저히 짓밟은 대처의 행적은 오늘날에도 논란거리여서 영국인들이 가장 싫어하는 인물 그리고 가장 좋아하는 인물이라는 양극단의 평가를 받는다.

서 성 프란체스코 기도문을 인용했다. 하지만 그녀가 시행한 정책들은 성 프란체스코 기도문과는 거리가 멀었다. 조화는 대처만의 조화였고, 진리는 대처만의 진리였다.

취임과 함께 대처는 영국병을 치유하기 위해 영국을 시장경제 체제로 전면 개조하겠다고 천명했다. 또한 국가의 역할보다는 개인과 기업의 역할을 중요시하고 사회 전반에 만연한 노동당의 사회주의를 척결하겠다고 목소리를 높였다. 대처의 사전에는 '계급'이라는 단어가 없었다. 그녀는 임금을 주는 자를 쓰러뜨리는 것으로는 임금 생활자를 도울 수 없으며, 부자를 때려눕히는 것으로는 가난한 자를 도울 수 없다고 강조했다. 그러면서 "세상의 주인은 어느 계급이 아니라 노력해서 성공하는 스스로 돕는 자이며, 그들이 주인다울 때 영국은 다시 위대해질 수 있다"고 말했다.

이런 인식 속에서 대처는 보수당의 당면 임무로 노동운동의 무력화를 내걸었다. 보수당 시각에서 노동조합은 시장의 원활한 작동과 경제회복을 가로막는 사회악일 뿐이었다. 그래서 대처는 맨 먼저 노동 관련 법률을 뜯어고치는 일에 나섰다. 우선 노동자들의 피케팅(사업장 앞에서 파업 참여를 권유하는 시위)의 경우 자신들의 사업장 앞에서 최대 여섯 명까지로 제한했다. 또한 일반화된 노조의 조직 형태인 클로즈드숍(기업이 조합원만을 고용할 수 있는 제도로 노동조합에 유리하다)을 법률적으로 파괴했다. 특히 우편, 수도, 철도, 가스 등 공공부문에 대해서는 정부가 일방적으로 클로즈드숍 협정을 파기했다.

또한 노조의 모든 쟁의는 반드시 조합원의 투표를 거치도록 법제화했다. 파업 찬반투표는 비밀보장을 이유로 우편으로만 진행할 수 있었으며, 투표용지에는 "파업에 참여하면 고용계약을 위반할 수 있다"는 경고문을 반드시 넣어야 했다. 이로써 노동쟁의는 한층 어려워졌다. 더욱이 투표를 거친 쟁의가 발생하더라도 개별 조합원은 파업에 참여하지 않을 자유가 있었다. 여기에 더해 대처 정부는 법정 최저임금제를 폐지하고, 조합비의 일괄공제와 정치자금 기부를 조합원이 거부할 수 있도록 관련법을 뜯어고쳤다. 이는 노조에 재정압박을 가하는 한편 노동당의 '돈줄'을 차단하기 위한 노림수였다.

그러나 신자유주의 정책을 거침없이 추진하던 대처에게 위기는 빨리 찾아왔다. 집권 초반인 1980~81년 경제 체질을 바꾼다고 시행한 긴축재정의 후과로 인플레이션이 21퍼센트에 달했다. 그 영향으로 중소기업들이 줄도산하면서 실업자는 대공황

이래 가장 많은 300만 명에 달했다. 이렇게 되자 온 나라가 대처를 비난하는 목소리로 들끓었다. 비난이 들끓자 대처는 이렇게 항변했다. "옛날이 좋으면 돌아가세요. 저는 돌아가지 않습니다"라고. 그러나 항변은 공허했고 그녀의 처지는 위태로웠다.

이런 가운데 1981년 4월 런던 브릭스턴 지역에서 시작된 폭동이 7월 들어 리버풀로 번졌다. 빅토리아 시대 이래 영국에서 볼 수 없었던 대규모 약탈이 일어났다. 그 뒤 소강상태에 들어갔던 폭동은 리버풀 토스테스에서 재개되어 맨체스터, 버밍엄, 블랙번, 브래드퍼드, 리즈, 더비, 레스터, 울버햄프턴으로 확산됐다. 두 번째 폭동은 브릭스턴에서 시작된 것보다 훨씬 심각했다.

소요 사태에 철의 여인도 흔들렸다. 바로 그때, 누군가 구원의 손을 내밀었다. 우군이 아닌 적군이 내민 손길이었다. 1982년 4월 2일 아르헨티나가 대서양 남단의 영국령 포클랜드(아르헨티나는 말비나스 섬이라 부른다)를 점령하면서 대처는 반전의 기회를 잡았다. 포클랜드전쟁이 발발하자 대처는 정치생명을 걸어야 할 때가 왔다고 판단했다.

포클랜드 주민들은 영국의 국민입니다. 그들은 영국인으로서 영국 왕실에 충성을 서약할 권리가 있습니다. 그들의 권리를 지키는 것이 영국인의 뜻이며 영국의 의무이며 우리의 희망입니다.

전쟁의 위기 속에서 대처는 단호한 용기와 결단력으로 국민들의 마음을 사로잡았다. 그리고 전쟁 발발 두 달 뒤인 6월 14일 아르헨티나가 항복을 선언하면서 대처의 지위는 확고해졌다. 여기에 더해 긴축예산 정책의 효과가 서서히 나타나기 시작했다. 1982년 인플레이션은 10퍼센트 이하로 떨어졌고 생산성은 상승세를 탔다. 이렇게 되자 바닥으로 추락했던 대처의 지지도는 급상승했다. 덕분에 대처는 1983년 총선과 1987년 총선에서 연거푸 승리하여 사상 초유의 3선 가도를 달릴 수 있었다. 이로써 대처는 제왕의 반열에 올랐고, 영국 역사상 가장 막강한 권력을 휘두른 총리로 기록됐다.

대처리즘

1979년 5월 3일부터 1990년 11월 22일까지 약 11년 6개월 동안 총리로 재임하면서 대처는 신자유주의에 기초한 경제정책을 시행했다. 대처리즘이라 명명된 그녀의 경제정책은 레이거노믹스와 함께 신자유주의를 전파하는 강력한 거점이 되었다.

하이에크의 가르침에 기초를 둔 대처리즘은 자유로운 시장경제와 작은 정부로의 전환이 목표였으며 다음과 같은 정책을 시행했다.

첫째, 대대적인 공기업 민영화였다. 2차대전 이후 영국에서는 산업의 국유화와 공기업화가 추진되어 교통, 에너지, 통신, 철강, 조선 등에서 공기업이 지배적인 지위를 차지했다. 공기업은 1979년 영국 GDP의 10퍼센트와 총투자의 7분의 1을 차지하면서 150만 명을 고용할 정도로 비중이 컸다. 이들 공기업은 생산성이 낮지 않았으나 제품 가격이 낮게 책정되었고, 적자가 발생할 경우 정부가 이를 보전했다. 이 때문에 대처 정부 하에서 스물두 개의 공기업이 민영화되었고, 매각된 정부 주식은 약 283억 파운드에 달했다.

둘째, 노동운동을 강경하게 탄압했다. 대처 정부는 노조를 약화시키기 위해 고용법을 제정하고 클로즈드숍에 대한 규제를 강화했다. 더불어 정부와 노동자들의 합의로 책정되었던 복지예산을 대폭 삭감했다. 이런 상황에서 긴축을 이유로 정부기관이 축소되고 많은 기업이 문을 닫자 1980년 167만 명이었던 실업자는 1983년이 되자 300만 명을 넘어섰다. 또한 대처 정부는 1980년부터 1984년까지 네 차례에 걸쳐 노동법을 개정하여 부당한 파업으로 피해가 발생했을 경우 노조에 책임을 묻는 초강경 대책을 마련했다. 그 영향으로 1980년 이후 영국의 쟁의 건수는 급격히 감소하여 1970년대 후반 2000~3000건에서 1980년에는 1300여 건, 1990년에는 700건으로 줄어들었다.

셋째, 금융 자유화 정책을 전면 시행했다. 영국은 이미 1970년

영국의 노동조합 조직률 추이

연도	조합원 수(천 명)	조직률(%)	연도	조합원 수(천 명)	조직률(%)
1979	13,447	55.4	1985	10,716	43.4
1980	12,947	52.6	1986	10,539	43.1
1981	12,106	49.3	1987	10,475	42.9
1982	11,593	48.0	1988	10,376	42.1
1983	11,337	47.2	1989	10,158	41.1
1984	11,086	45.8	1995	7,070	29.0

* 노조 조직률 = 조합원 수/피고용자 수 + 실업자 수
출처: 강충호 외, 《대처 정부의 신자유주의 정책에 대한 영국 노동조합운동의 대응》, 66쪽(재구성).

대부터 금리와 외환 자유화를 시행하고 있었다. 여기에 더해 대처 정부는 1980년 빅뱅이라 불리는 금융자유화를 시행하여 은행, 증권, 보험 등에 대한 규제를 완화했다. 또한 재정지출 삭감과 행정 효율화를 이유로 공유시설과 주택불하 정책 개선, 사회보장 축소와 교육예산 삭감, 자치단체 개혁 등의 정책을 강력하게 추진했다.

넷째, 누진세율의 개정을 통한 감세조치를 시행했다. 대처 정부는 소득세를 최고 83퍼센트까지 낮추는 대신 간접세는 대폭 늘렸다. 기업의 투자를 유도한다는 취지에서 시행된 조치였으나 결과적으로는 저소득층의 돈을 빼앗아 고소득자의 주머니에 넣어주는 사회 양극화만 낳았다.

대처가 집권하는 동안 영국은 10~11퍼센트에 이르는 높은 실업률을 기록했다. 그럼에도 대처리즘은 영국 경제에 활력을 불어넣었다. 1982년에 접어들자 인플레이션은 진정되었고 재정적자 또한 줄어들었다. 1982~90년 영국 경제는 4퍼센트 내외의 실질성장률을 기록했고, 인플레이션은 5퍼센트 안팎에서 관리되었다.

더러는 대처리즘이 있었기에 토니 블레어Tony Blair 총리 시절

대처 집권 기간 동안의 경제지표 (단위: %)

구분	80	81	82	83	84	85	86	87	88	89	90
실질성장률	-2.5	-1.3	2.0	4.0	2.4	3.8	4.2	4.2	5.2	2.2	0.8
실업률	6.1	9.1	10.4	11.2	11.4	11.6	11.8	10.2	7.8	6.1	5.9
인플레이션	15.3	10.1	7.3	3.9	4.3	5.2	3.6	3.7	4.6	5.9	8.1

출처: 박동운, 《대처리즘 : 자유시장경제의 위대한 승리》, 72쪽.

영국 경제가 활성화될 수 있었다고 진단한다. 그러나 대처 집권기 영국의 제조업은 붕괴됐고, 신자유주의 가치관이 사회 곳곳에 만연하여 빈부격차가 심화되었다.

또한 대처리즘은 광범위한 사회적 갈등을 동반하면서 대처 세대(또는 대처의 아이들)라는 사회문제를 야기했다. 대처 정부 아래서 기초교육을 받고 자라난 대처 세대는 저임금과 높은 실업률로 인한 불확실한 미래, 부모들의 이혼율 증가에 따른 가족해체 등으로 비롯된 문제였다. 정치에 무관심했고, 흡연과 알코올에 의존하는 등 비합리적 성향을 보였다. 지극히 개인주의적이고 퇴폐적인 특성을 띠었던 대처 세대는 대처리즘이 피워낸 불행의 꽃이었다.

B급 배우로 출발했으나……

잘 알려져 있다시피 제40대 미국 대통령 로널드 레이건Ronald Reagan은 영화배우 출신이다. 신발 세일즈맨의 둘째 아들로 태어난 그는 퍽 다채로운 이력의 소유자이다. 1932년 일리노이 주 유레카 대학을 졸업하고 얻은 첫 직장은 아이오와 대학의 미식축구 중계방송팀이었다. 이랬던 그가 영화배우의 길로 들어선 것은 1937년 워너 브러더스 사에 전속되면서부터다.

스물여섯의 나이에 영화배우가 된 그는 평생 쉰 편가량의 작품에 출연했다. 이 가운데 〈모든 미국인 크누트 로크니〉(1940년), 〈왕들의 열〉(1942년), 〈성급한 마음〉(1950년) 등이 대표작으로 꼽힌다. 그런데 안타깝게도 레이건이 출연한 영화들은 한결같이 B급이라는 세간의 평을 넘어서지 못했다. 그는 B급 배우라는 멍에를 벗어던질 수 없었다.

B급 배우로 전전했던 레이건은 영화 단체의 대표를 맡으면서 두각을 나타낸다. 1941년 영화배우조합SAG 이사가 되었고 1947년 마침내 이사장 자리에 오른다. 레이건은 철저히 사용자 입장에서 일을 처리했다. 당시 레이건의 행적에서 지울 수 없는 사건은 1947년 하원의 비미국적활동조사위원회HUAC에서 할리우드 블랙리스트에 오른 영화인들에 대해 증언한 일이다. 그는 HUAC에서 미국 영화계에 공산주의자들의 위협이 심각하다고 증언, 빨갱이로 몰린 동료 영화인들을 궁지로 몰아넣었다. 당시 미국 영화계에는 할리우드 블랙리스트 사건이라는 마녀사냥의 광풍이 불고 있었다. 이 사건에 연루된 에드워드 드미트릭 감독 등 할리우드 10인The Hollywood Ten[8]은 오랫동안 할리우드로 돌아오지 못했다.

레이건에게 1950년대는 인생의 전환기였다. 제너럴 일렉트릭 사의 순회 대변인(1954~1962년)이 된 그는 평소 존경해 마지않던 프랭클린 루스벨트의 민주당적을 버리고 공화당에 입당한다 (1962년). 이즈음 레이건은 강경한 보수주의자로 변신해 있었

---

8. 1947년 트루먼 정부의 극단적인 반공주의 정책에서 비롯된 할리우드 블랙리스트 사건으로 탄압받은 인물들이다. 이들은 모두 징역을 살았고, 출소 뒤에는 할리우드에서 퇴출당했다. 할리우드 10인은 알바 베시, 레스터 콜, 달턴 트럼보 등 시나리오 작가 일곱 명과 영화감독 에드워드 드미트릭, 허버트 비버만과 제작자 에드리안 스콧 등이다. 〈모던 타임스〉로 유명한 찰리 채플린의 경우 보수세력이 1947년 창작한 〈살인광 시대〉를 빌미로 빨갱이로 몰아가자 끝내 스위스로 망명해야 했다.

다. 덕분에 1966년 캘리포니아 주지사에 당선되면서 유력한 보수 정객으로 성장할 수 있었다. 다채로운 이력 속에서 수완을 키워온 그는 캘리포니아 주지사로 일하면서 빛을 발한다. 주지사를 연임(1967~74년)하면서 조세감면과 복지제도의 확대, 효율적인 고등교육 정책의 시행으로 주의 재정을 흑자로 바꾸어놓았다.

이처럼 실패를 모르던 레이건의 정치 이력에 1976년은 시련의 해였다. 그해 현직 대통령인 제럴드 포드Gerald Ford에게 도전장을 내밀었으나 공화당 대통령후보로 지명되는 데 실패했다. 절치부심한 그가 공화당 대통령후보로 지명된 것은 1980년의 일이다. 그는 선거유세에서 힘에 의한 강력한 미국의 건설을 역설, 국민들의 지지를 이끌어냈다. 선거결과 현직 대통령 지미 카터Jimmy Carter를 압도적인 표차(레이건은 50개 주 가운데 44개 주에서 승리했다)로 누르고, '레이건 신화'의 서막을 열었다.

제40대 미국 대통령 레이건은 유난히 최초라는 수식어를 많이 달고 취임했다. 강경 보수주의 세력(네오콘)이 배출한 최초의 대통령이자 이혼 경력이 있는 최초의 대통령이었으며, 일흔 살에 취임한 최고령 대통령이었다. 이런 레이건에게 대통령의 임기는 축복으로 시작됐다. 이란 주재 미대사관에 붙잡혀 있던 미국인 인질 쉰두 명이 취임연설을 하던 그날(1981년 1월 20일) 석방된 것이다.[9]

9. 1979년 11월부터 1981년 1월까지 미국인 쉰두 명이 이란 주재 미국 대사관에 인질로 억류된 사건이다. 사건은 1979년 11월 4일 미국으로 망명한 팔레비 국왕의 신병 인도를 요구하는 학생 시위대가 이란 주재 미대사관을 점거하면서 발생했다. 사건이 발생하자 카터 정부는 특공대를 투입(1980년 4월), 인질 구출에 나섰으나 실패했다. 억류된 인질들이 석방된 것은 1981년 1월 20일 레이건이 대통령으로 취임하던 바로 그날로 이는 사건 발생 444일 만의 일이었다.

로널드 레이건. B급 배우였으나 이후 정치무대에서 성공을 거두었다. 대처와 더불어 1980년대 신자유
주의를 상징하는 인물이다.

레이건이 저격당하던 순간의 모습.

두 달 후인 3월 30일, 워싱턴의 힐튼 호텔에서 개최된 전미노
동조합대회에서 연설을 마치고 나오던 레이건은 존 힝클리라는
청년에게 저격당했다. 불행 중 다행으로 총알이 심장을 비켜 왼
쪽 폐를 관통하면서 가까스로 목숨을 건졌다. 이 사건으로 죽음
의 문 앞까지 가야 했던 그는 업무에 복귀하자 역대 대통령 가
운데 가장 강력한 보수주의자의 길을 걷는다.

출범과 함께 카터 정부의 데탕트 정책을 가차 없이 폐기하고,
소련을 겨냥한 첨단무기 개발에 박차를 가했다. 지독한 반소주
의자였던 그는 1983년 3월 8일에는 소련을 향해 '악의 제국'이라
고 저주를 퍼부었다.

냉혈한이자 무법자로서의 그의 면모는 대외정책에서 유감없이
드러났다. 레이건은 1983년 10월 25일, 그레나다의 사회주의 정

권을 무너트리기 위한 침공을 명령한다. 미국의 그레나다 침공은 베트남전쟁 이래 미군이 수행한 최대 군사작전이었다. 이 작전을 통해 미국은 그레나다에 친미정권을 세우는 데 성공하지만, 열아홉 명이 전사하고 100여 명이 부상당하는 대가를 치러야 했다.

이태 뒤인 1985년 레이건은 레이건 독트린[10]을 발표, 미국은 소련과 소련의 지원을 받는 정부에 대항하여 싸우는 반공산 '자유의 전사들freedom fighters'을 공개적으로 도울 것이라고 선언했다. 이런 방침에 따라 CIA는 아프가니스탄의 이슬람 반군, 니카라과의 콘트라 반군 그리고 앙골라, 캄보디아, 에티오피아의 반군세력을 지원했다.

레이건의 두 번째 임기는 북아프리카의 반미 국가인 리비아에 대한 봉쇄 조치와 함께 시작됐다. 1986년 1월 레이건 정부는 미국 내에 있는 리비아 자산의 동결과 전면 교역 금지를 내용으로 하는 제재 조치를 발표한다. 그런 다음 리비아 지도자 무아마르 카다피Muammar Qaddafi의 숙소를 비롯한 주요 시설을 무차별 폭격한다(1986년 4월). 또 이란에 불법 무기를 판매한 대금으로 니카라과의 콘트라 반군을 지원한 이란-콘트라 사건[11]을 일으켜 세계 여론을 들끓게 했다.

---

10. 1985년 대통령 레이건이 신년교서에서 밝힌 외교 방침을 말한다. 이는 저강도 전쟁low-intensity conflict의 일환으로 동맹자, 대리자, 준군사적 요소들을 활용하여 미국의 개입과 미국인의 희생을 최소화하려는 의도에서 제출된 것이었다.
11. 1986년 11월에 발생한 레이건 행정부의 외교 스캔들이다. 사건의 내막은 국가안전보장회의NSC가 레바논에 억류된 미국인 인질을 석방할 목적으로 비밀리에 이란에 무기를 판매하고 그 대금의 일부를 니카라과의 콘트라 반군에 지원했다는 내용이다. 이는 '전쟁 중인 이란을 지원하지 않으며 테러리스트와는 흥정하지 않는다'는 미행정부의 입장에 반하는 것이며, 콘트라 반군에 대한 지원을 금지한 볼런드수정법에 위배되는 것이었다.

세계 도처에서 사회주의를 소탕하기 위한 미국의 공세는 대통령 레이건의 신앙 같은 반공 반소주의에 기초하고 있었다. 이런 레이건에게 사회주의권이 붕괴하는 역사적인 사건은 대통령직에서 퇴임한 다음에야 실현됐다. 베를린 장벽 해체는 퇴임한 지 열 달 만인 1989년 11월 9일 일어났고, 소비에트연방 해체는 1991년 12월 8일에 일어났다.

이런 업적(?) 때문일까. 대통령 레이건에 대한 미국인의 평가는 매우 호의적이다. 2007년 갤럽의 여론조사에 의하면 레이건은 '미국인이 가장 좋아하는 대통령'으로 루스벨트와 케네디의 뒤를 이어 3위에 이름을 올렸다. 한편 영국 일간지 《인디펜던트》는 2009년 1월 22일자 특집기사에서 그를 이렇게 묘사했다. "현직에 있을 때는 지식인들에게 조롱받았고, 때로는 미국 정치의 최악을 상징하는 것처럼 보였지만 스크린 위의 매력을 활용할 줄 알았던 언변 좋은 대변인이었다"라고.

카우보이 경제론, 레이거노믹스

레이건 행정부는 경제 활성화를 위해 신자유주의의 한 유파인 공급중시 경제학을 수용했는데, 이는 레이거노믹스라고 불렸다. 레이거노믹스는 수요보다는 공급을 중시하고, 통화긴축을 통해 인플레이션을 완화하는 데 초점을 맞추었다.

레이거노믹스의 이론적 토대를 제공한 사람은 아서 래퍼Arthur Laffer였다. 래퍼는 세율이 적정 수준을 넘어 지나치게 높을 경우 세율을 낮추는 쪽이 경기 회복에 유리하다는 래퍼효과Laffer Effect를 주장했다. 래퍼의 주장을 수용한 레이건 정부는 세율이 너무 높아 사람들이 일할 의욕을 잃었다고 주장하면서 감세와 규제완화, 기업 중시 정책을 추진했다. 뿐만 아니라 개인소득세를 인하하겠다는 공약을 이행한다며 30퍼센트에 이르는 소득세를 인하했다. 여기에 더해 경제회복조세법과 조세형평 및 재정책임법(1981년), 사회보장수정법(1983년), 조세개혁법(1986년)을 제정, 감세를 추진했다. 덕분에 기업 경쟁력은 높아졌지만 빈익빈 부익부 현상이 심화되었다. 한 통계에 따르면 레이건 정부하에서 가장 높은 소득을 올린 계층의 1퍼센트는 과거에 비해 무려 14퍼센트나 세금을 적게 냈다. 반면 미국인 가운데 10퍼센트에 해당하는 최저소득층은 28퍼센트나 세금을 더 내야 했다.

레이거노믹스가 시행되자 경기는 활기를 띠었다. 그런데 세수 감소에 따른 재정적자가 문제였다. 1980~84년 1인당 평균소득은 4퍼센트 증가했지만 개인소득세의 부담은 9퍼센트나 줄어들었다. 그 결과 재정적자가 발생했고, 달러화는 강세를 띠기 시작했다. 이렇게 시작된 달러화 강세는 무역적자로 이어져 쌍둥이 적자를 누적시켰다.

출범 초기만 하더라도 레이건 정부가 시급히 해결해야 할 문제는 인플레이션 억제였다. 이를 위해 예산 삭감 카드를 내놓았다. 문제는 대부분 사회복지 예산을 삭감했다는 점이다. 300억 달러에 달하는 최저생계보장 기금을 삭감한 것이다. 그 결과 레이건이 퇴임할 무렵 사회복지 수당의 총액은 1970년대 초에 비해 40퍼센트나 줄어들었다. 이로 인해 복지정책의 혜택을 받지 못한 사람들은 도둑질이나 마약의 유혹에 빠져들었다.

반면 국방비는 대폭 늘어났다. 호황기 군비증강을 이끌었던 군산복합체가 건재하는 상황에서 국방비는 폭발적으로 증가했다. 1980년 1415억 달러였던 미국의 국방비는 1986년 2739억 달러로 늘어난 데 이어 1988년에는 3000억 달러를 돌파했다. 재정적자를 이유로 사회복지 예산을 대폭 삭감한 대신 국방비에 한해서는 아낌없이 돈을 쏟아 부었다. 그런 의미에서 레이건 정부의 예산정책은 보습을 녹여서 총을 만드는 격이었다.

레이건 정부는 인플레이션을 억제하기 위해 통화긴축도 실시했다. 이를 목적으로 연방준비위원회가 시행한 고금리 정책은 세계경제에 큰 파장을 일으켰다. 1980년대 초반 18퍼센트까지 치솟은 미국의 높은 금리는 중남미 외채위기를 촉발하는 뇌관으로 작용했다.

긴축정책과 함께 레이건 정부는 각종 규제를 철폐하거나 완화했다. 규제완화는 경기부양을 이유로 항공, 통신, 금융, 의약품, 전기, 유선방송 등 거의 모든 분야에 걸쳐 실행되었다. 특히 항공산업은 규제완화가 가장 철저히 이루어진 분야였다. 1982년 항공노선인가제도를 시작으로 1983년 항공운임인가제도, 1985년 항공산업의 규제기구인 민간항공위원회가 차례로 폐지됐다. 이밖에도 통신산업은 장거리 통신을 비롯한 여러 분야의 요금 규제가 완화되었으며, 금융산업의 경우 전면적인 금리 자유화가 시행되었다.

산업 전반에 걸친 규제완화로 몇 가지 성과가 나타났다. 항공산업의 경우 경쟁체제가 형성되어 기업들의 효율성이 개선되었

미 연방준비위원회 금리 동향

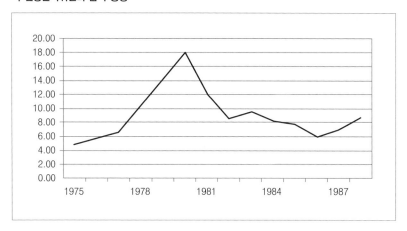

다. 통신산업 역시 일시적으로 요금이 인하되고 서비스가 개선되었다. 몇 가지 눈에 띄는 성과가 나타나자 레이건 행정부는 이를 내세워 레이거노믹스의 정당성을 선전했다.

그런데 각종 규제가 풀리면서 경쟁이 격화되었고, 경쟁에서 살아남지 못한 기업들이 파산하자 고용이 악화되면서 실업률이 높아졌다. 여기에 환경보호나 제품의 안전성을 위해 존재했던 각종 규제들이 철폐되면서 그 폐해가 고스란히 소비자들에게 돌아갔다. 기업들의 인수합병에 대한 규제완화는 산업의 독점을 부채질했고 물가인상으로 이어졌다. 이리하여 규제완화가 소비자 물가를 떨어뜨릴 것이라던 레이건 정부의 장밋빛 선전은 거짓임이 드러났다.

산업 전반에 걸친 규제완화와는 반대로 노조에 대해서는 강경탄압으로 일관했다. 1981년 항공관제사 파업 사태는 노동운동에 대한 레이건 행정부의 본질을 적나라하게 보여줬다. 1981년

8월 항공관제사들은 임금인상과 노동시간 단축을 요구하면서 파업에 들어갔다. 관련법에 따르면 항공관제사들은 연방공무원 신분이었기 때문에 파업이 금지되어 있었다. 이를 근거로 레이건은 업무복귀 명령을 내렸으나 파업 노동자들은 이를 거부했다. 그러자 레이건 행정부는 파업에 참가한 1만 1345명의 노동자 전원을 해고해버렸다. 그런 다음 관련법을 개정, 노조 결성을 어렵게 만들고 정규직 대신 비정규직을 채용했다. 레이건 행정부의 이 같은 탄압으로 1980년 22퍼센트에 달하던 노조 조직률은 1990년이 되자 16퍼센트로 줄어들었다.

겉으로 보면 레이거노믹스는 성과가 없지 않았다. 그런데 공급 중시 관점에서 세금 감면을 통해 기업의 투자를 촉진하려 했으나 자본의 흐름은 실물자산보다는 금융자산으로 몰려 실업이 더욱 늘어났다. 뿐만 아니라 기업 세금 삭감은 노동자들의 증세로 나타났고, 빈곤층에 대한 정부의 공공지출 감소로 이어졌다. 그 결과 1980년대 노동자들의 실질임금은 5퍼센트가량 떨어져 미국 노동자들의 80퍼센트는 임금이 줄어들었다. 이는 1945년 이래 유지되어온 포드주의에 기초한 노사합의가 붕괴되고 사용자 중심의 분배 정책이 본격화되었음을 의미했다.

레이건이 집권한 1980년대만 살펴보더라도 부자들은 미국 역사상 가장 많은 돈을 벌었고, 가난한 사람들은 가장 적은 돈을 벌었다. 1퍼센트의 최상위 고소득층은 미국 전체 가구가 벌어들이는 돈의 53퍼센트를 독식했다. 이들 고소득층은 전후 황금기 동안 겨우 1퍼센트 정도의 소득이 증가했으나 1980년대가 되자 네 배 이상 재산이 늘어났다.

사회 양극화를 초래한 레이거노믹스의 등장은 미국의 헤게모니가 약화되었음을 의미했다. 미국이 제조업 경쟁력을 상실한 상황에서 등장한 레이거노믹스는 경제 불황을 타개할 수 있는 근본 대안을 내놓지 못했다. 오히려 감세와 고금리, 고달러를 야기하여 생산시설의 해외 이전만 부채질했다. 그 영향으로 미국의 산업 공동화는 가속화되어 무역수지 적자가 증가했다.

　이런 가운데 대처리즘과 레이거노믹스가 선도한 국제 금융시장의 개방화 흐름은 자본주의 세계경제를 선도하는 추세가 됐다. 일본은 물론 사민주의 전통이 강한 서유럽에서도 개방화, 자유화 흐름은 대세가 되었다. 그리하여 1980년대 유럽에서는 좌파 정부들이 퇴각하고 우파 정부들이 들어섰다(1982년 서독의 헬무트 콜 정부와 1986년 프랑스의 자크 시라크 정부가 대표적이다). 또한 사민주의 정당들도 기존 노선을 포기하고 신자유주의와 타협하기 시작했다.

　개발도상국은 외환위기라는 경제위기 속에서 IMF의 강압에 의해 신자유주의를 수용했다. 중남미 외채위기를 계기로 전면화된 신자유주의 공세는 1990년대 동아시아의 외환위기를 거치면서 세계 곳곳으로 퍼져나갔다. 동유럽 사회주의권이 붕괴하자 신자유주의는 냉전체제의 오래된 장벽을 허물고 전 세계로 저변을 넓혔다. 동유럽 국가들은 사회주의 붕괴에 따른 체제전환 비용을 미국을 비롯한 서방국가들에 의존할 수밖에 없었고, 이 과정에서도 워싱턴 컨센서스Washington Consensus라는 신자유주의화 프로그램이 치밀하게 작동됐다. 그리하여 1990년대 미국 중심의 일극체제가 탄생하기에 이른다.

쌍둥이 적자라는 이름의 고질병

미국 경제는 레이건 행정부가 출범한 초기인 1983년부터 회복세를 보였다. 물가는 4퍼센트 이내로 억제되었고, 실질성장률은 상승곡선을 그었다. 그런데 문제는 쌍둥이 적자(재정적자와 무역적자)였다. 레이건 행정부의 감세정책에서 비롯된 쌍둥이 적자는 세율을 낮추면 노동, 저축, 투자 의욕이 고취되어 경제가 살아날 것이라는 그릇된 래퍼효과와 관련이 있었다. 그러나 세금만 낮춘다고 노동의욕이 고취될 리 만무했고, 기업들의 투자 의욕 또한 높아지지 않았다.

오히려 그 반대였다. 감세로 세수가 줄어들자 해를 거듭할수록 재정적자가 누적되어 레이건 행정부는 외국에서 돈을 빌려와야만 했다. 그 여파로 달러화 가치는 급상승했고, 미국은 추가 차입을 위해 재무부 채권을 외국 투자자들에게 판매했다. 그들은 세계경제의 불황이 지속되고 중남미 외채위기로 국제 금융시장이 불안정해지자 미국 채권만큼 안전한 자산이 없다고 생각한 것이다.

이렇게 되자 달러화 가치는 하늘 높은 줄 모르고 치솟았다. 그러자 미국의 수출은 급속히 줄어들었고, 그에 비례하여 수입이 늘어났다. 이미 오래전 일본과 서독에 제조업 선두 자리를 내준 상황에서 달러화 가치마저 치솟자 미국은 엄청난 규모의 무역수지 적자에 시달렸다.

미국의 적자 규모는 심각했다. 재정적자의 경우 레이건 정부가 출범한 첫해인 1981년에는 789억 달러였으나 퇴임 직전인

미국의 쌍둥이 적자		(단위: 100만 달러)
연도	재정수지	무역수지
1979	−40,726	−24,565
1980	−73,830	−19,407
1981	−78,968	−16,172
1982	−127,977	−24,156
1983	−207,802	−57,767
1984	−185,367	−109,073
1985	−212,308	−121,880
1986	−221,227	−138,538
1987	−149,730	−151,864
1988	−155,178	−114,566
1989	−152,623	−93,142
1990	−221,147	−80,864
1991	−269,269	−31,136
1992	−290,334	−39,212

자료: The Budget for Fiscal Year 2006, Historical Tables.
출처: 국회 국방위원회, 〈미국의 방위비 분담 요구의 문제점과 대안〉, 35쪽.

1988년에는 1550억 달러로 급증했다. 무역적자는 1981년 161억 달러에서 1988년 1145억 달러를 돌파했다. 레이건이 집권한 7년 동안 미국의 재정적자는 무려 일곱 배나 늘어났다.

가히 폭발적으로 증가한 쌍둥이 적자는 미국 경제의 근본적인 취약성을 보여주는 지표였다. 만약 한국 같은 나라에서 쌍둥이 적자가 발생했다면 서민 경제는 파탄 나고 거리에는 실업자들이 넘쳐났을 것이다. 그러나 미국은 달랐다. 세계 유일의 패권국이자 기축통화국이었기 때문에 파산을 모면할 수 있었던 것이다.

그렇다고 쌍둥이 적자를 그냥 내버려둘 수는 없었다. 레이건 정부는 재정적자가 심각해지자 재정적자축소법안을 제정(1985년)

미국의 대일 무역수지 적자 추이　　　　　　　　　　　　　　(단위: 억 달러, %)

	1985	1986	1987	1988	1989	1990	1991上
무역수지(A)	−1,322	−1,382	−1,521	−1,198	−1,094	−1,017	−303
對 일본(B)	−462	−550	−564	−521	−491	−411	−192
B/A	34.9	39.8	37.1	−43.5	44.9	40.4	63.4

출처: 안예홍·이주경, 〈플라자합의 이후 국제적 정책협조의 성과와 한계〉, 36쪽.

하여 사회보장비와 의료보장비를 제외한 정부지출을 동결했다. 그런 다음 1986년부터 연차적으로 재정적자를 줄여(매년 360억 달러 규모) 1991년까지 재정 균형을 달성한다는 야심찬 계획을 세웠다.

다른 한편으로는 무역적자를 개선하기 위해 시장개방 압력을 더욱 노골화했다. 1984년 350억 달러에 이르는 대일 무역적자가 발생하자 미국은 일본에 대해 총공세를 펼쳤다. 미상원은 1985년 4월 "일본의 시장개방 효과가 가시화되지 않으므로 수입제한에 의한 보복조치를 시행하라"는 보복결의안을 채택할 정도로 공세의 수위를 높였다.

실로 적자의 늪에서 벗어나기 위한 미국의 노력은 필사적이었다. 그럼에도 불구하고 쌍둥이 적자는 개선되기는커녕 심화되기만 했다. 이렇게 되자 레이건 행정부는 세계 유일의 패권국이라는 지위를 이용하여 모종의 강압적인 조치를 강구하기 시작했다.

플라자합의

1985년은 세계경제에 하나의 분수령이었다. 그해 미국은 71년 만에 순채무국으로 전락한 반면 일본은 세계 1위의 채권국으로 부상했다. 이로써 세계경제는 팍스 아메리카나의 유일 지배체제로부터 미국-일본-서독의 3극 체제로 재편됐다. 이런 가운데 미국은 쌍둥이 적자를 해소하기 위한 행동에 나섰다. 미국은 달러 가치 평가절하를 위해 1985년 9월 22일 뉴욕의 플라자 호텔에서 G5(미·일·독·영·프) 재무장관과 중앙은행총재가 참여하는 회의를 열었다. 불과 20분 만에 끝난 이날 회의에서 합의문이 채택되었는데, 이것이 바로 플라자합의(Plaza Agreement 또는 Plaza Accord)이다.

플라자합의는 일본 엔화를 평가절상하여, 미국과 일본의 무역역조를 시정하는 것이 핵심 내용이었다. 미국은 플라자합의를 통해 수출을 늘리고 수입을 줄이기 위해 달러화의 평가절하를 요구했다. 이 같은 미국의 저달러 정책의 강력한 신호를 접수한 각국 중앙은행들은 달러를 매각하고 엔화와 마르크화를 사들이기 시작했다. 이리하여 달러화 가치는 급락했고 엔화와 마르크화의 가치는 급등했다. 엔화의 경우 1985년 연평균 환율은 1달러에 238엔이었으나 플라자합의 이후인 1986년에는 1달러에 168엔이었다. 이어 1987년에는 1달러에 144엔, 그리고 1988년에는 1달러에 128엔으로 떨어졌다. 불과 3년 사이에 달러화 가치는 절반으로 하락한 반면 엔화의 가치는 두 배로 껑충 뛰었다.

플라자합의에 따라 일본과 서독은 금리도 조정했다. 플라자합의 당시 미국의 장기금리는 10.8퍼센트였고, 일본의 금리는 5.8퍼센트였다. 이런 상황에서 국제 금융시장의 자본은 금리가 높은 미국으로 몰리게 되어 달러화 강세는 해소될 수 없었다. 이 때문에 무역적자를 개선하려는 미국에 금리인하는 반드시 필요한 조치였다. 그런데 일본과 서독이 미국과 비슷한 폭으로 동시에 금리를 인하할 경우 미국은 금리인하 효과를 누릴 수 없다. 이 때문에 미국은 달러 약세를 실현하기 위해 자신들은 급격히 금리를 인하한 반면 일본과 서독은 금리를 천천히 내리도록 압박했다.

그런데도 미국의 쌍둥이 적자는 개선될 기미를 보이지 않았다. 제조업 경쟁력을 상실한 상황이라 백약이 무효였던 셈이다. 쌍둥이 적자가 개선될 기미를 보이지 않는 가운데 플라자합의로 인해 일본과 서독 경제는 큰 혼란에 빠졌다. 합의 이후 엔화와 마르크화의 절상 속도는 심각한 수준이어서 양국은 극심한 수출 부진에 시달려야 했다. 이렇게 되자 일본과 서독은 물론이고 미국까지도 대책을 고민하지 않을 수 없었다. 1987년 2월 프랑스 파리에서 선진 7개국G7 재무장관회담이 열린다. 참석자들은 "더 이상의 달러화 하락(달러당 150엔 전후)은 각국의 경제성장을 저해한다"는 데 인식을 같이하고 루브르합의를 채택한다. 핵심 내용은 달러화 가치 하락 중단과 일본과 서독의 금리인하였다.

루브르합의 이후 일본의 엔화는 가파르게 상승하여 엔고 현상이 나타났고 일본 정부는 불황을 우려하여 저금리 정책을 시행했다. 그러자 유동 자금은 주식과 부동산으로 몰려들어 경제 버블이 형성됐다. 버블은 1990년대 초반 일시에 붕괴하면서 일본 경제는 장기불황에 빠져들었다.

또한 엔고가 지속되자 일본의 유동자본이 해외로 빠져나가기 시작했다. 엔고에 따른 환차익을 감안하면 해외자산은 반액으로 할인해 파는 세일 상품 같았다. 이 때문에 일본에서는 반액 세일이라는 말이 유행하면서 해외여행 붐이 일어났고, 거대 자본가들은 미국 자산을 매입하는 데 혈안이 되었다. 여기에 더해 일본 기업들은 대거 동남아로 진출했다. 일본 자본의 유입으로 동남아 각국의 통화량이 증가하면서 주식시장이 과열되었다.

한 가지 덧붙일 사실은 플라자합의의 영향으로 한국은 3저 호황의 특수를 맞았다. 플라자합의에 따라 저달러-엔고 현상이 지속되는 가운데 원화가 약세로 돌아서면서 수출에 유리한 환경이 조성되었다. 뿐만 아니라 주요 수입품인 원유 가격이 낮았고, 국제 금융시장의 금리마저 약세를 보이면서 한국 경제는 날개를 달았다. 그리하여 1986~89년 한국은 단군 이래 최대 호황이라는 전대미문의 특수를 누렸다.

플라자합의와 루브르합의를 거치면서 자본주의 세계경제는 금융자본주의로 일체화됐다. 루브르합의에 따라 일본과 서독이 금리를 인하하자 이번에는 이들 나라의 경기가 과열되기 시작했다. 결국 서독은 금리를 인상했고, 일본 또한 금리인상 카드를 만지작거렸다. 양국의 금리인상으로 국제 금융시장이 불안해졌고 이러한 이상 징후 속에서 미국의 주식시장이 폭락했다. 1987년 10월 19일 월요일 미국의 다우지수는 무려 22.6퍼센트나 폭락, 1929년 대공황을 촉발한 검은 목요일의 12.8퍼센트를 능가하는 낙폭을 기록했다. 그러나 1987년 10월의 주가폭락은 실물경제에 기반하지 않은 금융시장의 불안정에 기인한 문제였기 때문에 사태는 며칠 만에 진정됐다.

그럼에도 블랙 먼데이는 일본이 금리를 올릴 경우 미국을 비롯한 세계의 금융시장이 붕괴할 수 있다는 위험한 신호를 보낸 사태였다. 동시에 자본주의 세계경제가 금융자본주의로 일체화되었음을 의미했다. 1980년대 중반을 지나면서 초국적 투기자본은 아주 손쉽게 국경을 넘나들 수 있었다. 그 결과 1980년대 중반 선진 각국의 금융시장 성장세는 GNP 신장률을 앞질렀고, 세계경제는 자본이 먹잇감을 찾아 하루 24시간 내내 움직이는 '돈이 일하는 경제' 시대에 진입했다.

중남미 외채위기의 원인과 결과

영국과 미국이 원격 조종하는 신자유주의는 맨 먼저 중남미를 강타했다. 이미 오래전 중남미에서는 영국과 미국에 앞서 신자유주의를 경험한 적이 있었다. 1973년 쿠데타로 아옌데 정권을 무너뜨리고 집권한 칠레의 피노체트 정권은 밀턴 프리드먼으로 대표되는 시카고 아이들Chicago Boys에게 공기업 민영화, 대기업과 은행의 해외매각, 노동조합 해체 등 신자유주의 경제정책을 시행할 수 있는 기회를 제공했다.

이런 역사적인 경험 때문에 중남미 국가들은 무역과 금융시장을 일찍부터 개방했고 투기자본은 아무 거리낌 없이 중남미 국가들을 유린했다. 여기에 외국 상품들이 물밀듯이 유입되면서 수많은 기업이 파산했다. 설상가상으로 1980년대에 들어서자 1차산품의 가격이 하락하면서 중남미 국가들의 외채 상황은 더욱 악화되었다.

당시 중남미 국가들의 금고 역할을 한 것은 막대한 오일머니를 비축하고 있던 아랍 국가들이었다. 이들은 오일머니를 서방 은행에 예치했고, 서방은행은 이 돈을 대부분 중남미 국가들에 빌려주었다. 그 결과 1970년대 초반 1000억 달러 정도였던 중남미의 외채는 1981년이 되자 6000억 달러로 늘어났다. 외채 홍수가 밀려온 상황에서 브라질, 멕시코, 아르헨티나는 세계 채무국 순위 1~3위를 기록하는 불명예를 안았다.

사태가 이 지경에 이른 또 다른 원인은 정책 담당자들의 무사안일과 돈벌이에 혈안이 된 서방 은행들의 행태였다. 여기에 미국은 중남미 혁명세력을 소탕하기 위해 서방 은행의 과다 대출을 애써 눈감아주었다. 이렇게 누적된 중남미 외채위기에 방아쇠를 당긴 것은 미국의 금리인상이었다. 2차 오일쇼크의 영향으로 인플레이션이 발생하자 미 연준은 최고 18퍼센트에 이르는 금리인상을 단행했다. 중남미 국가들은 엄청난 소용돌이에 빠져들었다. 변동금리채무 방식으로 외채를 빌린 나라들은 막대한 이자 부담을 떠안아야만 했다. 상황이 악화되자 단기채무 상환일을 넘기기 위해 고군분투했지만 어떤 은행도 추가 대출을 허용하지 않았다. 누적된 외채를 감당할 여력이 없자 1982년 8월 멕시코가 모라토리엄을 선언했고 볼리비아, 아르헨티나, 베네수

중남미 총외채 변화 추이 (단위: 100만 달러)

	1982	1983	1984	1985	1986	1987
멕시코	86,019	92,964	94,822	96,875	100,876	109,292
브라질	92,221	97,496	104,331	104,593	112,042	122,324
아르헨티나	43,634	45,920	48,857	50,947	52,374	58,423

출처: 강상구, 《신자유주의의 역사와 진실》, 143쪽.

엘라, 페루, 브라질이 뒤를 이었다. 중남미 국가들이 연이어 모라토리엄을 선언하자 미국을 비롯한 서방 국가들은 IMF를 내세워 긴급 자금지원을 미끼로 사회 전반에 걸친 구조조정을 요구했다.

멕시코의 경우 모라토리엄 선언 직후인 1982년 12월 IMF와 협상을 시작했다. 외환보유고가 완전히 바닥난 상황이라 IMF의 요구 사항을 무조건 수용할 수밖에 없었다. 그 결과 멕시코의 외환시장은 폐쇄됐고, 달러 구좌가 동결되면서 대외 거래는 중단되었다. 그후 멕시코는 1989년까지 IMF와 네 차례 협상을 통해 규제완화, 민영화, 외국인 투자 인센티브 확대 등의 신자유주의 정책을 시행해야만 했다.

심각한 재정적자와 높은 인플레이션으로 고전하던 아르헨티나는 1984년 모라토리엄을 선언한다. 1976년 비델라 정권 때부터 무역자유화, 관세율 인하, 시장개방 등 신자유주의 정책을 시행하고 있었던 아르헨티나는 성급하게 무역과 금융 자유화를 시행한 결과 외환위기가 발생했다. 모라토리엄 선언 이후 아르헨티나 정부는 IMF의 요구대로 공기업 민영화, 무역 자유화, 외국인 투자 규제완화 등의 조치를 전면 시행했다.

베네수엘라의 경우 1980년대 석유값 하락으로 재정수지 적자를 기록하면서 외채가 급증했다. 재정 수입을 석유 수출에 의존하던 베네수엘라 정부는 재정적자가 발생하자 마구잡이로 외채를 끌어들였다. 극심한 외채 압박에 직면한 베네수엘라는 1982년 외채 상환 연장을 요청했으나 IMF는 까다로운 요구 조건을 내걸었다. 결국 1983년 3월 모라토리엄을 선언할 수밖에 없었다.

브라질은 1982년 말 IMF의 긴급자금을 지원받았으나 외채위기는 개선되지 않았고, 1987년 2월 중장기 채무에 대해 90일간 이자 상환을 중지하는 모라토리엄을 선언했다. 이와 함께 브라질은 IMF와 협상을 지속하면서 전면 구조조정을 시행해야 했다.

이 밖에도 모라토리엄을 선언한 페루, 볼리비아, 칠레 등 중남미 국가들은 IMF가 요구하는 대로 신자유주의에 입각한 구조조정 프로그램을 받아들여야 했다. 이렇게 시행된 구조조정은 심각한 후유증을 남겼다. 국영기업들이 민영화되면서 전화료, 전기료, 항공요금, 도로 통행료 등 각종 공공요금이 엄청나게 인상됐다. 또한 국영기업을 인수한 민간 자본은 수지에 맞지 않을 경우 공익을 위해 유지했던 각종 서비스를 없애버리기도 했다.

무역자유화로 수입이 증가하고 마이너스 성장이 지속되는 가운데 실업률은 크게 상승했다. IMF 통계에 따르면 1970년대까지 연간 5퍼센트의 성장률을 기록했던 멕시코는 외채위기 이후 5~6년간 겨우 1퍼센트의 성장을 기록했다. 1981~90년 중남미 18개국 1인당 GDP는 일제히 하락했다. 칠레의 경우 1980년대 GDP는 평균 0.9퍼센트 상승에 머물렀고, 아르헨티나는 1982~90년까지 연평균 -0.5퍼센트씩 하락했다.

이런 가운데 중남미 국가들의 인플레이션은 심화됐다. 수출증대를 목적으로 각국이 경쟁적으로 자국 통화를 평가절하한 결과 물가가 인상됐다. 이렇게 되자 정부는 인플레이션을 잡는다는 핑계로 노동자들의 임금을 동결시켰다. 그 결과 멕시코에서는 1982년부터 1988년까지 7년 동안 실질임금이 40퍼센트나 감소했다. 1990년 아르헨티나 노동자들의 실질임금은 10년 전에 비해 85퍼센트 수준으로 떨어졌고, 우루과이는 72퍼센트, 페루는 43퍼센트 정도로 떨어졌다.

노동자의 실질임금 감소는 가난한 사람들에게 돌아가야 할 몫이 투기자본과 부자들 차지가 되었음을 의미했다. 칠레의 경우 소득 수준 상위 10퍼센트가 1980년 국민 총소득의 36퍼센트를 가져갔으나 1990년에는 45퍼센트를 차지했다. 멕시코의 경우 민영화된 900여 개 국영기업 대부분을 인수한 5개 대기업이 멕시코 전체 자산의 50퍼센트를 독점했다.

이처럼 IMF의 구조조정은 극심한 양극화를 초래했다. 그럼에도 중남미 국가의 외채는 줄어들지 않았다. 오히려 그 반대였다. 구조조정을 조건으로 IMF가 추가로 대출해준 자금이 외채로 누적되었다. 그런 의미에서 중남미 국가들에게 1980년대는 '잃어버린 악몽의 10년'이었다.

IMF의 변신

브레턴우즈체제 해체 이후 별다른 역할을 찾지 못하던 IMF는 중남미 외채위기를 계기로 화려하게 변신했다. 채권 은행과 서방 국가들은 빌려준 돈을 받아내기 위해 중남미에 추가 대출을 제공했다. 하지만 무턱대고 돈을 빌려줄 수는 없는 일. 미국을 비롯한 채권자들은 중남미 국가들에 추가 대출 조건을 내걸었고 이때 등장한 감독관이 IMF였다.

IMF가 중남미 국가들에 요구한 조건은 단기적으로는 철저한 긴축정책을 통한 국제수지의 개선이었다. 다시 말해 단기적으로 '빚을 갚으려면 적게 쓰고 많이 팔아서 돈을 마련해야 한다'는 논리였다. 중장기적으로는 공기업 민영화, 규제완화 등 신자유주의에 기초한 구조조정을 시행해야 한다는 압박도 곁들였다. IMF와 채권은행단은 이런 조건 아래 추가 대출을 해주겠다는 논리를 폈다. 그러면서 IMF는 자신들이 요구하는 구조조정을 시행하면 위기에서 벗어날 것처럼 선전했다. 실상은 달랐다. IMF 구조조정 프로그램이 작동한 결과 위기에서 벗어난 것은 중남미 국가들이 아니라 돈을 빌려준 서방 은행들을 비롯한 채권자들이었다.

1980년대 IMF의 요구 조건을 수용하여 중남미 국가들이 실시한 구조조정 내용을 살펴보면 다음과 같다.

첫째, 모라토리엄 선언 이후 중남미 국가들은 IMF가 권고하는 긴축정책을 받아들였다. 맨 먼저 교육, 보건 등 복지 관련 예산이 삭감되었다.

둘째, 수출 증대를 이유로 통화를 평가절하했다. 이로 인해 통화 가치가 떨어지면서 물가가 뛰어 서민들의 생계난이 가중되었다. 또한 중남미 국가들은 경쟁적으로 통화 가치를 평가절하했으나 기대했던 수출은 늘지 않고, 관련 산업만 위축되었다.

셋째, 무역과 금융시장을 전면 개방했다. IMF의 요구대로 무역 규제가 철폐되어 중남미 국가들의 제조업은 더욱 뒤처질 수밖에 없었고, 외환시장은 투기자본의 놀이터가 되었다. 그 영향으로 멕시코를 비롯한 일련의 나라들은 1990년대 중반 또다시 외환위기에 직면했다.

넷째, 공기업 민영화가 전면화되었다. 이는 투기자본을 대변한 IMF의 강요와 재정 마련을 위한 중남미 각국 정부의 이해가 맞아떨어진 결과였다. 그 결과 중남미 국가들이 운영하던 전화, 전력, 통신, 항공, 도로, 석유, 항만, 보건의료 부문의 알짜 공기업들이 외국 자본에 팔려나갔다. 아르헨티나의 경우 국영 공항과 전화회사가 매각됐으며, 칠레는 1980년대에만 600여 개 국영기업이 민영화되었다. 두말할 나위 없이 대부분의 국영기업은 외국자본이 인수했다.

이런 내용의 IMF의 구조조정 프로그램은 시행 과정에서 몇 차례 수정을 거쳤다. 1985년 9월 서울에서 개최된 IMF-세계은행 연차 총회에서 미국의 재무부장관 베이커는 베이커 플랜을 발표했는데, 이것은 수정을 거쳐 1987년 9월 IMF 총회에서 채택됐다. 또한 1989년에는 당시 미국의 재무장관 니컬러스 브래디의 이름을 딴 브래디 플랜(개발도상국의 채무 구제 방안)이 채택되어 IMF의 구조조정 프로그램은 더 정교해졌다.

이런 과정을 거쳐 정식화된 신자유주의화 프로그램이 바로 워싱턴 컨센서스다. 워싱턴 컨센서스는 미국과 IMF, 그리고 중남미 국가의 금융 당국자들이 1989년 워싱턴에서 채택한 IMF 구조조정 프로그램이다. 미국의 원격 조정과 IMF의 감독에 의해 작동된 워싱턴 컨센서스는 긴축재정, 공공지출 삭감, 외환시장 개방, 시장 자율 금리, 변동환율제, 무역자유화, 외국인 직접투자 자유화, 탈규제, 국가 기간산업 민영화, 재산권 보호 등이 주요 내용이다.

국가 개입의 축소와 전면 시장개방을 기조로 하는 IMF 구조조정 프로그램은 시장근본주의에 기초한 것이었다. 만약 어떤 국가가 외환위기로 IMF의 구조조정 프로그램을 받아들일 경우 해당 국가는 시장근본주의에 입각하여 경제는 물론 사회 전반에 걸친 구조조정을 단행해야 했다. 예컨대 1980년대 이후 외환위기가 발생하여 IMF로부터 구제금융을 받은 중남미, 아프리카, 동아시아 국가들이 모두 그러했다. 덕분에 1990년대를 지나면서 워싱턴 컨센서스의 위력은 전 세계로 파급되어 무역시장과 금융시장은 전면 자유화됐다. 이로써 개발도상국의 기간산업은 외국 자본의 수익성 높은 투자처로 변질됐고, 국제 금융시장은 투기자본의 놀이터가 되고 말았다.

전략방위구상

정치군사적으로 강한 신보수주의를 표방한 레이건 행정부는 출범과 함께 소련을 해체하기 위한 포위 전략을 수립한다. 그들은 우선 소련의 취약점을 철두철미하게 분석했다. 그래서 얻은 결론은 다음과 같다. 소련은 경제의 대외 의존도가 높고 서방 기술과 자본이 절실히 필요하며 고질적인 식량난을 해결하기 위해 곡물을 수입해야만 한다는 사실이었다.

　레이건 행정부는 이 같은 소련의 약점을 공략하기 위해 입체적인 전략을 수립했다.

　첫째, 소련으로 기술과 자본이 유입되는 것을 차단했다. 미국은 소련의 주요 수출품인 석유와 천연가스의 수출을 철저히 봉쇄했다. 1981년 12월 29일 레이건 행정부는 소련의 송유관 사업에 미국 기업의 투자를 금지했다. 이 조치로 일본과 소련이 사할린에서 7년이나 진행했던 석유 개발 사업은 미궁에 빠지고 말았다. 당시 사할린 석유 개발 사업에는 제너럴 일렉트릭, 드레서 인더스트리, 쉴럼버거, 벨코 같은 미국 기업들도 참여하고 있었다. 이처럼 소련의 석유 수출을 원천봉쇄한 레이건 행정부는 사우디아라비아와 협의, 국제적인 저유가 공세를 펼쳤다.

둘째, 공세적인 외교전을 통해 소련을 봉쇄했다. 미국은 아프가니스탄을 침공하여 진퇴양난에 빠진 소련의 처지를 십분 활용했다. 소련의 발목을 잡기 위해 이슬람 국가인 이집트, 파키스탄, 사우디아라비아와 소련 내부의 이슬람교도들로 하여금 아프가니스탄을 지원하도록 만들었다. 다른 한편으로 동유럽 사회주의 국가들을 공략하기 위해 폴란드의 사회주의 정권을 붕괴시키기 위한 공작을 실시했다. 그 일환으로 폴란드 출신 교황 요한 바오로 2세를 내세워 레흐 바웬사Lech Walesa의 자유노조를 비밀리에 지원했다. 덕분에 자유노조는 폴란드뿐 아니라 동유럽 국가들에서 자본주의 바람을 일으키는 전진기지 역할을 했다.

셋째, 소련의 핵무기를 무용지물로 만들기 위해 앞선 과학기술을 최대한 활용하는 전략을 수립했다. 최첨단무기를 개발, 대기권 밖에서 소련 핵무기를 요격한다는 시나리오였다. 소련이 국방비를 추가 지출하도록 유도하여 소련 경제를 파탄으로 몰아가겠다는 의도로 이런 전략을 추진한 것이다.

이 같은 전략에 기초하여 레이건은 1983년 3월 23일 이른바 전략방위구상SDI, Strategic Defense Initiative을 발표한다. 이날 백악관의

TV 연설에서 레이건은 "자유인들은 자신들의 안전이 소련의 공격을 저지할 수 있는 미국의 즉각적인 보복 위협에 달려 있지 않다면 안전하게 살 수 있겠는가? 우리는 소련의 전략 미사일들이 우리 자신 및 동맹국의 영토에 도달하기 전에 그것들을 포착하여 파괴할 수 있는가"라고 물었다. 레이건은 이 연설에서 미국이 소련보다 핵전력이 우세할 때는 그것만으로도 전 세계를 통제할 수 있었지만 소련이 강력한 핵무기를 보유한 지금은 새로운 군사력이 필요하다고 역설했다.

레이건은 자신의 주장에 설득력을 더하기 위해 쿠바 서부에 배치된 소련제 미그 23기와 미그 21기의 모습을 찍은 인공위성 사진을 공개했다. 여기에 더해 카리브 해 일대의 소련 전력 증강 현황을 보여주는 항공사진들까지 곁들였다. 이날 공개된 사진들은 불황으로 안보에 신경 쓸 겨를이 없었던 미국인들을 자극하고도 남았다.

이날 연설에서 레이건이 발표한 SDI는 소련의 핵무기를 무력화하기 위해 우주공간에서 첨단 우주장비로 핵무기를 탑재한 소련의 대륙간탄도미사일ICBM을 격추해버린다는 야심찬 계획이었다(SDI는 당시 인기를 끌었던 영화 〈스타워즈〉에 빗대어 스타워즈라 통칭됐다). 당시 기술로는 실현되기 어려웠지만 레이건 행정부는 천문학적인 경비가 소요되는 이 계획을 밀어붙이기 위해 향후 10년 동안 총 300억 달러의 예산을 책정했다.

이에 대해 소련과 서방국가는 물론 미국 내에서도 SDI가 우주 군비경쟁을 부추겨 '별들의 전쟁'을 초래할 것이라는 비난 여론이 일었다. 이런 비난에도 레이건은 아랑곳하지 않고 국방예산

SDI 계획을 발표하는 레이건.

을 더욱 늘리고 신보수주의자들인 네오콘을 참모로 받아들였다. 광포한 군국주의의 상징 와인버거를 필두로 울포위츠, 럼스펠드 등이 이때 등용되었다.

실제로 SDI는 기술력의 한계와 막대한 재정 문제로 진척되기 어려웠다. 하지만 존재만으로도 소련을 압박하는 데 더없이 좋은 무기였다. SDI를 앞세워 레이건 행정부가 공세적인 포위 전략을 전개하자 소련 지도부는 미소 간 '공포의 균형'이 무너지는 것을 두려워했다. 현실적으로 소련은 군비경쟁에 뛰어들 여력이 없었다. 이미 GNP의 20퍼센트를 군비로 지출하고 있는 상황에서 SDI에 대응할 여력이 있을 리 없었다.

소련은 이런 속사정 때문에 1985년 3월 제네바에서 개최된 미소 포괄군축협상에서 SDI의 철회를 요구하기 시작했다. SDI에 대한 소련의 반발은 1986년 미소 정상회담에서 절정에 달했다.

1986년 10월 아이슬란드의 레이캬비크에서 열린 미소 정상회담에서 소련공산당 서기장 미하일 고르바초프^{Mikhail Gorbachev}는 향후 5년에 걸쳐 전략무기 50퍼센트를 감축하자는 파격적인 양보안을 내놓으면서 레이건에게 SDI의 포기를 촉구했다. 그러나 레이건은 이 제안을 일언지하에 거부했다. 레이건의 강경한 태도에 미국 안팎에서는 비난 여론이 일었으나 결과적으로 보면 SDI는 소련을 압박하는 강력한 무기임에 분명했다.

네루다, 피노체트, 바첼레트

1973년 9월 쿠데타가 일어났을 때 네루다는 사경을 헤매고 있었는데, 무장 군인들이 집에 들이닥치자 이렇게 말했다. "잘 찾아보게, 여기 당신들에게 위험한 게 한 가지 있지, 바로 '시'라는 거지." 그는 2주 뒤 숨을 거두었다. 칠레 쿠데타를 주제로 한 영화로는 〈산티아고에 비가 내린다〉 그리고 잭 레먼이 열연해서 아카데미 남우주연상 후보에 올랐던 〈실종〉이 있다.

18년간 피노체트의 철권통치가 계속됐다. 그는 아옌데가 추진했던 사회주의적 정책을 모조리 폐지한 뒤 정반대 노선을 걸었다. 그는 시장만능주의 경제학의 메카인 시카고 대학 출신들을 경제부처에 배치하여 국유화를 취소하고, 모든 것을 시장에 맡기는 시장만능주의 정책을 폈다. 이들을 '시카고 아이들'이라 부른다. 쿠데타 몇 달 뒤

아우구스토 피노체트. 선거로 집권한 아옌데 정부를 불법으로 전복하고 잔혹한 독재체제를 구축했다.

시카고 대학 경제학과의 영수 밀턴 프리드먼과 아널드 하버거가 칠레를 방문해서 '칠레 경제에 기적이 일어났다'고 찬양했다. 그러자 시카고 대학 출신으로서 종속이론 중에서 유명한 '저발전의 발전' 가설을 만든 안드레 군더 프랑크는 공개편지를 학술지에 실어 살인마 정권을 찬양한 두 명을 정면 비판했다. 노벨경제학상 수상자인 스웨덴의 군나르 뮈르달도 프리드먼의 노벨경제학상 수상을 공개 비판했다.

1979년 박정희가 죽었을 때, 독재자 피노체트는 대통령궁에 조기를 걸려고 했는데, 참모들의 만류로 포기했다. 1998년 피노체트가 영국을 방문했을 때, 스페인의 판사가 피노체트의 구속영장을 발부했다. 쿠데타 때 다수의 스페인인을 살해한 혐의였다. 피노체트는 뜻밖에 영국 감옥에 갇혔고, 마침내 정의가 실현되려는 것 같았다. 그러나 피노체트는 대처 총리의 도움으로 무사히 칠레로 돌아갔고, 2006년 늙어 죽을 때까지 정의의 심판을 받지 않았다.

현재 칠레 중도좌파 정권의 여성 대통령 미첼 바첼레트(재임 기간 2006년 3월~2010년 3월—인용자)는 쿠데타 당시 의과대학생으로서 구속당했고, 부친은 당시 쿠데타에 반대한 공군 장성으로서 고문당한 끝에 목숨을 잃은 슬픈 가족사가 있다. 노자가 말하기를 "하늘의 그물은 크고도 크도다. 엉성한 듯 보이지만 빠져나갈 구멍이 없다"(天網恢恢 疎而不漏)고 하는데, 과연 피노체트가 하늘에서는 정의의 심판을 받았는지 궁금하다.

—이정우 교수,《한겨레신문》2009년 9월 21일자.

소련 붕괴와 냉전체제 해체
— 장벽은 무너지고

병든 사회의 초상

소련의 GNP 성장률은 2차대전 이후 1950년대까지 연 5퍼센트를 넘었다. 덕분에 전후 소련의 경제성장은 볼셰비키 혁명 직후인 1924~40년에 버금갈 정도였다. 흐루시초프가 1960년 9월 유엔총회에 참석, "당신들을 묻어버리겠다We will bury you"고 서방세계를 윽박지를 수 있었던 배경에는 이 같은 경제성장이 있었다.

당시 소련 경제의 빠른 성장은 미국에는 큰 위협이었다. 사회주의 소련은 수준이 높지는 않았지만 포괄적인 경제 평등과 사회보장제도를 통해 '게으를 권리'를 제공했다. 그러나 1960년대가 되자 소련 경제의 성장세는 한풀 꺾이기 시작한다. 이런 경향은 1970년대가 되자 국내총생산, 공업생산고, 농업생산고, 자본투자액, 노동생산성, 1인당 국민소득 등 각종 경제지표의 하락으로 나타났다. 1970년대 전반기 3.7퍼센트였던 GNP 성장률은 1980년대가 되자 2퍼센트대로 떨어졌다.

무역구조 역시 소련 경제의 쇠락을 드러냈다. 1960년대 소련의 주요 수출품은 기계류, 운송수단, 금속 제품이었다. 그러나 1980년대가 되자 수출품의 53퍼센트는 석유와 천연가스 등 1차 산품이 차지했다. 반대로 수입의 60퍼센트는 기계류, 금속, 소비재 공산품이었다. 한마디로 선진국형 무역 구조가 후진국형으로 전락한 것이다.

무엇보다 소련 경제의 치명적인 문제점은 군수산업이 전체 산업의 60퍼센트를 차지한 반면 민간 소비재산업은 40퍼센트에 불과했다는 사실이다. 이로 인해 소련은 매년 GNP의 20퍼센트 이상을 국방비로 투입했다. 덕분에 수많은 소련 위성이 지구 궤도 위를 비행하고, 바다 밑에는 핵잠수함들이 돌아다녔지만 서방 국가에 비해 인민들의 생활수준은 형편없이 뒤처졌다. 상황이 이렇게 나빠진 핵심 이유는 고도성장을 이끌었던 소련 사회주의가 생산력 발전을 가로막는 경직된 체제로 전락했기 때문이다.

소련은 중앙집권적 계획경제와 사회주의를 동일시한 나라였다. 기업 형태 역시 이에 부합했다. 공산당이 수립한 경제계획을 생산 현장에 쉽게 전달하기 위해 소련은 거대기업 중심으로 경제를 운용했다. 예컨대 하나의 공장에서 만들어진 제품이 2억 8000만 명에 달하는 소련 인민의 절대다수에게 공급될 정도로 획일적이었다.

더 큰 문제는 중앙집권제 아래서 경제계획 수립에 인민들의 의사가 반영되지 않고 원천봉쇄됐다는 사실이다. 국가계획위원회를 비롯한 상층에서 수립된 경제계획은 관료 조직을 통해 인민들에게 하달됐고, 인민은 군말 없이 목표치를 달성해야만 했다. 결국 인민들은 상부의 지시에 따라 할당량만 채우는 수동적인 존재로 전락했다. 만약 할당량이 무게라면 무거운 제품을 만들면 됐고, 목표치가 화폐 단위로 제시되면 비싼 자재를 써서 고가의 물건을 만들면 그뿐이었다. 이를테면 어느 신발 공장에 1년에 1000만 켤레의 신발을 생산하라는 양적 목표는 제시되었지만 인민들의 요구에 부합하는 질 좋은 제품을 만들어야 한다는 과제는 주어지지 않았다. 이런 상황에서 노동자와 농민의 창의성이 발휘될 리 만무했고, 질 좋은 제품과 농산물이 생산되리라는 기대는 부질없고도 가당찮았다.

자본주의 국가들은 1970년대 들어 대량생산 대량소비로 상징되는 포드주의를 폐기하고 다품종 소량생산으로 전환하는 기민함이라도 보였지만 소비에트 사회주의는 소품종 대량생산의 낡은 시스템을 버리지 못했다. 다품종 소량생산으로 생산 시스템을 전환하려면 생산 기획 단계에서 인민들의 참여가 필수적이었다. 이는 노동자와 기업, 인민과 관료가 수평적인 관계를 형성하고 소통과 혁신을 이룰 때 가능했다.

소련은 오직 1930년대 스탈린 통치하에서 수립된 중앙집권적 계획경제 체제만을 고집했다. 이 체제는 소련 경제가 후진 상태에 있을 때는 생산력 발전과 성장에 기여했지만 질적 도약은 실현하지 못했다. 1950년대까지 소련 경제가 달성한 성과는 유휴 자원과 잉여 노동력을 활용한 생산의 양적 증가에 불과했을 뿐, 질적 성장에는 이르지 못했다. 그 결과 1960년대 들어 침체에 빠지기 시작한 것이다.

자본주의 체제에는 시장의 역동성이라도 있었지만 인민들의 창발성이 봉쇄된 소련의 사회주의 체제에는 이마저도 없었다. 이런 상황에서 관료들의 부정부패는 악의 꽃처럼 만발하여 소련 사회를 회복 불능의 병든 사회로 전락시켰다.

모스크바의 춥고도 긴 겨울이 막바지로 향하던 1985년 3월 10일, 소련공산당 서기장 콘스탄틴 체르넨코Konstantin Chernenko가 사망한다. 서기장직에 오른 지 불과 13개월 만에 사망한 체르넨코는 소련 역사상 가장 단명한 지도자였다.

체르넨코가 사망하고 닷새가 지난 3월 15일, 소련공산당 중앙위원회는 쉰네 살의 최연소 정치국원 미하일 고르바초프를 새로운 서기장으로 선출한다. 유리 안드로포프의 뒤를 이을 유력한 후계자였고, 체르넨코의 2인자로 주목받았던 고르바초프는 이렇게 역사의 전면에 등장했다.

서기장으로 선출된 고르바초프에게 무엇보다 시급한 문제는 사회안정과 경제개혁을 통해 인민들의 삶을 윤택하게 하고, 미국의 봉쇄정책을 극복하는 것이었다. 당시 소련은 안으로는 관료주의에 찌들었고, 밖으로는 미국과 계속 벌인 군비경쟁으로 최악의 경제난에 봉착해 있었다. 이런 상황을 타개하기 위해 고르바초프는 1986년 2월 제27차 당대회에서 인민들이 이미 잊어버린 지 오래된 기치 하나를 꺼내들었다. 바로 레닌이 주창한 페레스트로이카Perestroika[12]였다.

개혁을 뜻하는 페레스트로이카는 정치 민주화와 경제적 자유, 그리고 효율성 확보에 역점을 두고 추진됐다. 페레스트로이카 시행으로 사회 전반에 걸쳐 제도와 기구가 개편됨으로써 소련의 정치는 극적으로 변했다. 대통령제가 신설되었고 다당제와 함께 자유선거가 도입되는 등 입헌적 국가 운영이 시도됐다. 이 같은 정치제도의 개편은 당과 국가의 기능 및 역할을 엄격히 분리, 실질적인 통치권을 공산당에서 정부로 넘겼다.

페레스트로이카는 경제적 측면에서 중앙계획경제를 완화하고 시장 메커니즘을 도입함으로써 소련 경제의 활성화를 도모했다. 그 일환으로 1987년부터 국가독점 무역의 개방, 국영기업의 독립채산제 도입, 집단농장의 자영농장화, 소규모 민영기업 활동의 허용, 은행 제도의 개혁, 서방의 자본과 기술 도입 등 일련의 자유화, 개방화 정책을 추진했다. 또한 1986~90년 공장 근대화와 기계설비 개량 사업에 예산 투자 비율을 38.5퍼센트에서 50.5퍼센트로 높여 생산 효율성과 품질 개선을 꾀했다.

고르바초프는 페레스트로이카와 함께 정보 공개와 언론 자유를 허용하는 글라스노스트Glasnost를 시행했다. 그리하여 언론과 문화, 학술 분야가 폭넓게 개방되었다. 공산당 기관지《프라우다》와 관영 매체인 이즈베스티야, 국영 타스통신 등의 언론매체에서 관리들의 부정부패와 사회 부조리, 정부 정책에 대한 비판 기사가 보도되기 시작했다. 이는 소련 언론이 당의 결정과 방침을 선전·선동하던 데서 진실을 보도하는 쪽으로 전환했음을 의

---

12. 1903년 제2차 공산당 대회에서 레닌이 제기했다. 당과 소비에트(의회), 경제인과 인민들의 사고방식을 개조하기 위해 제기된 페레스트로이카는 전제군주인 차르 체제에서 굳어진 인민들의 정신적, 문화적 경직성을 극복하기 위해 제창한 혁명적인 구호였다.

미했다. 국민들의 비판 의식을 고취함으로써 사회발전에 기여하겠다는 의도에 따른 것이었다. 그 결과 저널리스트들은 1920년 대 이후 처음으로 소련의 실상을 사실대로 보도할 수 있었다. 상층 관료들의 도를 넘는 부패, 심각한 환경오염, 보건의료 서비스의 악화 등 각종 사회문제들이 거침없이 다뤄졌다. 그동안 금기시됐던 소설과 미술품이 선보였고, 60년 동안 숨겨졌던 소련 사회의 맨얼굴이 고스란히 드러났다.

또한 고르바초프는 그리스도교(정교회) 사제들의 종교 활동을 허용했다. 공산당 내에서 기득권을 장악하고 있던 관료들을 몰아내고 에두아르트 셰바르드나제, 보리스 옐친 등 신진 관료들을 대거 승진시켰다. 외교적으로는 미국의 봉쇄를 탈피하기 위해 탈이데올로기와 탈군사화를 통한 긴장완화와 경제협력 중시 정책을 시행했다. 또 다른 사회주의 강대국인 중국과 관계 정상화를 추진했으며, 아프가니스탄에서 소련군을 철수시켰다. 무엇보다 고르바초프가 주목한 대외정책은 미국의 대소 봉쇄를 완화하는 것이었다. 그 일환으로 미국과 핵 감축START을 추진하는 등 유화적인 태도를 취했다.

그런데 문제는 고르바초프가 페레스트로이카와 글라스노스트를 추진하면서 범한 결정적인 오류였다. 정치적으로는 공산당이 장악하고 있던 정치권력을 대통령제의 신설과 함께 정부로 이관하면서 혼란이 증폭되었다. 특히 공산당이 보수파와 개혁파로 분열된 상황에서 다당제와 자유선거제 도입으로 소련 정치는 걷잡을 수 없는 혼란에 빠져들었다.

경제적으로는 각종 개혁 개방 정책을 시행하는 과정에서 이를 조절할 통제권을 확보하지 않은 것이 문제였다. 또한 시장경제의 도입을 너무 서두른 나머지 혼란을 가중시켰다. 예컨대 샤탈린 박사를 내세워 대부분의 산업을 500일 이내에 사유화하는 것을 목표로 한 이른바 샤탈린 계획을 추진해 파멸적인 결과를 초래했다. 가격자유화 또한 만성적인 공급 부족이 해소되지 않은 상태에서 시행되어 살인적인 물가상승을 야기했다. 그 결과 1991년 소련의 물가상승률은 무려 91퍼센트에 달했다.

급진 개혁으로 인한 정치경제적 혼란은 인민들로 하여금 개혁정책을 불신하게 만들었다. 농민은 농민대로, 노동자는 노동자대로, 지식인은 지식인대로 불만에 가득차 있었다. 사회주의 체제의 마지막 보루였던 군부에서조차 불만의 목소리가 터져 나왔다. 이런 불만을 흡수하고 조절할 지도자나 국가 기구가 전혀 존재하지 않았고, 소련 사회는 걷잡을 수 없는 혼돈에 휩싸이고 말았다.

여기에 페레스트로이카와 글라스노스트의 영향으로 진실을 알게 된 인민들은 자신의 요구를 적극적으로 분출하기 시작했다. 곳곳에서 허가받지 않은 집회와 시위, 파업이 빈번하게 일어났다. 고르바초프는 변화를 바라는 인민의 열정을 개혁과 개방 정책의 에너지로 흡수하지 못한 채 불온하게만 생각했다. 인민들을 점점 멀리하면서 당내 다수파를 구성하고 있던 보수파에 의지했다. 그렇다고 고르바초프의 정치적 입장이 보수파와 일치할 리는 없었다.

고르바초프가 추진한 개혁, 개방 정책이 성공하려면 정치 안정에 기초한 경제개혁과 사회개방이 질서정연하게 실행되었어야 했다. 중국의 경우 공산당 주도로 대내 개혁과 대외 개방을 추진, 혼란을 최소화했지만 고르바초프의 소련은 그렇지 못했다. 소련을 비롯한 동유럽 사회주의 국가들은, 공산당이 지배하는 정치 체제가 붕괴하면서 정치적 혼란이 조성된 상황에서 시장경제를 조절할 안전장치를 마련하지 않은 채 마구잡이로 국유재산을 사유화하고 무역과 금융시장을 개방하여 극심한 혼란을 초래하였다.

이런 혼란 속에서 소련 사회는 다음과 같은 근본 문제에 직면했다.

첫째, 국가-사회-개인에 대한 관계 설정의 문제였다. 페레스트로이카는 개인의 자유와 경제적 효율성을 확대한 반면 국가 역할을 축소하는 방향으로 정책을 시행했다. 이에 따라 국가는 개인을 사회적으로 보호해야 할 뿐 아니라 개인의 자유로운 활동과 경쟁을 조화시켜야 하는 문제를 떠안았다.

둘째, 생산수단의 사유화에 따른 문제였다. 페레스트로이카의 시행으로 사적 소유가 허용되면서 국가 소유-협동조합 소유-개인 소유의 관계를 어떻게 설정할 것인가의 문제가 발생했다. 이는 사적 소유의 허용에 따른 사회적 갈등을 어떻게 최소화하고, 신흥 부르주아의 출현에 따른 사회적 불평등을 어떻게 해소할 것인가라는 과제를 제기했다.

셋째, 사회주의 체제에서 시행되었던 사회적 분배에 관한 문제였다. 시장경제를 도입함에 따라 일하지 않고도 분배받던 혜택이 사라지고, 사적 소유에 기초한 자유경쟁의 원리가 도입되면서 신흥 부르주아가 등장하는 등 심각한 사회적 불평등이 나타났다.

넷째, 대외관계에서 탈이데올로기와 탈군사화에 기초한 타협 정책으로 심각한 문제가 나타났다. 탈이데올로기란 소련의 국가이익 우선주의를 의미하며, 계급의식에 기초한 외교노선의 상대적 약화를 뜻했다. 탈군사화는 경제개혁에 발맞추어 군비 삭감과 군사력 축소, 그리고 해외 주둔 소련군의 철수로 나타났다. 이 같은 소련의 대외정책은 미국의 봉쇄정책을 수용하는 것으로 귀결되었다.

고르바초프가 추진한 개혁, 개방 정책의 문제점은 몰타회담 Malta Conference(1989년 12월 2~3일)을 계기로 전면화됐다. 지중해의 작은 섬 몰타 해역에서 미국과 소련의 함정을 오가며 개최된 회담에서 아버지 부시George H. W. Bush와 고르바초프는 2차대전 이후 고착된 냉전체제의 종식을 선언했다.

냉전 종식은 환영받을 일이었지만 그렇다고 몰타선언이 평화를 의미하지는 않았다. 왜냐하면 소련이 미국의 제국주의적 패권 정책을 용인하는 것을 전제한 선언이었기 때문이다. 이 사실은 몰타회담 직후 미국의 패권적 행태가 한층 노골화되면서 명확해졌다. 회담이 끝나자마자 미국은 파나마를 침공해(1989년 12월 20일) 마누엘 노리에가를 체포했다. 누가 보더라도 침략행위가 분명한 이 사태에 대해 소련은 입도 뻥끗 못했다. 소련의 무기력한 모습은 1991년 1월 걸프전쟁에서도 다시 한 번 재현됐다.

미국의 패권을 용인한 덕분에 고르바초프는 서방 국가들로부터는 평화의 사도이자 20세기의 마지막 영웅이라는 최고의 상찬을 들었다. 그러나 소련 내부의 반응은 싸늘했다. 냉전 종식

몰타회담에서 조지 H. W. 부시와 고르바초프.

이라는 이름 아래 미국에 백기를 든 고르바초프의 선택은 10월 혁명 이후 반제국주의 투쟁을 선도해온 소련 인민들에게 씻을 수 없는 상처를 안겼다. 이 때문에 몰타회담 이후 공산당에 대한 냉소적인 분위기는 확산됐고, 고르바초프는 무기력한 지도자로 전락했다.

소련을 무너뜨리려는 전략적 공세

1985년 7월 영국 정보부는 KGB 요원 올레그 고르디에프스키를 모스크바에서 빼돌리는 데 성공한다. 1970년대 중반 KGB 런던 지국장으로 활동한 고르디에프스키는 영국 정보부에 포섭된 이중간첩이었다. 어느 때부터인가 이중간첩 고르디에프스키의 미심쩍은 행동은 KGB의 의심을 사기 시작했고 급기야 연금되어 조사를 받았다. 이렇게 되자 영국 총리 외교보좌관 찰스 파월은 대처의 재가를 받아 고르디에프스키 구출작전에 나섰다.

1985년 7월 19일 KGB의 조사를 받고 집에서 대기하던 고르디에프스키는 조깅복 차림으로 집을 나와 사라져버렸다. 영국 정보부 요원과 접선한 고르디에프스키는 핀란드로 통하는 국경으로 이동, 승용차 트렁크에 숨어 가까스로 검문소를 통과했다.

숱한 어려움을 뚫고 런던에 도착한 고르디에프스키는 영국 정보부에 소련 관련 첩보를 보고했다. 그의 첩보 중에는 소련이 전체 예산의 3분의 1 이상을 군사비로 소모해 경제난이 심각하다는 내용도 포함되어 있었다. 당시 영국 정보국 요원들의 관심은 온통 군사전략에 쏠려 있었다. 고르디에프스키의 진술은 예기치 못한 것이었고, 이 내용은 곧바로 레이건 정부에 전달됐다.

본능적인 반소감정의 소유자인 레이건은 대통령에 취임하자마자 소련을 무너뜨리기 위한 전략을 수립했다. 소련을 붕괴시키기 위해 레이건 정부가 수립한 전략은 다음과 같았다.

첫째, 소련 내부를 분열시키는 동시에 동유럽 국가들을 소련으로부터 떼어놓는 것이었다. 미국은 폴란드, 헝가리, 루마니아 등에 거액의 차관을 제공하여 동유럽으로 통하는 진입로를 만들었다. 미국의 대폴란드 원조는 1981년 1월부터 7월까지 7억 4000만 달러에 이르렀고, 1989년 6월 총선까지 수십억 달러를 지원했다. 1981년 8월 폴란드에 심어둔 간첩 쿠클린스키 대령이 폴란드에 계엄령이 내려질 것이라는 첩보를 전달하자 레이건은 관계 부처에 자유노조를 지원할 방도를 찾으라고 지시했다. 1981년 12월 13일 폴란드에 계엄령이 선포되자 레이건 정부는 자유노조에 활동 자금을 지원하는 등 자유노조를 동유럽 사회주의를 붕괴시키기 위한 전초기지로 삼았다. 또 대소 봉쇄를 강화하기 위해 중국과의 관계를 돈독히 하고 아프가니스탄 반군을 지원했다. 소련이 아프가니스탄을 침공[13]하여 진퇴양난의 처지에 빠져 있던 1981년 가을, CIA 국장 빌 케이시는 파키스탄을 비밀리에 방문해 정보기관을 통해 아프가니스탄 반군 무자헤딘에게 무기를 지원하는 방안을 강구했다. 아프가니스탄전쟁을 '소련판 베트남전쟁'으로 만들어 중앙아시아에서 소련의 발목을 잡기 위해서였다.

둘째, 소련의 중요 수입원인 원유가를 떨어뜨려 재정 압박을 가중시켰다. 미국은 국제 원유가를 인위적으로 떨어뜨려 소련 경제를 강도 높게 압박했다. 레이건 행정부는 사우디아라비아를 설득, 원유 생산을 대폭 늘렸다. 그로 인해 국제 원유시장에서 공급 과잉 사태가 벌어져 1980년대 중반 저유가 시세가 지속됐다. OECD 통계에 따르면 미국의 저유가 공세로 1985년 소련의 석유 수출 가격은 40퍼센트 하락하여 재정 수입이 80억 달러나 감소했다. 여기에 국제 금융시장에 형성된 저달러 흐름은 소련의 재정 손실을 더욱 악화시켰다. 그 영향으로 소련의 대외 채무는 1984년 50억 달러에서 1987년 200억 달러로 대폭 늘어났

---

13. 소련의 아프가니스탄 침공은 1979년 12월 24일 아프가니스탄의 카불 공항에 정예 105공수사단을 투입하면서 시작됐다. 아프가니스탄을 침공한 소련은 친소 카르말 정권을 수립했고, 이에 맞서 이슬람 무장단체인 무자헤딘은 반정부 게릴라전을 펼쳤다. 소련은 최대 13만 5000명에 이르는 군대를 파견했으나 반군 소탕에 실패했다. 한마디로 아프가니스탄은 소련의 무덤이었다. 진퇴양난에 빠진 소련은 9년 2개월이 지난 1989년 2월 15일 아프가니스탄에서 소련군을 완전히 철수하는 것 말고는 다른 방법이 없었다.

아프가니스탄에서 철수하는 소련군.

다. 미국과 달리 국제 금융시장에서 자금 조달이 어려웠던 소련은 겉으로 드러난 수치 이상의 재정압박에 시달렸다.

셋째, 미국은 무한 군비경쟁을 펼치면서 첨단기술이 소련을 비롯한 공산권으로 유입되는 것을 차단해 기술 격차를 더욱 벌렸다. 당시 금수 품목에는 첨단 통신, 전자장비 부품은 물론 건설자재, 농업기계 부품 등 서방 국가들이 개발한 거의 모든 신기술이 포함되어 있었다. 대신 미국은 광범위한 역기술 정보를 흘려보내 소련을 비롯한 공산권 국가들을 교란시켰다.

미국의 전략적 공세는 1981년 4월 레이건이 브레즈네프에게 정상회담을 유보한다는 서한을 보내면서 본격화됐다. 급소를 정확하게 겨냥한 미국의 전략적 공세는 소련의 붕괴를 재촉했다. 그 결과 1987년 중반을 지나면서 길고도 지리했던 냉전은 끝이 보이기 시작했다. 승패를 가리키는 추가 급격히 미국 쪽으로 기울던 1987년 6월 12일 레이건은 독일의 베를린을 방문한다. 이날 동서 분단의 상징인 브란덴부르크 문 앞에 선 레이건은 고르바초프를 향해 다음과 같이 윽박질렀다.

고르바초프 서기장, 만약 당신이 소련과 동유럽의 평화와 번영을 원한다면, 당신이 자유화를 원한다면 이곳 베를린으로 오시오. 고르바초프 서기장, 이곳의 문을 활짝 여시오. 그리고 이 장벽을 무너뜨리시오.

보좌관들이 너무 자극적이라고 말렸지만 레이건은 개의치 않았다. 이 무렵 소련 지도부 또한 냉전 패배라는 냉엄한 현실을 받아들이기 시작했다. 더는 군비경쟁을 지속할 여력을 상실한 소련은 미국과 중거리핵전력INF 감축 협정을 체결(1987년 12월 8일), 1988년까지 600기 이상을 폐기(미국은 고작 200기를 폐기했다)하는 동시에 미사일 기지 스물네 곳을 일방적으로 폐쇄했다. 또한 소련 지도부는 미국의 요구를 수용, 아프가니스탄에 주둔하고 있던 소련군을 철수시키기 시작했다.

1988년 12월 7일 고르바초프는 유엔 연설에서 소련군 50만 명(전체 병력의 10퍼센트)을 감축하고, 2년 내에 체코슬로바키아, 헝가리, 동독 등 동유럽과 중소 접경지대에 배치된 병력을 철수하겠다고 일방적으로 선언한다. '크리스마스의 기습'이라고 불렸던 이날 선언은 퇴임을 한 달 앞둔 레이건에게 고르바초프가 선사하는 사실상의 항복 선언이었다.

69년 만에 붕괴한 사회주의 종주국

러시아소비에트사회주의공화국이 벨로루스와 우크라이나, 자카프카스 등을 포괄하여 소비에트연방공화국을 수립한 날은 1922년 12월 30일이다. 소비에트사회주의연방공화국USSR, Union of Soviet Socialist Republics이라는 다소 긴 국호를 채택한 소련은 15개 연방 공화국을 거느린 강력한 중앙집권제를 채택했다.

　사회주의 종주국 소련은 1988년까지만 해도 별문제 없이 중앙집권제를 유지했으나 분리 독립이라는 언제 터질지 모르는 시한폭탄을 안고 있는 나라였다. 분리 독립의 뇌관은 스탈린 시대에 강제로 편입된 발트 3국(에스토니아, 라트비아, 리투아니아)과 민족분쟁의 불씨를 안고 있던 아르메니아와 아제르바이잔이었다.

　분리 독립의 뇌관을 건드린 것은 고르바초프가 추진한 개혁, 개방 정책이었다. 1989년 소련은 경제정책의 골간인 5개년 계획조차 수립하지 못하면서 분리 독립 조짐이 본격화됐다. 경제계획이 수립되지 않자 연방정부는 경제 지침은 물론 자원 배분까지 중단했다. 이로써 소련은 경제 활동에 필요한 최소한의 조절과 통제 기능을 상실했다. 문제를 더욱 어렵게 만든 요인 중 하나는 고르바초프가 농업과 경공업 발전은 외면한 채 중공업 육성에 집착했던 점도 있었다. 중공업은 말할 나위 없이 중요했지만 인민들에게 생필품을 원활하게 공급하려면 경공업 육성이 급선무였다.

　경제 상황이 악화되자 각 공화국은 필요한 자원을 자체 조달하면서 상호 직거래를 활성화했고, 점차 정치적 실체로 부상했다. 이런 가운데 발트 3국에서 독립시위가 촉발됐고, 아제르바이잔과 카자흐스탄에서는 대규모 민족주의 시위가 일어났다.

그러나 이때까지만 해도 인민들은 지방 공화국의 권한 증대를 소연방 해체로까지 인식하지 않았다. 1991년 3월 17일 전연방 국민투표 결과는 이 사실을 명확하게 보여준다. 당시 소련 유권자의 76퍼센트는 "어떤 민족에 속한 사람이든 권리와 자유를 완전히 보장받는 동등한 주권 공화국들의 연방"으로서 소연방의 유지를 지지했다.

그럼에도 공산당을 비롯한 주요 국가기구가 극심한 내분에 휩싸이면서 소연방의 해체는 가속화됐다. 소련공산당의 경우 보수파와 급진개혁파로 분열되어 더는 하나의 당을 유지하기가 어려웠다. 1990년 레닌그라드에서 공산당의 분파들이 서로 다른 두 개의 정치집회를 개최할 정도로 분열은 심화됐다. 이런 가운데 리투아니아 공산당이 소련공산당에서 독립을 선언(1989년 12월)하면서 소연방은 해체의 길에 들어섰다. 설상가상으로 체제의 마지막 보루인 군대마저도 자중지란에 빠졌다. 사병들은 저마다 정치적 입장에 따라 다양한 조직에 가입하여 각종 행사에 참여했다. 사병들은 사병들대로 통제가 되지 않았고, 장교들은 개혁에 대한 입장 차이로 극심하게 분열됐다. 당과 군 내부의 분열은 소련 전반으로 확산되어 혼란을 증폭시켰다.

소련의 혼란은 내부의 크고 작은 견해 차이를 흡수 조정하지 못하면서 증폭된 결과였다. 게다가 주요 정책 결정에 인민들의 참여는 원천 봉쇄됐고, 효율을 중시하는 시장의 역동성마저 존재하지 않았다. 경직된 생산과 기술 체계로 신기술 도입은 부진했고, 지식 정보화와 정보통신 기술도 뒤처졌다. 중화학공업 중심으로 수립된 소련의 경제개발 전략은 소비재 부족 현상을 야기하여 인민들의 삶을 궁핍하게 만들었다. 소비재 부족이 지속되자 공산당과 국가 관료들은 부족한 물품을 빼돌렸고 뒷거래가 성행하면서 부정부패가 독버섯처럼 자라났다. 결국 어느 때부터인가 소련 사회주의 체제의 몰락은 예견되기 시작했고, 그 양상은 소연방의 해체와 결부되어 나타났다.

역설적이게도 전 연방 국민투표 이후 소연방의 해체는 돌이키기 어려워졌다. 그해 4월 말 고르바초프는 9개 공화국(에스토니아, 라트비아, 리투아니아 등 발트 3국과 그루지야, 키르기스스탄, 러시아를 제외한 나머지 공화국)들과 새로운 연방조약에 서명했다. 그러자 당 지도층을 포함한 권력층 대부분은 이 조약에 민감하게 반응했다.

이즈음 개혁정책에 불만을 품었던 공산당 내 보수파들은 고르바초프를 몰아내기 위한 계책을 꾸미고 있었다. 공산당의 권위 추락과 경제 악화를 이유로 부통령 겐나디 야나예프를 중심으로 하는 보수파들이 1991년 8월 19일 쿠데타를 일으켰다. 쿠데타를 일으킨 보수파 세력은 휴가 중인 고르바초프를 연금시킨 다음 대통령 겸 당서기장이 없으므로 비상위원회가 권력을 인수한다고 발표했다.

그러나 어설프기 짝이 없는 이들은 치명적인 실수를 저질렀다. 정적 체포와 방송국 접수 등 쿠데타에 반드시 필요한 조처들을 취하지 않았던 것이다. 어찌 보면 보수파의 쿠데타는 권력을 장악할 의사도 능력도 없는 자들의 마지막 비명이었는지 모른다.

결과적으로 개혁파의 선주두자인 옐친만을 띄워준 꼴이었다. 쿠데타가 발생하자 옐친은 이에 대한 저항과 총파업을 호소했고, 수만 명의 시민들이 거리로 몰려나와 시위를 벌였다. 긴장감이라고는 찾아보기 어려운 이 싱거운 쿠데타는 옐친이 탱크 위에 올라 연설하는 장면이 세계로 타전되면서 대세가 기울었다.

결국 보수파의 쿠데타는 3일 천하로 끝났다. 쿠데타 진압 후 고르바초프가 복귀했지만 이미 이빨 빠진 사자에 불과했다. 처량한 처지를 직시한 고르바초프는 소련공산당 서기장 자리에서 사임한다(1991년 8월 24일). 쿠데타가 진압되자 소연방의 해체는 일사천리로 진행됐다. 진압 당일인 8월 21일 에스토니아, 라트비아가 독립을 선언했다. 사흘 뒤인 8월 24일에는 우크라이나가 독립을 선언했고, 8월 27일에는 몰도바가, 8월 30일과 31일에는 아제르바이잔과 키르기스스탄이 뒤를 이었다.

이렇게 두 달이 흘러 11월이 되자 독립을 선언하지 않은 공화국은 러시아, 벨로루시, 카자흐스탄, 우즈베키스탄뿐이었다. 이런 상황에서 그해 12월 8일 벨로루시의 브레스트에서 러시아 대통령 옐친과 우크라이나 대통령 크라프추크, 벨로루시 최고회의 의장 슈슈케비치가 독립국가연합CIS, Commonwealth of Independent States을 결성하기로 합의한다. 그런 다음 12월 21일 카자흐스탄 알마아타에서 다시 만난 이들은 1992년 1월 1일을 기해 독립국가연합을 발족시킨다는 내용의 협정안에 서명했다.

이로써 사회주의 종주국 소련이 사라질 날이 1991년 12월 31일로 확정됐다. 소연방의 해체가 확정되자 고르바초프는 1991년 12월 25일 대통령직에서 사퇴한다. 이날 텔레비전으로 중계된 사퇴 연설에서 고르바초프는 "인민 여러분의 지혜와 의지에 대한 희망을 함께 지닌 채 대통령직에서 물러난다"는 말과 함께 역사의 무대에서 퇴장했다. 그의 뒷모습은 쓸쓸하기 그지없었다. 이런 그에게 남겨진 것이라곤 전직 소련공산당 서기장 겸 소련 대통령이라는 흘러간 직함과 노벨위원회가 동유럽의 개혁과 냉전 종식에 기여했다고 수여(1990년)한 노벨평화상 메달뿐이었다.

그날 저녁 7시 32분, 크렘린 궁전의 국기 게양대에서 낫과 망치가 그려진 붉은 기가 내려지고 러시아를 상징하는 빨강·파랑·흰색의 3색 국기가 게양됐다. 이로써 1922년 스탈린에 의해 성립된 소비에트사회주의연방공화국은 69년 만에 역사 속으로 사라졌다.[14]

신자유주의의 침투

워싱턴 주재 폴란드 대사관 직원 크쥐시토프 크로바츠키가 1989년 초 하버드 대학 교수 제프리 삭스Jeffrey Sachs를 방문했다. 크로바츠키는 삭스에게 폴란드의 시장경제 도입 작업에 참여해 달라고 요청한다. 동유럽에서 신자유주의 전도사로 이름을 떨친 삭스의 눈부신 활약은 이렇게 시작됐다.

---

14. 소연방의 해체와 함께 15개 신생 공화국이 탄생했다. 이 가운데 소련의 지위를 계승한 나라는 러시아였다. 옐친이 이끄는 러시아는 소련 국토의 76퍼센트, 인구의 50퍼센트, 경제력의 45퍼센트, 군병력의 33퍼센트를 물려받았다. 그럼에도 러시아는 중국, 인도, 미국, 인도네시아, 브라질의 뒤를 잇는 세계 6위의 인구 대국이었다. 하지만 러시아에 남겨진 것이라곤 사회주의 종주국 소련의 영화도 지위도 아닌 극심한 경제난과 정치 혼란뿐이었다.

그해 4월 5일 삭스는 폴란드 바르샤바를 처음 방문한다. 그리고 두 달이 지난 1989년 6월 4일 중국에서 천안문사태가 발생하던 날, 폴란드에서 반세기 만에 자유선거가 치러졌다. 이날 선거로 공산당이 몰락하고 바웬사가 이끄는 연대노조가 상하 양원의 다수당이 됐다. 이로써 시장경제체제를 도입하기 위한 정치 기반이 구축됐다.

삭스가 폴란드에서 시행한 충격요법은 '일시에 시장경제 체제로 바꾸기 위한 조치'였다. 이를 위해 삭스는 바웬사의 정책 참모들에게 다음과 같은 경제개혁 방향을 제시했다.

- 안정화: 높은 인플레이션을 종결시키고 안정적이고 태환 가능한 통화를 확립한다.
- 자유화: 사적인 경제활동을 합법화하고 가격 통제를 철폐하며 필수적 상법을 제정함으로써 시장이 기능할 수 있도록 한다.
- 사유화: 현재 국가가 소유한 자산들에 대한 사적 소유주를 확인한다. 이 자산들은 상황에 따라 기업 전체의 형태나, 부분적 자산(기계·건물·토지) 형태로 사유화될 수 있을 것이다.
- 사회안전망: 노인과 빈민에 대한 연금, 보건 및 기타 수당을 확보한다. 이것은 특히 이행의 완충장치로 기능할 것이다.
- 제도적 조화: 유럽연합(1989년 당시는 유럽공동체)의 후보 자격을 취득하기 위해 서유럽의 경제적 법률과 절차와 제도들을 단계적으로 채택한다.

—제프리 삭스, 《빈곤의 종말》, 174~175쪽.

삭스가 제시한 핵심 내용은 가격자유화를 통한 시장의 활성화와 사적 소유의 허용이었다. 이를 전제로 폴란드에서는 국영기업의 보조금 축소, 정리해고의 자유화, 유럽연합과의 관계 개선을 통한 무역자유화, 대대적인 민영화와 은행 개혁 등이 시행됐다. 삭스가 제시한 가격자유화는 자본주의 체제로 전환하기 위한 선결 조치였다. 왜냐하면 시장의 활성화를 통한 사적 소유의 정착과 자본 형성을 목표로 했기 때문이다.

폴란드에서 가격자유화로 시장이 도입되자 정부가 통제하던 물건 값이 수요와 공급의 법칙에 따라 자율적으로 정해졌다. 이런 가운데 정부는 국영기업에 대한 보조금을 축소했고, 각 기업은 적자를 보전하고 흑자 운영으로 전환하기 위한 자구책을 마련해야 했다.

시장의 도입과 함께 대대적인 민영화가 뒤따랐다. 공기업 비율이 60~70퍼센트에 달했던 동유럽 국가들의 민영화는 파장이 클 수밖에 없었다. 폴란드의 경우 단기간에 대대적으로 민영화가 시행됐다. 국가 소유의 생산수단이 민영화되면서 외국 자본이 유입되는 동시에 국유재산을 헐값에 불하받은 세력들이 신흥 부르주아로 발돋움했다. 또한 공기업의 효율성을 높인다며 추진된 민영화로 자본주의 제도는 물론 가치와 관행까지 뒤따라 유입됐다. 민영화가 시행되면서 사유재산을 보호하기 위한 법과 제도의 정비가 동반됐고, 인민들의 의식 속에서 오랫동안 잊혀졌던 사적 소유 개념이 되살아났다.

그런데 문제는 폴란드를 시작으로 동유럽을 휩쓴 자본주의가 심각한 혼란을 동반했다는 사실이다. 급격한 가격자유화로 정부 통제하에 있던 물가가 거침없이 뛰면서 초인플레이션이 발생했다. 1990년 폴란드는 500퍼센트, 헝가리는 35퍼센트, 체코는 57퍼센트에 이르는 물가상승률을 기록했다.

물가가 폭등하자 각국 정부는 긴축 및 임금억제 정책을 시행했다. 긴축정책의 일환으로 헝가리는 각종 보조금을 줄였고, 폴란드는 노동자들의 임금을 동결시켰다. 당연히 인민들의 생활은 더욱 곤궁해졌다.

살인적인 인플레이션은 높은 실업률을 동반했다. 체코처럼 고용이 안정된 나라도 있었지만 대부분의 나라들은 10퍼센트를 상회하는 실업률을 기록했다. 폴란드의 경우 1990년 5퍼센트였던 실업률이 1993년이 되자 14퍼센트로 상승했다. 사회주의 체제에서 완전고용을 당연시했던 국민들에게 실업은 참기 힘든 고통이었다.

초인플레이션과 높은 실업률이 발생하는 가운데 동유럽 국가들은 일제히 마이너스 성장을 기록했다. 헝가리는 1992년 −5.1퍼센트의 성장을 기록했고, 체코의 경우 1991년 −13퍼센트의 성장률이라는 극심한 경제 불황에 시달렸다. 동유럽 우파 정부들은 몇 년을 버티지 못했다. 1992~95년 리투아니아, 폴란드, 헝가리, 불가리아 등의 나라에서 공산당이 재집권하는 반전이 일어났다.

러시아의 시장경제 체제 도입은 소련 해체와 함께 본격화됐다. 1991년 11월 옐친은 이고르 가이다르를 재무장관으로 임명하고 본격적인 시장경제로의 전환을 시도했다. 이번에도 삭스는 가이다르의 경제고문으로 활동하면서 신자유주의 전도사라는 면모를 유감없이 발휘했다.

1992년 벽두부터 시행된 경제개혁으로 러시아에서 중앙집중적 계획경제는 사라졌다. 대신 가격자유화가 도입되면서 공정가격제는 시장가격제로 전환됐고, 국유재산은 사유화됐다. 특히 국영기업을 비롯한 국가자산이 민영화되면서 외국자본이 유입됐고, 신흥 부르주아라는 이름의 특권층이 등장했다. 국가 소유의 집단농장은 농민들에게 분할, 불하되어 자작농이 탄생했다. 주택과 택지도 거주민에게 헐값으로 불하되는 등 사회 전반에 걸쳐 사유화가 진행됐다. 민간의 경제활동을 뒷받침하기 위한 법률과 금융 인프라가 마련되는 가운데 루블화의 환율은 복수환율에서 변동환율제로 변경됐다.

옐친 정부가 추진한 러시아의 경제개혁은 충격요법이라는 이름 그대로 급진적이었다. 충격요법에 따른 경제개혁은 신생 러시아가 감당할 만한 수준이 아니었다. 러시아는 물가 폭등과 대량 실업, 루블화 폭락이라는 미증유의 혼란에 맞닥뜨렸다.

경제가 혼란에 빠지자 옐친 정부는 인플레이션을 억제하기 위해 긴축정책을 시행했다. 그런데도 소비자 물가는 1992년 100배 이상(9900퍼센트) 폭등했다. 빵 값의 경우 경제개혁 직전인 1991년 12월, 13~18코페이카였으나 1992년 10월이 되자 20루블을 넘어섰다. 같은 기간 러시아 산 텔레비전은 800루블에서 8만 5000루블로 치솟았다.

반면 노동자의 임금은 열 배 정도 오르는 데 그쳤다. 이는 실질임금이 80퍼센트 넘게 줄었다는 것을 의미했다. 1992~93년 러시아 국민의 월 평균소득은 10달러에도 미치지 못했다. 대학 교수의 월급은 8달러, 사무직 노동자는 7달러, 도시 소재 병원의 숙련 간호사는 6달러였다. 소비재 가격이 급등하는 상황에서 이 정도 월급으로는 식료품조차 사기 어려웠다. 이런 가운데 사회주의 체제에서 확립됐던 보건, 교육, 문화, 예술 분야의 공공의 성과물들이 허망하게 사라졌다.

사회주의 체제가 제공하던 안전망이 사라지자 신자유주의가 침투하여 그 자리를 차지했다. 전직 관료와 당 간부들은 암거래를 통해 엄청난 이윤을 얻으면서 신흥 부르주아로 발돋움했고, 가격자유화에 따른 루블화의 붕괴로 경제 혼란이 가중됐다. 이제 루블화는 안전한 저축 수단이 되지 못했고 러시아인들은 루블화보다는 달러를 선호하기 시작했다. 또한 루블화가 폭락하자 서방 자본들은 러시아의 천연자원을 거저먹다시피 약탈해갔다. 러시아 상인들은 국영공장에서 석유와 비철금속 등 주요 천연자원을 루블화로 사들인 다음 유럽 무역상들에게 열 배가 넘는 가격에 달러를 받고 팔았다. 원유의 경우 1992년 1톤당 5200루블(17달러)에 매입하여 국제 원유시장에 150달러를 받고 팔았다.

첨단 군사시설을 비롯한 국가자산들도 헐값에 팔려나갔다. 첨단 미사일 생산시설은 100만 달러면 살 수 있었고, 모스크바 중심가의 호텔은 파리에 있는 아파트 한 채 값도 되지 않았다. 주요 경공업이 폐쇄된 상황에서 수입품이 러시아 시장을 잠식했고, 첨단 군사기술을 비롯한 핵심 부문은 합작기업으로 넘어갔다.

경제 불황이 날로 심화되는 가운데 일부 특권층을 대상으로 하는 사치성 소비재 시장은 하루가 다르게 번창했다. 모스크바의 번화가인 쿠즈네츠키 거리에는 외국산 명품을 사려는 사람들

러시아의 주요 경제지표(전년 대비)

	1992	1993	1994	1995	1996	1997	1998	1999	2000
실질 GDP	−14.5	−8.7	−12.7	−4.1	−3.4	0.9	−4.9	5.4	8.3
광공업생산	−18.0	−14.1	−20.9	−2.8	−4.6	2.0	−5.2	11.0	11.0
농업총생산	−9.4	−4.4	−12.0	−7.6	−5.1	1.5	−13.2	1.1	5.0
고정투자	−40.0	−11.6	−24.0	−10.0	−18.1	−5.0	−6.7	5.3	17.4
민간소비	−41.4	14.9	7.3	−6.6	−2.1	3.1	−5.4	−13.1	9.2
소매매상고	−7.0	4.3	2.1	−7.1	0.1	3.6	−3.3	−9.3	8.8
무역수지(10억 달러)	−	−	17.4	20.3	22.5	17.0	16.9	36.1	60.7
수출(10억 달러)	−	−	67.8	82.9	90.6	89.0	74.9	75.7	105.6
수입(10억 달러)	−	−	50.5	62.6	68.1	72.0	58.0	39.5	44.9
소비자물가상승률	2,508.8	839.9	215.1	131.3	21.8	11.0	84.4	36.5	20.2
생산자물가상승률	2,296.8	895.0	233.0	175.0	25.6	7.5	23.2	67.4	31.6
공정이자율(연말, %)	63.0	146.0	178.0	185.0	100.0	31.0	60.0	57.0	32.0
실업률(연말, %)	4.8	5.7	7.0	8.5	9.6	10.8	11.9	12.6	10.1
환율(연말)	0.4145	1.2470	3.5500	4.6400	5.5700	5.9740	21.1400	26.9590	28.1630

출처: 김종현, 《경제사》, 607쪽.

이 장사진을 쳤다. 이들 신흥 부르주아들은 러시아 제품은 쳐다보지도 않은 채 벤츠, BMW 같은 외제 승용차와 고급 의상만을 찾았다. 보드카의 나라인 러시아에서 크리스털 병에 담긴 미국산 보드카는 평범한 노동자가 4년 동안 한 푼도 쓰지 않고 모아야 살 수 있는 345달러에 팔려나갔다.

일부 특권층의 사치와 향락에도 아랑곳하지 않고 옐친 정부는 석유, 전략적 금속, 식료품 등에 대한 수출 규제를 철폐하는 한편 고급 승용차, 내구성 소비재, 가공식품 등 소비재 수입을 자유화했다. 이렇게 수출입의 장벽은 폐지됐으나 국내 산업의 보호책이나 활성화 방안, 천연자원을 가공하기 위한 연관 산업 육성책은 찾아볼 수 없었다. 생산설비 구입용 대출은 동결됐고 석유를 비롯한 에너지 생산 규제가 철폐되어 러시아의 천연자원이 특권층과 마피아에게 불하됐다.

경제개혁의 후과로 러시아는 1990년대 미국과 독일이 대공황 때 겪었던 심각한 경제 불황을 경험했다. 이런 경제 혼란 속에서 GNP는 1990~91년 17퍼센트, 1991~92년 19퍼센트, 1992~93년 11퍼센트나 떨어졌다. 공업과 농업은 후퇴했고, 빈곤층이 폭증하여 내수시장은 극도로 위축됐다. 당시 러시아의 절망적인 상황에 대해 어느 경제학자는 이렇게 증언하고 있다.

서방 측이 주장하는 대로, 개혁의 의도는 자본주의 시장경제와 서구식 민주주의를 형성하는 데 있는 것이 아니라 적국을 무장 해제시키고 러시아가 강국으로 부상하는 것을 미연에 방지하는 데 있었다. 무엇보다 심각한 것은 경제개혁이 몰고 온 시민사회의 파괴와 근본적인 사회관계의 왜곡이었다. 경제활동 영역은 범죄의 소굴이 되었고, 국가 재산이 탈취되었으며, 검은돈이 세탁되고, 자본은 국외로 빠져나갔다.
　　　　　　　　　　　　　—미셸 초스도프스키, 《빈곤의 세계화》, 258쪽.

사회주의 체제에서 러시아인들은 적어도 먹을 빵과 몸 누일 집 걱정은 하지 않아도 됐다. 그러나 자본주의가 유입되면서 이런 혜택은 사라졌고 사람들은 돈을 벌어야 생존할 수 있었다. 수도와 전기 요금은 인상됐고, 정부는 더는 보조금을 주지 않았다. 교육을 받으려면 돈을 내야 했고, 몸이 아파 병원에 가려면 돈이 필요했다. 아이러니하게도 물건이 없어 줄을 서야 했던 구소련 시절과 달리 각종 소비재가 넘쳐나는데도 주머니에 돈이 없어 살 수가 없었다. 절대 다수의 러시아인들은 더욱 가난해진 반면 일부 특권층들은 외제 승용차를 굴리며 으스댔고, 고급 사치품들은 없어서 못 팔 지경이었다. 도무지 이해할 수 없는 양극화가 고착되는 가운데 러시아는 지옥이 따로 없는 엉망진창으로 변해갔다.

냉전체제, 어떻게 봐야 하나

2006년 뉴욕 소더비 경매에서 1억 4000만 달러라는 경이로운 가격에 낙찰된 그림이 있었다. 미술작품 경매 사상 최고가를 기록한 이 작품은 잭슨 폴록Jackson Pollock의 〈넘버5〉였다. 반 고흐나 파블로 피카소 같은 세계적으로 널리 알려진 화가들을 제치고 이 낯설기만 한 작가의 작품이 최고가를 기록할 수 있었던 배경에는 냉전이 자리 잡고 있었다.

2차대전 직후 서유럽에서 공산주의는 저명한 예술가들과 문화인들에게 강한 호소력을 갖고 퍼져나갔다. 피카소 등 유명인사들이 공산당에 가입했고, 프랑스와 이탈리아에서도 공산당의 영향력이 하루가 다르게 성장해갔다.

공산당의 영향력이 커지자 CIA는 몸이 달았다. 소련과 문화전쟁을 벌여야 했던 CIA는 아무래도 공산주의 이론과 생리를 잘 아는 좌익 출신의 문화계 인사가 필요했다. 그래서 미국 공산당 창립 멤버인 제이 러브스톤과 노조활동가 어빙 브라운을 협력자로 끌어들였다. 하지만 유럽의 좌익을 약화시키려면 노조에 대한 분열 공작만으로는 한계가 있었다. 무엇보다 문화예술 분야에서 소련을 압도하고 유럽을 사로잡을 수 있는 고도의 전략이 필요했다.

CIA는 추상표현주의에 주목했다. 2차대전 막바지에 형성되기 시작한 추상표현주의는 1950년대에 이르러 미국 화단의 주류로 떠올랐다. 추상의 세계를 거칠고 과감하게 표출하는 추상표현주의는 폴록을 비롯해 빌럼 데 쿠닝, 마크 로스코, 바넷 뉴먼 등이 대표 작가들이다. 특히 폴록의 작품은 캔버스를 바닥에 깔고 물감을 흩뿌리는 방식으로 창작되어 추상표현주의를 상징하는 데 안성맞춤이었다.

추상표현주의에는 개인주의·자유·순수성 등 자본주의 진영의 중심 가치와 이데올로기가 내포돼 있었다. 이에 반해 소련의 사회주의 리얼리즘 미술은 정치적 목표와 이념에 충실히 복무하는 구상적인 미술이었다. 이런 특징 때문에 추상표현주의는 소련의 사회주의 리얼리즘과 극단적으로 대비되면서 미국의 사상적, 문화적 우위를 유럽과 세계에 각인시키는 수단으로 활용됐다.

이처럼 미소 간의 냉전은 정치, 경제, 군사, 사상은 물론 문화예술에 이르기까지 총체적인 차원에서 전개됐다. 2차대전 직후부터 반세기 가까이 지속된 냉전은 기원과 성격을 두고 뜨거운 논쟁거리였다. 미국의 전통적인 입장에서 보면 냉전은 소련에 의해 연출된 것이다. 봉쇄정책의 고안자인 조지 케넌George Kennan[15]과 국무장관을 역임한 존 포스터 덜레스 등 미국의 고위 관료들이 전통주의를 대변했다.

조지 케넌(왼쪽) 그리고 아이젠하워와 대화하는 존 포스터 덜레스(맨 오른쪽).

 전통주의자들에 따르면 냉전은 소련이 펼친 공세정책의 결과
물이다. 이들은 마르크스-레닌주의에 기초하여 세계혁명을 추
구했던 소련이 서방 세계에 대해 공격적이었다고 말한다. 그 증
거로 미국은 서유럽에서 군대를 철수했지만, 소련은 오랫동안
동유럽에 군대를 주둔시키면서 1960~70년대까지도 팽창 야욕
을 불태웠다고 분석한다.
 전통주의와 상반된 주장을 펼친 수정주의는 1960년대 등장한
다. 수정주의자들은 냉전체제는 트루먼 행정부의 호전적인 외교
정책과 그 배후에 있는 군산복합체의 탐욕 때문이라고 주장한

---

15. 케넌은 군사력이 아닌 경제력을 통해 소련을 봉쇄해야 한다고 주장했다. 봉쇄정책이 공식
화된 것은 케넌이 X라는 필명으로 《포린 어페어스》(1947년 7월호)에 발표한 〈소련 국가행위
의 근원〉이라는 논문을 통해서다. 이 논문에서 케넌은 "소련은 팽창 욕구와 대외 적개심을 가
진 나라이기 때문에 미국은 이를 봉쇄하고 내부 변화를 기다려야 한다"면서 "미국은 장기적이
며 인내심을 가진, 그러나 확고하고 조심스러운 봉쇄(containment)정책이 필요하다"고 주장
했다.

다. 이들은 2차대전 직후 미국은 핵무기를 보유했지만, 소련은 그렇지 못했기 때문에 진정한 양극체제는 성립될 수 없었다고 주장했다. 또한 2차대전을 거치면서 미국은 더욱 강해진 반면 소련은 엄청난 피해를 입었기 때문에 수세적일 수밖에 없었다고 본다. 이 때문에 스탈린은 중국과 그리스 내전에 개입하기를 주저했고 헝가리, 체코슬로바키아, 핀란드에 수립된 비공산주의 정부를 용인했다는 것이다.

전통주의와 수정주의가 대립하는 가운데 1970년대에 이르면 탈수정주의(또는 후기수정주의)가 등장한다. 이들은 냉전은 미소 모두에게 책임이 없기 때문에 전통주의나 수정주의는 잘못됐다고 주장한다. 탈수정주의에 따르면 냉전은 2차대전 직후 세력균형을 추구하는 양극체제 때문에 불가피하게 등장했다. 미국은 세계 정치에 영향력을 행사하기 위해 유엔을 이용했고, 소련은 영토 확장과 함께 동유럽에서 세력권을 형성했다는 것이 주요한 논지이다. 그러므로 냉전체제는 미국과 소련 모두 팽창정책을 채택한 결과 상대방을 증오하면서 고착된 결과라는 것이다.

이러한 시각 차이에도 불구하고 2차대전 직후 미국은 소련에 비할 수 없이 유리한 위치에 있었다. 2차대전으로 소련은 2500만 명이 사망하는 피해를 입었지만 미국은 대공황의 늪에서 완전히 벗어날 수 있었다. 전후 미국의 경제력은 독보적이었다. 세계 밀 생산량의 3분의 1을 수확했고, 철과 주요 금속 생산량의 55퍼센트를 제련했으며, 세계가 소비하는 석유의 70퍼센트를 공급했다. 또한 세계 전력 생산량의 45퍼센트를 발전했고, 공산품의 60퍼센트 이상을 생산했다. 이런 전대미문의 경제력을 무기로 미국은 공산 진영을 포위할 수 있었다.

역사적으로 보더라도 전후 미국의 경제력은 팍스 브리태니카 시절 영국의 정치경제적 지위를 압도하고도 남았다. 당시 영국의 주요 무역 상대국은 정치군사적으로 경쟁관계에 있는 나라들이었다. 영국의 경제적 우위는 배타적인 독점권을 확보하고 있던 휘하의 식민지에서나 유지되었다. 반면 2차대전 직후 미국의 주요 무역 상대국은 서유럽과 일본으로, 이들 모두 미국의 관할 아래 있는 수직적인 관계를 형성했다. 또한 미국은 배타적인 독점권이 없이도 국제무역 시장을 압도하고도 남을 상품 경쟁력을 확보하고 있었다.

미국은 이 같은 경제력을 바탕으로 세계은행, IMF 등의 국제기구에서 독점적인 지위를 확보했으며, 전후 유엔의 결성을 주도하여 세계질서의 재편에 활용했다. 이를 통해 자국의 사회경제적 가치를 세계에 전파하고 경제패권을 관철하는 수단으로 활용했다. 또한 미국은 한국전쟁이 발발하자 냉전체제가 고착되는 데 유엔을 적극 활용했다. 냉전체제 고착 이후 유엔은 거부권veto을 가진 미소 양국의 상호견제로 큰 역할을 해내지 못했으나 소련 붕괴 이후 미국 중심의 일극체제를 구축하는 데 결정적인 역할을 수행했다.

군사적으로 보면 미국은 소련을 효과적으로 봉쇄하기 위해 주요 자본주의 국가들을 하위 군사동맹 체제에 편제했다. 먼저 서유럽에서는 NATO를 결성하여 소련과 동유럽을 봉쇄하는 동시에 대서양의 해상패권을 장악하는 교두보로 삼았다. 동아시아의 경우 한반도 남부와 일본 열도, 대만, 필리핀, 인도네시아로 이어지는 해양세력들과 군사동맹을 통해 태평양의 해상 패권을 장악했다. 중동에서는 이스라엘과 강력한 동맹관계를 맺는 한편 사우디아라비아를 비롯한 보수 왕정 국가들과도 종속적 군사동맹 관계를 형성했다.

반면 2차대전을 치르면서 막대한 피해를 입은 소련은 동유럽에서만 세력을 확장했을 뿐 여타 지역에서는 적극적으로 나설 여력이 없었다. 게다가 1950~60년대에는 또 다른 사회주의 강대국인 중국과의 갈등을 야기하여 미국과의 대결 구도에 혼선을 빚었다. 2차대전 이후 제3세계에서 일어난 민족해방투쟁과 사회주의혁명 또한 소련의 지원에 힘입은 것이 아니었다. 요컨대 쿠바혁명과 베트남전쟁을 비롯한 제3세계 민족해방운동은 해당 국가의 민중투쟁에 기초한 것이었다.

이런 사실들을 종합해볼 때, 냉전은 미국이 주도했으며, 전개 과정 역시 미국의 공세적인 침략정책과 소련의 수세적인 방어정책이 충돌하는 양상이었다. 그러므로 냉전체제의 해체는 소련의 사상적인 한계와 관료화, 경제 상황의 악화라는 내부 모순에 미국의 대소 압박 정책이 더해지면서 빚어진 결과였다.

작업장의 술주정뱅이

현실 사회주의의 실패는 인류가 도달한 도덕 수준이 아직은 사회주의를 감당할 수준이 아니라는 것을 보여준다. 스탈린을 비롯한 사회주의 권력자들은 말할 것도 없고, 민중 역시 사회주의에 합당한 도덕적 역량을 갖추지 못했다는 것이다. 민중의 도덕은 혁명의 열정 속에서는 죽음조차 넘어설 만큼 고양되었지만, 사회주의적 일상 속에서는 삶의 활기조차 지탱할 수 없을 만큼 사그라졌다.

고르바초프의 페레스트로이카가 작업장에서 술주정뱅이를 추방하자는 운동으로 출발했다는 사실은 현실 사회주의가 얼마나 취약한 도덕 위에 있었는지를 단적으로 말해준다. 고르바초프는 다음과 같이 쓰고 있다. "불행하게도 이것이 전부가 아니다. 우리 국민들 사이에서는 이데올로기적·도덕적 가치관의 붕괴가 점차로 팽배하기 시작했다. (……) 이전에 있었던 대중 서로 간의 강력한 연대의식은 약화되었다. (……) 알코올중독·마약중독·범죄가 증가하고 우리에게는 생소했던 대중문화가 침투하여 저속하고 저급한 취미 향락 풍조를 낳고 이데올로기의 황폐를 가져왔다."

그런 점에서 자본주의는 적나라하다. 자본주의는 인간은 누구나 정신적 자극보다 물질적 보상을 바라고, 사회와 조국을 위해서가 아니라 자신과 자신의 가족을 위해서 일하고 싶어 한다고 전제한다. 그

것이 '인간적 자연'이고 따라서 불변의 도덕이라고 말한다. 자본주의와 현실 사회주의의 싸움은 도덕성의 싸움이 아니라 현실성의 싸움이었다. 자본주의가 살아남은 것은 그것이 더 도덕적이고 더 이상적이어서가 아니라 그와는 정반대로 덜 도덕적이고 덜 이상적이었기 때문이다.

—김준호, 《경제사》, 400쪽.

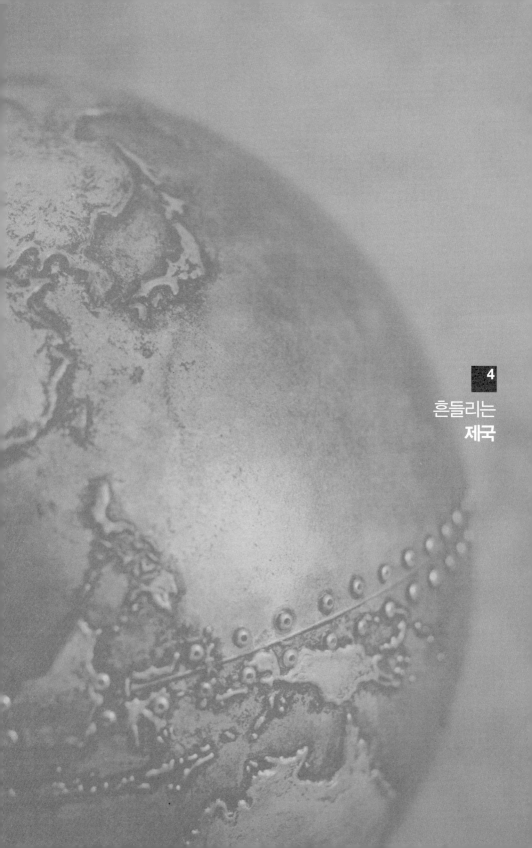

4

흔들리는
제국

일극체제가 탄생하다
─패권의 영광과 짧았던 번영

걸프전쟁과 변화된 국제질서

몰타선언이 발표되고 얼마 지나지 않은 1989년 12월 20일 미국 중심의 일극체제의 탄생을 알리는 사건이 발생했다. 이날 미국은 고작 5000명의 군대를 보유한 파나마에 2만 3000명의 해병대를 파병, 침공 작전을 감행했다. 정당한 명분(Just Cause)이라 이름 붙인 이날의 침공 작전은 파나마 대통령 마누엘 노리에가를 체포하기 위한 것이었다.

노리에가가 1983년 미국의 지원에 힘입어 집권했을 때만 해도 양국관계는 긴밀했다. 그러던 1987년 5월 양국을 매개하던 CIA 국장 윌리엄 케이시William Casey가 사망하면서 관계가 급격히 나빠지기 시작했다. 이즈음 노리에가는 제2의 파나마운하 건설을 위해 일본 기업과 접촉하여 미국을 자극하는 한편, 파나마운하 근

처에 있는 미 군사학교 이전 시한을 15년 연장하자는 미국의 제
안을 단번에 거절해버렸다. 이렇게 되자 심기가 불편해진 부시
행정부는 노리에가의 마약 밀매를 빌미로 침공을 감행한 것이다.

미국이 침공하자 노리에가는 파나마 주재 바티칸 대사관으로
도주, 그곳에서 1990년 새해를 맞았지만 보름을 버티지 못했다.
결국 1990년 1월 3일, 항복과 함께 체포되어 플로리다 법정에서
코카인 밀매 혐의로 40년형을 선고받았다. 이렇게 일단락된 미
국의 파나마 침공은 적게는 수백 명, 많게는 수천 명에 이르는
인명 피해를 동반했다. 당시 국방장관 딕 체니^{Dick Cheney}는 사망
자가 500명 정도라고 발표했지만 이 말을 곧이 듣는 사람은 많
지 않았다. 대신 수천 명의 민간인이 사망했을 것이라는 추측이
무성했다.

그리고 7개월이 흘렀다. 때는 1990년 8월 2일, 이날 일극체제
의 탄생을 확정짓는 또 하나의 사건이 발생한다. 이날 이라크의
독재자 사담 후세인^{Saddam Hussein}은 14만 병력과 1800대의 탱크
를 앞세워 쿠웨이트를 침공한다. 후세인이 내세운 침공 이유는
쿠웨이트가 이라크의 국경지대에 유전을 건설, 석유를 가로채고
있다는 것이었다. 침공에 앞서 후세인은 쿠웨이트가 24억 달러
에 달하는 석유를 훔쳐갔다고 주장하면서 100억 달러의 채무 탕
감과 영토의 일부를 할양하라고 요구했다. 이라크의 요구에 쿠
웨이트는 일고의 가치도 없다고 판단, 아무런 대꾸도 하지 않았
다. 쿠웨이트의 거절에 분노한 후세인은 이란과의 전쟁 때 자신
을 지원해준 미국이 여전히 자기편이라 믿고 쿠웨이트를 침공하
는 결정적인 실수를 저질렀다.

사정이야 어찌됐건 이라크군의 파상적인 공세가 시작되자 3만 명에 불과한 쿠웨이트군은 달아나기 바빴다. 침공한 지 단 3시간 만에 쿠웨이트 시는 이라크군의 수중에 떨어졌다. 한껏 기세가 오른 후세인은 쿠웨이트 시를 사담 시로 개명하고 쿠웨이트를 이라크의 열아홉 번째 주州로 편입시켰다.

쿠웨이트가 속수무책으로 점령당하자 유엔은 이라크를 침략자로 규정하고 즉각 철군을 요구했으며 이라크에 대한 무역제재를 담은 결의안을 채택했다. 한편 사우디아라비아로 피신한 쿠웨이트 왕가는 망명정부를 수립하고, 이라크에 반격을 가하기 위한 모종의 여론조작을 기획했다.

쿠웨이트가 함락되고 두 달이 흐른 1990년 10월의 일이다. 미 하원에서 개최된 공청회에 나이라라는 소녀가 증인으로 출석했다. 구사일생으로 쿠웨이트를 탈출했다고 밝힌 소녀는 이렇게 진술했다. "병원에 마구 쳐들어온 이라크 군인들은 신생아실을 발견하자 갓난아기들을 하나씩 들어 바닥에 내팽개쳤어요. 차가운 마룻바닥 위에서 아기들은 싸늘하게 식어갔습니다"라고.

나이라의 증언으로 이라크군은 신생아를 마룻바닥에 내동댕이쳐 죽인 살인마로 낙인찍혔다. 그러나 나이라의 증언은 쿠웨이트 망명정부가 고용한 홍보대행사인 힐 & 노턴 사가 치밀하게 조작해낸 거짓말이었다. 미국 주재 쿠웨이트 대사의 딸인 나이라는 줄곧 미국에 살았으며 쿠웨이트 근처에는 가본 적도 없었다. 더욱 중요한 사실은 이 모든 진실이 전쟁이 끝난 뒤에야 밝혀졌다는 것이다.

치밀하게 조작된 여론몰이에 미국인들은 분노했고, 대통령 부시는 "상응하는 대가를 치러야 한다"고 공언, 이라크에 대한 피의 보복을 암시했다. 이런 분노의 물결 속에서 1991년 1월 미의회는 부시에게 선전포고 권한을 부여했다. 때를 같이하여 유엔안보리도 1991년 1월 15일까지 쿠웨이트에서 이라크가 철군하지 않을 경우 무력을 사용하겠다는 최후통첩을 보냈다.

유엔이 공언한 1991년 1월 15일이 다가오자 미군 43만 명을 비롯하여 34개국에서 파견한 68만 명의 다국적군이 페르시아 만 일대에 집결했다. 여기에 발맞추어 미국은 사우디아라비아에 여섯 척의 항공모함과 1300대의 최신예 전투기를 배치하는 등 이라크를 응징하기 위한 만반의 준비를 갖추었다. 다국적군의 공세에 맞서 이라크는 115만 명(정규군 50만 명, 예비군 50만 명, 공화국 수비대 15만 명)의 군대를 남부 바스라 항 주변과 쿠웨이트에 집중 배치했다.

이런 가운데 유엔이 통보한 1월 15일이 지나자 페르시아 만 일대에는 짙은 전운이 감돌았다. 일촉즉발의 긴장감이 무겁게 짓누르던 1월 17일 새벽 미군 전투기가 이라크를 공격하면서 전쟁이 시작됐다. '사막의 폭풍(Desert Storm)'이라 명명된 이날 새벽 공습으로 전쟁이 시작되자 후세인은 "만약 쿠웨이트에서 이라크가 나가야 한다면 이스라엘도 팔레스타인에서 나가야 한다"고 주장하면서 이스라엘을 향해 스커드 미사일을 발사했다. 전선을 아랍 대 이스라엘로 확대하려는 후세인의 의도를 간파한 미국과 이스라엘은 이를 무시했고, 아랍 국가들 또한 팔레스타인해방기구PLO 말고는 이라크를 지지하지 않았다.

전쟁이 지속될수록 독방에 갇힌 죄수처럼 이라크의 고립감은 더해갔다. 고립무원 상태에서 후세인은 1991년 2월 21일 외무장관 타리크 아지즈를 고르바초프에게 보내 중재를 요청했다. 고르바초프에게 보낸 친서를 통해 후세인은 쿠웨이트에서 6주이내에 군대를 철수하겠다고 밝히면서 미국과의 중재를 요청했다. 고르바초프는 이라크가 표명한 철군 기한을 3주로 축소하여 지상전이 시작되기 하루 전인 2월 23일 부시에게 전화를 걸었으나 승리를 눈앞에 둔 부시가 중재안을 받아들일 리 만무했다. 중재가 실패로 끝나자 후세인은 고르바초프를 향해 부시를 말릴 의사도 능력도 없는 '악당'이라고 맹비난했다.

이제 전쟁은 후세인의 항복만을 남겨둔 상태가 됐다. 다국적군은 예정대로 2월 24일 지상전에 돌입했다. 파죽지세로 진행되는 전세로 보아 지상전은 종전을 향한 요식 절차나 마찬가지였다. 지상전 개시 불과 100시간 만인 1991년 2월 28일 오전 10시를 기해 전쟁이 끝났다. 쿠웨이트는 해방됐으며 후세인은 미국이 제시한 5개 항의 휴전 조건을 군말 없이 받아들여야만 했다.[1]

전쟁으로 메소포타미아문명의 발상지인 이라크는 쑥밭이 되고 말았다. 스커드 미사일을 요격하는 패트리어트 미사일, 레이더망에 포착되지 않는 스텔스 폭격기 등 첨단무기와 압도적인 화력을 앞세운 다국적군의 공세에 이라크군 42개 사단 가운데

---

1. 다국적군이 이라크에 제시한 휴전 조건 5개항은 다음과 같다. ① 유엔 안보리의 12개 결의안 수용 ② 쿠웨이트 합병 무효화 및 피해보상 약속(1500억 달러) ③ 다국적군 포로와 유해 및 쿠웨이트인을 포함한 외국인 즉시 석방 ④ 기뢰 및 지뢰 등 모든 폭발물에 대한 위치와 특성 통보 ⑤ 쌍방 군사령관의 48시간 내 휴전 논의 등이다. 이상 5개항의 휴전 조건에 입각하여 개최된 휴전회담(1991년 3월 3일)에서는 군사분계선(폭 2킬로미터의 완충지대) 설치와 군사분계선으로부터 20킬로미터 이내 지역에 대한 비행금지 구역 설정이 합의됐다.

41개 사단이 무력화됐다. 42일간 지속된 전쟁으로 이라크군 10만 명이 사망했고 민간인 20만 명이 참혹하게 죽어갔다. 이에 비해 다국적군 전사자는 378명으로 세계 전쟁사에서 유례를 찾기 힘든 일방적인 승리였다.

경제적으로도 미국은 상당한 이익을 남겼다.《뉴욕타임스》보도(1991년 8월 16일자)에 따르면 걸프전쟁에 투입된 610억 달러 가운데 540억 달러는 다국적군에 참여한 우방들의 몫이었다. 미국은 70억 달러를 부담했으며, 이마저도 전쟁 전 계상된 국방예산의 일부와 장비교체 비용 등이 포함된 것이었다.

그러나 걸프전쟁에서 미국이 거둔 가장 큰 수확은 일극체제가 탄생했다는 사실을 세계인들에게 각인시킨 것이다. 걸프전쟁을 치르면서 미국을 견제할 국가는 지구상 어디에도 없다는 사실이 명확히 드러났다. 그래서 미국무부 차관보를 지낸 리처드 A. 클라크는 다음과 같이 회고한 바 있다.

냉전시대, 한 초강대국의 모든 군사행동은 다른 초강대국의 반응을 불러왔다. 50만 명이나 되는 미군 병력의 페르시아 만 이동처럼 대규모의 군사 이동은 소련의 맞대응을 불러일으켜 충돌이 일어날 가능성이 매우 높았다. 더구나 한 초강대국과 군사적 관계를 긴밀히 하는 국가는 다른 초강대국에 의해 파괴될 위험을 감수해야 했다. 따라서 1차 걸프전 당시 미국이 구축했던 국제협력은 냉전시대라면 불가능했을 것이다.

－강준만,《미국사 산책 12》, 287쪽.

WTO의 출범

2차대전이 끝나자 미국은 IMF와 IBRD, 국제무역기구ITO, International Trade Organization를 설립하여 패권체제를 구축하려 했다. 미국은 IMF와 IBRD를 창설하여 브레턴우즈체제를 구축하는 데 성공했으나 문제는 ITO였다. 1945년 '세계무역 및 고용의 확대에 관한 제안' 발표를 시작으로 1948년 3월 국제무역기구헌장(아바나 헌장, Habana Charter)을 채택하기까지 미국은 ITO를 설립하기 위해 갖은 노력을 다했다.

이 같은 노력의 결과로 채택된 아바나 헌장에는 국제무역에 관한 원칙과 고용, 상품 협정, 일반 상거래 행위, 국제투자 및 서비스에 관련한 내용과 ITO 설립이 명시돼 있었다. 그럼에도 아바나 헌장 비준을 미의회가 거부하면서 ITO 설립은 무산되고 말았다. 주요한 이유는 잉여 농산물 문제와 관련하여 자국의 주장이 받아들여지지 않았기 때문이다.

ITO 설립이 무산되자 미국은 아바나 헌장 가운데 통상질서에 관한 대목만을 떼어내 관세와 무역에 관한 일반협정GATT을 체결했다. 이런 탄생 내력 때문에 GATT에는 한계가 있을 수밖에 없었고, 미국은 이를 보완하기 위해 '라운드'라는 이름의 다자간 협상을 추진해야 했다.

그리하여 1947년 미국이 주도하여 첫 번째 라운드를 열었다. 이 제네바라운드에서는 23개국이 참가하여 관세에 관한 의제를 중점 논의했다. 이때를 시작으로 다섯 번째로 개최된 딜런라운드까지 다자간 협상의 주요 의제가 관세 문제였다. 그 뒤 1960년

다자간 무역협상의 역사

차수	연도	명칭	참여국	협상 분야	협상 전 무역규모	관세 인하율
1차	1947	제네바라운드	23개국	관세	100억 달러	35%
2차	1949	안시라운드	33개국	관세	–	
3차	1950	토키라운드	34개국	관세	–	
4차	1956	네번째라운드	22개국	관세	25억 달러	
5차	1960~61	딜런라운드	45개국	관세	49억 달러	
6차	1964~67	케네디라운드	48개국	관세 및 반덤핑	400억 달러	35%
7차	1973~79	도쿄라운드	99개국	관세, 비관세 및 기본 협정	1,550억 달러	34%
8차	1986~94	우루과이라운드	123개국	관세, 비관세, 규범, 서비스, 지적재산권, 분쟁 해결, 섬유, 농업, WTO 창설 등 초기 의제 15개	10,780억 달러	34%
9차	2002~03	도하개발어젠다 (DDA)		관세(비농산물), 농업, 서비스, 규범 등 합의 실패*		

* DDA 관련 내용 인용자 추가. 출처: 외교통상부, 〈WTO 뉴라운드 출범은 왜 필요한가〉.

대에 접어들어 라운드의 중심 의제는 확대되기 시작한다. 이전까지 관세 문제만을 중점적으로 다루었던 다자간 협상은 여섯 번째 라운드인 케네디라운드부터 반덤핑 문제가 추가됐다. 그 결과 케네디라운드에서는 일괄적인 관세 인하 방식이 도입되어 평균 35퍼센트 인하가 합의되었다. 또한 1970년대 개최된 도쿄라운드(1973년부터 1979년까지 진행됨)의 경우 관세 문제가 중점 논의되어 34퍼센트 인하가 결정됐다.

이 같은 라운드의 역사에서 1980년대는 분수령이었다. 1980년대 중반 레이건 행정부는 급격히 늘어나는 적자를 메우기 위해 새로운 라운드를 추진한다. 이름하여 우루과이라운드이다. 우루과이라운드는 1982년 11월 GATT 각료회의에서 필요성이 처음 제기됐다. 그후 1986년 9월 우루과이의 푼타델에스테에서 열린 GATT 각료회의에서 뉴라운드 개시에 합의하면서 비로소 열릴 수 있었다.

우루과이라운드는 미국이 경쟁력을 확보한 금융, 정보통신, 농산물, 정보 및 첨단산업, 지적 소유권, 서비스업 등의 분야의 전면 개방이 주된 내용이었다. 이런 목적에서 소집된 우루과이 라운드에서는 우선 GATT 체제 확대와 관련된 것으로 농산물, 섬유류, 서비스, 무역 관련 투자 조치, 지적재산권 등이 의제로 채택되었다. 두 번째는 GATT의 규정을 정비하는 것이었다. 그 동안 반세기 가까이 존속하면서 훼손된 GATT의 규정을 복원하고, 수정 보완하기 위한 의제들이 포함됐다. 예를 들면 세이프 가드, 보조금 상계 관세, 반덤핑 관세 등에 관련된 의제들이다. 세 번째는 GATT 체제의 강화와 관련된 것으로 애초의 협상 의제에 포함되지 않은 세계무역기구 설립 문제도 이 범주에서 논의되었다.

이러한 의제를 다루기 위해 1987년 초에 개막된 우루과이라 운드는 협상을 거듭한 끝에 1994년 4월 15일 115개국 대표들이 협상안에 서명하면서 합의되었다. 그런 다음 협상안은 각국 의회의 비준을 거쳐 1995년 1월 1일 세계무역기구WTO의 출범과 함께 발효에 들어갔다.

이렇게 출범한 WTO는 법인격을 갖는 국제기구로서 국제법상의 권리와 의무를 회원국들에 강제하는 규범력을 가졌다. GATT 와는 달리 분쟁 해결을 위해 준準사법 기능을 보유했으며, 단순한 협정이 아닌 정식 국제기구로서 여러 하위기구를 설치하여 일상적으로 국제 규범을 관장했다. 의사결정 방식 또한 GATT가 채택하던 만장일치가 아닌 다수결 원칙이 채택되어 의사결정과 집행이 빨라지게 되었다.

뿐만 아니라 WTO의 출범은 지구상의 거의 모든 국가를 미국이 주도하는 단 하나의 경제체제에 포괄한다는 것을 의미했다. 그런 의미에서 WTO 출범은 사회주의권 붕괴라는 세계사적인 변화와 맞물려 미국 중심의 일극체제의 탄생을 알리는 사건임에 분명했다.

NAFTA와 유럽연합의 탄생

WTO 출범은 일극체제의 탄생을 알리는 사건이자 모순을 키우는 과정이었다. 협상이 시작되자 우루과이라운드는 미국이 의도하는 방향으로 굴러가지 않았다. 금융, 정보통신, 서비스 산업의 기반이 취약한 개도국들이 미국의 요구에 반발하면서 협상이 난항에 빠진 것이다. 특히 농산물의 경우 농업보조금 삭감 문제를 두고 미국과 식량 수입국들이 첨예하게 대립하면서 협상은 교착되기 일쑤였다. 이렇게 되자 미국은 우루과이라운드라는 다자간 무역협상에 반하는 지역주의에 기초한 자유무역협정FTA을 병행 추진했다. 스타트를 끊은 것은 1989년 개막된 미국과 캐나다의 FTA 협상이었다. 이후 미국과 캐나다의 FTA 협상에 멕시코가 가세하면서 협상은 북미대륙을 포괄하는 경제 블록으로 발전했다. 이런 과정을 거쳐 1994년 1월 북미자유무역협정NAFTA이 체결됐다. 지역 경제 블록의 형성을 선도한 NAFTA의 결성은 북미대륙의 3억 8000만 인구와 6조 5000억 달러의 GNP를 자랑하는 사상 최대 규모의 단일시장 탄생을 의미했다.

NAFTA는 서비스 시장 개방, 투자 자유화 추진, 관세 및 비관세 장벽 10년 내 철폐 등이 주요 내용이었다. 미국은 NAFTA가 체결되자 취약 산업에 대해서는 보호주의를 강화하는 한편 농업, 생산자 서비스업, 우주·항공, 문화·지식 산업처럼 자신들이 경쟁력을 갖춘 분야에 대해서는 무차별 개방 압력을 가했다. 이 때문에 미국 기업과 자본은 북미시장에서 충분한 경쟁력을 확보했다.

북미대륙에서 NAFTA가 결성될 즈음 유럽에서도 유럽연합을 결성하기 위한 논의가 한창이었다. 유럽연합의 기원은 프랑스의 경제학자 장 모네Jean Monnet가 1950년 5월 9일 제기한 석탄 및 철광석 채굴을 위한 프랑스-독일(서독) 간의 공동사무소 설치에 관한 구상에서 비롯됐다(유럽연합은 5월 9일을 유럽일로 지정하여 기념하고 있다). 이 구상을 프랑스 외무부 장관 로베르 쉬망Robert

나프타와 유럽경제통화동맹 경제 규모 비교

	나프타(NAFTA)				유럽경제통화동맹 (EMU)
	미국	캐나다	멕시코	합계	
인구	2억 6300만 명	2900만 명	9000만 명	3억 8200만 명	2억 9800만 명
GDP	70,175억 달러	5,559억 달러	4,217억 달러	79,951억 달러	62,050억 달러

주: 1994년 명목 금액 기준. 자료: WDI online.
출처: 박현수, 〈북미자유무역협정(NAFTA)이 회원국 경제에 미친 영향과 시사점〉.

Schuman이 제안하면서 유럽공동체에 대한 논의가 구체화되었다. 그리하여 1951년 4월 18일 프랑스, 서독, 이탈리아, 벨기에, 네덜란드, 룩셈부르크가 참여하는 석탄 및 철광석 채굴에 관한 조약이 체결되면서 유럽석탄철강공동체ECSC가 결성된다.

그 뒤 ECSC는 1967년 유럽경제공동체EEC, 유럽원자력공동체 EURATOM와 통합하여 유럽공동체EC, European Community로 거듭났다. EC는 결성 직후인 1968년 7월 관세동맹(역내 관세 철폐 및 공동관세제 실시)을 체결하였고, 1979년 6월에는 직접선거를 통해 유럽의회를 구성하는 등 결속을 강화한다.

유럽의 정치동맹과 단일통화를 목표로 결속을 높여온 EC는 1991년 12월 11일 네덜란드의 마스트리히트에서 정상회담을 개최하고 유럽 통합에 관한 조약에 합의했다. 그리고 해가 바뀐 1992년 2월 7일 EC 외무장관 회담에서 마스트리히트조약Treaty of Maastricht이 정식 조인됐다. 마스트리히트조약은 유럽경제통화동맹EMU, European Economic and Monetary Union과 유럽정치통합EPU, European Political Union의 추진이 골자였다. EMU의 경우 유럽중앙은행 창설과 단일통화 발행이 핵심이며, EPU는 공동의 외교안보와 유럽의회의 권한 확대, 내무·사법 협력 강화와 역내 국가의 균형 발전을 위한 재정지원 확대가 주요 내용이었다. 특히 EMU는 단일통화 발행을 위해 3단계 과정을 설정하고 있었다. 1단계는 자본이동의 자유화로 이미 유럽에서는 1989년부터 자본 이동을 규제하는 제도가 철폐되고 있었다. 2단계는 유럽통화기구EMI, European Monetary Institute를 설립하여 유럽 단일통화 발행과 유럽중앙은행을 창설하기 위한 준비 작업을 실시하는 것이었다. 마지막 3단계는 EMI를 유럽중앙은행으로 전환하고 단일통화를 발행, 유럽의 경제통화동맹을 완성하는 것이었다.

이 같은 내용의 마스트리히트조약은 발효되기까지 상당한 진통이 뒤따랐다. 특히 영국, 독일, 덴마크 등 회원국 내부의 반대 여론으로 말미암아 1993년 11월 1일에야 발효될 수 있었다. 이는 결국 유럽연합EU, European Union의 출범을 의미했다. 이로써 반세기 가까이 진행된 유럽 단일시장 창설이 가능해졌다. 유럽연합 출범 당시 '재정적자 및 공공부채가 각각 국내총생산의 3퍼센트, 정부예산의 60퍼센트 미만이어야 한다'는 마스트리히트조약의 요건을 충족시킨 회원국은 룩셈부르크에 불과했다. 그런데도 유럽연합은 달러 체제에서 벗어나기 위해 1999년 1월 예정대로 유로화를 출범시키는 동시에 유로폴(유럽 경찰, European police intelligence agency)의 창설을 추진했다. 뿐만 아니라 회원국들 간의 경제격차 해소를 위해 사회간접자본 지원 방안을 논의하는 등 결속력 강화를 위한 대책을 강구하였다.

출범 당시 유럽연합 가입국은 12개국에 불과했으나 이후 동구 사회주의권 국가들이 가입하면서 대폭 늘어났다. 2004년의 경우 폴란드·헝가리·체코·슬로바키아·슬로베니아·리투아니아·라트비아·에스토니아·키프로스·몰타 등 10개국이 가입하였고, 2007년에는 불가리아·루마니아가 가입, 회원국이 27개국으로 늘어나면서 유럽은 거대한 단일시장이 되었다.

이처럼 1990년대 초중반 NAFTA와 유럽연합의 출범은 세계의 경제 지도를 분할하는 계기가 됐다. 그 결과 배타주의에 기초한 지역 경제 블록의 결성이 시대적인 추세로 굳어지면서 1991~95년

시기별 지역 경제협정 체결 현황

연도	55~60	61~70	71~80	81~90	91~95	96~00	01~03.5
신규	3	3	15	10	34	91	28
누계	3	6	21	31	65	156	184

출처: 박번순, 〈제5차 WTO 각료회의 결산〉, 삼성경제연구소, 2003.

34개의 지역 경제협정이 새롭게 체결되었고, 1996~2000년에는 91개의 지역 경제협정이 탄생했다. 이는 WTO 체제로 표현되는 미국 중심의 일극체제가 내부에서 심각하게 위협받고 있음을 뒷받침하는 증거였다.

고삐 풀린 투기자본

'20세기의 마이더스', '현대의 연금술사' 같은 화려한 닉네임의 소유자 조지 소로스George Soros[2]가 짐 로저스Jim Rogers와 함께 1969년 퀀텀펀드를 설립했다. 퀀텀(Quantum, 量子)이라는 범상치 않은 이름은 대학 은사 카를 포퍼 교수가 철학적 도구로 애

---

2. 1930년 헝가리의 부다페스트에서 유대인의 아들로 태어났다. 1947년 헝가리가 공산화되자 영국으로 이주. 런던정경대학과 런던경제학대학원을 졸업했고 1956년에는 미국으로 건너가 월가의 펀드 매니저로 두각을 나타내기 시작한다. 그후 소로스는 1969년 짐 로저스와 1만 달러의 자본금으로 퀀텀펀드를 설립한 다음 연평균 35퍼센트에 이르는 투자수익을 올리면서 성공신화의 가도를 달렸다. 펀드 매니저로서 그의 진면목은 1992년 9월 영국 파운드화를 투매하여 10억 달러의 수익을 올리면서 가감 없이 드러났다. 덕분에 그는 막대한 부를 거머쥔 국제 금융시장의 큰손으로 군림했으나 외환위기를 부추기는 환 투기꾼으로 낙인 찍혀 1997년 동아시아 외환위기가 발생하자 말레이시아 총리 마하티르로부터 환란의 주범이라는 비난을 받았다.

용하던 양자역학에서 빌려온 것이다.

소로스는 퀀텀펀드 설립 이후 월가의 딜러들이 별 관심을 보이지 않던 유럽 자본을 적극 유치하는 한편, 세계 각국의 금융시장을 무대로 치고 빠지는 식의 투자로 괄목할 만한 수익을 올렸다. 덕분에 퀀텀펀드는 1980년까지 12년 동안 3365퍼센트나 되는 누적 수익률을 올릴 수 있었다. 소로스의 놀라운 투자 실적은 이후에도 지속되어 1990년대 중반까지 연 35퍼센트라는 높은 투자 수익을 올렸다.

이런 소로스에게 1992년과 1993년은 경이로운 수익을 올린 신화 창조의 해였다. 그의 성공은 1987년 블랙 먼데이를 거치면서 초국적 금융자본이 세계경제를 주도하던 시대 상황과 맞물려 있었다. 1990년대가 되자 투기자본은 국제 금융시장을 압도했다. 국제결제은행BIS이 1992년 4월 말을 기준으로 조사한 바에 따르면 세계 외환시장의 연간 거래량은 약 275조 달러(250일 기준)였다. 이 가운데 국제무역에 따른 결제 대금은 5조 달러로 국제 외환거래에서 실물 경상거래가 차지하는 비율은 단 2퍼센트에 불과했다. 나머지 98퍼센트에 달하는 270조 달러는 이윤을 좇아 국경을 넘나드는 투기자본이었다.

이처럼 금융자본주의가 악의 꽃처럼 만개하던 1990년대 초반 소로스는 불멸의 신화(?)를 창조한다. 1992년 9월 영국에서 최악의 통화위기가 발생하면서 소로스의 신화가 시작된 것이다. 검은 9월이라 명명된 영란은행Bank of England과 소로스의 환율전쟁은 유럽통화제도EMS와 관련되어 있었다. 유럽연합은 1999년까지 단일 통화권 구축을 위해 과도기적인 조치로 준準고정환율제인 유럽 환율 메커니즘European Exchange Rate Mechanism을 운영하고 있었다. ERM에 따르면 회원국들은 독일 마르크화를 기준으로 상하 6퍼센트 안에서 환율을 관리해야 했다. 만약 환율이 요동칠 경우 회원국의 중앙은행은 외환시장에 개입, 6퍼센트의 변동폭 안에서 환율을 묶어두어야 했다.

이 같은 환율 시스템을 배경으로 최악의 환율전쟁이 벌어졌다. 발단은 독일의 통일이었다. 서독은 독일 통일을 위해 휴지 조각 같았던 동독 화폐를 1 대 1로 맞교환하고, 대대적인 투자를 단행했다. 천문학적인 돈이 동독 시장으로 흘러들어가자 독일 중앙은행인 분데스방크는 인플레이션을 막기 위해 2년 동안 열 차례나 금리인상을 단행했다. 덕분에 독일의 소비자 물가는 2.5퍼센트대에서 관리되었다.

그런데 문제는 주변 국가들이었다. 독일이 고금리 정책을 시행하자 투기자본들이 독일로 몰려들어 마르크화의 가치가 상승한 반면 영국, 스페인, 프랑스의 화폐 가치는 하락했다. 마르크화와 교환 비율을 일정하게 유지하고 있던 이들 나라들은 자국 통화를 방어하기 위해 고금리 정책을 시행할 수밖에 없었다. 이렇게 되자 시중에 돈이 돌지 않으면서 불황의 조짐이 나타났다.

유럽 각국 정부는 마르크화에 대한 교환 비율을 유지하자니 고금리 정책에 따른 불황이 염려됐고, 그렇다고 돈을 풀자니 환율 변동에 따른 충격이 걱정스러웠다. 한동안 이러지도 저러지도 못하는 상황이 지속되는 가운데 1992년 9월 8일 핀란드가 가장 먼저 마르크화와 자국 화폐의 연동제를 폐지했다. 이어 스웨덴이 자국 화폐의 가치 보전을 위해 단기금리를 대폭 인상했다.

반면 이탈리아와 스페인에서는 화폐 가치가 대폭락했고, 영국의 파운드화마저 폭락 조짐을 보였다. 파운드화가 위태로워지자 정책 담당자들은 "영란은행 금고는 넉넉하니 안심하라"고 민심을 다독였다. 하지만 런던 금융시장의 속사정을 손바닥 보듯 훤히 꿰뚫어 보고 있던 소로스는 파운드화의 허장성세를 낱낱이 간파하고 있었다.

이즈음 소로스는 각종 언론에 파운드화가 폭락할 것이라는 예언을 쏟아냈다. 소로스는 시장 흐름을 자신에게 유리하게 만들기 위해 언론플레이를 펼치는 동시에 가용 자금을 총동원하여 파운드화를 무자비하게 공격했다. 당시 그가 동원한 자금은 100억 달러에 달했다. 소로스가 공격을 시작하자 여타의 헤지펀드들도 벌떼처럼 달려들어 파운드화 공격에 가담했다.

영란은행은 투기자본이 공격해오자 파운드화의 하락을 막기 위해 필사적으로 맞섰다. 외환보유고를 총동원해 파운드화를 사들이고, 단기금리를 10퍼센트에서 15퍼센트로 대폭 인상했다. 그러나 쓰나미 같은 투기자본의 공격을 막아내기에는 역부족이었다. 결국 투기자본의 공격에 파운드화가 폭락하면서 영국의 금융시장은 패닉 상태에 빠졌다. 이렇게 되자 영국 사회는 발칵 뒤집혔고 범유럽주의를 내세우며 영국을 ERM에 가입시켰던 존 메이저John Major 총리는 도리 없이 탈퇴(1992년 9월 16일)를 선언할 수밖에 없었다.

영란은행과의 환율전쟁에서 승리한 소로스는 그해 9월에만 10억 달러의 돈을 벌어들였다. 덕분에 1992년 퀀텀펀드의 운용 수익률은 무려 68.6퍼센트를 기록했다. 소로스는 자신에게 돈을 맡긴 투자자들에게 거액의 수익금을 돌려줬다. 소로스와 그에게 투자한 이들이 나눠 가진 수익은 다름 아닌 영란은행 금고에 쌓여 있던 영국 국민들의 돈이었다. 이 사건으로 소로스는 투자의 귀재다운 면모를 유감없이 과시하면서 세계적인 명성을 얻었다.

영란은행에 완승을 거둔 소로스는 1993년 또 한 차례의 환율 전쟁을 감행한다. 그해 7월과 8월, 프랑스의 프랑화, 벨기에의 프랑화, 덴마크의 크로네화가 폭락하면서 2차 유럽통화 위기가 발생한 것이다. 소로스는 이 두 달 동안 유럽 전역의 중앙은행을 상대로 환투기 공세를 펼쳐 지난해보다 많은 11억 달러의 환차익을 거뒀다. 이 액수는 역사상 한 개인이 머니게임을 통해 벌어들인 최고의 금액이었다. 그가 운용한 펀드의 수익률도 전년도와 비슷한 67.4퍼센트였다. 이로써 소로스는 세계 금융계의 명실상부한 제왕의 반열에 올랐다. 그러나 그의 명성 뒤에는 "파운드화를 망가뜨린 악마의 손", "영란은행을 깨뜨린 악당"이라는 달갑지 않은 비난의 꼬리표가 따라다녔다.

다시 해가 바뀐 1994년 말 이번에는 아메리카대륙의 멕시코에서 데킬라 위기Tequila crisis라는 금융위기가 발생했다. 위기는 1994년 11월 치러진 미국의 중간선거에서 집권 민주당이 패하면서 시작됐다. 선거에 패배하자 클린턴 행정부는 저금리 정책을 폐기하고 고금리 정책으로 선회했다. 미 연준은 그해 11월 15일 재할인 금리를 0.75퍼센트 인상한 데 이어 1995년 2월 1일에도 0.5퍼센트 인상했다. 불과 두 달 사이 1.25퍼센트의 금리가 오른 것이다.

금리가 오르자 달러화는 초강세를 띠면서 예상치 않은 곳으로 불똥이 튀었다. 바로 멕시코에서 금융공황이 발생한 것이다. 1980년대 외채위기로 신음하던 멕시코는 1988년 살리나스 정부의 수립으로 경제가 활력을 되찾았다. 살리나스 정부는 외국인의 투자 제한을 철폐하고 채권시장을 개방하는 동시에 은행을 민영화했다. 이런 개방의 바람을 타고 외국인의 직접투자가 급격히 늘어났다. 당시 멕시코는 외국 자본을 끌어들이기 위해 고정환율제 아래서 페소화에 대한 고평가를 유지했다. 덕분에 멕시코 정부의 바람대로 외국 자본의 유입은 늘었으나 금융시장이 불안해진 것이 문제였다.

이런 상황에서 미국이 금리를 인상하자 멕시코에 유입되어 있던 투기자본이 일시에 빠져나가면서 외환위기가 발생했다. 당시 멕시코는 채권을 발행하여 달러를 조달하고 있었다. 그런데 문제는 멕시코 정부가 발행한 국채 중 1년 이내의 단기채권이 무려 85퍼센트나 됐다는 사실이다. 이 때문에 1994년 10월부터 약 4개월 동안 무려 260억 달러가 멕시코에서 빠져나갔다. 고정환율제를 유지하고 있던 멕시코 정부는 환율을 지키기 위해 필사적으로 노력했으나 허사였다. 결국 1994년 12월 20일 고정환율제를 폐지하고 변동환율제를 시행할 수밖에 없었다.

변동환율제가 시행되자 페소화가 폭락하면서 멕시코는 외환위기에 직면했다. 멕시코 정부로서는 IMF의 요구를 수용, 구조조정을 시행하는 것 말고는 달리 방법이 없었다. 당시 세디요 정부는 초긴축정책을 실시하는 동시에 흑자재정을 위해 공공요금과 부가가치세 인상을 골자로 하는 긴급 경제 조치를 발표했다. 그러자 극심한 인플레이션이 발생하면서 경제가 파산지경에 이르렀다. 1995년 한 해 동안 물가는 50퍼센트 넘게 급등한 반면 노동자의 임금은 제자리걸음을 했다. 뿐만 아니라 구조조정의 여파로 그해 100만 명에 이르는 노동자들이 일자리를 잃고 거리로 내몰리면서 투기자본이 초래한 고용대란이라는 처절한 쓴맛을 봐야 했다.

이처럼 1992년 9월 유럽에서 시작된 투기자본의 광풍은 1995년 멕시코를 휩쓸면서 유감없이 위력을 과시했다. 이를 지켜본 각국 중앙은행들은 자칫 헤지펀드의 먹잇감이 될 수 있다는 사실을 뼈저리게 깨달았다. 이제 국제 금융시장은 투기자본의 놀이터로 전락했고, 자본주의 세계경제는 금융자본주의 질서 아래 확고하게 편입됐다.

"바보야, 문제는 경제야!"

걸프전쟁을 계기로 미국은 유일 초강대국 지위를 굳혔다. 1991년 3월 2일 대통령 부시는 전쟁 승리를 선언하는 자리에서 "이제 베트남 증후군은 완전히 그리고 영원히 아라비아의 사막에 묻어버렸다"고 장담했다. 미국인들은 승전의 나팔소리에 환호했고 덕분에 부시의 지지도는 하늘 높은 줄 모르고 치솟아 역사상 가장 높은 91퍼센트를 기록했다.

이때까지만 해도 부시의 재선 가도에 걸림돌은 없어 보였다. 그러나 호시절은 채 1년도 가지 못했다. 해가 바뀌자 부시의 재선 가도에 먹구름이 끼었다. 먹구름의 실체는 경제 불황이었다.

1989년 1월부터 1992년 9월까지 부시 행정부가 집권 3년 9개월 동안 받아든 각종 경제수치는 GDP 성장률 2.2퍼센트, 고용증가율 0.9퍼센트, 가처분소득 증가율 3.8퍼센트였다. 실업인구는 1000만 명에 달했고, 매일 수백 개의 기업들이 파산하는 가운데 재정적자는 4조 달러에 이르렀다. 이로 인해 부시는 2차대전 이후 집권한 대통령 아홉 명 가운데 최악의 경제 점수를 받았다.

특히 저축대부조합savings & loan association 파산 사태[3]로 분출된 금융위기는 부시의 재선을 가로막는 최대 악재였다. 1986년부터 시작된 파산 사태가 1995년 마감되기까지 1043개의 저축대부조합이 파산했으며 이들의 자산 규모는 5190억 달러에 달했다. 부시 행정부는 저축대부조합을 청산하는 데 1529억 달러의 공적자금을 투입하여 심각한 재정적자를 감수해야 했다. 저축대부조합의 청산 작업이 정점에 이르렀던 1990년 하반기 미국 경제는 마이너스 성장을 기록했다.

경제 불황이 지속되자 걸프전의 환호성도 순식간에 잦아들었다. 이런 상황에서 1992년 치러진 대선은 민주당 대통령 후보 빌 클린턴Bill Clinton이 미모의 여성과 12년간 혼외정사를 벌였다는 섹스 스캔들과 함께 달아올랐다. 대선에서 클린턴이 넘어야 할 장벽은 섹스 스캔들뿐만 아니라 마리화나 흡연, 징병 기피 등 한둘이 아니었다.

---

3. 1986년 시작되어 1995년까지 10년 동안 지속된 사건이다. 이 사태는 고수익의 달콤한 유혹을 좇아 상업용 부동산에 과도하게 투자한 후과로 부풀어 오른 버블이 일시에 꺼지면서 초래됐다. 파산 사태가 정점에 달했던 1989년의 경우 총자산 1352억 달러에 이르는 327개 저축대부조합이 파산해 미국 경제를 휘청거리게 했다.

미국의 저축대부조합 파산 추이

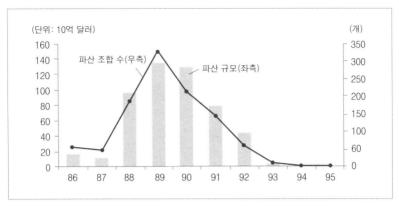

자료: FDC(연방예금보험공사).

클린턴의 선거캠프에서는 이 같은 약점을 만회할 묘책이 필요했다. 바로 그때 클린턴의 참모 제임스 카빌은 '국민이 우선인 국가Putting People First'라는 진부하기 짝이 없는 구호를 폐기하는 대신 '바보야, 문제는 경제야It's The Economy, Stupid!'라는 슬로건을 사용하자고 제안했다. 경제 불황에 착안한 이 도발적인 슬로건 '바보야, 문제는 경제야'의 등장과 함께 클린턴은 선거 분위기를 단번에 압도해버렸다.

선거 결과 클린턴은 43퍼센트의 득표율로 제42대 미국 대통령에 당선됐다. 부시의 득표율 38퍼센트는 1936년 이래 공화당 후보가 얻은 가장 낮은 수치였다. 클린턴의 승리로 끝난 1992년 대선은 이전 선거와는 다른 세 가지 양상을 띠었다.

첫째, 양자 구도가 아닌 3자 구도에서 치러졌다. 그해 선거에서 혜성처럼 나타나 돌풍을 일으킨 무소속의 로스 페로Ross Perot는 18.9퍼센트의 득표율을 올리면서 강고한 민주-공화 양당체

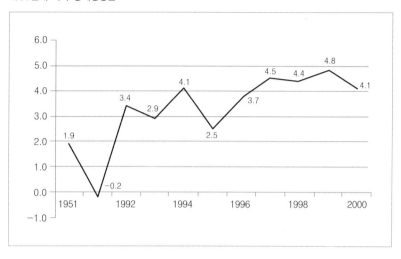

1990년대 미국 경제성장률

제를 흔들어놓았다.

둘째, TV의 영향력이 그 어느 때보다 커졌다. 당시 대선에는 NBC, CBS, ABC 등 방송 3사 외에도 CNN과 MTV가 새로 등장하여 후보들의 열띤 토론과 치열한 홍보전의 공간을 제공했다. 그 영향으로 투표율은 1988년 대선에 비해 약 5퍼센트 상승했다.

셋째, 베이비붐 세대가 주도했다. 1946년과 1964년 사이에 태어난 베이비붐 세대는 1968년 대선 때는 전체 유권자의 10퍼센트에 불과했으나 1992년 선거에서는 60퍼센트를 차지, 미국 인구의 약 3분의 2에 달했다. 이들 베이비붐 세대는 1960년대 급진주의 학생운동을 직간접 경험하였고 인종차별 반대, 베트남전쟁 반대, 여권 신장, 환경보호 등 각종 사회운동의 영향을 받았다. 이 같은 베이비붐 세대의 지지에 힘입어 클린턴과 앨 고어Al Gore가 그해 대선에서 대통령과 부통령에 당선될 수 있었다.

1993년 1월 대통령에 취임한 클린턴은 '국방에서 평화시대로 경제정책의 전환'을 역설했다. 경제중심주의에 기초한 클린터노믹스의 핵심은 강력한 무역정책과 조세 및 재정 정책을 시행하여 미국의 국부를 증대시킨다는 것이었다. 클린터노믹스에 따라 미국은 산업경쟁력 강화를 위한 보호무역 조치도 서슴지 않았다. 클린턴은 실제로 통상정책에서 보호무역주의의 상징인 슈퍼 301조[4]의 부활에 찬성하면서 교역 상대국에 대해서는 노골적으로 불공정 무역 시정과 시장개방 압력을 가했다.

클린턴 행정부의 이기적이고 공격적인 대외 경제정책은 총체적인 무역전쟁을 동반했다. 덕분에 미국 경제는 일본의 장기 불황과는 대조적으로 투자가 확대됐고 소비가 증가하는 가운데 저금리와 저물가가 공존하는 신경제new economy라는 호황기를 맞았다. 클린턴이 집권한 1990년대 미국 경제는 2퍼센트대의 낮은 물가상승률과 4퍼센트대의 높은 경제성장이 지속되었고, 실업률은 1970년대 이래 가장 낮은 3.9퍼센트를 기록했다.

---

4. 1988년 제정된 미국의 종합무역법omnibus trade bill에 기초하여 신설된 통상법 301조를 말한다. 미국은 슈퍼 301조에 따라 교역 상대국이 불공정 행위를 저질렀다고 판단될 경우 무차별 보복을 할 수 있다. 이 때문에 슈퍼 301조는 국제 분쟁의 해결 절차를 거치지 않는다는 점에서 세계무역기구 규정에 어긋난다는 지적을 받았다. 그럼에도 슈퍼 301조는 클린턴이 집권한 1990년대에만 세 번이나 발동됐다.

록펠러센터와 부동산 거품

뉴욕의 랜드마크인 록펠러센터는 70층의 우아한 건물인 RCA 빌딩을 중심으로 21개 빌딩들이 모여서 빌딩 복합체를 이루고 있는 곳이다. (……) 해마다 크리스마스 시즌에 록펠러센터에 세워지는 크리스마스트리 또한 뉴욕 명물 중의 하나이다. 뉴욕을 대표하는 곳이지만 록펠러센터의 주인이 일본 기업이었던 때가 있었다.

일본의 미쓰비시 그룹이 1989년 록펠러센터의 지분 51퍼센트를 20억 달러에 매입했을 때, 많은 미국인은 '미국의 혼'이 팔렸다며 한숨을 내쉬었다. 미쓰비시 그룹이 록펠러센터를 살 수 있었던 것은 엔화 가치가 크게 올랐기 때문이다. 1985년 엔화는 1달러에 240엔이었는데 플라자합의에 의해 3년 만에 123엔으로 가치가 껑충 뛰었다. 일본 중앙은행은 엔화 가치가 갑자기 올라가는 것을 막기 위해 1986년 1월 연 5퍼센트였던 금리를 1989년 연 2.5퍼센트까지 내렸다. 금리가 낮으니까 일본 사람이나 기업은 여윳돈을 예금하는 대신 부동산과 주식을 사들이는 것이 낫다고 생각했다. 일본 기업들은 국내뿐만 아니라 해외에 있는 부동산도 경쟁적으로 사들이기 시작했다. 1987년부터 1989년까지 일본 기업들이 뉴욕 부동산을 사들이기 위해 쏟아부은 돈은 모두 74억 달러였다. 그 결과 일본 부동산시장은 물론이고 미국 부동산시장에도 거품이 생겼다.

위기를 느낀 일본 중앙은행은 1989년 5월부터 1990년 8월까지 금리를 연 2.5에서 6퍼센트까지 급격하게 올렸다. 돈을 빌려서 부동산을 샀던 사람들은 대출 이자를 내기가 힘겨워지자 사들였던 부동산을 되팔았고, 부동산 거품이 꺼지면서 일본 경제는 휘청거리기 시작했다. 그리고 '잃어버린 10년'으로 표현되는 긴 불황의 터널 속으로 들어갔다.

불황의 어려움에 시달리던 일본 기업들은 해외에서 사들인 부동산을 대부분 손해를 보고 되팔아야 했다. 미쓰비시 그룹도 20억 달러를 주고 샀던 록펠러센터의 지분을 1996년에 겨우 12억 달러를 받고 되팔았으니 결국 8억 달러라는 어마어마한 돈이 거품처럼 날아가 버린 셈이다.

―석혜원, 《청소년을 위한 세계경제사》, 239쪽.

동아시아 외환위기
―통제를 벗어난 위기

역플라자합의

1995년 1월 17일 오전 5시 46분 일본 효고현 고베 시(神戶市)에서 7.2도의 강진이 발생했다. 활성단층 활동으로 발생한 고베 대지진은 일본 지진 관측이 시작된 이래 최악의 강진이었다. 이날 아침을 뒤흔들어놓은 지진으로 6300여 명이 사망하고, 2만 6804명이 부상당했다. 20여 만 명의 이재민이 발생한 가운데 항만 시설은 파괴됐고, 주택과 고가도로가 무너진 시가지는 아수라장으로 변했다. 총 14조 1000억 엔(약 1400억 달러)에 달하는 재산 피해를 낸 고베 대지진은 일본 경제에 깊은 상처를 남겼다. 지진 발생 이후 5개월 동안 일본 증시는 1만 9000선에서 1만 4000선으로 떨어졌다. 반면 엔화는 고공행진을 지속하여 1995년 4월 18일 도쿄 외환시장에서 엔-달러 환율이 달러당 79엔까지 치솟았다.

유례없는 엔고 사태에 선진 7개국G7은 긴급 회의를 개최(1995년 4월 25일)하고 엔화 가치를 하향 조정하기 위한 역逆플라자합의를 발표한다(1985년 발표된 플라자합의에 반대되는 내용을 담았다 해서 붙여진 이름이다). 역플라자합의는 79엔까지 급락한 엔-달러 환율을 달러당 100엔 선으로 회복시키는 것이 목표였다. 이를 위해 미국은 일본에 대한 통상 압력을 일정 기간 유보하고, 일본은 저금리 기조를 지속하여 양국 간의 금리차를 4퍼센트 이상으로 유지하는 데 합의했다. 덕분에 1달러에 79엔까지 치솟았던 엔화 가치는 1997년 7월 125엔, 1998년 6월 147엔까지 떨어졌다.

엔화 가치의 하락을 위해 발표된 역플라자합의는 미국의 노림수가 작용한 결과이기도 했다. 1980년대 중반 쌍둥이 적자로 신음하던 미국은 플라자합의로 달러 약세 기조가 유지되면 경상적자는 어느 정도 해소될 것으로 기대했으나 여의치 않자 단기적으로 경상수지 균형이라는 목표를 포기해버렸다. 대신 경상수지 적자를 보전하기 위해 강한 달러 정책으로 선회, 역플라자합의를 발표한 것이다. 덕분에 1990년대 초반 침몰할 것만 같았던 미국 경제는 활기를 띠기 시작했다. 이리하여 1990년대 미국 경제는 '고성장 속의 저물가'라는 호황기를 맞았다.

미국 경제의 '고성장 속의 저물가'라는 이상적인 조합은 금융화에 기반한 것이었다. 신자유주의에 기초한 미국의 금융화 정책은 전 세계 차원에서 금융자본에 대한 규제완화를 유도하여 이윤 추구 영역을 확장시켜놓았다. 예컨대 대공황기 자본시장을

대지진으로 폐허가 되다시피 한 고베 시가지 모습.

관리·조절할 목적으로 제정됐던 글래스-스티걸법이 폐지되고 상업은행과 투자은행의 벽을 허문 그램-리치-브릴리법이 제정되었다.

금융투기를 규제하는 장치가 사라지면서 은행, 증권, 보험사의 인수합병M&A과 금융권별 상품판매 규제가 대폭 완화되었고 국제 유동자본이 미국으로 몰려들었다. 덕분에 주가가 큰 폭으로 상승하여 자산가치의 상승을 이끌면서 거품에 기반한 소비붐을 일으켰다. 당시 미국 경제는 거품에 기반한 소비가 증가하여 투자를 이끌었고, 투자가 늘어나자 고용이 확대되어 다시 소비를 촉진하는 순환구조를 이루었다. 이에 힘입어 1991년 마이너스 성장을 기록했던 미국 경제는 1992년 반등에 성공한 뒤 2000년까지 3~5퍼센트에 달하는 경제성장을 이룩했다. 반면 일본과 독일 경제는 나락으로 떨어졌다. 일본은 1991년 거품이 붕괴하여 소위 '잃어버린 10년'이라는 장기불황[5]에 빠졌다. 독일의 경우 통일 후유증으로 1990년대 내내 경기침체의 늪에서 허덕여야 했다.

이처럼 미국과 일본·독일의 희비가 교차하는 가운데 역플라자합의의 파장은 동아시아를 강타했다. 엔화 가치가 2년 사이 50퍼센트 가까이 떨어지자 달러연동제를 시행하고 있던 동아시

---

5. 1991년부터 2002년까지 지속된 일본 경제의 극심한 불황을 일컫는 말로 복합불황複合不況 또는 동유럽이 붕괴한 시점에 시작되었다 해서 헤이세이 불황(平成不況)이라고도 불린다. 일본 경제는 1990년 주식과 부동산 가격의 급락을 시작으로 수많은 기업과 은행이 도산하여 10년 넘게 0퍼센트의 성장률을 기록했다. 그후에도 일본 경제의 불황은 지속되어 최근에는 '잃어버린 20년'이라는 말이 사용되기도 한다.

1990년대 미국·일본·독일의 경제성장률

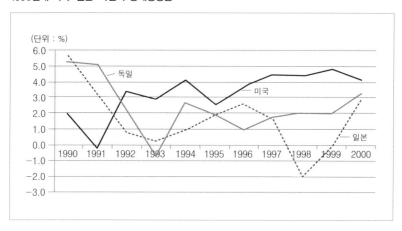

아 국가들은 극심한 무역적자에 시달렸고, 결국 미증유의 외환 위기에 내몰렸다.

한국의 경우 고달러의 영향으로 원화가 고평가되면서 기업들의 수출경쟁력이 약화되어 경상수지 적자에 직면했다. 1995년 -44억 달러였던 무역적자는 1996년 -206억 달러로 급증했다. 그 결과 1996년 230억 달러에 달하는 경상수지 적자를 기록했

외환위기 전후의 경상수지 추이   (단위: 억 달러)

	1996	1997	1998	1999	2000	2001	2002
경상수지	−230.0	−81.7	403.6	244.8	122.4	82.4	60.9
무역수지	−206.2	−84.5	390.3	239.3	117.9	93.4	103.4
서비스수지	−61.8	−32.0	10.2	−6.5	−28.9	−38.3	−74.6
소득수지	−18.1	−24.5	−56.4	−51.6	−24.2	−12.0	4.5
경상이전수지	−0.5	6.7	33.5	19.2	6.8	−2.3	−10.8
외환보유액	332.4	204.1	520.4	740.5	962.0	1,028.2	1,214.1

자료: 한국은행.

고, 이는 외환위기를 초래하는 중요한 요인이 되었다.

위기의 시작

1990년대 초반까지만 하더라도 동아시아 국가들의 경제성장은 타의추종을 불허했다. 1965~90년 연평균 GNP 성장률이 4.6퍼센트에 달했다. 이 기간 한국의 1인당 GNP 성장률은 7.1퍼센트였고, 싱가포르는 6.5퍼센트, 홍콩은 6.2퍼센트, 인도네시아는 4.5퍼센트, 태국은 4.4퍼센트, 일본은 4.1퍼센트, 말레이시아는 4퍼센트였다. 이 때문에 많은 경제학자가 동아시아 국가들이 21세기 세계경제를 이끌 것이라고 내다봤다. 그러나 이 같은 장밋빛 전망은 동아시아를 강타한 외환위기로 허망하게 스러졌다.

동아시아 외환위기는 1980년대 중반 일본 자본의 동남아시아 진출과 연관이 있다. 당시 동남아시아 국가들은 대책 없이 금융 자본의 진입장벽을 허물기 시작했다. 그러자 해외 자본의 유입이 증가하여 1994년에 유입된 일본 자본은 400억 달러에 달했고 1996년에는 2600억 달러로 크게 늘어났다. 여기에 1994년부터 서방 금융기관들의 자본이 신흥 시장인 아시아와 동유럽 시장으로 대거 몰려들었다. 1995~96년 동아시아에 유입된 서방 자본은 대략 400억 달러에 달했다. 결국 동남아시아 국가들은 외환위기라는 이름의 시한폭탄을 안게 되었다.

동아시아 외환위기의 신호탄이었던 태국의 경우 1980년대 중반 방콕 펀드와 태국 펀드를 설립하여 외국인의 간접투자를 허

지역별 신흥시장에 대한 민간 총대출 현황 (단위: 10억 달러)

	1994	1995	1996	1997	1998	1999
아시아	83.5	88.1	123.4	130.6	41.1	66.6
중남미	25.8	36.3	64.9	96.2	66.6	65.4
중동	8.9	9.2	10.3	16.3	9.6	15.5
아프리카	3.6	9.4	5.7	15.2	3.9	4.7
유럽	11.7	12.4	21.9	38.9	36.2	26.3

출처: 김광수경제연구소, 《현실과 이론의 한국경제 1》, 27쪽.

용하면서 해외 자본의 유입이 본격화됐다. 그런 다음 1993년 3월 역외금융시장인 방콕국제금융시장BIBF을 설립, 태국을 인도차이나반도의 금융 중심지로 만들겠다는 야심찬(?) 계획을 추진했다. BIBF를 설립하여 인도차이나 국가들과 미얀마에 자금을 공급하는 금융 허브로 거듭나겠다는 복안이었다.

BIBF 설립 이후 태국으로 유입된 외국 자본의 규모는 1993년 76억 달러, 1994년 101억 달러, 1995년 81억 달러, 1996년 46억 달러였다. 외화의 대부분은 제조업보다는 부동산과 주식시장에 투자되어 거품을 만들었다. 그 영향으로 1988년 380포인트 정도였던 태국의 주가는 5년이 흐른 1993년이 되자 1680포인트를 기록, 네 배 이상 폭등했다.

그러나 세상만사 오르막이 있으면 내리막이 있는 법. 비정상적인 경기과열로 흥청대던 태국 경제가 내리막길로 접어든 것은 1996년부터다. 이 시기를 지나면서 주가는 떨어졌고, 부동산 가격은 하락하여 금융기관이 부실해졌다. 이렇게 되자 서방 은행들이 자금 회수에 나섰고, 태국의 금융기관들은 자금 압박에 시달렸다.

태국의 자산시장은 1997년 2월 삼프라송 랜드Samprasong Land 사가 상환일을 넘기고도 외채를 갚지 못하자 붕괴 조짐을 보였다. 태국 중앙은행은 자산시장의 부실이 금융기관으로 빠르게 확산되자 금융권에 2000억 바트(약 80억 달러)를 지원했으나 사태는 수습되지 않았다. 결국 그해 6월 말 태국 최대 금융회사인 파이낸스 원Finance One이 파산하면서 외환위기는 기정사실로 굳어졌다.

이즈음 국제 금융 환경도 태국의 상황을 악화시키는 데 한몫했다. 역플라자합의로 달러 가치가 가파르게 상승, 바트화의 불안을 부추긴 것이다. 당시 태국 중앙은행은 달러화에 대한 연동환율제를 고집하여(달러연동제를 시행할 경우 달러 가치가 높아지면 바트화 가치도 자동적으로 높아진다) 수출 부진과 경상수지 적자를 악화시켰다.

그리고 운명의 날인 1997년 7월 2일 마침내 태국에서 외환위기가 일어나고 말았다. 외국 자본의 급속한 탈출로 바트화가 평가절하되자 태국 정부는 고정환율제를 버리고 변동환율제를 채택했다. 변동환율제를 채택하자 바트화의 가치는 이날 하루에만 달러당 24.70바트에서 29.55바트로 16퍼센트나 폭락했다. 외환위기가 발생하자 서방 은행들은 태국을 비롯한 동아시아에서 무차별적으로 자금 회수에 나섰다. 그들은 1995년과 1996년 외환위기가 발생한 아시아 5개국(태국·필리핀·말레이시아·인도네시아·한국)에 약 900억 달러에 달하는 순대출을 해주었는데 1997~99년 1220억 달러에 달하는 자금을 회수해갔다.

태국에서 시작된 외환위기는 인접 국가로 빠르게 번졌다.

1997년 7월 11일 힘겹게 버티던 필리핀 중앙은행이 두 손을 들고 페소화의 방어를 포기하면서 외환위기가 발생했다. 사흘 뒤인 7월 14일 말레이시아의 링깃화도 환율 방어의 마지노선인 달러당 2.525링깃 선이 무너졌다. 그리고 한 달이 지난 8월 14일 인도네시아에서도 외환위기가 발생했다. 이날 인도네시아 중앙은행은 루피아화의 환율 방어를 포기하고 전면적인 변동환율제를 도입했다. 외환위기의 광풍은 이렇게 동남아시아 국가들을 차례로 초토화시켰다. 그런 다음 방향을 바꿔 북상하기 시작했다.

외환위기의 늪에 빠진 한국

1994~95년 9퍼센트에 가까운 고성장을 기록했던 한국 경제는 1996년 들어 급격히 침체되기 시작했다. 1995년까지 30퍼센트 내외의 고공행진을 이어가던 수출증가율은 1996년이 되자 4퍼센트 이하로 떨어졌다. 경상수지의 경우 1993년 3억 9000만 달러 흑자를 기록했으나, 1994년에는 45억 3000만 달러 적자를 기록했다. 그런 다음 1995년 89억 5000만 달러, 1996년 230억 달러, 1997년 81억 7000만 달러 적자를 기록했다.

경상수지 적자가 눈덩이처럼 불어나는 가운데 외채 또한 급증했다. 한국의 외채 잔액(총대외지불 부담)은 1995년 말 1272억 달러에서 1996년 말 1643억 달러로 대폭 늘어났다. 더 큰 문제는 단기외채 비중이 높다는 점인데 이는 1996년 말 56.6퍼센트에 달했다.

한국 경제에 경상수지 적자라는 빨간불이 켜진 상황에서 1997년이 되자 기업들의 부도가 시작됐다. 1997년 1월 23일 발생한 한보그룹의 부도는 탐욕에 사로잡힌 한국 재벌의 실상을 적나라하게 보여줬다. 그리고 두 달이 지난 3월 19일 삼미그룹이 법정 관리를 신청하면서 사실상 해체됐다. 재계 서열 17위였던 삼미그룹에 이어 진로그룹과 대농그룹이 부도나면서 부도 행렬이 이어졌다.

기업들의 부도가 이어지자 김영삼 정부는 부도유예 협약을 추진했다. 김영삼 정부의 주도로 체결된(1997년 4월) 부도유예 협약은 부도에 직면한 대기업에 주거래은행과 채권은행이 합의할 경우 3개월간 어음 교환을 유예해준다는 내용이었다. 그러나 김영삼 정부의 야심작이었던 부도유예 협약은 은행권과 채권금융기관의 이해가 충돌하면서 얼마 못 가서 폐기되고 말았다.

그리고 3개월이 지난 1997년 7월 15일 기아그룹이 부도나면서 한국 경제는 총체적인 위기에 직면했다. 기아그룹을 부도로 몰고 간 총부채 규모는 9조 5000억 원(당시 환율로 107억 달러)에 달했다. 이중 산업은행을 비롯한 은행권 부채가 5조 3800억 원이었으며, 종합금융회사 등 비은행권 부채가 4조 500억 원이었다. 이 같은 천문학적인 금액의 부도로 주식과 채권은 물론 은행권과 종금사 전체가 부실해졌다.

기아그룹의 부도로 한국의 대외 신인도가 급락하면서 상황은 하루가 다르게 나빠졌다. 이렇게 되자 한국은행은 8월 18일 7개 종금사를 구제하기 위해 5억 달러의 자금을 긴급 지원했다. 그러나 상황은 정부 지원으로 수습 가능한 국면이 아니었다. 도리 없이 종금사들은 외환 결제 자금을 외환시장에서 조달할 수밖에 없었다. 이렇게 되자 이자율은 치솟았고 원화 가치가 급락하여 그해 8월 25일 환율은 900원 선을 넘어섰다.

이즈음 동아시아 경제 상황이 심상치 않게 전개되자 일본은 아시아통화기금AMF을 결성하자는 제안을 내놓는다(1997년 9월 10일). 1000억 달러 규모의 AMF 펀드를 조성, 동아시아 국가들이 통화 위기에 직면할 경우 지원하자는 것이었다. 이에 대해 말레이시아 총리 마하티르를 비롯한 대부분의 동아시아 국가들은 지지를 표했다. 그러나 문제는 미국이었다. AMF가 설립될 경우 IMF의 영향력 축소가 불가피한 상황에서 미국이 이 제안을 달가워할 리 없었다. 그 결과 미국의 반대로 AMF 설립은 현실화되지 못했다.[6]

이런 가운데 1997년 10월 17일 대만은 환율 방어를 포기했다. 그리하여 대만 달러는 1997년 10월 17~20일 5.4퍼센트나 평가절하됐다. 그리고 10월 20일, 대만의 뒤를 이어 홍콩 증시가 폭락했다. 10월 20일부터 23일까지 1주일 전에 비해 무려 23.34퍼센트나 하락한 것이다.

11월에 접어들자 한국의 외환위기는 기정사실화됐다. 금리는

---

6. 아시아의 금융안정을 위해 1997년 9월 일본이 처음 제안했다. AMF는 미국의 반대로 결실을 보지 못했고 관련국들은 2000년 5월 태국 치앙마이에서 개최된 제2차 아세안＋3(한·중·일) 재무장관회의에서 치앙마이이니셔티브CMI를 구성하기로 합의했다. 그러나 CMI는 세부적인 실행 방안을 마련하지 못한 채 한동안 표류했다. 이런 가운데 2008년 발생한 글로벌 금융위기는 CMI에 활력을 불어넣는 계기가 됐다. 세계적인 금융위기를 경험하면서 아세안＋3 국가들은 치앙마이이니셔티브다자화협정CMIM을 체결(2010년 3월)했고, 2011년 5월에는 CMIM에 금융위기 예방 기능을 도입, 그 기능과 역할을 강화하고 있다.

폭등했고, 환율은 요동쳤으며, 주가는 폭락했다. 주가가 연일 폭락을 거듭하는 가운데 11월 17일 환율방어의 심리적 마지노선인 1000원 선이 무너졌다. 이날 환율은 1달러당 1008.6원까지 치솟았다. 다시 하루가 지난 11월 18일 외환시장 개장과 함께 원화 환율은 상승 제한 폭인 1달러당 1012.8원까지 뛰어올랐다. 이렇게 되자 국제 금융시장에서 달러를 구하지 못한 시중 은행들과 종금사들은 외환시장에서 달러를 사려고 혈안이 되었다.

경제 상황이 돌이킬 수 없을 정도로 나빠지자 김영삼 정부는 11월 21일 IMF에 200억 달러의 구제금융을 요청하겠다고 발표했다. 발표와 함께 한국 정부와 IMF는 구제금융 협상에 들어갔다. 그리고 사흘 뒤인 11월 24일 미국의 신용평가사인 스탠더드 앤드 푸어스는 한국의 신용등급을 A⁺에서 A⁻로 낮추었다. 그러자 월요일이었던 이날 종합주가지수는 7.2퍼센트(34.79포인트) 하락해 10년 만에 최저치인 450.64포인트를 기록했다.

국제신용평가사들이 잇따라 신용 등급을 하향 조정하는 상황에서 11월 27일 한국의 종합주가지수는 10년 4개월 만에 최저치인 411.91을 기록했다. 다시 며칠이 지난 12월 1일 IMF 구제금융 조건이 매우 가혹할 것이라는 소문과 함께 종합주가지수는 393.16포인트로 떨어졌다.

한국 정부와 IMF 사이에 구제금융 협상이 타결된 날은 12월 3일이었다. 이날 발표에 따르면 IMF가 한국에 지원키로 한 긴급 구제금융 금액은 사상 최대인 583억 5000만 달러였다. 이 가운데 210억 달러는 IMF가 지원하고, 100억 달러는 세계은행ᴵᴮᴿᴰ이, 40억 달러는 아시아개발은행ᴬᴰᴮ이 지원한다는 내용이었다.

나머지 233억 5000만 달러는 제2선 자금으로 IMF와 IBRD, ADB의 지원금이 부족할 경우 13개국이 지원할 예비 금액이었다.[7] 이로써 30년 동안 초고속 성장을 거듭해온 한국 경제는 IMF 구제금융을 받아야 하는 초라한 신세로 전락하고 말았다.

IMF의 잘못된 처방

IMF가 구제금융 지원을 전제로 한국 정부에 요구한 개혁 프로그램은 다음과 같다. 긴축재정 및 성장 목표의 하향 조정(성장 3퍼센트, 물가 5퍼센트), 기업 및 금융기관의 부실 처리(구조조정 등), 13개 금융개혁법안의 입법, 대기업의 체질 개선(투명성 제고, 계열사 간 연결고리 차단), 조속한 노동시장의 유연성 제고, 외국인 주식투자 한도의 확대를 비롯한 자본시장 개방 등이다.

IMF가 내놓은 요구 사항은 한마디로 한국 정부의 경제정책은 물론 경제 시스템 전반을 뜯어고치라는 것이었다. 김영삼 정부는 이런 요구 사항을 군말 없이 받아들였고, 그에 따른 고통은 국민들의 몫이었다. 돌이켜보면 IMF의 요구사항은 참으로 가혹했다. 오죽했으면 미국 대통령 클린턴마저 이렇게 탄식했을까.

지금 나는 우리가 하고 있는 일들이 과연 한국인들에게 옳은지 어떤지

---

7. 제2선 자금 233억 5000만 달러의 배정 내역은 다음과 같다. 일본이 100억 달러, 미국이 50억 달러, 독일·영국·프랑스·이탈리아 4개국이 50억 달러, 벨기에·스위스·네덜란드·스웨덴 4개국이 12억 5000만 달러, 호주와 캐나다가 각각 10억 달러, 뉴질랜드가 1억 달러이다.

잘 모르겠다. 우리는 지금 그들(한국)에게 실업자를 양산하도록 강요하는 것은 물론, 외국인들이 한국 기업을 사들이도록 하고 있다. 지금 우리가 그들에게 강요하고 있는 것은 사실, 미국에서조차도 결코 받아들이지 않을 자본주의적 관행이 아닌가? 이것이 발전인가? 이게 우리가 지금 바라는 건가? 이것이 과연 IMF가 원하는 상황이란 말인가.

—강준만, 《미국사 산책 14》, 130쪽.

IMF의 개혁 프로그램에 따라 김대중 정부가 시행한 정책은 크게 두 가지로 나뉜다. 하나는 거시경제정책이고, 다른 하나는 경제 시스템의 구조조정이다. 거시경제정책의 경우 재정과 통화 긴축, 고금리, 저성장 정책이 주된 내용이었고, 경제 시스템의 구조조정은 금융개혁, 기업지배구조 개선, 무역자유화, 자본시장 개방, 노동시장 유연화 등이다.

먼저 IMF가 한국 정부에 요구한 거시경제정책을 살펴보면 1998년 경제성장률을 3퍼센트대로 낮추고, 물가는 5퍼센트로 안정시키며 최고 30퍼센트에 이르는 고금리 정책을 시행하라는

거시정책 부문의 IMF 프로그램 수정 추이

	경제성장률	물가상승률	재정적자	금리
1차(1997.12)	3%	5% 이내	적자 불가피	일시적인 금리상승 용인
2차(1998.1)	1~2%	9%	적자 불가피	콜금리 30% 이상 감수
3차(1998.2)	1%	9%대	GDP의 0.8%	조심스러운 인하
4차(1998.5)	−1%	한 자리 수	GDP의 1.75%	계속 인하
5차(1998.7)	−4%	9%	GDP의 4%	계속 인하
6차(1998.10)	1999년 플러스	8%	GDP의 5%	계속 인하

출처: 김경원·권순우 외, 《외환위기 5년, 한국경제 어떻게 변했나》, 17쪽.

것이었다. 그러나 이 같은 거시경제정책은 부작용을 낳았다. IMF가 제시한 고금리와 긴축정책은 한국을 극심한 경제 불황으로 몰아넣었다. 외환위기라는 초유의 경제난 속에서 최고 30퍼센트에 달하는 금리를 물어가며 돈을 빌려다 쓸 기업은 어디에도 없었다. 이로 인해 부채비율이 높은 기업들의 재정압박은 가중됐고 금융기관들은 더욱 부실해졌다. IMF의 고금리와 긴축정책은 기업들의 연쇄 부도를 부르고 실업자를 양산했을 뿐이었다.

IMF가 투자 억제와 저축 증가를 통한 경상수지 개선, 물가 안정과 해외 자본의 유입 등을 이유로 내세운 고금리와 긴축정책은 실패했다. 그러자 세계 곳곳에서 비판이 쏟아졌다. 러시아와 동유럽에서 신자유주의 전도사로 활약한 제프리 삭스는 IMF가 "채무국의 상황은 무시하고 금융적 교조에 충실하여 대부자에게만 신경 쓰며" 위기를 악화시키고 있다고 비판했다. 프린스턴 대학 교수 폴 크루그먼Paul Krugman도 1998년 9월 《포천》에 기고한 글에서 "IMF가 아시아의 경제 문제를 해결하는 데 실패했을 뿐만 아니라 상황을 악화시켰다"고 비판의 날을 세웠다.

여기에 더해 1998년 5월 인도네시아에서 폭동이 발생하고 러시아마저 모라토리엄을 선언하면서 IMF의 체면은 말이 아니었다. 인도네시아와 러시아의 경우 IMF가 제시한 프로그램을 충실히 따랐는데도 경제가 파탄 나고 정치 불안이 야기되자 IMF는 도리 없이 고금리와 긴축정책을 수정할 수밖에 없었다. 여기에 더해 IMF는 자신이 제시한 처방(프로그램)을 수용하여 경제가 회복된 시범 케이스가 필요했다. 그래서 선택된 나라가 한국과 태국이었고 그 덕분에 김대중 정부는 1998년 5월 금리인하를 시행할 수 있었다.

다음으로 IMF의 프로그램에 따라 진행된 한국 경제의 구조조정은 금융, 자동차, 전자 등 기간산업은 물론 노동시장에 이르기까지 큰 폭으로 진행됐다. 대형화와 겸업화를 특징으로 하는 금융기관의 구조조정은 퇴출, 합병, 해외 매각, 외자 유치, 증자 등 다양한 방법이 동원됐다. 1997년부터 2002년 말까지 김대중 정부는 총 159조 원의 막대한 공적 자금을 투입, 인가 취소(127개), 해산·파산(368개), 신설(64개), 합병(160개)을 추진했다. 이 기간 한국의 금융기관은 655개가 줄어들어 2002년 12월 말에 이르면 1510여 개로 구조조정됐다.

금융기관의 구조조정과 함께 한국의 자본시장은 전면 개방되어 외국 자본의 놀이터가 됐다. 1998년 5월 김대중 정부는 투자 개방 확대 방침에 따라 외국인 주식투자 한도를 폐지했다. 자본시장이 자유화되자 외국계 금융기관의 한국 진출은 크게 늘어났다. 외국 자본이 대대적으로 진출하면서 한국의 초우량 대기업들은 투기자본의 먹잇감이 됐다. 한국은행의 통계에 따르면 1999년 18.5퍼센트였던 외국인 지분 비율은 2004년 40.1퍼센트로 급증했다. 특히 포스코, 삼성전자, SK텔레콤, 국민은행, 현대자동차 등 한국을 대표하는 기업에 대한 외국인 지분 비율이 급격히 높아졌다.

주요 산업에 대한 구조조정도 빠르게 진행됐다. '빅딜'이라는 이름으로 진행된 구조조정으로 기업 매각과 사업 교환이 이루어져 기업 수가 줄어들고 부실기업이 퇴출됐다. 정부의 조직 개편과 공공부문의 구조조정이 진행되는 가운데 해외 기업의 한국

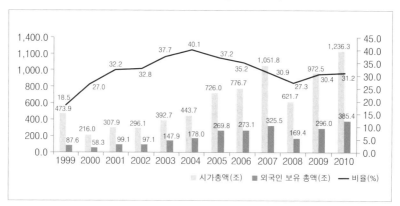

한국 기업에 대한 외국인 지분 비율 및 보유 총액 추이(1999~2010)

출처: 한국은행 통계실.

진출이 부쩍 늘어났다.

경제 전반에 걸친 구조조정으로 기업과 금융기관의 부채비율이 줄어들어 건전성이 제고되는 성과가 없지 않았으나 적지 않은 문제점이 야기됐다. 빅딜의 무리한 추진, 퇴출 기업의 판정기준 논란, 공적자금 투입 과정에서 나타난 도덕적 해이 등이 그것이다.

노동시장 유연화를 핵심으로 하는 노동부문의 구조조정도 빠르게 진행됐다. 노동자 정리해고제와 파견근로제가 도입되어 비정규직 노동자가 전체 노동인구의 대다수를 차지하게 됐다. 실업자가 대거 발생했고 대학을 졸업해도 일자리를 구하지 못하는 청년들이 거리에 넘쳐났다. 이제 평생직장이란 말은 아련한 옛말이 됐고, 대신 정리해고가 일상다반사가 된 시대를 맞았다.

엄청난 지각변동 속에서 1998년 한국의 경제성장률은 일사분기 -4.6퍼센트, 이사분기 -8.0퍼센트로 떨어졌다. 특히 IMF의

외환위기 이후 주력 산업의 구조조정 현황

산업	구조조정 내용
정보통신	- 이동통신 통폐합 : 5사 → 3사 - 부채비율 축소 : 373%(97) → 116%(01)
반도체	- LG반도체+현대전자 → 하이닉스 탄생 - 사업 분리 및 축소, 해외자산 매각 등 다각도의 구조조정 실시
자동차	- 현대+기아+아시아 → 현대자동차 - 대우+쌍용 → GM대우 - 삼성 → 르노삼성
철강	- 한보철강, 기아특수강의 매각 미결 - 환영철강, 삼미특수강, 강원산업 등의 매각
석유화학	- 한화+대림산업 → YNCC(NCC 부문) - 현대석유화학, 삼성종합화학의 구조조정 지연

출처: 김경원·권순우 외, 《외환위기 5년, 한국경제 어떻게 변했나》, 126쪽(인용자 재구성).

잘못된 처방에 따른 고금리와 재정긴축, 구조조정으로 소비자와 기업의 소비심리가 위축되어 내수경기가 급속히 냉각됐다. 1998년 민간소비는 10.6퍼센트 감소하여 상반기 소득 감소폭을 크게 상회했다. 기업들의 설비투자 또한 고금리의 영향으로 1998년 상반기 42.4퍼센트나 감소했으며 실업자는 133만 명으로 1997년에 비해 두 배 이상 늘어났다. 통계청이 발표한 자료에 따르면 1997년 11월의 실업률은 2.6퍼센트(57만 명)였으나 1년 지난 1998년 10월에는 7.1퍼센트(154만 명)였다.

1998년 전국의 노숙자 수는 2만여 명으로 추정됐고, 주부 매춘과 가정불화가 늘어나는 가운데 이혼율은 35퍼센트로 늘어났다. 자살로 인한 사망률의 경우 1996년 인구 10만 명당 14.1명 수준에서 이태 뒤인 1998년에는 19.9명으로 증가했다. 여기에 더해 1998년 6월 전국의 영육아시설과 임시 보육시설에 수용된 어린이는 4876명으로 전년 1500여 명에 비해 3000명이나 증가하여 'IMF 고아'라는 신조어가 탄생했다.

외환위기의 원인과 파장

동아시아 외환위기가 발생하자 폴 크루그먼은 주된 원인을 동아시아 국가 내부에서 찾았다. 동아시아 외환위기는 관치금융 아래서 정부의 묵시적인 지급보증이 초래한 도덕적 해이 때문이라는 것이다. 다시 말해 동아시아 국가 정부가 기업들의 파산 위험은 고려하지 않고 묵시적인 지급보증을 서줌으로써 무분별한 투자가 늘어났고 금융기관이 부실해지면서 외환위기를 초래했다는 것이다. 이에 반해 제프리 삭스는 외환위기의 주된 원인을 외부에서 찾았다. 삭스에 따르면 동아시아 외환위기는 과도하게 유입된 국제 유동성 자금이 일시에 빠져나가면서 발생했다.

이처럼 동아시아 외환위기는 논자에 따라 원인 진단이 엇갈린다. 그러나 분명하고도 명확한 사실은 동아시아 외환위기는 대처리즘과 레이거노믹스로 가시화된 신자유주의 세계화라는 맥락에서 발생했다는 사실이다. 이미 1987년 블랙 먼데이를 경험하면서 국제 금융질서는 일체화됐음이 확인되었다. 그후 1990년대 초반 유럽에서 전개된 환율전쟁과 멕시코에서 발생한 외환위기는 투기자본에 의해 개별 국가들의 금융시장이 쉽게 농락당할 수 있다는 사실을 보여주었다.

이렇게 볼 때 동아시아 외환위기의 주된 원인은 통제되지 않은 투기자본에 의한 국제 통화금융체제의 불안정성에서 찾아야

외환위기 사례

사건	시기	성격
중남미 외채위기	1982	- 당시 세계 제2의 채무국인 멕시코가 채무불이행을 선포. - 석유 수출국인 멕시코는 해외 차입, 석유 수출에 따른 수입을 바탕으로 방만한 재정지출을 한 결과 극심한 인플레이션 발생. - 페소화의 평가절하를 우려하여 자본 도피가 나타나고 선진국의 경기축소가 겹쳐 결국 외환위기 발생.
유럽 통화위기	1992~93	- 1991년 통일 이후 독일이 재정적자에 따른 인플레이션 압력을 해소하기 위해 금리인상을 발표한 이후 영국, 이탈리아와 기타 유럽 국가들은 통화가치를 유지하기 위해 금리인상이 불가피. - 그러나 투기자본은 실업 문제 때문에 이들 정부가 고금리 정책을 구사하는 대신 고정 환율을 포기하리라 예상하고 이들 통화를 공격. - 결국 영국이 먼저 유럽통화시스템에서 탈퇴하였고 이탈리아와 스페인이 뒤를 이으며 큰 폭의 평가절하 실시.
멕시코 위기	1994	- 대규모 무역적자와 성장 정체로 외채 누적. - 정치 불안과 확장적 재정정책 추진으로 외화 베이스가 고갈되고 평가절하 압력 가중.

출처: 삼성경제연구소 편, 《IMF 1년과 한국경제의 변모》, 71쪽.

한다. 외환위기가 발생한 동아시아 5개국을 중심으로 살펴보면, 1996년부터 1997년 전반기까지 외국 자본의 순유입액은 930억 달러였다. 반면 1997~99년 일시에 빠져나간 자본은 1220억 달러에 달했다. 이처럼 단기간에 일어난 자본 유출은 동아시아 외환위기를 촉발시킨 직접적인 원인이었다. 여기에 취약한 외환금융체제, 각국 정부의 정책 대응 실패, 재벌을 비롯한 대기업의 무분별한 투자 등이 복합적으로 작용하여 외환위기가 발생한 것이다.

한국의 외환위기는 김영삼 정부가 추진한 신자유주의 정책과 관련이 깊다. 김영삼 정부는 경제기획원과 재무부를 통합, 재정경제원을 설치하여 경제기획의 기능을 분리·축소하여 산업정책을 정부 주도에서 시장 주도로 전환시켰다. 동시에 금융과 외환거래를 자유화하는 법률을 제정, 전통적인 외환관리 체제였던 외환집중제를 폐지했다. 그런 다음 내국인의 해외투자, 일반투자자의 해외 증권투자, 기관투자자의 해외 예금, 일반기업의 상업차관과 해외 예금을 허용했다. 한국 부동산에 대한 외국인들의 투자가 허용된 것도 이때였다.

김영삼 정부의 외환과 자본 자유화 정책으로 재벌과 금융기관들이 단기외채를 마구잡이로 끌어들이게 되었다. 외환과 자본 자유화가 시행되자 종금사를 비롯한 금융기관들은 저금리 단기외채를 대거 차입해 1990년대 중반에 이르러 총외채 가운데 단기외채의 비중이 60퍼센트(BIS 기준) 내외가 되었다.

이런 상황에서 김영삼 정부의 경제협력개발기구OECD[8] 가입은 한국을 외환위기로 몰아넣은 치명타였다. OECD에 가입하려면 OECD의 '자본이동에 관한 자유화 규약'을 충족시켜야 한다. 이 규약에 명시된 자본자유화와 경상거래 중 무역외거래의 자유화 요건을 충족하려면 금융은 물론 산업 전반에 걸친 대외개방이 선행돼야 했다. 따라서 김영삼 정부의 OECD 가입 추진은 무차별 시장개방과 자본자유화를 의미했다. 이런 조치의 영향으로 김영삼 정부가 OECD 가입을 추진하기 시작한 1994년부터 가입

---

8. 경제발전과 세계무역 촉진을 목적으로 발족한 국제기구로 일명 선진국 클럽이라 불린다. OECD의 기원은 2차 세계대전 직후 유럽부흥계획(마셜플랜)을 수용하기 위해 1948년 4월 16개 서유럽 국가들이 주축이 되어 결성한 유럽경제협력기구OEEC에서 비롯된다. 그후 1950년 미국·캐나다가 준회원국으로 참여하였고, 1960년 12월 OEEC의 18개 회원국을 비롯한 20개국 각료와 유럽경제공동체EEC, 유럽석탄철강공동체ECSC, 유럽원자력공동체EURATOM 대표가 참여하여 경제협력개발기구조약(OECD조약)에 서명하면서 OECD가 탄생했다. 2010년 현재 OECD 회원국은 34개국이며 한국은 1996년 10월 11일 스물아홉 번째로 가입했다.

이 승인된 1996년 사이 한국의 외채는 520억 달러에서 1080억 달러로 급증했다. 그 뒤에도 외채는 계속 증가해 외환위기 직후인 1998년 초에는 GNP(4000억 달러)의 37퍼센트에 달하는 1500억 달러였다.

또한 김영삼 정부는 투자금융사를 종합금융사(종금사)로 허가하여 외채 급증과 금융 부실을 가중시켰다. 집권 초기인 1993년 정부는 적지 않은 우려와 비판에도 아랑곳 않고 아홉 개 투자금융사의 종금사로의 전환을 허가했다. 그런 다음 1996년에도 추가로 열다섯 개 투자금융사의 종금사 전환을 허가해줬다.

예금과 보험을 제외한 모든 금융 업무를 관장하게 된 종금사들은 일본 등지에서 저리의 단기외채를 빌려와 위험 부담이 높은 태국 부동산에 40억 달러를 투자하고 러시아 정부의 장기 채권도 대량 매입했다. 종금사들의 무모한 투자는 국내에서도 이어졌다. 경제가 빠르게 침체되던 1996년 이후 종금사들은 자금난에 봉착한 기업들에 담보도 없이 돈을 빌려줬다. 이런 방만한 경영에도 재정경제원은 종금사를 관리 단속하기는커녕 은행들이 기업어음^{CP} 업무에 참여하지 못하도록 종금사들을 감쌌다.

이렇게 종금사들이 대책 없이 부풀려놓은 금융 부실은 태국발 외환위기를 한국으로 전이시키는 촉매제로 작용했다. 외환위기가 확산되자 종금사들은 해외에 투자한 돈을 회수할 길이 막혀버렸다. 반면 자금을 빌려온 일본 등의 금융기관들로부터는 돈을 갚으라는 독촉에 시달렸다. 한동안 이러지도 저러지도 못하던 종금사들은 별수 없이 파산에 이르렀다.

종금사들의 연쇄 파산은 외환위기로 이어졌다. 외환위기가 엄습하자 대규모 기업 도산과 실업 사태가 벌어졌다. 1996년까지 7~9퍼센트에 이르던 경제성장률은 1998년 마이너스 7퍼센트로 떨어졌다. 외환위기 이전 2~3퍼센트에 불과했던 실업률은 1998년 최고 9퍼센트까지 치솟았다. 반대로 노동자의 임금은 평균 9퍼센트나 삭감되어 서민경제는 풍비박산 났다. 뿐만 아니라 외환위기는 정치위기를 동반했다. 외환위기라는 한파 속에서 치러진 15대 대선에서 야당인 새정치국민회의의 김대중 후보가 당선되어 50년 만에 정권교체가 실현된 것이다.

더러는 한국이 구제금융을 지원받은 날로부터 3년 8개월이 지난 2001년 8월 지원금을 모두 갚고 IMF 체제에서 조기 졸업했다는 이유를 들어 외환위기를 성공적으로 극복한 나라라고 평가한다. 하지만 그 이면에서는 심각한 사회문제가 독버섯처럼 피어났다. 신빈곤계층이 등장하고, 노동시장이 왜곡되어 비정규직이 양산됐다. 심각한 경제난으로 가족 해체와 생계형 범죄가 증가하였고, 로또 열풍 같은 한탕주의 가치관이 확산됐다. 이로써 한국 사회에는 약자에게 고통을 전가하는 승자독식과 우승열패의 신자유주의 경쟁구조가 확고하게 뿌리 내렸다.

세계로 번진 위기

동아시아발 외환위기는 맨 먼저 러시아로 번졌다. 동아시아 금융권의 주요 투자처였던 러시아는 소연방 해체 이후에도 수입보다 지출이 많았다. 이런 상황에서 1997년 동아시아 외환위기가 발생하자 석유와 금속 수요가 크게 줄어들면서 재정적자가 발생했다. 원유와 가스 등 원자재 수출로 흑자를 유지해오던 러시아는 국제 원자재 가격의 폭락으로 재정 수입이 급감했다(석유와 원자재 판매 수입은 러시아 재정수입에서 80퍼센트를 차지했다). 당시 러시아는 조세 체계의 미비로 세수가 늘지 않는 상황에서 경제성장이 둔화하자 재정적자가 누적됐다. 러시아 정부는 국채를 발행하여 적자를 보전하기 시작했다. 이렇게 시간이 지나면서 만기 국채가 도래하기 전 또 다른 고금리 국채를 발행해야 하는 악성 채무 구조가 자리 잡았다.

그럼에도 탐욕에 눈먼 러시아 은행들은 유입된 단기자금을 설비시설에 투자하기보다는 이자놀이와 환투기에 열을 올렸다. 이런 상황에서 동아시아 외환위기가 발생하자 투기자본이 대거 이탈하면서 심각한 금융위기에 빠졌다. 루블화가 폭락하고 금리가 상승하면서 러시아 국채 가격이 덩달아 떨어졌다. 금융위기가 현실화되자 돈을 빌려준 외국 은행들은 일제히 대출금 상환을 요구했고, 러시아 민간 은행들은 가용 자금을 총동원하여 달러화 사재기에 나섰다.

심상치 않은 상황을 진정시키기 위해 1998년 7월 IMF와 서방 국가들은 총 226억 달러의 긴급 자금을 러시아에 지원했다. 그런데도 러시아의 금융 불안은 진정될 기미를 보이지 않았다. 여기에 더해 사회 갈등까지 격화되면서 러시아의 신뢰도는 빠르게 추락했다.

결국 1998년 8월 13일 러시아의 주식시장, 채권시장, 외환시장이 일시에 붕괴했다. 시장이 붕괴하자 러시아의 채권금리는

200퍼센트로 뛰었고, 주가는 65퍼센트나 폭락했다. 이어 은행들의 파산이 뒤따랐다. 사태를 감당할 수 없게 되자 러시아 정부와 중앙은행은 8월 17일 모라토리엄(지불유예)을 선언하기에 이른다. 비록 90일 동안이라는 한시적인 조치였지만, 이는 전 세계에 커다란 충격파를 던졌다. 발표 당일 세계 각국의 주가는 일제히 하락했고 통화 가치는 약세로 돌아섰다.

모라토리엄 선언과 함께 러시아 정부는 연계환율제를 폐기하고 변동환율제를 채택했다. 변동환율제를 도입하고 달포가 지난 9월 21일 루블화의 환율은 1달러당 21루블로 상승하는 등 경제위기가 지속되어 1998년 러시아의 물가는 84퍼센트나 치솟았다.

이렇게 러시아를 강타한 금융위기는 또 다른 위기를 불러왔다. 월가의 투자회사 롱텀 캐피털 매니지먼트LTCM, Long-Term Capital Management가 파산한 것이다. 1994년 존 메리웨더가 설립한 LTCM은 블랙-숄스 모델을 개발하여 노벨경제학상을 수상한 마이런 숄스Myron Scholes와 로버트 머턴Robert Merton이 참여하고 있었다. 덕분에 LTCM은 '똑똑한 경제학자들이 모여 안전하게 고수익을 올리는 신기한 펀드'라는 이미지로 치장됐다. 이를 밑천으로 LTCM은 은행에서 손쉽게 돈을 빌려 1995년과 1996년 각각 40퍼센트, 1997년 20퍼센트의 수익을 올렸다. 덕분에 LTCM은 1997년 말 75억 달러의 자본금 가운데 27억 달러를 투자자에게 배당할 수 있었다.

문제는 그다음이었다. '우리는 어떤 분야에서든지 성공할 것이다'라는 교만에 차 있던 LTCM은 동아시아 외환위기가 절정에 달했던 1997년 말 러시아 채권이 저평가되었다고 판단했다. 투자자들이 동아시아 외환위기에 과민하게 반응한다고 생각한 LTCM은 1998년이 되면 금융위기가 진정될 것으로 예측했다. 이런 낙관적인 판단 아래 1000억 달러의 자금을 빌려와 러시아 국채를 겁 없이 사들이는 한편 미국 국채를 공매도하는 호기를 부렸다.

　　그러나 LTCM의 투자가 만용에 불과했다는 사실은 오래지 않아 밝혀졌다. 높은 투자 수익을 기대하며 장밋빛 환상에 젖어 있던 LTCM의 패착은 시장 자체가 파산할 수 있다는 사실을 간과한 것이었다. 결국 1998년 8월 어느 여름날 러시아가 모라토리엄을 선언하자 LTCM이 보유한 채권은 휴지 조각이 됐다. 엎친 데 덮친 격으로 미국의 국채 가격마저 상승하여 LTCM은 1000억 달러의 손실을 입었다. 이렇게 되자 LTCM에 돈을 빌려준 은행들은 보유 자산을 질권(質權, pledge)으로 설정할 것을 요구했으나 상황은 이미 엎질러진 물이었다. 결국 LTCM은 파산했다. 더 큰 문제는 LTCM의 파산으로 월가의 많은 투자은행이 위태로워졌다는 사실이다. 미국 연방준비은행에 따르면 LTCM의 파산으로 무려 1조 달러에 이르는 피해액이 발생했다. 연준과 FRB는 증시와 금융시장이 혼란에 빠지는 것을 막기 위해 1998년 9월부터 세 차례에 걸쳐 콜금리를 인하했다.

　　그럼에도 미국계 은행들은 BIS 자기자본 비율 8퍼센트(BIS는 일반적으로 8퍼센트를 기준으로 하여 금융기관의 건전성을 판단한다)를 유지하기 위해 대출금 회수에 나서면서 그 파장이 브라질로 번져갔다. 1997년 6월 이후 만 1년 동안 서방 은행들이 브라질에서 회수해간 자금은 220억 달러에 달했고 달러화에 연계되어 있던 브라질의 헤알화는 평가절하 압력에 시달렸다.

브라질의 금융 상황이 악화되자 IMF는 1998년 11월 415억 달러를 긴급 지원한다. 덕분에 숨통이 트이는 듯했다. 그러나 IMF가 구제금융의 대가로 브라질에 제시한 고금리와 긴축정책이 상황을 악화시켰다. 브라질 경제는 침체일로를 걸었고 국민들의 고통은 가중됐다.

이렇게 누적된 경제위기는 1999년 벽두에 폭발했다. 그해 1월 6일 브라질의 산업 중심지인 미나스 제라이스 주가 185억 헤알(154억 달러)의 부채에 대해 90일간의 지불유예를 선언한 것이다. 이 조치로 주가가 폭락하는 가운데 자본 이탈이 가속화되어 1월 12일에는 12억 달러의 자본이 유출됐다. 자본이 썰물처럼 빠져나가자 브라질 중앙은행은 헤알화의 환율을 달러당 1.12~1.22헤알에서 1.20~1.32헤알로 8퍼센트 평가절하했다. 그럼에도 위기가 진정되지 않자 1월 18일 고정환율제를 포기하고 변동환율제를 수용하여 IMF와 투기자본의 공세에 무릎을 꿇었다.

이처럼 동아시아에서 시작된 외환위기는 진정되지 않고 전 세계로 번져나갔다. 1990년대 말 금융위기는 미국 주도의 일극체제에 대한 근본적인 문제제기인 동시에 심각한 균열을 의미했다. 그런데도 미국은 사태를 진정시킬 수 있는 방안을 내놓지 못했다. 고작 워싱턴 컨센서스라는 신자유주의 세계화 프로그램뿐이었다. 이로써 무능한 패자 미국 앞에는 부풀대로 부푼 거품경제와 언제 붕괴할지 모르는 금융자본주의 신화만이 덩그러니 놓여 있었다.

거세지는 반세계화 투쟁

NAFTA가 발효된 1994년 1월 1일 0시, 멕시코 치아파스 주 라칸돈 정글에서 원주민으로 구성된 사파티스타민족해방군EZLN이 '신자유주의에 대한 4차대전'을 선포했다. 주민 30퍼센트 이상이 마야 계 원주민인 치아파스 주의 문맹률은 멕시코 전체의 세 배가 넘는 43퍼센트였고 취학 연령인 5세 어린이의 절반 이상이 학교 교육을 받지 못하는 상태였다. 이들에게 주어진 현실이란 과거 300년에 걸친 식민통치 시대나 멕시코가 독립한 이후에나 변함없었던 가난과 인권유린뿐이었다.

이런 상황에서 사파티스타민족해방군 부사령관 마르코스Marcos가 지휘하는 무장봉기는 무서운 속도로 번졌다. 봉기가 시작되자마자 치아파스 주의 112개 군 가운데 약 48개 군에서 자치군이라는 이름의 민중권력이 수립될 정도로 원주민들은 열띤 지지와 호응을 보냈다.

그리고 만 6년 가까운 시간이 흘렀다. 1999년 11월 30일, 이 날 WTO는 미국의 시애틀에서 3차 각료회의를 개최했다. 뉴라운드 출범을 중심 의제로 소집된 3차 각료회의는 시작 전부터 농업, 노동, 환경, 반덤핑 문제 등을 두고 미국과 유럽, 미국과 일본이 대립하였다. 여기에 개발도상국들은 우루과이라운드의 혜택이 선진국들에게만 돌아가고 있어 불만에 차 있었다.

회담장 안팎으로 팽팽한 긴장감이 감도는 가운데 80개국 1300여 개 단체들은 3차 각료회의에 즈음하여 신자유주의 세계화에 반대하는 선언문을 발표했다. 선언문에서 이들은 "자유무

영화 〈배틀 인 시애틀〉의 한 장면.

역체제가 민주주의·인권·노동권·환경·문화 등 인류 삶에 미친 영향에 대한 포괄적이고 충분한 조사·평가가 선행되기 전까지는 뉴라운드 출범이 유보돼야 한다"고 밝혔다.

회의의 개막은 투쟁의 시작이기도 했다. 회담이 개막되자 5만 여 명의 시위대는 거리를 점거하고 신자유주의 세계화와 WTO를 반대하는 격렬한 시위를 벌였다. 이들은 나이키나 맥도날드 등 초국적기업의 상점을 공격하는 등 WTO 각료회의가 열리는 시애틀을 마비시켰다. 무방비 도시가 된 시애틀에는 야간통금과 비상사태가 선포됐다. 그러나 시위대는 아랑곳하지 않았고 시가 전을 방불케 하는 시위는 연일 계속됐다. 회담 마지막 날인 12월 3일에는 시위대가 도로를 점령하는 바람에 일부 대표들이 회담 장에 입장하지 못할 정도였다.

결국 WTO 3차 각료회의는 성과 없이 끝났다. 중요 의제인 뉴라운드 출범 문제는 타결되지 못했다. 이로써 미국이 추진한 다자주의는 다시금 좌절됐고, WTO의 위상과 역할은 볼품없이 추락했다. 이렇게 되자 미국은 지역주의에 기초한 FTA 체결에 박차를 가하는 방향으로 정책을 수정할 수밖에 없었다.

20세기의 대미를 장식한 시애틀 투쟁은 실로 강렬한 인상을 남겼다. 신자유주의 세계화 반대라는 공통된 인식 속에 전개되어 구조조정에 따른 임금 하락과 실업 증대, 빈곤층 확대, 보호받지 못하는 여성과 아동 문제, 무역자유화에 따른 식량안보 위협, 규제완화에 따른 환경파괴, 인종 및 이주노동자 문제 등으로 의제를 확산시키는 계기가 됐다.

시애틀 투쟁은 세계화를 이끄는 국제기구와 각급 정상회담을 반대하는 투쟁으로 이어졌다. IMF와 세계은행 총회가 열린 2000년 4월 워싱턴과 G8 정상회담이 개최된 2001년 7월 이탈리아 제노바, 그리고 WTO 5차 각료회의가 개최된 2003년 9월 멕시코 칸쿤에 이르기까지 반세계화 투쟁은 열기를 더해갔다.

IMF 구제금융 대신 모라토리엄을 선언했다면

IMF에서 구제금융을 받는 것이 최선이었을까? 1997년의 외환위기가 심각했다지만, IMF가 한국 사회에 남긴 깊은 상처를 돌이켜보면 이런 의문이 생긴다. IMF의 굴욕적인 요구를 받아들이지 않고 외환위기에서 벗어날 수 있는 방법은 없었을까?

실제로 한국과 비슷한 시기에 외환위기를 겪은 나라 가운데 우리와 다른 길을 선택한 사례가 없지 않았다. 대표적으로 말레이시아 모델이 있다. 말레이시아는 한국과 비슷한 시기인 1997~98년 외환위기를 겪었지만, 사태 해결을 위한 접근 방법이 달랐다. 말레이시아는 당시 외환위기를 해외 투기자본의 일시적 시장교란 행위로 간주했다. 따라서 한국과 달리 무턱대고 IMF와 손잡기보다 내부시장 보호에 힘을 기울였다. 위기가 본격화한 뒤에는 외환 유출을 엄격하게 통제하는 것은 물론 외국에 나가 있는 자국 통화를 회수하며 고정환율제를 채택했다.

국내 생산을 촉진하기 위해 정부 지출을 늘린 것도 한국과 정반대였다. 말레이시아 정부의 이런 대응에 IMF는 코웃음을 쳤지만, 말레이시아는 한국과 함께 외환위기에서 가장 빨리 벗어난 국가로 꼽힌다. 다만 IMF 이후 한국이 부동산 가격 폭등과 엄청난 공적자금 투입의 후유증을 겪고 있는 것과 달리, 말레이시아는 부동산 가격이 오르지도 않았고 물가도 크게 요동치지 않았다.

러시아의 사례도 되짚어볼 만하다. 한국이 외환위기를 경험한 직후인 1998년 역시 외환위기로 어려움에 빠져 있던 러시아는 일방적인 채무지급유예(모라토리엄)를 선언했다. 당시 유가 하락으로 수출 소득 및 세수 감소에 직면한 러시아는 1998년 8월부터 3개월 동안 외채 상환을 일방적으로 중단했다. 당시 국제사회는 러시아의 모라토리엄 선언에 엄청난 충격을 받았지만, 러시아에 어떤 제재도 가하지 않았다. 오히려 일방적인 지급정지를 통해 러시아는 큰 이득을 얻었다. 채권국으로부터 채무의 30퍼센트를 탕감받은 것이다.(중략)

1997년 외환위기 당시 한국에서도 모라토리엄을 선언해야 한다는 주장이 나왔다. 국내외 학계 일각의 주장이었는데, 한국 정부나 주류 경제학자는 이를 진지하게 검토하지 않았다.

모라토리엄을 선언해야 한다는 쪽에서는 대개 IMF 사태의 근본 원인이 IMF나 국제 투기자본의 횡포에 있다고 봤다. IMF가 한국을 비롯한 동아시아의 외환위기에 그릇된 방식으로 과도하게 개입해 단기 유동성 부족의 위기를 확대 재생산했고, 국제적인 투기자본의 횡포로 각국의 외환위기가 구조화됐다는 주장이 제기됐다.

반면 한국 정부는 위기의 원인을 우리 내부에서 찾는 이른바 '내부 결함론'에 무게를 뒀다. 내부 결함론을 주장한 대표적 인물은 폴 크루그먼 미국 프린스턴 대학 교수였다. 그는 한국 등 동아시아 국가가 채택한 경제발전 모델의 내재적 결함으로 이들의 위기는 이미 예정

돼 있었다고 주장했다.(중략)

한국이 모라토리엄 선언을 검토해야 한다는 주장은 오히려 외국에서 활발히 제기됐다. 대표적인 인물은 제임스 크로티 미국 매사추세츠 대학 교수였다. 그는 IMF 사태 이듬해인 1998년 '한국의 경제적·정치적 위기'라는 제목의 글에서 한국이 오히려 모라토리엄 가능성 등을 고려하지 않은 채 IMF의 요구조건을 거의 그대로 수용한 사실에 의문을 제기했다. "한국이 IMF의 극단적인 요구조건들에 굴복하기를 거부하는 경우 한국만이 아니라 한국 사태에 관계가 있는 당사자들 모두가 손해를 볼 것이라는 극히 유리한 지점을 한국 정부가 활용하지 않은 이유는 도대체 무엇인가."

그는 더 나아가 한국 정부가 사태를 합리적으로 판단할 수 있었다면 미국이나 IMF에 확실한 위협을 가해야 했다고 지적했다. "IMF가 강요하는 요구조건이 지나치게 파괴적일 경우 한국은 IMF의 구제금융을 안 받고 말겠다는 위협을 했어야 하는 것이다. 예를 들어 한국 정부가 한국의 은행과 기업들이 해외 은행에서 빌린 채무에 대해 채무불이행을 선언하도록 내버려두겠다는 위협을 가했다고 가정해보자.(이런 위협은 사실 특별히 무슨 조치를 취하는 것도 아니고 그냥 손 놓고 있기만 하면 되는 것이다!) 이런 행동은 해외 채권자들과 한국인 채무자들 사이의 교섭을 둘러싼 '교섭 여건'을 극적으로 변경시켰을 것이다."(중략)

한국이 1997년 당시 '모라토리엄 선언을 검토했어야 한다'는 주장이 곧장 'IMF 구제금융을 받지 말았어야 한다'는 결론으로 이어지는 것은 아니다. 크로티 교수 등도 이를 주장하려 했던 것은 아니다. 다만 한국이 모라토리엄 등 다양한 협상 전략을 구사했다면 IMF와 좀 더 유리한 협상을 할 수 있었다는 이야기다. 물론 그랬다면 'IMF 신탁통치'라는 말도 나오지 않았을 가능성이 높다.

—최성진, 《한겨레21》(제834호) 2010년 11월 5일자.

글로벌 금융위기

—— 나스닥 붕괴에서 리먼 브러더스 파산까지

나스닥 붕괴

20세기가 저무는 1999년 12월 31일 미국 대통령 클린턴은 새로운 세기를 맞는 자신감을 이렇게 표현했다.

20세기의 빛은 저물고 있지만, 태양은 미국에 다시 떠오르고 있다.

그럴 만도 했다. 미국은 1998년 29년 만에 690억 달러의 재정 흑자를 기록했다. 그해 미국의 국방비는 3000억 달러 미만으로 줄어들었고, 재정건전성도 한결 나아졌다. 그뿐 아니라 각종 경제지표도 눈에 띄게 좋아졌다. 1990년대 초반 6퍼센트를 넘나들던 물가상승률은 그즈음 2퍼센트대로 낮아졌고, 실업률은 8퍼센트에서 4퍼센트대로 떨어졌다.

미국의 각종 경제지표가 이렇게 개선될 수 있었던 이유는 IT산업의 성장 때문이었다. 닷컴dot-com기업들이 부상하여 미국 경제를 이끌었던 것이다. 신경제를 상징하는 IT산업의 발전은 새로운 성장 동력을 창출했으며 무엇보다 정보 전달과 상품 보관 비용이 대폭 감소했다. 인터넷 서점으로 유명한 아마존의 경우 서적과 전자제품을 판매하는 프로그램을 개발했으며, 이베이eBay는 수만 점의 물건을 거래하는 전국적인 경매 시스템을 갖추었다.

또한 인터넷을 통해 주식을 거래할 수 있는 프로그램이 개발되면서 증시가 급팽창했다. 이런 가운데 닷컴기업들이 기업공개IPO를 시작하면서 나스닥지수는 거침없이 뛰어올랐다. 1994년 7월 1000포인트를 기록했으며, 1998년 2000포인트, 그리고 1999년에는 4000포인트를 돌파했다. 1999년 상반기 나스닥의 시가 총액은 무려 3조 2100억 달러에 달했다. 당시 나스닥지수의 산업별 비중을 살펴보면 컴퓨터 관련 기업이 40퍼센트였고, 제조업 분야 기업은 29퍼센트, 금융 관련 기업은 14퍼센트, 텔레커뮤니케이션 기업은 12퍼센트였다.

바야흐로 미국 증시는 장밋빛으로 물들었다. 낙관적인 전망과 기대가 넘실대는 가운데 20세기를 마감하는 1999년 12월 31일 나스닥지수는 4069.29포인트를 기록했다. 탄력을 받은 나스닥지수의 상승세는 이듬해에도 멈추지 않아 2000년 3월 10일 5048.62포인트를 기록함으로써 사상 최고치를 경신했다. 이는 1920년대 4.6배 상승한 다우지수와 1980년대 5.5배 오른 일본 니케이지수의 상승세를 뛰어넘는 눈부신 도약이었다.

그러나 산이 높으면 골도 깊은 법. 1997년 말 이후 27개월 동안 200퍼센트 이상 급등(같은 기간 다우지수는 40퍼센트 상승)한 나스닥지수에는 버블이라는 위험한 그림자가 드리워져 있었다. 이런 상황에서 2000년 1월 닷컴기업의 선두주자 아메리카 온라인AOL과 미디어기업 타임 워너의 합병 선언은 신경제의 찬란한 승리로 받아들여졌다. 역대 최고액인 1640억 달러에 달하는 두 기업의 합병 소식은 세계인의 이목을 집중시키기에 충분했다. 그러나 누가 알았으랴. 이것이 닷컴 버블의 붕괴를 알리는 전주곡이 될 줄을……

합병 선언이 발표되고 3개월이 지난 2000년 4월 거침없이 솟구치던 나스닥지수가 폭락했다. 금리인상과 주식시장 과열에 따른 우려와 경계 심리가 작용한 결과였다. 1990년대 중후반 나스닥지수가 폭등하자 FRB는 증시 버블과 과잉 유동성을 조절하기 위해 1999년 6월부터 2000년 3월까지 다섯 차례에 걸쳐 기준금리를 인상했다. 그 결과 1999년 6월 4.75퍼센트였던 미국의 기준금리는 2000년 3월 6.0퍼센트로 상승했다.

FRB가 기준금리를 인상하자 부풀대로 부풀었던 나스닥지수는 일거에 무너져 내렸다. 나스닥지수의 붕괴는 2000년 4월 3일 7.64퍼센트 하락하면서 시작됐다. 폭락 장세는 이후 열흘 가까이 지속되어 4월 12일 7.06퍼센트 하락했다. 4월 14일에는 355.49포인트가 추가로 하락하여 3321.29포인트로 장을 마감했다. 이날 나스닥지수의 하락률은 9.67퍼센트로 1987년 블랙 먼데이 때의 11.35퍼센트에 이어 사상 두 번째 낙폭이었다. 해가 바뀐 다음에도 사정은 다르지 않아 2001년 말 나스닥지수는 1114포인트

나스닥지수 추이(2000~2004)

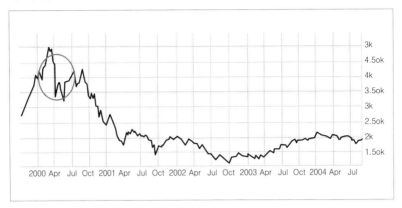

까지 떨어졌다. 채 2년도 되지 않은 기간 무려 4000포인트 가까이 급락한 것이다.

　나스닥이 붕괴하자 벤처기업들은 전처럼 자금을 조달할 수 없었고, IT 관련 기술개발은 심대한 타격을 받았다. 그 여파로 소비 붐이 위축되면서 미국 경제는 침체 국면으로 빠져들었다. 이렇게 되자 FRB는 경기부양을 목적으로 금리를 다시 낮추기 시작하여 서브프라임 모기지 사태라는 파국의 씨앗이 싹트기 시작했다.

9·11테러

초가을로 접어드는 2001년 9월 11일 뉴욕의 날씨는 구름 한 점 없이 맑았다. 평화롭기 그지없던 이날 아침 8시 46분, 승객 아흔

두 명을 태우고 보스턴을 출발한 아메리칸 항공 소속 보잉 767 여객기가 세계무역센터 북쪽 건물에 충돌했다. 그리고 20분 가까이 흐른 9시 3분, 이번에는 유나이티드 항공 소속의 또 다른 여객기 한 대가 세계무역센터의 남쪽 건물과 충돌했다. 영화에서나 봤을 법한 믿기지 않는 테러가 발생한 것이다. 이날 테러는 여기서 끝나지 않았다. 9시 37분, 이번에는 워싱턴DC에 위치한 국방부 청사(펜타곤)에 민항기가 떨어졌다. 그리고 다시 30여 분이 흐른 10시 3분, 펜실베이니아 주 야산에 또 다른 항공기가 추락했다.

네 차례에 걸친 연쇄 테러로 3016명(공식 집계된 사망자 수)이 목숨을 잃었다. 연기와 먼지 장막이 자본주의 심장부인 뉴욕의 금융가를 뒤덮은 가운데 증권거래소는 즉각 폐쇄됐다. 소개 명령이 내려진 백악관과 국회의사당에는 무거운 정적만이 감돌았다. 엿새가 흐른 9월 17일 증시가 다시 개장하자 다우지수는 7.1퍼센트 하락했다. 기업과 소비자 신뢰지수는 추락했고, 미국의 경제성장 전망치도 크게 하락하는 가운데 국제 유가와 금값은 천정부지로 치솟았다.

9·11테러 직후 미국은 그 어느 때보다 뜨거운 애국심으로 들끓었다. 성조기를 만드는 공장은 밀려드는 주문을 소화하느라 밤을 지새워야 했고, 대통령 부시가 가는 곳에는 어김없이 USA가 연호되었다. 뉴욕 시는 밀려드는 헌금을 감당하지 못해 정해진 창구를 이용해달라고 당부해야 했고, 모든 학교에서는 〈신이여 미국을 지켜주소서God Bless USA〉라는 노래가 울려퍼졌다.

테러 발생 하루 뒤인 9월 12일 대통령 부시는 테러와의 전쟁을 선포했다. 미국의 대외정책은 이슬람 테러리즘에 강경 대처하는 방향으로 바뀌었다. 부시 행정부는 선제공격과 예방전쟁에 나서서 적대국에 고개를 조아릴 것을 강요했다. 이 같은 호전적인 발상은 부시 행정부에 포진한 신보수 집단인 네오콘neocon[9]이 주도했다.

부시 행정부는 강경한 대외정책에 기초하여 테러 용의자로 오사마 빈 라덴Osama Bin Laden과 알카에다를 지목하고, 이들에게 은신처를 제공한 탈레반 정권을 축출한다는 명분을 내세워 10월 7일 아프가니스탄을 침공했다. 전쟁 초기 미국은 아프가니스탄 동부와 남부 지역에서 '항구적 평화작전OEF'을 전개했다. 나토군을 포함하여 2만 명이 동원된 작전에서 미군은 손쉽게 승리를 거두는 듯했다.

이런 가운데 2002년 1월 29일 대통령 부시는 상하 양원 합동회의에서 연례교서를 발표하는데 이 자리에서 이란, 이라크, 북한을 악의 축Axis of evil으로 지목했다(2002년 5월 국무차관 존 볼턴은 리비아, 시리아, 쿠바를 추가하여 악의 축은 6개국으로 늘어났다). 그리고 이 국가들에 대해 군사력을 동원하여 정권을 교체하겠다고 천명했다. 이로써 아프가니스탄 다음으로 미국이 정조준하고

---

9. 신보수주의자를 뜻하는 네오콘서버티브neoconservative의 줄임말이다. 이들 대부분은 미국 동부의 명문대학을 졸업한 엘리트 유대인들로 1960년대 좌파 민주당원으로 활동하다가 베트남전쟁과 중동의 6일전쟁을 거치면서 공화당원으로 전향했다. 클린턴 집권 시절 별다른 주목을 받지 못했던 이들은 9·11테러 이후 부시 행정부의 외교와 군사 정책을 주도했다. 도덕적 우월주의에 기초하여 미국 제일주의를 내세우는 네오콘은 '서방 민주주의 국가들이 냉전에서 승리할 수 있는 유일한 방법은 막강한 군사력뿐'이라고 주장한 스트라우스의 영향을 받아 잠재적 적이나 경쟁국에 대해 선제공격도 불사한다는 강경한 입장을 견지했다.

있는 타깃이 이란, 이라크, 북한 가운데 한 나라임이 분명해졌다.

다시 해가 바뀐 2003년 3월 20일, 미국은 이라크의 바그다드 남동부를 미사일로 폭격하면서 침공을 개시했다. 침공 당시 미국이 내세운 명분은 이라크가 보유한 대량살상무기WMD를 제거함으로써 미국인을 보호하고 세계평화에 이바지한다는 것이었다. 그러나 미국은 이라크를 이 잡듯이 뒤졌지만 대량살상무기를 끝내 발견하지 못했다.

'이라크의 자유Freedom of Iraq'라 명명된 이날 침공 작전에는 군인 30만 명이 동원됐다. 전쟁이 시작되고 이틀이 지난 3월 22일 미군은 이라크 남동부의 바스라 항을 장악했다. 4월 4일에는 바그다드로 진격해 후세인 공항을 점령했고, 4월 8일에는 만수르 주거지역에 위치한 비밀 벙커를 집중 포격했다. 하루가 지난 4월 9일, 영국군이 바스라 임시 지방 행정부를 설치했고, 4월 14일에는 후세인의 고향인 티크리트에 미군이 진입하면서 전쟁은 사실상 끝났다.

그리고 보름 남짓 흐른 2003년 5월 1일 대통령 부시는 전투기를 타고 항공모함 에이브러햄 링컨 호에 나타나 종전을 선언했다. 하지만 바로 그 순간 또 다른 전쟁이 시작되고 있었다. 그때까지 미군은 사담 후세인 정권을 무너뜨리고 바그다드를 비롯한 주요 도시들을 장악한 상태였다. 부시 정권이 종전을 선언하고 안도하던 순간 시아파와 수니파라는 오래된 종파 갈등과 소수민족인 쿠르드 족의 분리 독립 요구가 분출하면서 이라크는 내전으로 빠져들었다.

전황이 미궁에 빠지기는 아프가니스탄도 마찬가지였다. 개전 초기에는 모든 것이 미국의 뜻대로 진행되는 듯했다. 미군이 주축이 된 4만 명의 연합군은 거침없이 탈레반을 소탕해나갔다. 소련의 침공과 내전에 이골이 난 아프가니스탄 국민들은 미군을 해방자로 환영했다. 그러나 시간은 미국편이 아니었다. 아프가니스탄의 안정을 이유로 2002년부터 미국이 전개한 '국제안보지원작전ISAF'은 시간이 흐를수록 혼란만 가중시켰다.

전쟁이 지속되자 탈레반 잔당을 비롯한 이슬람 원리주의자들의 저항은 더욱 거세졌다. 이를 응징하기 위한 미군의 폭격이 강도를 더하면서 혼란이 극심해졌다. 이렇게 되자 아프가니스탄 국민들의 원성과 불만은 커져갔다. 결국 전쟁은 아프가니스탄에서 파키스탄으로 확산되어 미국은 이슬람권 전체를 상대해야 하는 어려운 상황으로 내몰렸다.

그렇게 10년이 흘러갔다. 2011년 9월 현재 아프가니스탄전쟁과 이라크전쟁에서 미군을 비롯한 다국적군 사망자는 7494명에 이른다. 민간인 사망자는 이라크에서 10만 명, 아프가니스탄의 경우 집계가 시작된 2006년부터 2010년까지 1만여 명이었다.

미국은 10년 동안 지속된 전쟁을 치르기 위해 엄청난 전비를 쏟아 부었다. 미의회 조사국이 2011년 3월 발표한 자료에 따르면 10년 동안 미국이 쏟아 부은 전비는 1조 2833억 달러(약 1378조 원)였다. 이에 대해 시사주간지 《뉴스위크》는 미국 군부와 정보기관, 보안 관련 당국이 사용한 비용을 모두 합칠 경우 전비는 3조 2280억 달러(약 3466조 원)에 이를 것이라고 보도했다.

막대한 전비를 쏟아 부은 후과는 컸다. 클린턴 집권 말기 3년 연속 흑자를 기록했던 미국의 재정 상태는 단박에 적자로 돌아섰다. 클린턴 행정부 시절 4~5조 달러였던 부채는 부시 정권이 끝날 무렵인 2008년 말 10조 달러를 넘어섰다. 덕분에 2007년 9월 이래 미국의 부채는 하루 40억 달러(5조 원) 이상 늘어났다.

상상을 초월하는 재정적자가 발생하는데도 부시 행정부와 FRB 의장 그린스펀[10]은 재정적자 정책과 양적완화를 시행했다. 부시 행정부의 흔들림 없는 감세 정책과 그린스펀의 지속적인 기준금리 인하 조치로 막대한 양의 유동성이 시장으로 풀려나갔다. 그 결과 2001년 5월 6.5퍼센트였던 미국의 기준금리는 나스닥 붕괴와 9·11테러를 거치면서 단계적으로 하락해 2003년 6월 사실상 제로금리 상태인 1퍼센트가 됐다.

글로벌 불균형이라는 딜레마

1997년 발생한 외환위기는 동아시아 국가들이 성장 방식을 바꾸는 중대한 계기가 됐다. 이전까지 외채를 도입하여 설비투자를 늘리는 방식의 성장을 추구했던 동아시아 국가들은 외환보유액이 감소하면 또다시 외환위기를 겪을 수 있다는 불안감에 사로잡혔다. 이 때문에 경상수지 흑자에 매진하여 막대한 흑자를

---

10. 1987년부터 2006년 1월까지 연방준비제도이사회FRB 의장을 네 번 역임하면서 미국의 경제 대통령, 미국 경제의 조타수, 통화정책의 신神의 손으로 불렸다. 그러나 2008년 9월 글로벌 금융위기가 발생하자 그린스펀은 금융위기를 키운 주범으로 지목되어 청문회에 불려나왔다. 금융위기가 한창이던 2008년 10월 청문회에 출석한 그는 "은행 같은 금융기관이 투자자들과 주주들의 자산을 보호할 수 있을 것이라고 예상한 것은 나의 실수"라고 잘못을 인정했다.

기록할 수 있었다.

그런데 이런 노력은 예기치 않은 결과를 초래하였다. 동아시아 국가들의 무역흑자가 늘어갈수록 미국의 경상수지 적자 또한 눈덩이처럼 불어난 것이다. 달리 생각해보면 미국의 경상수지 적자는 IMF를 내세워 동아시아 국가들에 가혹한 구조조정을 요구했던 결과이니 자업자득이라 할 만했다. 외환위기 당시의 고금리 정책은 외국 자본의 유입은커녕 기업들의 자금 압박을 가중시켜 부도 기업 개수만 늘려놓았다. 그 결과 동아시아 국가들은 기업들의 연쇄 부도와 대규모 실업 사태라는 쓰라린 고통을 감내했다. 이런 경험 때문에 경상수지 흑자에 집착하여 글로벌 불균형global imbalance이라는 예기치 않은 결과를 낳은 것이다.

글로벌 불균형의 중심 국가인 중국의 경우 동아시아 외환위기를 간접 경험하면서 외환보유고 확대 전략으로 치달았다. 특히 중국의 WTO 가입은 미중 간의 불균형을 심화시킨 중요한 전환점이었다. 2001년 11월 10일 카타르 도하에서 개최된 WTO 4차 각료회의에서 가입이 승인되면서 중국의 대미 수출은 비약적으로 늘어났다. 2001년 중국의 대미 무역 규모는 1000억 달러였으나 3년 뒤인 2004년에는 2000억 달러로 늘었고, 2006년이 되자 3000억 달러를 넘어섰다. 불과 5년 만에 중국의 대미 무역이 세 배나 증가한 것이다.

동전의 양면처럼, 중국의 대미 수출 증가는 미국의 무역수지 적자가 심화된다는 것을 의미했다. 2000년 -3783억 달러였던 미국의 무역적자는 2005년 -8049억 달러로 증가하여 불과 5년 사이 적자액이 4000억 달러나 늘어났다.

중국의 외환보유액 추이

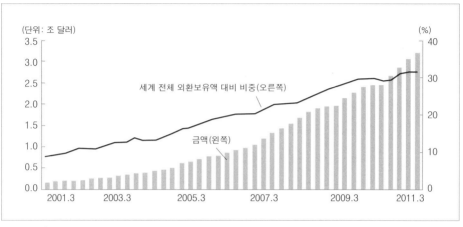

(단위: 조 달러)

세계 전체 외환보유액 대비 비중(오른쪽)

금액(왼쪽)

자료: IMF.

미국에 글로벌 불균형은 독이 발린 달콤한 유혹이었다. 2000년
대 초중반 미국이 IT버블 붕괴라는 악재에도 불구하고 소비 붐
을 즐길 수 있었던 이유는 중국이 있었기 때문이다. 중국은 대
미 수출로 벌어들인 달러로 미국의 국채를 매입했고, 미국은 국
채를 팔아 마련한 돈으로 인플레이션을 관리하면서 흥청망청 써
대기에 바빴다.

그러나 적자에 기초한 달콤한 파티는 오래갈 수 없었다. 만약
미중 간의 불균형 구조가 형성되지 않았다면, 미국의 저금리 기

미국의 무역 및 재정수지 현황 (단위: 억 달러)

	1997	1998	1999	2000	2001	2002	2003	2004	2005
무역수지	-1082	-1649	-2633	-3783	-3627	-4217	-4965	-6177	-8049
재정수지	-219	692	1255	2362	1282	-1578	-3776	-4128	-3186

출처: 한국은행 통계실.

조와 그에 따른 금융위기는 더 빨리 조정되었거나 파열되었을 것이다. 미국인들이 즐긴 달콤한 소비 붐은 서브프라임 모기지 사태와 글로벌 금융위기라는 파멸적인 결과를 가져왔다.

2000년대 중후반 경상수지 적자가 심화되자 미국은 중국에 위안화의 평가절상을 요구하고 나섰다. 만약 변동환율제가 시행되는 상태에서 달러를 많이 벌어들인다면 위안화의 가치가 상승하여 중국의 수출경쟁력이 떨어지는 것이 당연하다. 그러나 중국 정부는 수출경쟁력 유지를 위해 외환시장에 개입하여 위안화의 가치가 오르는 것을 인위적으로 막았다. 대신 벌어들인 달러로 미국 국채를 사들여 미국인들이 저금리와 저물가의 기조 속에서 소비 붐을 즐기도록 뒷받침해줬다. 하지만 날이 갈수록 불균형이 심화되자 미중 간에 환율전쟁이 촉발됐다. 미국은 글로벌 불균형의 개선을 이유로 중국에게 위안화의 평가절상을 강도 높게 요구했다. 미국의 거듭된 요구에 중국은 2005년 7월 22일부터 2008년 9월 리먼 브러더스 파산 이전까지 관리 변동환율제(복수통화 바스켓)를 시행했다. 이 기간 중국의 위안화는 1달러에 8.28위안에서 약 6.83위안까지 20퍼센트 이상 절상됐다.[11]

그러나 이미 제조업 경쟁력을 상실한 상태라 미국의 경상수지 적자가 개선될 리 만무했다. 결국 2008년 9월 글로벌 금융위기가 발생하면서 미중 간의 불균형은 더 이상 지속될 수 없다는

---

11. 2008년 9월 글로벌 금융위기가 발생하자 중국은 미국 달러화에 위안화를 고정하는 달러 페그제US Dollar peg system를 채택했다. 그후 금융위기가 진정되고 미국의 압력이 가중되자 중국은 2010년 6월 22일 다시 관리 변동환율제로 복귀했다.

사실이 명확해졌다. 미국은 기존 G7 체제로는 금융위기를 수습하는 데 한계가 있다고 판단하고 중국을 끌어들이기 위해 G20정상회의를 제안, 2008년 11월 15일 워싱턴에서 1차 회의가 열린다. 회의에 앞서 미국 재무장관 헨리 폴슨은 "최근의 과잉에 불을 붙였던 글로벌 불균형을 치유하지 않으면 향후 글로벌 시장과 경제 활력을 극적으로 개선할 기회를 상실"할 것이라고 언급, G20정상회의에 임하는 미국의 속내를 드러냈다.

그리고 1년이 흐른 2009년 9월 피츠버그에서 개최된 G20정상회의에서 미국은 '지속가능한 균형 성장을 위한 프레임워크Framework 마련'에 대한 합의를 끌어냄으로써 글로벌 불균형 문제를 공식 제기했다. 회의에서 미국은 균형회복Rebalancing을 주장하면서 중국이 30퍼센트에 이르는 가계저축률을 낮추는 한편 소비를 늘리고 저평가된 위안화를 절상하여 무역수지 흑자를 줄이라고 요구했다. 이에 대해 중국은 글로벌 불균형은 미국 내부의 과잉소비가 주된 원인이라고 반박했다. 중국의 주장에 따르면 글로벌 불균형의 완화는 미국 스스로 저축률(미국의 저축률은 2009년 1퍼센트, 2010년 4퍼센트였다)을 높이고, 과잉소비 구조를 개선해야 가능하다.

다시 1년이 흐른 2010년 11월 서울에서 개최된 G20정상회의에서도 미중 간의 환율 문제는 뜨거운 감자였다. 회의에서 미국은 중국 위안화의 가치가 시장에서 자유롭게 결정되어야 한다고 주장했고, 중국은 외부로부터 가해지는 위안화의 절상 압력을 받아들일 수 없다는 입장을 고수했다. 결국 서울에서 열린 G20정상회의에서는 '환율의 유연성 제고'라는 어중간한 타협으로

이 문제를 봉합하고 넘어갔다.

그러나 글로벌 불균형의 문제는 미국의 목을 조이는 밧줄과도 같았다. 미상원은 2011년 10월 11일 중국의 위안화 절상을 압박하기 위해 환율조작제재법을 상정, 찬성 63, 반대 35로 통과시켰다(환율조작제재법이 발효되려면 상하원에서 모두 통과된 다음 대통령의 재가를 거쳐야 한다). 이 법안에 따르면 특정 국가가 환율을 조작, 부당하게 수출을 확대한다고 판단될 경우 이를 보조금 지급 행위로 간주해 해당 국가 수입품에 미국 상무부가 보복 및 상계 관세를 부과할 수 있다. 다분히 중국을 의식한 법안이다. 이처럼 글로벌 불균형은 미국과 중국 사이의 환율전쟁을 야기하여 양국 간의 피할 수 없는 패권 다툼을 촉발하는 매개 고리로 작용하고 있다.

서브프라임 모기지 사태의 시작

미국의 작가이자 역사가인 제임스 애덤스^{James Adams}는 1931년 발표한 《아메리칸 서사시》에서 아메리칸드림^{American Dream}이라는 말을 처음 사용했다. "모든 이의 삶이 더욱 훌륭하고, 값지고 알찬 땅, 각자의 능력이나 성취한 바에 따라 기회가 제공되는 땅에 대한 꿈." 이렇게 사용되기 시작한 아메리칸드림은 미국인들에게 미국의 풍요와 번영을 나타내는 상징어가 됐다. 그런데 어느 때부터인가 아메리칸드림은 미국인들에게 '내 집 마련의 꿈'으로 받아들여지기 시작했다. 특히 부시가 집권한 이후 이러한 경향은 더욱 강해졌다. 풍요로운 미국을 과시하고 저소득층 유권자를 공화당 지지층으로 끌어들이려는 정치적 속셈에서 부시 정권은 부동산 경기 부양책을 추진했다. 2002년 10월 대통령 부시는 "우리는 어두운 곳에 빛을 줄 수 있고, 그런 점에서 사람들이 자신의 집을 소유할 수 있도록 함께 노력해야 한다"라고 밝히면서 대대적인 주택 보급 정책을 시행했다.

특히 부시 행정부는 소수인종들의 주택 소유를 돕는다는 명분으로 서브프라임 주택담보대출^{mortgage}을 장려했다. 여기에 발맞추어 FRB 의장 그린스펀은 경기부양을 이유로 기준금리를 지속적으로 낮추기 시작했다. 탐욕에 눈이 먼 월가와 언론들은 '그린스펀의 베이비 스텝'이라는 말을 사용하면서 찬사를 아끼지 않았다.

나스닥이 붕괴한 직후인 2000년 5월(당시 기준금리 6.5퍼센트)부터 인하되기 시작한 기준금리는 이후 열세 차례에 걸쳐 단계적으로 인하되어 2003년 6월에는 1퍼센트까지 떨어졌다. 금리가 떨어지자 은행에서 돈을 빌려 집을 사려는 사람들이 줄을 이었다. 집값이 뛰는 건 당연지사, 사두면 오를 것이라는 기대가 만연하자 너도나도 부동산 투기 대열에 뛰어들었다. 탐욕에 눈먼 금융회사들은 상환 능력은 따져보지도 않고 대출을 남발하여 서브프라임 모기지 사태를 키우기 시작했다.

미국의 주택담보대출 신용등급은 세 단계로 구분된다. 가장 높은 프라임 모기지^{Prime Mortage}, 중간 수준인 알트-A^{Alt-A}, 그리고 가장 낮은 서브프라임 모기지^{Sub-prime Mortage}이다. 문제가 된 서브프라임은 '최고의 품질보다 못하다'는 뜻으로, 낮은 신용 등급

자를 일컫는 '최우대 금리보다 못한'이라는 의미도 포함하고 있다. 따라서 서브프라임 모기지는 명칭 자체에 대출자들이 금리가 오르면 감당하기 힘들 것이라는 의미가 내포돼 있었다.

그런데도 헛된 욕망에 사로잡힌 은행들은 저금리가 지속되고 주택 가격이 끝없이 오를 것이라는 믿음 속에 서브프라임 모기지 대출을 남발했다. 모기지 회사들은 교육 수준이 낮은 흑인이나 히스패닉을 대상으로 앞뒤 가리지 않고 약탈적 대출을 남발했다. 자금 여력이 없는 이들이 몇 년 후에 금리가 인상될 경우 대출금 상환이 어려울 것이라는 사실은 누구나 쉽게 예상할 수 있었다.

눈앞의 이익에 급급한 은행들은 서브프라임 모기지 대출을 유도하기 위해 파격적인 대출상품들을 쏟아냈다. 대출 초기 2~3년 동안은 아주 낮은 변동금리를 적용하는 모기지ARM, Adjustable Rate Mortgage는 양호한 편에 속했다. 무서류 대출low-doc, no-doc은 물론이고 수입이나 직업, 자산이 없어도 대출이 가능한 NINJANo Income, No Job & No Asset 대출을 비롯하여 피기백piggyback이라는 엽기적인 대출까지 등장했다. 피기백의 경우 계약금 등의 초기 자금부터 집값의 100퍼센트에 더해 수수료까지 대출해주는 상품이었다.

기상천외한 약탈적 대출이 횡행하는 가운데 서브프라임 모기지 대출은 빠르게 증가했다. 2001년 주택경기가 달아오르기 시작한 이후 매년 20퍼센트 이상 늘어났다. 특히 기준금리가 1퍼센트로 떨어졌던 2003년과 2004년 서브프라임 모기지론은 무려 55퍼센트 이상 급증했다. 덕분에 2004년 이사분기 미국인들의

미국 주택담보대출 증감 추이 (단위: 억 달러, %)

	1999	2000	2001	2002	2003	2004	2005	2006
서브프라임 모기지	160 (6.7)	138 (−13.8)	173 (25.4)	213 (23.1)	332 (55.9)	529 (59.3)	665 (25.7)	640 (−0.4)
전체 모기지	468 (20.1)	448 (−4.3)	572 (27.5)	770 (34.8)	869 (12.8)	1,108 (27.5)	1,199 (8.3)	875 (−27.1)

＊연중 증감액, ( ) 안은 증감률. 자료: FRB, Inside Mortgage Finance.

주택소유율은 69.3퍼센트에 이르러 사상 최고치를 기록했다. 그런데 문제는 주택소유율이 높아지는 것에 비례하여 서브프라임 모기지 대출 또한 늘어났다는 사실이다. 2000년 560억 달러이던 서브프라임 대출금액은 2005년 5080억 달러, 2006년 4830억 달러로 급증하여 전체 주택저당대출 가운데 13퍼센트(2006년 말)를 차지했다.

저금리에 힘입어 주택시장이 과열되자 FRB는 2004년 6월 기준 금리를 1.25퍼센트로 전격 인상한다. 이때를 시작으로 기준금리는 2년 동안 무려 열일곱 차례나 인상되어 2006년 6월 5.25퍼센트가 되었다(당시 금리인상은 주택시장 붐을 타고 유럽과 일본 등 외국에서 들어온 돈이 빠져나가는 것을 막기 위한 목적도 있었다).

금리가 오르자 과열되었던 주택시장이 빠르게 냉각되면서 파열하기 시작했다. 적지 않은 대출자들이 빚을 감당할 수 없게 되면서 서브프라임 모기지 연체율은 눈에 띄게 높아졌다. 주택시장에 적신호가 켜진 것이다. 이런 상황에서 그해 기존 주택 판매량은 전년에 비해 7.6퍼센트 감소했고, 신규 주택 판매량은 17.7퍼센트나 줄어들었다. 그 여파로 2006년 12월부터 2007년 2월 사이 열다섯 개의 군소 대출회사가 문을 닫으면서 서브프라임 모기지 사태가 수면에 떠오르기 시작했다.

파생상품이라는 금융 폭탄

2006년 삼사분기 서브프라임 모기지 대출은 1조 1900억 달러로 전체 모기지 대출(10조 300억 달러)의 11.8퍼센트를 차지했다. 1조 1900억 달러의 서브프라임 모기지 대출이 미국의 전체 금융자산에서 차지하는 비중은 겨우 1.2퍼센트에 지나지 않았다. 그런데도 서브프라임 모기지 사태가 글로벌 금융위기로 확산되었던 이유는 파생상품[12]이라는 금융 폭탄 때문이었다.

파생상품은 미국의 연방주택대출은행 시스템과 모기지론 Mortgage Loan에 뿌리를 두고 피어난 독버섯이었다. 모기지론이란 주택을 담보로 은행 등의 금융기관에서 자금을 융자받아 30～40년에 걸쳐 원리금을 분할 상환하는 주택담보대출을 말한다. 그런데 유동성을 중요시하는 금융기관들은 대출해준 증권을 사고 팔 수 있는 방법을 고안해냈다. 그것이 바로 모기지론의 증권화 securitization이다. 증권화(자산 유동화)란 대출채권을 매매 가능한 증권 형태로 전환한 것으로, 이것을 조합하여 파생상품이 만들어졌다.

---

12. 기초자산의 가치 변동에 따라 가격이 결정되는 금융상품이다. 파생상품의 종류에는 거래 기법에 따라 선물, 옵션, 스와프 등이 있으며, 기초자산에 따라 통화, 금리, 주식, 신용, 실물 등으로 나뉜다. 또한 거래 장소에 따라 장내와 장외로 구분되기도 한다. 고수익을 목적으로 만들어진 파생상품은 수익률이 높으면 높을수록 위험 또한 커진다.

자산 유동화 증권 가운데 대표적인 것이 주택저당증권(MBS, Mortgage Backed Security)이다. MBS를 만드는 주요 기관은 정부보증기관(GSEs)인 패니 메이와 프레디 맥[13]으로 이들 기관이 발행한 MBS는 정부보증기관이라는 공신력에 힘입어 신용평가사인 무디스나 S&P로부터 최고등급인 AAA를 받았다. 패니 메이와 프레디 맥 이외에도 자산유동화 전문회사(SPC)도 모기지 대출을 양도받아 MBS를 만들었다. 이들 보증기관은 정부보증기관이 아닌 모노라인(monoline)[14]이라는 이름의 채권보증회사로 MBIA, Ambac, FSA, FGIC가 대표적이다.

자산 유동화 기관(회사)이 만들어낸 MBS를 금융회사들은 다시 나누고 조합하여 CDO(Collateralized Debt Obligation: 채무담보증권)라는 더욱 복잡한 2차 파생상품으로 만들었다. CDO는 MBS를 통해 얻을 수 있는 수익(대출금 회수)과 위험부담(부도가 날 경우)에 대비하기 위해 판매하는 파생상품이다. 여기에 더해 MBS와 CDO가 부도날 경우 원금상환을 보장해주는 파생상품인 CDS(Credit Default Swap: 신용부도 스와프)가 만들어졌다.

이렇게 꼬리에 꼬리를 무는 식으로 만들어진 파생상품은 헤지펀드가 대량으로 사고팔아 이익을 남겼다. 헤지펀드는 파생상품

---

13. 자산유동화 증권을 발행하는 기관은 패니 메이와 프레디 맥이라는 두 개의 정부 후원기관 GSE과 지니 메이(Ginnie Mae)라는 한 개의 정부기관이 있다. 이들 기관은 모기지를 구입하거나 모기지 채무 보증을 서줌으로써 금융의 증권화를 확산·보급하는 데 선도적인 역할을 했다.
14. 금융기관이 발행하는 채권의 신용을 보증해주고 채무불이행(디폴트)이 발생할 경우 채무자 대신 원리금을 상환해주는 일종의 보험 업무를 담당하는 회사이다. 주로 회사채나 금융채만 취급한다고 해서 모노라인이라고 불리며 부동산과 재해 관련 위험까지 보증하는 업무를 담당할 경우 멀티라인(multiline)이라 불린다.

에 투자하기 위해 적으면 자산의 열 배, 많으면 서른 배에 이르는 자금을 은행에서 레버리지(차입)할 수 있었다. 파생상품을 매개로 한 이 같은 유통 시스템을 통해 헤지펀드에 돈을 빌려준 은행과 그 은행에 투자한 전 세계의 금융자본이 얽히고설킨 관계를 형성하면서 거래 금액은 추정할 수 없을 정도로 커졌다.

파생상품을 매개로 난마처럼 얽힌 금융자본의 유통 구조는 1930년대 대공황 때에 제정된 금융규제 장치가 하나둘 제거되면서 고착되었다. 1933년 제정된 글래스-스티걸법으로 대표되는 금융체제는 1980년대 신자유주의가 발흥하면서 해체되었다. 1980년 제정된 신금융법(예금기관 자율화 및 통화관리에 관한 법률)과 1982년 예금금융기관법이 제정되면서 주택담보대출에 대한 제약과 저축대부은행에 대한 업무 제한은 사라졌다. 특히 1990년대 들어 금융 자유화 조치는 빠르게 진행됐다. 1996년 은행지주회사법이 개정되면서 투자은행들이 은행지주회사를 상대로 영업 활동을 할 수 있게 되었다. 그런 다음 1999년 글램-리치-브릴리법(금융서비스현대화법)이 제정되면서 글래스-스티걸법에 기초한 금융규제 장치는 모두 제거되었다.

금융자본에 대한 규제 장치가 사라지자 파생상품을 매개로 한 금융투기가 전면화됐다. 예컨대 서브프라임 모기지 사태를 야기하는 데 결정적인 역할을 한 CDO의 경우 1990년대 중반 처음 등장한 이래 폭발적으로 발행되었다. CDO 발행 추이를 살펴보면 2002년 840억 달러에서, 2005년 2500억 달러, 2006년 약 1조 달러로 늘어났다. 또한 CDO를 발행하거나 인수하여 판매한 투자은행들은 부도 위험에 대비하기 위해 채권보증회사 등과 CDS

보험계약을 체결, 금융부실을 가중시켰다. 파생상품 시장의 70퍼센트를 차지하는 CDS의 원금 잔액의 경우 2001년 6월 6000억 달러에서 2007년 6월 45조 4000억 달러로 증가했다. 불과 6년 사이 CDS는 일흔두 배나 증가하여 서브프라임 모기지 사태를 야기하는 데 결정적인 역할을 했다.

걷잡을 수 없는 파국

파국을 알리는 불길한 신호는 2007년 벽두부터 터져나왔다. 서브프라임 부실이 처음 공개된 곳은 미국이 아니라 대서양 건너편의 영국이었다. 그해 2월 8일 영국의 HSBC 은행이 전년도 주택 모기지 대출의 부실 규모가 은행 전체 부실의 20퍼센트(105억 6000만 달러, 한화로 약 10조 원)에 달한다고 발표했다. HSBC 은행의 부실 발표는 서브프라임 위기에 대한 첫 번째 공개 경고였다. 이 발표로 상승세를 타고 있던 세계 증시는 2월 말에서 3월 초 큰 폭으로 하락했다. 비로소 악마의 얼굴을 한 서브프라임 모기지 사태가 수면 위로 떠올랐다.

한 달 뒤인 3월 8일 미국 2위의 서브프라임 모기지업체인 뉴 센추리 파이낸셜New Century Financial이 추가 대출을 전면 중단한다고 선언하면서 상황은 더욱 악화됐다. 이 회사는 4월 2일 파산법원에 파산보호를 신청하면서 끝내 파산하고 만다. 뉴 센추리 파이낸셜이 파산하자 서브프라임 모기지 시장은 사실상 작동을 멈췄다. 그 영향으로 MBS, CDO, CDS 등 파생상품에 투자했던

오바마 대통령과 대화하는 벤 버냉키 FRB 의장.

전 세계의 헤지펀드, 은행, 보험사에 비상이 걸렸다.

그런데도 정책 담당자들은 장밋빛 환상에서 깨어나지 못했다. 2007년 5월 FRB 의장 벤 버냉키^{Ben Bernanke}는 확신에 차서 이렇게 말했다. "서브프라임 시장의 문제가 경제의 다른 부문, 특히 금융 시스템으로 확산될 것이라고는 생각하지 않는다"라고. 그러나 버냉키의 말이 무색하게도 6월 25일 미국의 5대 투자은행인 베어 스턴스가 운용하는 헤지펀드가 서브프라임 모기지 부실로 대규모 손실을 입었고 그중 하나의 펀드에 32억 달러가 수혈됐다. 그리고 달포가 흐른 2007년 8월 주택담보대출은행인 아메리카 홈 모기지 인베스트먼트^{AHMI}가 파산보호를 신청했다.

비슷한 시기 프랑스 최대 은행인 BNP 파리바가 서브프라임 모기지 채권에 투자하여 손실을 입은 3개 펀드에 대한 환매를 중단한다고 선언했다(2007년 8월 9일). BNP 파리바 은행의 환매 중단 선언으로 다우지수는 387포인트(2.83퍼센트) 하락했다. 또한 환매 중단 소식이 전해지자 유럽중앙은행ECB과 미국을 비롯한 주요 국가의 중앙은행은 금융시장의 동요를 막기 위해 무제한 자금 방출을 발표했다.

이처럼 하루가 다르게 상황은 나빠지고 있었다. 그런데도 정책 담당자들과 최고 경영자들은 무사태평했다. 2007년 8월 21일 FRB 의장 버냉키는 "서브프라임 위기는 잘 통제되고 있다"라고 판에 박힌 말만 되풀이했고, 미 재무장관 헨리 폴슨은 "서브프라임 부도는 경제 전반에 영향을 미치지 않을 것"이라는 근거 없는 낙관론을 펼쳤다. 한발 더 나아가 뱅크 오브 아메리카의 CEO 케니스 루이스는 "주택시장의 부진은 거의 끝나가고 있다"고 궤변을 늘어놓았다.

어쩌면 파국은 이런 궤변을 먹고 자라났는지 모른다. 2007년 9월 14일 영국의 모기지 은행 노던 록Nothern rock의 지점에 수천 명의 고객들이 예금을 찾기 위해 장사진을 쳤다. 모기지 부실로 유동성 위기에 몰린 노던 록 은행이 9월 13일에 영국 중앙은행인 영란은행에 지원을 요청하자 불안감을 느낀 고객들이 일시에 은행으로 몰려들면서 뱅크런이 발생한 것이다. 140년 만에 재현된 노던 록의 뱅크런은 주말을 지나 월요일인 9월 17일에도 계속됐다. 뱅크런이 발생한 14일과 17일 총예금 가운데 8.3퍼센트에 해당하는 20억 파운드가 썰물처럼 빠져나간 것이다.

노던 록의 뱅크런은 서브프라임 모기지 사태의 파장이 국경을 넘어 글로벌 금융시장으로 확산되고 있음을 말해주는 부인할 수 없는 증거였다. 이는 서브프라임 부실이 만든 글로벌 신용경색이 세계 어디에서든지 적은 충격에도 심대한 파장을 일으킬 수 있다는 사실을 말해주는 것이다. 노던 록의 뱅크런으로 CDO에 투자한 금융회사들의 손실이 급증했다. 단기성 기업어음을 발행하여 차입한 자금으로 MBS, CDO 등 고수익 장기 채권에 투자했던 SIV(Structured Investment Vehicle: 상업은행 및 투자은행이 고수익 자산에 투자하기 위해 설립한 투자전문회사)도 만기불일치로 유동성 위기에 내몰렸다.

이런 유동성 위기 속에서 대출을 받아 집을 샀던 대출자들의 파산이 속출했다. 그 여파로 미국의 주요 도시에는 들고양이들만 들락거리는 빈집들이 수만 채씩 늘어났다. 2007년 하반기 미국의 전체 주택 7500만 채 가운데 207만 채가 사람이 살지 않는 빈집이었다. 서브프라임 모기지 사태의 처참한 말로가 드러나고 있었다.

파국이 시작되자 FRB는 2007년 9월 18일 공개시장위원회 FOMC를 열고 기준금리를 5.25퍼센트에서 4.75퍼센트로 전격 인하했다. 이는 시장의 기대치를 넘어선 것으로 2003년 말 기준금리를 인상하기 시작한 이래 4년 3개월 만의 일이었다.

FRB의 전격적인 금리인하로 이날 다우지수는 2.51퍼센트 상승한 13,739포인트로 마감했다. 마치 악마의 등장을 극대화하기 위한 연막 장치처럼 탄력을 받기 시작한 세계 증시는 한동안 상승세를 이어갔다. 그리하여 2007년 10월 9일 뉴욕증시는 사상 최고치인 14,164포인트를 기록했다. 아이러니하게도 금융위기의 조짐이 뚜렷하게 나타나는 상황에서 증시만 낮 뜨겁게 달아올랐던 셈이다. 이제 남은 거라곤 바닥을 알 수 없는 추락뿐이었다. 그리고 10월 19일 주가 하락이 시작됐다. 이날 다우지수는 2.64퍼센트 하락한 13,522포인트를 기록했고, S&P500지수는 2.56퍼센트, 나스닥지수는 2.65퍼센트 떨어졌다.

이즈음 금융위기는 실물 부문으로 번졌다. 2007년 12월 미국의 실업률은 5퍼센트를 넘어섰고 내수가 위축되면서 제조업과 서비스업 경기가 하강하기 시작했다. 미국 경제가 본격적인 침체 국면에 들어서자 부시 행정부는 1600억 달러에 이르는 세금 환급 조치를 결정했다. 그럼에도 그해 연말은 쓸쓸했다. 찬바람이 불어오는 뉴욕 월가에는 감원 태풍이 몰아쳐 2007년 한해에만 13만 명이 일자리를 잃었다.

아직 사태는 끝나지 않았다. 해가 바뀐 2008년 대형 투자회사들의 부실 사태가 잇따르면서 신용 파생상품인 CDS 계약에 따라 원리금을 대신 갚아야 하는 채권보증회사(모노라인)들의 부실이 커졌다. 신용 위험이 커지면서 헤지펀드와 사모펀드에 막대한 자금을 빌려준 은행들이 자금회수에 나서면서 마진 콜 Margin Call이 발생했다.

그 영향으로 칼라일 캐피탈이 2008년 3월 12일에 파산한 데 이어 3월 14일에는 대공황 때도 끄떡없었던 미국 5위의 투자은행인 베어 스턴스가 파산하여 300억 달러의 구제금융을 받아야 했다. 이 사태는 정부의 개입을 반대하는 신자유주의 자유시장 논리가 파산했음을 의미하는 부인할 수 없는 증거였다.

비관적인 상황이 지속되는 가운데 2008년 5월 원리금 상환이 계속 지연되면서 주택 압류 건수가 26만 건에 달했다. 그해 일사분기 서브프라임 모기지론의 연체율이 18.79퍼센트로 나타나 같은 기간 프라임 모기지론의 연체율 3.71퍼센트를 크게 웃돌았다. 그 영향으로 주택융자를 제공한 은행과 저축기관, 주택융자 전문 회사, 주택 구입자는 물론 주택융자 브로커들까지 부실 위기로 내몰렸다.

금융기관의 부실이 심각해지자 등락을 반복하던 주가는 5월 중순을 넘기면서 추락하기 시작하여 7월 초가 되자 다우지수는 1만 1000선까지 떨어졌다. 이렇게 되자 FRB 의장 버냉키는 "미국 경제에 앞이 보이지 않는다"라고 탄식했다.

이제 파국은 돌이킬 수 없게 되었다. 이런 상황에서 투자처를 찾지 못하던 금융자본이 실물부문으로 몰려들었다. 달러 약세가 지속되면서 금과 석유, 곡물 등의 원자재 가격이 폭등하여 글로벌 인플레이션을 낳았다. 중국의 경우 2007년 초 2퍼센트 수준이던 물가인상률이 2008년 초에는 8퍼센트 넘게 치솟았고, 한국의 소비자물가는 2008년 5월 정부의 억제선인 3.5퍼센트를 가볍게 뛰어넘어 4퍼센트대로 진입했다.

운명의 날, 2008년 9월 15일

독일 바이에른에서 가축상을 하던 유대인 3형제 헨리·이매뉴얼·메이어 리먼이 목화산업이 번창하던 미국 앨라배마 주 몽고메리로 이주한 것은 1840년대의 일이다. 1850년 이들은 직물회사를 차리고 자신들의 성을 따 리먼 브러더스라 이름 지었다. 리먼 브러더스는 남북전쟁 이전 철도 건설에 투자하면서 두각을

세계 금융위기 시작을 알린 리먼 브러더스 본사 건물.

나타내기 시작해 전쟁이 끝난 1868년 본거지를 뉴욕 맨해튼으로 옮겨 주식과 채권 사업에 뛰어들었다.

158년의 역사를 자랑하는 리먼 브러더스는 1차대전과 대공황, 2차대전이라는 위기를 견뎌냈다. 2000년대에는 IT버블 붕괴와 9·11테러로 본사가 위치한 세계무역센터가 무너지는 아픔을 겪으면서도 세계 4대 투자은행IB으로 성장했다. 그러나 이 같은 화려한 역사와 전통도 서브프라임 모기지 사태 앞에서는 전혀 바람막이가 되어주지 못했다. 더 큰 문제는 리먼 브러더스의 파산이 서브프라임 모기지 사태를 글로벌 금융위기로 증폭시키는 기폭제가 됐다는 사실이다.

2008년 9월 7일, 미 재무부가 국책 모기지 업체인 패니 메이와 프레디 맥에 사상 최대 규모의 긴급자금 지원 방침을 발표하면서 글로벌 금융위기가 가시화되기 시작했다. 구제금융이 제공되면서 이들 두 회사는 정부의 관리체제로 들어갔다. 그리고 일주일이 흐른 9월 14일 투자은행 메릴 린치가 뱅크 오브 아메리카에 전격 매각되면서 글로벌 금융위기의 진동은 한층 커졌다. 그리고 하루가 지난 9월 15일 리먼 브러더스가 6130억 달러(약 679조 원)의 부채를 감당하지 못하고 파산하면서 글로벌 금융위기라는 사상 최악의 강진이 발생했다.

리먼 브러더스 파산이라는 뉴욕발 강진 소식에 세계 주요 증시는 맥없이 무너졌다. 이날 하루 뉴욕증시는 9·11테러 이후 최대 낙폭을 기록했고 유럽과 아시아의 증시도 급락했다. 파산보호 신청을 한 리먼 브러더스의 주가는 개장 초반 93퍼센트나 추락해 휴지 조각이 됐고, 다우지수는 전주 종가보다 504포인트(4.42퍼센트) 떨어진 10,917포인트를 기록했다.

미국발 금융위기의 여파로 세계 증시는 폭락했고 자금시장의 금리가 급등하여 전 세계를 혼란에 빠뜨렸다. 그해 10월 각종 경제지표들이 새로운 기록을 쏟아내는 가운데 뉴욕증시는 14~18퍼센트가 떨어져 최악의 하락률을 보였다. 블룸버그 통신은 2008년 10월 세계 증시에서 9조 5000억 달러가 사라졌다고 추정했다.

메릴 린치가 매각되고 리먼 브러더스가 파산하자 월가에는 대공황 이후 최악의 공포가 엄습했다. 연쇄 파산으로 인해 삽시간에 월가는 최악의 혼란 속으로 빠져들었다. 리먼 브러더스의 뒤를 이어 미국 최대의 보험회사인 AIG에 대해 850억 달러의 공적자금 투입이 결정되면서 파산의 공포는 금융권 전체를 뒤흔들었다.

금융공황이 엄습하자 부시 행정부와 FRB는 선진 6개국 중앙은행과 공조하여 3000억 달러의 유동성 공급을 합의하는 한편 7000억 달러의 구제금융안을 내놓았다. 그런데 문제는 구제금융법안에 미국인들을 구제하기 위한 내용이 고스란히 빠져 있었다는 점이다. 미국 전체 1억 2000만 가구 가운데 40퍼센트에 해당하는 5000만 가구가 모기지 대출을 받았고, 서브프라임 모기지 대출을 받은 가구는 750만 가구(전체 모기지 대출의 15퍼센트)에 달했다. 이중 500만 가구가 모기지 대출을 연체했거나 주택을 차압당해 거리로 쫓겨난 신세였다. 그런데도 부시 행정부는 이들을 외면했다. 오로지 국민들의 세금을 동원, 문제를 일으킨 금융회사들을 살리는 데만 골몰했다.

이를 두고 미국인들은 금융 사기극라고 분노했다. 분노한 민심 앞에서 2008년 11월 4일 대선과 함께 치러질 의회선거를 앞두고 있던 의원들은 동요할 수밖에 없었다. 그 결과 9월 29일 미 하원에 제출된 구제금융법안은 찬성 205표, 반대 228표, 기권 1표로 부결되고 말았다.

구제금융법안이 부결되자 부시 행정부는 민심을 달래기 위한 몇 가지 수습책을 끼워 넣었다. 이렇게 수정된 구제금융법안은 이례적으로 상원의 승인을 거친 다음 10월 3일 하원에 재상정되어 찬성 263표, 반대 171표로 통과되었다. 그리고 대통령 부시는 서둘러 451쪽에 이르는 구제금융법안에 서명했다.

구제금융법안 승인 문제는 이렇게 일단락됐으나 공황의 공포까지는 떨쳐내지 못했다. 2008년 9월 미국 공급관리자협회ISM가 발표한 제조업지수는 7년 만에 최저치를 기록했다. 구제금융법이 통과되던 2008년 10월 3일 미국 노동부는 9월 비농업 부문 일자리가 15만 9000개나 줄었다고 발표했다.

공황의 그림자는 경상수지에도 드리워졌다. 미국 정부의 발표에 따르면 2008년 회계연도 재정적자는 4548억 달러에 달했다. 이 같은 재정적자는 미국 국내총생산GDP의 3.2퍼센트에 해당하는 것으로 2007년 1615억 달러에 비해 세 배 가까이 늘어난 수치였다.

금융위기의 파장 속에 2008년 세계 경제성장률은 3.2퍼센트로 2007년 5.2퍼센트에 비해 크게 하락했고, 해가 바뀐 2009년에는 마이너스 성장률을 기록했다. 이런 가운데 산업생산, 실업률, 경기선행지수 등 주요 실물경제 지표는 최악의 상황으로 내몰렸다. 금융과 실물경제가 동반 침체하자 기업들의 부도 행렬이 시작됐다. 2008년 전 세계 기업들의 도산 증가율은 27퍼센트였으며, 2009년에는 35퍼센트에 이를 것으로 예상됐다.

기업들이 무너지고 글로벌 신용경색이 심화되자 급기야 많은 국가들은 금융공황으로 내몰렸다. IMF는 2008년 말부터 2009년 초까지 라트비아에 97억 달러, 벨로루시에 25억 달러, 우크라이나에 164억 달러, 보스니아에 16억 달러, 그루지야에 7억 5000만 달러, 헝가리에 157억 달러, 파키스탄에 76억 달러, 아이슬란드에 21억 달러, 스리랑카에 26억 달러 등 모두 15개국에 738억 달러의 대기성 차관을 지원해주었다.

전 세계 기업 도산율(2008~2009년)

	2008년	2009년
미국	54%	45%
유럽 17개국	17%	32%
일본	11%	15%
전 세계	27%	35%

출처: 《니혼게이자이신문》.

  이렇듯 미국에서 시작된 글로벌 금융위기는 세계 전역으로 번
져 많은 나라들을 국가 부도의 벼랑으로 내몰았다. 이리하여 신
자유주의 신화는 파탄 났고, 1차대전 이래 영원할 것만 같았던
팍스 아메리카나의 세기에 황혼이 깃들었다.

누리엘 루비니 교수의 12단계 붕괴론

2006년 9월 7일, 뉴욕주립 대학 경제학 교수인 누리엘 루비니Nouriel Roubini는 국제통화기금IMF 강당에 모인 경제학자들에게 다음과 같이 주장했다.

지금 위기의 폭풍이 서서히 형성되고 있다. 우선 현재 잘나가고 있는 주택 경기가 추락하고. 오일쇼크가 일어나 소비자들은 일생에 한 번 겪을까 말까 할 정도의 깊이로 자신감이 떨어질 것이며, 이로 인해 미국은 깊은 경기침체의 수렁에 빠질 것이다. 주택 소유자들이 주택융자 대출을 못 갚아 모기지 기반의 증권 시장이 전 세계적으로 무너질 것이며, 세계 금융시장은 힘겨워하다 결국 멈출 것이다. 또한 이러한 사건 전개는 헤지펀드, 투자은행과 기타 주요 금융기관(예를 들어 패니 메이, 프레디 맥 등)들을 마비시키거나 심지어 무너뜨릴 것이다.

듣고 있던 사람들은 회의적인 반응을 보였다. 어떤 이들은 평생을 비관적인 전망만을 쏟아낸 경제학자의 허튼소리라고 비웃었다. 당시 루비니 교수가 주장한 12단계 붕괴론을 요약하면 다음과 같다.

1단계 : 미국 역사상 최악의 주택시장 침체

2단계 : 서브프라임 모기지 손실 확대

3단계 : 신용카드 대출 등 소비자 신용 부실

4단계 : AAA 등급 채권보증업체의 신용등급 하향 조정

5단계 : 상업용 부동산 시장의 붕괴

6단계 : 대형 은행 파산

7단계 : 금융기관의 무모한 차입매수LBO로 인한 대규모 손실

8단계 : 기업의 연쇄부도 및 신용부도 스와프CDS 손실 확대

9단계 : 헤지펀드처럼 자금 추적이 어려운 금융기관의 붕괴

10단계 : 주가 급락

11단계 : 금융시장에서 유동성이 고갈

12단계 : 금융기관의 강제 청산, 자산 헐값 매각 등 악순환 반복

해가 바뀐 2007년 상황은 루비니 교수의 예상대로 흘러갔다. 그러자 "2006년에는 미친 사람 같더니 2007년에는 선지자가 되었다"라는 평가를 받으며 루비니 교수는 세계적인 명성을 얻었다.

월가를 점령하라

—99퍼센트를 위하여

변화가 찾아왔다

금융위기의 한파가 맹위를 떨치던 2008년 11월 4일 제44대 미국 대선에서 민주당 후보 버락 오바마가 사상 최다득표(6541만 2231표, 득표율 52.6퍼센트)로 당선됐다. 이날 밤 오바마의 정치적 고향인 시카고 그랜트 공원에는 100만 인파가 몰려들었다. 지지자들의 열렬한 환호 속에 연단에 등장한 오바마는 "오늘 밤 미국에 변화가 찾아왔다"라고 선언했다. 그랬다. 사상 첫 흑인 대통령의 탄생은 변화를 바라는 미국인들의 기대와 열망이 반영된 결과였다.

변화를 바라는 미국인들의 열망은 파산한 금융자본주의를 개조하고 전쟁으로 일관한 부시 정권의 대외정책을 시급히 교정하는 것이었다. 이 같은 사명을 부여받고 탄생한 오바마 정권 앞에는 녹록지 않은 과제들이 놓여 있었다. 부시 집권 8년 동안 부

대통령 취임 선서를 하는 버락 오바마.

자감세로 수입은 줄어들었고, 이라크전쟁과 아프가니스탄전쟁을 치르느라 국방비가 늘어나 미국의 살림살이는 엉망이었다. 한마디로 부시 정권이 남겨준 것이라곤 추락한 미국의 위신과 10조 달러에 육박하는 재정적자뿐이었다. 이런 상황에서 1980년대 이래 영원할 것만 같았던 신자유주의가 파산하면서 30년 동안 은폐되었던 구조적인 문제들이 드러났다. 신자유주의에 기초한 금융자본주의는 통제되지 않는 금융 시스템, 단기 수익 추구에 급급한 주주자본주의, 노동시장 유연화에 따른 고용불안 등의 문제점을 노출하여 사회 양극화와 극심한 불평등을 야기했다.

오바마의 집권 첫해인 2009년 미국의 재정적자는 1조 4200억 달러를 기록했다. 부채는 12조 달러에 달했고 최고경영자CEO의 평균 소득은 1970년대에는 노동자들의 서른 배였으나 이제 300배가 넘을 정도였다. 2010년 미국의 빈곤 인구는 4630만 명(빈곤

비율 15.1퍼센트)으로 2009년에 비해 270만 명이나 늘어나 통계 작성 52년 만에 가장 높은 수치를 기록했다. 가계 중위소득의 경우 2009년 5만 599달러에서 2010년에는 4만 9445달러로 1년 사이 2.3퍼센트 감소했다.

상황이 이 지경이 되었으면 금융자본주의에 편승하여 호가호 위했던 월가의 투기꾼들과 금융회사들은 마땅한 책임을 져야 할 터였다. 그러나 신자유주의의 치부가 드러나는 그 순간 역설적 이게도 극우 정치세력이 모의한 티파티^Tea Party 운동이 일어나 정부의 시장개입과 경기부양 정책에 반발했다.

안팎으로 어려운 상황 속에 오바마 정부는 재정지출을 통한 인위적인 경기부양과 세제 개편, 보건의료 부문 개혁을 통한 중산층 강화에 역점을 두었다. 그 일환으로 7870억 달러에 이르는 경기부양법을 제정하고, 주택 압류 사태를 막기 위한 부동산시장 안정화 대책과 은행 부실자산의 인수를 위한 최대 1조 달러에 이르는 기금 조성 계획을 발표했다.

그런데 문제는 오바마 행정부가 파산한 금융자본주의를 교정할 원칙과 정책을 분명히 제시하지 못했다는 사실이다. 대표적인 사례로 오바마 행정부의 경제정책을 총괄하는 재무장관에 금융규제에 부정적인 티머시 가이트너^Timothy Geithner를 임명하여 개혁의 첫 단추를 잘못 채웠다. 그 결과 오바마 정부가 집권한 첫해인 2009년 파생상품의 거래 규모는 604조 6000억 달러로 늘어나 2008년 547조 4000억 달러를 앞질렀다. 또한 정부의 구제금융을 지원받아 회생한 월가의 금융기관들은 적자 상황에서도 막대한 보너스를 지급했다. 월가의 아홉 개 대형 은행의 경우 2009년

330억 달러 이상을 직원들에게 보너스로 나눠줬다(100만 달러 이상의 보너스를 받은 사람은 5000명에 달했다).

이른바 위기는 사회화하고, 이익은 사유화하는 몰상식한 도덕적 해이가 지속된 것이다. 이렇게 되자 오바마 행정부는 2010년 1월 볼커룰Volcker rule이라는 금융개혁안을 내놓았다. 볼커룰은 경제회복자문위원회 위원장 폴 볼커가 제안한 것으로 은행을 포함한 예금 취급 기관 및 계열회사의 투자를 제한하고, 은행을 비롯한 비은행 금융회사의 대형화를 억제하기 위한 규제가 주된 내용이었다. 볼커룰의 주요 내용 가운데 하나인 은행세의 경우 구제금융에 투입된 자금을 회수하고 금융위기에 대처하기 위해 추진되었다. 은행세 부과 방안을 살펴보면 자산 규모 500억 달러 이상의 금융기관에 대해 0.15퍼센트의 세금을 걷는다는 내용이었다. 한마디로 볼커룰은 금융자본에 대한 규제를 강화하자는 것으로 1999년 제정된 금융현대화법을 폐기하고 글래스-스티걸법을 부활시키자는 것이었다.

그러나 볼커룰에 기초하여 2010년 7월 통과된 도드-프랭크법(상원과 하원의 금융위원장인 크리스토퍼 도드와 바니 프랭크의 이름을 따서 지어졌다)의 경우 은행세는 아예 언급조차 되지 않았고, 시중 은행들은 파생상품과 자기자본 투자에 대해 기본자금(Tier 1)의 3퍼센트 이내에서 투자가 가능하도록 허용해주었다. 결국 월가의 집요한 로비 속에 제정된 도드-프랭크법은 금리와 파생상품에 대한 규제가 누락된 누더기 법안에 불과했다. 이리하여 오바마 정부의 금융개혁은 물거품이 되고 말았다.

금융개혁과 함께 오바마 정부가 심혈을 기울여 추진한 의료개

역대 미국의 금융 관련 법안

법안 명	주요 내용
1927. 맥파든법	– 국법은행의 증권 인수 허용. – 형태: 국법은행의 자회사에 의한 증권 업무 허용.
1933. 글래스–스티걸법	– 상업은행의 증권 인수업 금지. – 은행의 증권 업무 → 국채 인수 등 크게 제한. – 국법은행은 단일 은행지주회사를 설립.
1970. 은행지주회사법	– 단일 은행지주회사를 은행지주회사로 정의, 은행의 증권업 진출 제한.
1987.	– 은행지주회사의 자회사인 뱅커 트러스트, 시티, JP 증권에 국채 이외의 채권에 대해서도 인수 및 거래를 인가. – 허용 범위: 지방수익채권, 주택저당채권 관련 증권. – 다만, 은행지주회사의 자회사인 증권사는 상기 업무에서 2년 동안의 평균 수익을 동 증권사 총수익의 5퍼센트 이내로 제한.
1989. 1. 18.	– 은행지주회사법에 의해 규정된 재무 기준을 만족하는 조건하에서 은행지주회사에게 회사채와 증권 인수 허용.
1989. 9. 13.	– 은행지주회사 수익에 대한 기존 5퍼센트 제한을 10퍼센트로 완화.
1996.	– 은행지주회사 수익에 대한 기존 10퍼센트 제한을 25퍼센트로 완화.
1999. 글래스–스티걸법 폐지 금융현대화법 제정	– 은행, 은행 자회사, 금융지주회사 및 은행지주회사의 증권 업무에 대해 각각 다르게 규제. – 일정 요건을 구비한 금융지주회사 → 자유로운 증권 업무. – 금융지주회사가 아닌 은행지주회사의 경우 FRB의 인정 범위 내에서 증권 업무 허용. – 은행 자회사의 경우 자회사 외 자산 규모가 모회사의 45퍼센트 이내이면서 500억 달러 이내인 경우 업무 범위로 금융업을 허용.
2010. 7. 21.	도드–프랭크 월가 개혁과 소비자보호법 제정(Dodd–Frank Wall Street Reform and Consumer Protection Act).

자료: 대신증권 리서치센터.

혁법의 경우 2010년 3월 21일 하원에서 찬성 219, 반대 212로 통과되어 100여 년에 걸친 논쟁에 종지부를 찍는 듯했다. 의회에서 승인된 대로 의료개혁법이 2014년 전면 시행될 경우 향후 10년 동안 9400억 달러를 지출하여 무보험자 3200만 명이 보험 혜택을 볼 수 있었다. 그러나 공화당은 연방정부가 개인에게 민간 의료보험을 구매하도록 강요하는 것은 위헌이라며 의료개혁법을 대법원에 제소하였다. 이리하여 오바마 정권이 야심차게 추진한 의료개혁법은 시행을 장담할 수 없는 처지에 놓이고 말았다.

단정적으로 말해 변화를 주창한 오바마 정권은 시대의 요구에 걸맞은 정책을 추진하지 못했다. 그 영향으로 2010년 11월 2일 실시된 중간선거에서 오바마의 민주당은 참패하고 말았다. 선거 결과 공화당은 하원 435석 가운데 242석을 차지한 반면 민주당은 63석을 잃어 193석의 소수당으로 전락했다. 상원의 경우 민주당이 10석을 잃어 53석이 됐고, 공화당은 5석을 추가하여 47석으로 늘어났다. 불과 2년 전 첫 흑인 대통령을 배출하고 상하 양원을 모두 석권했던 민주당의 참패는 파산한 금융자본주의를 제대로 개혁하지 못한 정책 실패에 대한 국민들의 심판이었다.

중국은 세계를 구원할 수 있을까

글로벌 금융위기가 발생하자 세계경제를 향해 구원의 손길을 내민 나라는 중국이었다. 금융위기를 계기로 지는 해 미국과 떠오르는 해 중국의 명암은 극명하게 교차했다. 그래서 "1949년에는 사회주의만이 중국을 구할 수 있었고, 1979년에는 자본주의만이 중국을 구할 수 있었지만, 2009년에는 중국만이 자본주의를 구할 수 있었다"라는 말이 나돌았다.

위기에 빠진 세계경제를 향해 중국이 구원의 손길을 내밀 수 있었던 배경에는 세계의 공장으로서의 역할이나 경제 규모의 성장에만 있지 않았다. 중국은 막대한 경상수지 흑자를 바탕으로 정부 부채를 안정적으로 관리하면서 세계경제의 구원자로 나설 수 있었다.

중국은 서브프라임 모기지 사태가 발생하자 국부펀드인 중국투자공사CIC를 앞세워 유동성 부족에 시달리던 미국의 은행들에 대규모 투자를 단행했다. 2007년 11월 미국의 시티 은행, 뱅크 오브 아메리카 등의 은행에 중국투자공사를 비롯하여 싱가포르의 테마섹, 중동의 아부다비투자청, 한국의 한국투자공사KIC 등이 자금을 투자하여 유동성 위기를 진정시켜주었다. 또한 중국은 모건 스탠리 은행에 50억 달러를 투자한 데 이어 2008년에는 미국의 모기지 보증업체인 패니 메이와 프레디 맥에도 자금을 투자하여 금융위기를 진정시키는 데 한몫했다. 또 금융위기가 정점에 달했던 2008년 하반기 외환 압박에 시달리던 국가들과 통화 스와프를 체결하여 국가부도 위기를 피해갈 수 있도록 지원하였다. 2008년 12월 한국과 1600억 위안의 통화 스와프를 체결한 것을 비롯하여 2009년 3월까지 말레이시아, 인도네시아, 아르헨티나 등 6개국과 총 6500억 위안에 이르는 통화 스와프를 체결하여 이들 국가의 외환 안정을 도왔다.

실물경제 부문에서도 중국은 남다른 역할을 담당했다. 중국은 대대적인 국내 경기부양책을 시행하여 침체에 빠진 세계경제에 활력을 불어넣었다. 금융위기의 한파가 지속되던 2009년 중국의 경제성장률은 6.5퍼센트를 기록하여 세계경제의 성장 엔진 역할을 했다. 당시 중국은 미국의 7870억 달러에 맞먹는 4조 위안

중국의 세계경제 내 비중 변화   (단위: %)

	GDP 비중		교역 비중	
	시장환율 기준	PPP 기준	수출	수입
2000	3.7	7.2	3.9(7)	3.4(8)
2009	8.5	12.5	9.6(1)	8.0(2)

* ( )는 순위. 출처: 산업경제정보(제491호), 2010. 11. 23.

(약 700조 원)을 투자하여 세계경제에 숨통을 틔워주었다.

이러한 대내외적 역할에 힘입어 중국은 미국과 함께 G2 국가로 부상했다. 중국의 위상이 강화되자 중국식 시장경제 모델인 베이징 컨센서스Beijing Consensus의 영향력은 커질 수밖에 없었다. 그럼에도 중국이 미국의 역할을 대신하기에는 여전히 미흡했다. 글로벌 금융위기의 와중에 중국이 수행한 역할은 근본 처방이 아니라 응급처치에 불과했다. 중국이 응급처치를 한 다음에도 세계적인 경제위기는 지속됐다. 2008년 글로벌 금융위기를 시작으로 2009년 실물경제의 위기, 2010년 재정 및 통화 위기, 2011년 미국의 신용등급 강등 위기와 유로존 위기에 이르기까지 세계경제에 불어닥친 위기는 꼬리에 꼬리를 물었다.

이러한 파상적인 경제위기는 중국이 문제를 말끔히 해결하는 종결자의 능력이 부족하다는 것을 의미한다. 따라서 중국이 팍스 아메리카나를 대신하여 팍스 시니카Pax Sinica의 세기를 열어가려면 다음과 같은 역할을 수행해야 한다. 무엇보다 경제위기를 타개할 대안 담론을 제시하고 성장 동력을 제공해야 한다. 1930년대 대공황의 와중에는 케인스주의가 제시되어 자본주의의 나침반 역할을 했고, 미국은 조타수 역할을 했다. 하물며 1970년대

불황 때에는 하이에크를 위시한 일군의 신자유주의 경제학자들이 이론을 정립하기도 했다. 그러나 지금은 경제위기를 타개할 만한 어떤 대안 담론도 찾아보기 힘들다.

이로 인해 현재의 경제위기는 상당 기간 지속될 수밖에 없다. 비유하자면 지금의 위기 상황은 장기 불황이라는 긴 터널의 초입에 들어선 열차와도 같다. 극단적인 사례지만 대공황기에는 2차대전이라는 세계적인 전쟁을 통해 공황에서 벗어날 수 있었다. 당시 자본주의 세계경제는 군수산업을 확장하고 실업자를 군대에 동원하는 등 전시경제체제를 통해 대공황에서 벗어났다. 그러나 지금은 2차대전 같은 전 지구적인 전쟁은 상상할 수조차 없다. 지구를 골백번도 넘게 파괴할 수 있는 핵무기가 넘쳐나는 상황에서 2차대전 같은 전쟁을 통한 경제위기 극복이란 망상에 불과하다.

이렇게 볼 때 지금 인류 앞에는 두 갈래 길이 놓여 있다. 하나는 중국이라는 새로운 중심국가의 주도하에 경제위기를 해결하기 위한 방안을 정립하고, 국제적인 공조를 통해 질서정연하게 위기를 극복하는 길이다. 다른 하나는 대안 담론이 부재한 상황에서 세계경제를 주도할 중심국가도 부상하지 않은 가운데 위기가 끊이지 않고 중첩되면서 혼란이 지속되는 최악의 상황이다.

월가를 점령하라

"월가를 점령하라Occupy Wall Street"는 구호로 대변되는 시위 운동은 2011년 7월 13일 시작되었다. 캐나다의 활동가들이 운영하던 격월간지《애드버스터스^{Adbusters}》는 이날 "월가를 점령하라"는 다소 도발적인 제목의 성명서를 발표했다. 그리고 두 달이 지난 9월 17일 50여 명의 시위대가 뉴욕 월가에 위치한 주코티 공원(시위대는 리버티 플라자 공원이라 부른다)에서 '월가를 점령하라'는 구호를 외치며 시위를 벌였다.

오바마 정부를 비롯한 정치권에서 이렇다 할 대책을 내놓지 못하자 평범한 시민들이 행동으로 경제위기의 대안을 찾아 나선 것이다. 시위가 시작되자 대부분의 언론들은 실직자들이 모여 불만을 터뜨리는 그저 그런 집회로 보도했다. 그러나 이들의 분노는 많은 이들의 공감을 불러일으켰고, 청년층을 비롯하여 중장년층도 스스럼없이 시위 대열에 가담했다.

이렇게 번지기 시작한 월가의 시위는 단 3주 만에 미국사회의 중심 의제로 떠올랐다. 워싱턴DC와 시카고, 로스앤젤레스 등 주요 도시에서 시위가 벌어져 미국 전역이 들썩였다. 뿐만 아니라 호주와 캐나다에서도 시위가 일어났으며 멕시코, 유럽, 일본 등에서도 SNS를 통한 지지 선언이 확산됐다. 그리고 2011년 10월 15일 세계 82개국 1500개 도시에서 '우리는 99퍼센트다'라는 구호를 외치며 자본주의의 탐욕에 반대하는 시위를 전개했다.

이처럼 월가에서 시작하여 세계 곳곳으로 번진 시위에서는 다양한 구호들이 울려퍼졌다. '우리는 99퍼센트다', '자본주의의 탐욕을 버려야 한다', '달러(돈)보다 사람이 먼저다', '부자들에게 세금을 더 부과해야 한다', '생계비, 일자리 걱정을 하지 않게 해달라', '99퍼센트가 가난한 불평등한 상황을 종식시켜야 한다'

2011년 11월 '서울을 점령하라' 집회 장면.

등등. 이 밖에도 반전反戰, 여권女權 향상, 인종차별 반대, 종교 자유, 등록금 인하 등에 이르기까지 지역과 나라마다 중요한 이 슈들이 모두 등장하였다.

그리고 11월 15일 시위운동의 진앙지였던 리버티 플라자 공원에서 두 달 가까이 텐트를 치고 노숙투쟁을 하던 시위대가 강제로 해산당했다. 그로부터 보름 뒤인 12월 1일 로스앤젤레스의 시위대마저 해산당하자 성급한 언론들은 이제 시위운동은 끝났다고 보도했다. 그러나 1주일 뒤인 12월 7일 또 다른 시위대가 워싱턴의 의회 점령 운동에 나서면서 시위운동이 재개됐다. 이들은 미의회가 99퍼센트의 일반 시민이 아닌 1퍼센트의 부자들을 대변하고 있다고 비판하면서 "의회를 되찾자(Take Back the Capitol)"라고 외쳤다.

이처럼 월가에서 시작된 점령 운동은 깜짝 시위에 그치지 않고 지속적으로 이어지면서 파장을 던지고 있다. 물론 언젠가는 월가를 점령하라는 시위운동은 중단될 것이다. 그렇다 하더라도 이 운동의 의미는 중단되지 않고 이어지리라. 월가의 시위대가 요구한 정의에 기초한 체제, 정의가 이윤에 우선하는 체제, 약자와 가난한 사람들을 위하는 체제는 99퍼센트의 인류가 소망하는 이상사회이기 때문이다.

블랙 먼데이의 기억

김수행,《알기 쉬운 정치경제학》, 서울대출판부, 2001.

류이근,〈79년 전 '대공황'에서 배운다〉, 한겨레, 2008. 10. 29.

새사연,《테마북④ 글로벌 금융위기와 한국경제의 진로》, 2008. 9. 29.

_____,《테마북⑤ 신자유주의의 새로운 국면과 MB노믹스의 역주행》, 2008. 10. 26.

신치영 외,〈믿었던 심리적 마지노선마저⋯ 점점 커지는 공포〉, 동아일보, 2008. 10. 7.

아르네 다니엘스·슈테판 슈미트, 조경수 옮김,《자본주의 250년의 역사》, 미래의창, 2007.

에드워드 챈슬러, 강남규 옮김,《금융투기의 역사》, 국일증권경제연구소, 2001.

유시민,《거꾸로 읽는 세계사》, 푸른나무, 2004.

이근영,〈'1시 43분' 부결 순간 ⋯ 미 증시 1조 2천억$ 허공으로〉, 한겨레, 2008. 10. 1.

이찬근,《투기자본과 미국의 패권》, 연구사, 1998.

존 스틸 고든, 안진환·왕수민 옮김,《부의 제국》, 황금가지, 2007.

역사의 전환점, 1차대전

권홍우,《부의 역사》, 인물과사상사, 2008.

김종현,《경제사》, 경문사, 2007.

사루야 가나메, 남혜림 옮김,《검증, 미국사 500년의 이야기》, 행담출판, 2007.

양동휴,《20세기 경제사》, 일조각, 2006.

유시민,《거꾸로 읽는 세계사》, 푸른나무, 2004.

_____,《부자의 경제학 빈민의 경제학》, 푸른나무, 1992.

임영태,《인류 이야기》현대편 1·2, 아이필드, 2004.

존 스틸 고든, 안진환·왕수민 옮김,《부의 제국》, 황금가지, 2007.

토드 부크홀츠, 이승환 옮김,《죽은 경제학자의 살아 있는 아이디어》, 김영사, 2005.

파울 W. 프리츠, 염정용 옮김,《위기의 달러 경제》, 비즈니스맵, 2007.

피에르 제르베, 소민영 옮김, 《최초의 세계 제국, 미국》, 부키, 2007.

대공황

권홍우, 《부의 역사》, 인물과사상사, 2008.

김종현, 《경제사》, 경문사, 2007.

디트마르 로터문트, 양동휴 외 옮김, 《대공황의 세계적 충격》, 예지, 2003.

로버트 스키델스키, 고세훈 옮김, 《존 메이너드 케인스》 1, 후마니타스, 2009.

류이근, 〈미 증시 '대공황 판박이' … 내리막 끝 안 보여〉, 한겨레, 2009. 3. 7.

박종현, 《케인즈 & 하이에크, 시장경제를 위한 진실게임》, 김영사, 2008.

사루야 가나메, 남혜림 옮김, 《검증, 미국사 500년의 이야기》, 행담출판, 2007.

양동휴, 《20세기 경제사》, 일조각, 2006.

유시민, 《거꾸로 읽는 세계사》, 푸른나무, 2004.

_____, 《부자의 경제학 빈민의 경제학》, 푸른나무, 1992.

임영태, 《인류 이야기》 현대편 1·2, 아이필드, 2004.

전설리, 〈월가 CEO들, 글래스-스티걸법 부활 '반대'〉, 이데일리, 2009. 3. 28.

존 스틸 고든, 안진환·왕수민 옮김, 《부의 제국》, 황금가지, 2007.

토드 부크홀츠, 이승환 옮김, 《죽은 경제학자의 살아 있는 아이디어》, 김영사, 2005.

파울 W. 프리츠, 염정용 옮김, 《위기의 달러 경제》, 비즈니스맵, 2007.

피에르 제르베, 소민영 옮김, 《최초의 세계제국, 미국》, 부키, 2007.

다시 터진 세계대전

권홍우, 《부의 역사》, 인물과사상사, 2008.

김진영, 《한국인의 눈으로 본 제2차 세계대전》, 가람기획, 2005.

김종현, 《경제사》, 경문사, 2007.

러셀 A. 하트 외, 강민수 옮김, 《제2차 세계대전》, 플래닛미디어, 2008.

리처드 오버리, 류한수 옮김, 《스탈린과 히틀러의 전쟁》, 지식의풍경, 2003.

사루야 가나메, 남혜림 옮김, 《검증, 미국사 500년의 이야기》, 행담출판, 2007.

심은식, 《한국인의 눈으로 본 태평양전쟁》 1, 가람기획, 2006.

유시민, 《거꾸로 읽는 세계사》, 푸른나무, 2004.

은수미, 《IMF 위기》, 책세상, 2009.

임영태, 《인류 이야기》 현대편 1·2, 아이필드, 2004.

존 스틸 고든, 안진환·왕수민 옮김, 《부의 제국》, 황금가지, 2007.

피에르 제르베, 소민영 옮김, 《최초의 세계제국, 미국》, 부키, 2007.

브레턴우즈체제의 성립

경제교육연구회, 《사람의 역사, 경제의 역사》, 시그마프레스, 2008.

권홍우, 《부의 역사》, 인물과사상사, 2008.

구정은, 〈금, 750년간 불변의 가치… 연일 최고가 '귀하신 몸'〉, 경향신문 2009. 11.
    18.

김종현, 《경제사》, 경문사, 2007.

김준호, 《경제사》, 나남, 2003.

김진수, 〈국제 통화제도의 개편 논의와 전망에 관한 고찰〉, 영남대 경영대학원논총
    제14집, 1997. 12.

김진우, 《국제 통화제도》, 인하대출판부, 2002.

로버트 스키델스키, 고세훈 옮김, 《존 메이너드 케인스》 1·2, 후마니타스, 2009.

성용모, 《외환관리론》, 지영사, 1998.

송병건, 《세계화 시대에 돌아보는 세계경제사》, 해남, 2005.

안선희, 〈IMF의 변신, '미국 그늘' 벗는 게 관건〉, 한겨레, 2010. 7. 12.

양동휴, 《20세기 경제사》, 일조각, 2006.

웨인 엘우드, 추선영 옮김, 《자본의 세계화, 어떻게 헤쳐 나갈까?》, 이후, 2007.

은수미, 《IMF 위기》, 책세상, 2009.

이승선, 〈IMF 사상 첫 채권 발행 결정, 달러 기축통화 위상 흔들리나〉, 프레시안,
    2009. 7. 2.

이정우, 〈IMF 어떻게 개혁할까〉, 한겨레, 2009. 9. 28.

이찬근, 《투기자본과 미국의 패권》, 연구사, 1998.

존 스틸 고든, 안진환·왕수민 옮김, 《부의 제국》, 황금가지, 2007.

주진열, 〈환율체제의 안정화를 위한 국제 통화규범의 강화〉, 서울대 법학석사논문,
    1998. 8.

차명수, 《금융공황과 외환위기, 1870-2000》, 아카넷, 2004.

필립 암스트롱 외, 김수행 옮김, 《1945년 이후의 자본주의》, 동아출판사, 1993.

한국은행 국제협력실, 《국제금융기구가 하는 일》, 한국은행, 2005.

자본주의 황금기가 도래하다

강상구, 《신자유주의의 역사와 진실》, 문화과학사, 2000.

경제교육연구회,《사람의 역사, 경제의 역사》, 시그마프레스, 2008.

구춘권,《지구화, 현실인가 또 하나의 신화인가》, 책세상, 2000.

국제정치경제연구회 편저,《20세기로부터의 유산》, 사회평론, 2000.

김종현,《경제사》, 경문사, 2007.

김준호,《경제사》, 나남, 2003.

김진우,《국제 통화제도》, 인하대출판부, 2002.

배리 아이켄그린, 박복영 옮김,《글로벌 불균형》, 미지북스, 2008.

송병건,《세계화 시대에 돌아보는 세계경제사》, 해남, 2005.

이찬근,《투기자본과 미국의 패권》, 연구사, 1998.

존 스틸 고든, 안진환·왕수민 옮김,《부의 제국》, 황금가지, 2007.

찰스 P. 킨들버거, 주경철 옮김,《경제강대국 흥망사 1500-1990》, 까치, 2004.

필립 암스트롱 외, 김수행 옮김,《1945년 이후의 자본주의》, 동아출판사, 1993.

한국은행 국제협력실,《국제금융기구가 하는 일》, 한국은행, 2005.

브레턴우즈체제 무너지다

강상구,《신자유주의의 역사와 진실》, 문화과학사, 2000.

경제교육연구회,《사람의 역사, 경제의 역사》, 시그마프레스, 2008.

고명섭,〈정부개입-시장자유 '세기의 논쟁'〉, 한겨레, 2008. 9. 13.

권순우,〈팍스 달러리움Pax Dollarium의 미래: 전망과 진단〉, SERI 경제포커스(제163호), 2007. 10. 15.

김종현,《경제사》, 경문사, 2007.

김준호,《경제사》, 나남, 2003.

김진우,《국제 통화제도》, 인하대출판부, 2002.

김진수,〈국제 통화제도의 개편 논의와 전망에 관한 고찰〉, 영남대 경영대학원논총 제14집, 1997. 12.

김진환,〈우수리 강의 총성이 냉전을 흔든다〉, 민족21, 2010년 4월호

류이근,〈'유가 쇼크' 원인 … 수요 억제로 해결〉, 한겨레, 2008. 6. 28.

배리 아이켄그린, 박복영 옮김,《글로벌 불균형》, 미지북스, 2008.

성용모,《외환관리론》, 지영사, 1998.

송병건,《세계화 시대에 돌아보는 세계경제사》, 해남, 2005.

안선희,〈IMF의 변신, '미국 그늘' 벗는 게 관건〉, 한겨레, 2010. 7. 12.

여경훈,〈중국의 파워와 '특별인출권' 확대 제안〉 1·2, 새사연, 2009. 4~5.

윤창현, 〈미 금융 규제 시달린 달러 유럽으로…〉, 한국경제, 2007. 4. 2.

이승선, 〈IMF 사상 첫 채권 발행 결정, 달러 기축통화 위상 흔들리나〉, 프레시안, 2009. 7. 2.

이찬근, 《투기자본과 미국의 패권》, 연구사, 1998.

차명수, 《금융공황과 외환위기, 1870-2000》, 아카넷, 2004.

필립 암스트롱 외, 김수행 옮김, 《1945년 이후의 자본주의》, 동아출판사, 1993.

한국은행 국제협력실, 《국제금융기구가 하는 일》, 한국은행, 2005.

신자유주의 등장

강상구, 《신자유주의의 역사와 진실》, 문화과학사, 2000.

경제교육연구회, 《사람의 역사, 경제의 역사》, 시그마프레스, 2008.

고명섭, 〈정부개입-시장자유 '세기의 논쟁'〉, 한겨레, 2008. 9. 13.

구춘권, 《지구화, 현실인가 또 하나의 신화인가》, 책세상, 2000.

국제정치경제연구회 편저, 《20세기로부터의 유산》, 사회평론, 2000.

국회 국방위원회, 〈미국의 방위비 분담 요구의 문제점과 대안〉, 2006. 12.

김종현, 《경제사》, 경문사, 2007.

박종현, 《케인즈 & 하이에크, 시장경제를 위한 진실게임》, 김영사, 2008.

이재구, "'노벨상 신화' 물꼬를 트다", http://www.zdnet.co.kr/Reply/trackback. aspx?key = 20100527115301

이찬근, 《투기자본과 미국의 패권》, 연구사, 1998.

조호정, 〈세계경제 패러다임 변화와 한국경제〉, 경제주평(통권 400호), 현대경제연구원, 2010. 5. 20.

차명수, 《금융공황과 외환위기, 1870-2000》, 아카넷, 2004.

필립 암스트롱 외, 김수행 옮김, 《1945년 이후의 자본주의》, 동아출판사, 1993.

대처리즘과 레이거노믹스

강상구, 《신자유주의의 역사와 진실》, 문화과학사, 2000.

강충호·허찬영, 《대처 정부의 신자유주의 정책에 대한 영국노동조합운동의 대응》, 한국노총 중앙연구원, 2008.

경제교육연구회, 《사람의 역사, 경제의 역사》, 시그마프레스, 2008.

국제정치경제연구회 편저, 《20세기로부터의 유산》, 사회평론, 2000.

김종철, 〈오바마가 주목한 레이건의 커뮤니케이션 솜씨〉, 미디어오늘.

http://www.mediatoday.co.kr/news/articleView.html?idxno=77252

김진웅,《냉전의 역사, 1945~1991》, 비봉출판사, 1999.

박동운,《대처리즘: 자유시장경제의 위대한 승리》, FKI미디어, 2004.

설봉식,《대처리즘과 한국경제》, 청림출판, 2007.

안예홍·이주경,〈플라자합의 이후 국제적 정책협조의 성과와 한계〉, 한국은행 조사
　　통계월보(514호) 1991. 9.

앤드류 글린, 김수행·정상준 옮김,《고삐 풀린 자본주의: 1980년 이후》, 필맥, 2008.

이석우,〈마거릿 대처: 영국을 바꿔 세계를 바꾸다 1~3〉,
　　http://kbnews.net/bbs/zboard.php?id=current_02

이종태,〈대처, 불만의 겨울에 진압 개시〉, 시사IN(118호), 2009. 12. 21.

이찬근,《투기자본과 미국의 패권》, 연구사, 1998.

피터 시바이처, 한용섭 옮김,《냉전에서 경제전으로》, 오롬시스템, 1998.

필립 암스트롱 외, 김수행 옮김,《1945년 이후의 자본주의》, 동아출판사, 1993.

소련 붕괴와 냉전체제 해체

국제정치경제연구회 편저,《20세기로부터의 유산》, 사회평론, 2000.

김진웅,《냉전의 역사, 1945~1991》, 비봉출판사, 1999.

미셸 초스도프스키, 이대훈 옮김,《빈곤의 세계화》, 당대, 1998.

박세길,《혁명의 추억 미래의 혁명》, 시대의창, 2008.

이삼성,《세계와 미국》, 한길사, 2001.

이주헌,〈냉전 문화전쟁의 무기로 이용된 '전위'〉, 한겨레, 2009. 3. 17.

제프리 삭스, 김현구 옮김,《빈곤의 종말》, 21세기북스, 2006.

휘참(braveattack), "냉전", http://blog.naver.com/braveattack?Redirect=Log&
　　logNo=10074265025

KBS 미디어,〈커맨딩 하이츠Commanding Heights〉, 디스켓세트, 2009. 2. 3.

일극체제가 탄생하다

강준만,《미국사 산책》12·13, 인물과사상사, 2010.

경제교육연구회,《사람의 역사, 경제의 역사》, 시그마프레스, 2008.

김종현,《경제사》, 경문사, 2007.

민경우,《한국경제와 진보운동》, 열다섯의공감, 2010.

박번순,〈뉴라운드 출범의 의의〉, 삼성경제연구소, 2001.

박번순·전영재, 〈세계화와 지역화〉, 삼성경제연구소, 2001.

박태견, 《조지 소로스의 핫머니 전쟁》, 동녘, 1995.

박현수, 〈북미자유무역협정NAFTA이 회원국 경제에 미친 영향과 시사점〉, 삼성경제
    연구소, 2007.

송병건, 《세계화 시대에 돌아보는 세계경제사》, 해남, 2005.

왕양, 김태일 옮김, 《환율전쟁》, 평단문화사, 2011.

이찬근, 《투기자본과 미국의 패권》, 연구사, 1998.

조기원, 〈후세인, 걸프전 때 고르바초프에 매달려〉, 한겨레, 2011. 1. 21.

동아시아 외환위기

강상구, 《신자유주의의 역사와 진실》, 문화과학사, 2000.

강준만, 《미국사 산책》 14, 인물과사상사, 2010.

김경원·권순우 외, 《외환위기 5년, 한국경제 어떻게 변했나》, 삼성경제연구소, 2003.

김광수경제연구소, 《현실과 이론의 한국경제》 1, (주)김광수경제연구소, 2003.

민경우, 《한국경제와 진보운동》, 열다섯의공감, 2010.

박태견, 〈1997년 11월의 '악몽적 추억', 그리고 지금〉, 뷰스앤뉴스, 2008. 10. 11.

백광일 엮음, 《동아시아: 위기의 정치경제》, 서울대출판부, 1999.

삼성경제연구소 편, 《IMF 1년과 한국경제의 변모》, 삼성경제연구소, 1998.

왕양, 김태일 옮김, 《환율전쟁》, 평단문화사, 2011.

윤광원, 《대한민국 금융잔혹사》, 비전코리아, 2008.

임근형, 〈자본의 세계적 이동과 동아시아 외환위기의 연관성〉, 부산대 국제대학원 석
    사논문, 2005.

자크 사피르, 박수현 옮김, 《제국은 무너졌다》, 책보세, 2009.

정혁준, 〈최근 슈퍼엔고 재논의… 이번엔 미국과 합의 힘들 듯〉, 한겨레, 2010. 9.
    20. 14면.

최성진, 〈IMF 구제금융 대신 모라토리엄 선언했다면〉, 한겨레21(834호), 2010. 11. 5.

글로벌 금융위기

강동호, 《글로벌 금융 대공황》, 21세기북스, 2009.

강준만, 《미국사 산책》 15·16, 인물과사상사, 2010.

김병권, 〈현재의 금융위기는 30년간 계속된 금융 불안의 정점〉, 새사연 브리핑,
    2008. 5. 15.

김인영, 《전쟁 이후의 미국 경제》, 21세기북스, 2003.

누리엘 루비니·스티븐 미흠, 허익준 옮김, 《위기 경제학》, 청림출판, 2010.

백철, 〈9·11테러 10년, 이번엔 '부채와의 전쟁'〉, 주간경향(942호), 2011. 9. 20.

전영재, 〈미국의 IT 투자 부진과 향후 경기전망〉, 삼성경제연구소, 2001. 8.

전민규, 〈외환위기 때 아시아에 '혹독' … 미·유럽 '부메랑' 맞다〉, 한겨레, 2011. 10. 24.

전창환, 〈2008년 미국의 금융위기: 배경과 전개과정, 그리고 교훈〉, 한신대 학술원 사회과학연구소 제1차 심포지엄 자료집, 2008.

정영식, 〈미국 증시의 폭락이 국내 경제에 미치는 영향〉, 삼성경제연구소, 2000. 5. 24.

정의길, 〈힘과 돈으로 지탱하던 '유일 슈퍼파워' 무너졌다〉, 한겨레, 2011. 9. 9.

최배근, 《어게인쇼크》, 팬덤북스, 2011.

한광수, 〈'공포의 균형' 미중의 협력과 한반도〉, 미디어오늘, 2010. 12. 21.

황상연, 〈서브프라임 사태: 현황과 전망〉, 삼성경제연구소, 2007. 8. 20.

월가를 점령하라

강동호, 《G20의 탄생과 세계경제》, 21세기북스, 2010.

강준만, 《미국사 산책》17, 인물과사상사, 2010.

김병권, 〈행동으로 찾아 나선 경제위기 대안〉, 새사연, 2011. 10. 7.

_____, 〈흔들리는 세계경제와 중국의 정중동〉, 새사연, 2011. 8. 15.